浙江省普通高校"十三五"新形态教材
高等院校师范类专业公共课规划教材

现代教育技术

主编 胡水星

电子工业出版社
Publishing House of Electronics Industry
北京·BEIJING

内 容 简 介

本书在内容层次和形式安排上，以现代教育技术理论与实践两大领域知识为核心，统整教学设计、多媒体技术和信息技术发展趋势等学科知识，构建能体现师范意识、媒体素养、创新能力相统一的数字化、层次化、立体化的新形态教材。根据教师教育专业能力培养规格，结合师范生现代教育技术素养培养要求，从理论基础、媒体应用、发展趋势、实验实践四个层次进行编排。第一层次理论基础，围绕基本概念、学科理论和教学设计进行内容编排，注重现代教育技术理论基础学习；第二层次媒体应用，从教学媒体、计算机辅助教育、网络教育等内容入手，强调师范生多媒体素养培养；第三层次发展趋势，关注MOOCs、微课与翻转课堂、STEM、创客、大数据、人工智能和智慧教育等新技术的发展趋势，拓展师范生现代教育技术学科视野；第四层次实验实践，从微课设计与制作、现代教育技术实验教学入手，训练师范生现代教育技术实践操作技能。

本书既可作为高师院校现代教育技术公共课程的教材，也可作为研究生现代教育技术教育应用参考用书，还可作为广大中小学教师现代教育技术能力培训学习用书。

未经许可，不得以任何方式复制或抄袭本书之部分或全部内容。
版权所有，侵权必究。

图书在版编目（CIP）数据

现代教育技术 / 胡水星主编. —北京：电子工业出版社，2020.12
ISBN 978-7-121-40157-2

Ⅰ．①现… Ⅱ．①胡… Ⅲ．①教育技术学 Ⅳ．①G40-067

中国版本图书馆 CIP 数据核字（2020）第 244083 号

责任编辑：刘　芳　　文字编辑：仝赛赛
印　　刷：涿州市般润文化传播有限公司
装　　订：涿州市般润文化传播有限公司
出版发行：电子工业出版社
　　　　　北京市海淀区万寿路 173 信箱　邮编 100036
开　　本：787×1092　1/16　印张：19.75　字数：505.6 千字
版　　次：2020 年 12 月第 1 版
印　　次：2025 年 1 月第 5 次印刷
定　　价：62.00 元

凡所购买电子工业出版社图书有缺损问题，请向购买书店调换。若书店售缺，请与本社发行部联系，联系及邮购电话：（010）88254888，88258888。
质量投诉请发邮件至 zlts@phei.com.cn，盗版侵权举报请发邮件至 dbqq@phei.com.cn。
本书咨询联系方式：（010）88254511，zlf@phei.com.cn。

前　言

随着教育信息化的推进与发展，现代教育技术能力的培养越来越受师范院校的重视。为提升师范生的现代教育技术运用能力，教育部要求师范院校统一开设现代教育技术课程，并且将其作为一门师范类公共必修课程，这有力地促进了现代教育技术课程的改革与发展。相关师范院校结合师范生培养出版了系列现代教育技术教材，但往往过于注重理论化或过于注重技术性，没有很好地将两者整合起来，导致教材实用性不强。

当前，随着MOOCs、微课、翻转课堂、STEM、创客、教育大数据、人工智能等在教育教学中的深入运用，对师范生的教育信息素养提出了更高的要求，为了适应教育教学理念和技术的发展，有必要对现代教育技术教材进行持续的修订，结合当前教育技术发展趋势，紧密结合师范院校的特色，根据教师教育的新要求组织编排教材的结构与内容，提出符合师范院校要求、适应学科发展的现代教育技术能力培养目标，构建能体现师范意识、媒体素养、创新能力相统一的数字化、层次化、立体化的新形态教材。

本书从理论基础、媒体应用、发展趋势、实验实践四个层次进行构建，统括现代教育技术的理论与实践相关领域，让学生既注重理论基础知识的学习，又重视实践教学的应用，特别是在具体项目中把理论与实践紧密结合起来，把培养现代教育技术运用能力和课堂教学结合起来，强化师范生教育技术技能的培养。在教材内容层次和形式安排上，根据现代教育技术课程的特点，结合师范生教育技术素养培养要求，构建模块化、层次化、多媒化、数字化的课程体系。与同类教材相比，本教材的结构层次和内容安排不仅对培养师范生的教育技术研究能力大有裨益，而且对提升师范生的数字媒体制作能力有较强的指导价值；作为新形态教材，课程相关章节完成了数字化微课资源的制作，为师范生现代教育技术能力的培养提供个性化的学习情境与互动支持。相关章节内容以二维码的形式呈现，方便学习者在线观看，促进"互联网+教学"改革与实践，不断提升现代教育技术课程教学的质量。

全书共分为13章，主要由胡水星、付庆科、王珏、王继东、刘刚、邱相彬、阮冬生、钱乾、陈秋诞、乔方良、完亚婷等编写。其中，第1章由乔方良编写；第2、7、8、10章由胡水星编写；第3、6章由王珏、胡水星编写；第4章由刘刚编写；第5章由邱相彬编写；第9、11章由付庆科编写；第12章由王继东、阮冬生编写；第13章由胡水星、钱乾、王继东、付庆科、陈秋诞编写；胡水星负责新形态教材整体结构的编排、内容组织，并承担全部章节的统稿和审阅工作；研究生完亚婷参与了所有章节的排版和文档整理工作。

本书是校级重点建设教材、浙江省普通高校新形态教材建设项目的成果，也是浙江省教育信息化评价与应用研究中心阶段性研究成果。在编写过程中，参阅了大量的现代教育技术文献资料，引用了大量专家、学者的著作、论文和网上资源，其中主要来源已在参考文献目录中列出，如有遗漏，敬请原谅，在此对这些文献的作者深表谢意。由于编者水平有限，书中难免有不当和错误之处，敬请专家、学者、读者批评指正。

编者　胡水星

2020 年 9 月

目 录

第一部分 理 论 篇

第1章 现代教育技术概述 ··· 2
- 1.1 教育技术基本概念 ··· 2
  - 1.1.1 技术的基本含义 ··· 2
  - 1.1.2 教育技术 ··· 2
  - 1.1.3 教育技术学 ·· 3
  - 1.1.4 现代教育技术 ·· 6
- 1.2 教育技术发展简史 ··· 6
  - 1.2.1 国外教育技术发展简史 ··· 6
  - 1.2.2 国内教育技术发展简史 ··· 9
  - 1.2.3 现代教育技术发展趋势 ··· 12
- 1.3 现代教育技术与教育发展的关系 ······································ 14
  - 1.3.1 现代教育技术是教育改革的制高点 ······························· 14
  - 1.3.2 现代教育技术影响教师职业发展 ·································· 14
  - 1.3.3 现代教育技术影响学生发展 ·· 15
  - 1.3.4 现代教育技术影响教育现代化的进程 ···························· 15
- 参考文献 ··· 16

第2章 现代教育技术理论基础 ··· 17
- 2.1 学习理论 ·· 17
  - 2.1.1 行为主义学习理论 ··· 17
  - 2.1.2 认知主义学习理论 ··· 20
  - 2.1.3 建构主义学习理论 ··· 24
  - 2.1.4 人本主义学习理论 ··· 29
- 2.2 教学理论 ·· 31
  - 2.2.1 斯金纳的程序教学理论 ··· 32
  - 2.2.2 布鲁纳的认知结构理论 ··· 33
  - 2.2.3 奥苏贝尔"先行组织者"理论 ······································ 34
  - 2.2.4 加涅的九段教学法 ··· 35
- 2.3 传播理论 ·· 36
  - 2.3.1 关于教育传播学 ·· 37
  - 2.3.2 教育传播与教育技术的关系 ······································· 41

2.4 系统论 ... 42
2.4.1 系统论形成与发展 ... 43
2.4.2 系统论的思想及方法 ... 43
2.4.3 系统论的任务 ... 44
2.4.4 系统论对教育技术的影响 ... 44
2.5 多媒体设计理论 ... 46
2.5.1 认知负荷理论 ... 46
2.5.2 梅耶的多媒体学习原则 ... 47
2.5.3 多媒体课件开发流程 ... 50
2.5.4 "平抛物体的运动"多媒体教学设计案例 ... 53
参考文献 ... 54

第3章 教学设计 ... 56
3.1 教学设计概述 ... 56
3.1.1 教学设计的定义 ... 56
3.1.2 教学设计的特点 ... 57
3.1.3 教学设计的理论基础 ... 60
3.2 教学活动设计 ... 61
3.2.1 前期分析 ... 61
3.2.2 教学目标的设计 ... 64
3.2.3 教学策略的设计 ... 66
3.3 教学评价 ... 70
3.3.1 教学评价的功能 ... 70
3.3.2 教学评价的种类 ... 71
3.3.3 教学评价的指标 ... 72
3.3.4 教学评价的工具 ... 74
3.3.5 教学设计评价的基本步骤 ... 75
3.4 信息技术与课程整合 ... 75
3.4.1 信息技术与课程整合的基本概念 ... 75
3.4.2 信息技术与课程整合的途径方法 ... 76
3.4.3 信息化教学设计案例 ... 78
参考文献 ... 82

第二部分 媒 体 篇

第4章 教学媒体 ... 86
4.1 教学媒体概述 ... 86
4.1.1 教学媒体的概念 ... 86
4.1.2 教学媒体的分类 ... 87
4.1.3 教学媒体在教学中的作用 ... 88

- 4.2 视觉媒体 88
  - 4.2.1 多媒体投影仪 88
  - 4.2.2 视频展示台 89
  - 4.2.3 数码相机 91
  - 4.2.4 幻灯机 96
  - 4.2.5 教学银幕 97
- 4.3 听觉媒体 97
  - 4.3.1 声音传送的源头——话筒 97
  - 4.3.2 声音处理中心——调音台 100
  - 4.3.3 声音信号的推动器——功率放大器 101
  - 4.3.4 声音的最终重现——音箱 103
- 4.4 视听媒体 104
  - 4.4.1 录像机 104
  - 4.4.2 摄像机 105
- 4.5 网络媒体 108
  - 4.5.1 校园网的主要功能 108
  - 4.5.2 多媒体网络教室 111
  - 4.5.3 微格教室 114
- 参考文献 116

第5章 计算机辅助教学

- 5.1 计算机辅助教学概述 118
  - 5.1.1 计算机辅助教学概述 118
  - 5.1.2 计算机辅助教学的发展阶段 120
  - 5.1.3 计算机辅助教育在我国的发展情况 121
  - 5.1.4 计算机辅助教学系统 122
- 5.2 计算机辅助教学的模式 123
  - 5.2.1 计算机辅助教学的教学模式 123
  - 5.2.2 各种教学模式的研究 124
  - 5.2.3 计算机辅助教学模式的特点 130
  - 5.2.4 几种常见的教学模式的案例 130
- 5.3 计算机辅助教学的应用 135
  - 5.3.1 多种技术在计算机辅助教学中的应用 135
  - 5.3.2 多媒体网络教学系统的应用 136
  - 5.3.3 校园网的教育应用 138
  - 5.3.4 网络合作学习 139
- 5.4 智能教学系统（ITS） 141
  - 5.4.1 智能教学系统的发展历史 141
  - 5.4.2 智能教学系统的结构 144
  - 5.4.3 智能教学系统的设计与开发 145

5.4.4 智能教学系统的实践应用 ········· 146
参考文献 ········· 148

第6章 网络教学 ········· 150

6.1 网络教学概述 ········· 150
6.1.1 网络教学的基本概念 ········· 150
6.1.2 网络教学的发展因素 ········· 151
6.1.3 网络教学的发展现状 ········· 153
6.1.4 网络教学的教学特点 ········· 153

6.2 网络教学基本形式 ········· 154
6.2.1 教学模式的概念及分类 ········· 154
6.2.2 网络教学模式的特点 ········· 155
6.2.3 信息技术教学网络化协作探究教学模式的构建 ········· 160
6.2.4 信息技术网络化"协作–探究"教学模式的实施 ········· 161

6.3 "互联网+教学" ········· 164
6.3.1 "互联网+教学"概述 ········· 164
6.3.2 "互联网+教学"的形态 ········· 165
6.3.3 "互联网+教学"的意义 ········· 165

参考文献 ········· 165

第三部分 发 展 篇

第7章 慕课MOOCs ········· 168

7.1 慕课概述 ········· 168
7.1.1 慕课的发展 ········· 168
7.1.2 MOOCs的实施原则 ········· 169
7.1.3 MOOCs带来的教育变革 ········· 170

7.2 MOOCs的类型及其遵循的学习理论 ········· 170
7.2.1 MOOCs的分类 ········· 171
7.2.2 遵循的学习原理 ········· 171

7.3 慕课的教育应用 ········· 173
7.3.1 基于联通主义的学习交互 ········· 173
7.3.2 基于行为主义的学习反馈 ········· 174

参考文献 ········· 175

第8章 微课与翻转课堂 ········· 176

8.1 翻转课堂概述 ········· 176
8.1.1 翻转课堂的发展背景 ········· 176
8.1.2 翻转课堂及其理论基础 ········· 176
8.1.3 翻转课堂的意义和价值 ········· 178

8.2 微课及其设计 ·· 179
8.2.1 微课的定义 ··· 179
8.2.2 微课教学设计 ··· 180
8.2.3 微课的开发流程 ··· 180
8.3 翻转课堂的教学模式 ·· 181
8.3.1 四阶段模型 ··· 181
8.3.2 课前、课中、课后三阶段模式 ·· 182
8.4 微课的翻转课堂教学应用案例 ·· 183
8.4.1 教学实施准备 ··· 183
8.4.2 教学实施过程 ··· 186
8.4.3 教学实施效果评价 ·· 186
参考文献 ··· 187

第9章 STEM 创客教育 ··· 188
9.1 STEM 教育概述 ·· 188
9.1.1 STEM 教育的发展历史 ··· 188
9.1.2 STEM 教育的目标 ··· 189
9.1.3 STEM 教育的特征 ··· 190
9.2 创客教育 ··· 191
9.2.1 创客教育发展简介 ·· 192
9.2.2 创客教育的特征 ··· 192
9.3 STEM 创客教育案例 ··· 193
9.3.1 STEM 教育案例：太空中的 Pi——致命的尘埃 ································ 193
9.3.2 创客教育案例：有趣的纸电路 ·· 194
参考文献 ··· 197

第10章 教育大数据 ··· 198
10.1 大数据概述 ·· 198
10.1.1 大数据的特征 ·· 198
10.1.2 大数据促进思维转变 ··· 198
10.2 学习分析和数据挖掘 ··· 199
10.2.1 教育数据挖掘 ·· 199
10.2.2 学习分析 ··· 200
10.2.3 学习分析与数据挖掘的教育意义 ··· 201
10.3 大数据时代的教育新图景 ·· 201
10.3.1 数据挖掘与学习分析有助于教学决策和评价 ····································· 201
10.3.2 微课与翻转课堂教学有利于个性化学习模式重构 ······························ 202
10.3.3 在线视频与大规模开放课程有利于教学知识呈现 ······························ 202
10.3.4 学习管理系统和 Web2.0 技术有助于教学管理和情境参与 ················ 203
参考文献 ··· 203

第11章 人工智能与智慧教育 ··· 205

11.1 人工智能教育概述 ··· 205
11.1.1 人工智能的发展历史 ··· 205
11.1.2 人工智能在教育中的作用 ··· 207
11.1.3 人工智能在教育中的典型应用 ··· 208

11.2 智慧教育 ··· 209
11.2.1 智慧教育定义 ··· 209
11.2.2 智慧教育的内涵与特征 ··· 210

11.3 人工智能促进智慧教育应用 ··· 211
11.3.1 幼儿教育中的智慧观察 ··· 211
11.3.2 智慧教室 ··· 211

参考文献 ··· 212

第四部分 实 践 篇

第12章 微课的设计与开发 ··· 216

12.1 微课制作流程 ··· 216
12.1.1 选题 ··· 216
12.1.2 设计脚本 ··· 216
12.1.3 准备工作 ··· 217
12.1.4 录制 ··· 218
12.1.5 后期处理 ··· 219

12.2 微课的制作 ··· 220
12.2.1 Camtasia Studio 的工作界面 ··· 220
12.2.2 Camtasia Recorder 的工作界面 ··· 221
12.2.3 Camtasia Studio 的简单应用 ··· 224
12.2.4 Camtasia Studio 的高级应用 ··· 231

12.3 微课 PPT 的美化 ··· 236
12.3.1 PPT 美化大师软件安装 ··· 237
12.3.2 PPT 美化大师基本功能 ··· 237
12.3.3 PPT 美化大师优化微课课件 ··· 238

12.4 微课数码编辑与应用 ··· 240
12.4.1 非线性编辑基础知识 ··· 240
12.4.2 Premiere Pro 视频编辑 ··· 242
12.4.3 视频编辑案例 ··· 244
12.4.4 小结 ··· 246

12.5 数学习题型微课的设计与开发 ··· 246
12.5.1 系统分析 ··· 247
12.5.2 内容设计 ··· 247

  12.5.3 数学习题型微课的开发 ·· 249
 参考文献 ·· 251

第 13 章 现代教育技术教学实验 ·· 252
 13.1 数字扫描仪应用 ·· 252
  13.1.1 实验目的 ··· 252
  13.1.2 实验内容 ··· 252
  13.1.3 实验原理 ··· 252
  13.1.4 实验步骤 ··· 253
  13.1.5 实验注意事项 ·· 255
 13.2 声音媒体数字化与制作 ·· 256
  13.2.1 实验目的 ··· 256
  13.2.2 实验内容 ··· 256
  13.2.3 实验仪器设备 ·· 256
  13.2.4 实验原理 ··· 256
  13.2.5 实验步骤 ··· 257
  13.2.6 实验注意事项 ·· 270
 13.3 微课的制作 ··· 271
  13.3.1 实验目的 ··· 271
  13.3.2 实验内容 ··· 271
  13.3.3 实验仪器设备 ·· 271
  13.3.4 实验原理 ··· 271
  13.3.5 实验步骤 ··· 271
  13.3.6 实验注意事项 ·· 276
 13.4 交互式电子白板系统的使用 ······································· 276
  13.4.1 实验目的 ··· 276
  13.4.2 实验内容 ··· 277
  13.4.3 实验仪器设备 ·· 277
  13.4.4 实验原理 ··· 277
  13.4.5 实验步骤 ··· 280
  13.4.6 实验注意事项 ·· 281
 13.5 数字微格的应用 ·· 281
  13.5.1 实验目的 ··· 281
  13.5.2 实验内容 ··· 282
  13.5.3 实验仪器设备 ·· 282
  13.5.4 实验原理 ··· 282
  13.5.5 实验步骤 ··· 283
  13.5.6 实验注意事项 ·· 289
 13.6 虚拟演播室系统 ·· 289
  13.6.1 实验目的 ··· 289

		13.6.2 实验内容	289
		13.6.3 实验仪器设备	289
		13.6.4 实验原理	289
		13.6.5 实验步骤	290
		13.6.6 实验注意事项	294
	13.7	智慧教室的应用	295
		13.7.1 实验目的	295
		13.7.2 实验内容	295
		13.7.3 实验仪器设备	295
		13.7.4 实验原理	295
		13.7.5 实验步骤	299
		13.7.6 实验注意事项	301
	13.8	机器人创客教学	301
		13.8.1 实验目的	301
		13.8.2 实验内容	301
		13.8.3 实验仪器设备	301
		13.8.4 实验原理	302
		13.8.5 实验步骤	302
		13.8.6 实验注意事项	303

参考文献 ·········· 303

第一部分

理 论 篇

第 1 章 现代教育技术概述

教育信息化对教育提出了新的挑战，一场新的教育变革已经来临，教育的大众化、个性化、终身化、信息化已经成为教育现代化的重要标志。现代教育技术作为信息技术与教育理论相结合的一门新兴综合性应用学科，在这场教育变革中扮演着重要的角色。通过本章内容的学习，读者能够从基本概念、发展简史、理论基础、学科性质等方面了解现代教育技术的理论体系。

1.1 教育技术基本概念

1.1.1 技术的基本含义

虽然技术这一名词在现代社会中应用极为广泛，如工业技术、农业技术、电子技术、信息技术等，但人们对技术概念的理解并不一致。有人认为技术是一种技巧，有人认为技术是一种工具，还有人认为技术是一种知识。在哲学领域，不同学者对技术的不同存在形态分别进行了总结与归纳，其中比较典型的有技术的二形态学说：有形的物化技术和无形的智能技术。

有形的物化技术是以一定的物质外形为基础的技术，是指人类劳动过程中所使用的工具和设备。例如，农业机械属于农业技术中有形的物化技术，工业设备属于工业技术中有形的物化技术，而计算机则属于信息技术中有形的物化技术。

无形的智能技术是人类对客观规律的有意识的应用，是人类根据科学原理和实践经验开发的具体操作程序和方法。科学原理本身并不属于技术，只有经过开发，转化为可以在实践中直接应用的方法才能称为技术。同样，不是所有的实践经验都能称为技术，只有那些在实践中证明是成功的、有效的方法才能称为技术。

1.1.2 教育技术

根据对技术的理解，我们认为，教育技术是在教育中所采用的各种手段和方法的总和。它包括有形的物化技术和无形的智能技术。例如，教育中所应用的各种教具、实验仪器等属于教育技术中有形的物化技术；教育中所应用的各种课程设计方法、教学方法、组织形式等属于无形的智能技术。

教育技术中无形的智能技术是根据相关科学原理和教育实践经验而开发的具体的、可操作的程序和方法。例如，教育学中所涉及的讲授法、讨论法、演示法等各种具体的教学方法，都属于无形的智能技术，都具有很强的操作性。

综上所述，我们可以从以下两个方面理解教育技术：一是教育技术是一种工具，即有形的物化技术；二是教育技术是一种基于教育科学和系统科学的方法，即无形的智能技术。

1.1.3 教育技术学

教育技术学的英文为 Education Technology 或者 Technology of Education，时而被翻译为"教育技术"，时而被翻译为"教育技术学"，造成了一些概念的混淆。因此，在讨论教育技术学之前，有必要对"教育技术"和"教育技术学"这两个概念进行说明。教育技术是教育技术学的研究对象。教育技术学是在教育技术发展到一定阶段后才形成的学科。所以，"教育技术学"与"教育技术"（教育中的技术）是有明显区别的。

1. 教育技术学科定义

学科性定义是学科专业领域对概念的描述。教育技术学的学科性定义，从 AECT'94 定义开始呈现出相对完整的学科研究体系，经过 AECT'05 定义的发展，有了更深层次的研究；而 AECT'17 定义则在 AECT'05 定义的基础上，结合现阶段教育技术学所面临的一些问题进行了深化和拓展。从教育技术学的这三个学科性定义来看，教育技术学的发展呈现出一种螺旋式上升的趋势，符合事物的发展规律。AECT'94、AECT'05 及 AECT'17 关于教育技术的学科性定义如下。

AECT'94 定义：教育技术是关于学习过程和学习资源的设计、开发、利用、管理和评价的理论与实践。

"Instructional technology is the theory and practice of design, development, utilization, management and evaluation of processes and resources for learning."

AECT'05 定义：教育技术是指通过创建、运用和管理适当的技术过程和资源，来促进学习和提升绩效的研究和符合职业道德规范的实践。

"Educational technology is the study and ethical practice of facilitating learning and improving performance by creating, using, and managing appropriate technological processes and resources."

AECT'17 定义：教育技术是通过对学与教的过程和资源进行策略设计、管理和实施，以提升知识、调节和促进学习与绩效的关于理论、研究和最佳方案的研究且符合伦理的应用。

"Educational technology is the study and ethical application of theory, research, and best practices to advance knowledge as well as mediate and improve learning and performance through the strategic design, management and implementation of learning and instructional processes and resources."[①]

为了更好地理解教育技术学的定义，将 AECT'94 定义、AECT'05 定义及 AECT'17 定义从研究名称、研究领域、研究范畴、研究对象，以及研究目标这 5 个方面进行比较（见表 1-1）。

1）定义的共性比较

"过程和资源"是三个定义中共有的基本要素之一，三个定义都将"过程和资源"视为教育技术研究的基本对象。促进学习是教育技术共同的价值指向，诸如"for learning""facilitating learning"以及"improve learning"。"管理"是教育技术尤为关注的共同指向，"实

---

① The Definition and Terminology Committee. The definition for Educational Technology [EB/OL]. 2017-12-09. http://aect.site-ym.com/.

践"是它们共同关注的践行路径。

表1-1 AECT'94、AECT'05 和 AECT'17 的区别①

	研究名称	研究领域	研究范畴	研究对象	研究目标
AECT'94	教学技术	理论和实践	设计、开发、利用、管理、评价	学习过程和学习资源	为了学习/关于学习
AECT'05	教育技术学	理论和研究	创设、使用、管理	用来促进学习和提高绩效,并有合适技术支持的过程和资源	促进学习、提高绩效
AECT'17	教育技术学	理论、研究和应用	策略设计、管理和实施	学与教的过程和资源	提升知识、促进学习、提高绩效

2)定义的差异比较

(1)教育技术的术语差异。

AECT'94 定义将教育技术表征为"教学技术"(Instructional Technology),而后两个定义将教育技术解释为"教育技术"(Educational Technology)。从教学技术到教育技术的变化,说明了教育技术研究的领域逐渐扩大,从指向课堂教学的狭小技术应用范围转向以教育为核心的多维度探讨,研究对象从学习过程和资源的设计与开发等,拓展到学习绩效、知识提升及学习活动的调节等。

(2)教育技术的研究领域差异。

教育技术的研究形态包括理论、研究、实践与应用。AECT'05 定义从 AECT'94 定义的理论与实践形态转变为研究与符合伦理的实践,AECT'17 定义则以研究和符合伦理的应用为基本研究形态。教育技术定义的研究形态反映了当时教育技术领域关注的热点以及亟须解决的重要问题。AECT'94 定义主要指向理论的生成与实践探索,当时教育技术的发展亟须相关的理论支撑以及实践探究。AECT'05 定义则从理论和实践转向了研究和符合伦理的实践这两种形态,表明教育技术领域的研究不仅关注理论和实践,而且指向了宏观的研究范畴及有关实践的伦理讨论。AECT'17 定义则将研究形态指向了更加具体的应用维度,而不是宽泛的实践范畴,这一转向缘于当前大量教学资源的存在与资源未得到有效利用之间的矛盾,以及资源被滥用和误用,于是符合伦理的运用成了当前关注的重点。

(3)教育技术的研究对象差异。

从表面上看,尽管三个定义的研究对象都是过程和资源,但是每个定义中的"过程和资源"所具有的属性却完全不同。

AECT'94 定义的"过程和资源"是关于学习的,AECT'05 定义则关注那些"合适的技术性的"过程和资源,AECT'17 定义则重点强调了"学与教"的属性。"过程和资源"的属性从"学习的"转向了"合适的技术性的"以及当今的"教与学的",其主要根源在于教育技术受到了来自教育哲学观以及教育技术现实困境的影响。20 世纪 90 年代,正是以学生"学"为代表的教育思想发展新阶段,教育技术从教师"教"的方向转向了如何支持学生"学"。在教育技术的应用过程中又出现了技术使用不恰当的问题,导致教育技术定义转向了对"合适的技术性的"过程和资源的有效利用问题的探讨。在对教育技术工具和策略的选择过程中,

---

① 上海师范大学教育技术系."教育技术领域新界定"的再解读[J]. 电化教育研究,2005(1):39-44.

"合适的技术性的"过程和资源只强调了技术本身的功效性或者对学习内容、学习者和教师等方面的有效支持，却忽略了教学过程是由"学与教"两条路径及其交互完成的本质。教育技术只强调技术本身的功效是难以解决复杂教学过程的，教育技术应当朝向"学与教"的活动进行支持，探讨"学与教"的教育技术有效性支持是当今教育技术的重要研究内容。

（4）教育技术的研究目的差异。

促进学习是任何教育技术定义的根本目标指向，但是随着教育理论的发展，教育技术研究的目的也日渐丰富。AECT'94 定义只将教育技术的目的指向了"关于学习"或者"为了学习"，AECT'05 定义则明确提出了教育技术的研究旨在促进学习，并且拓展到了绩效水平提升的维度，充分表明了教育技术从"关于学习"的教育技术理念上升到了更加明确的"促进学习"的目的。AECT'17 定义以促进学习为核心目的，进一步拓展到了高级知识的提升及学习和绩效的调节。AECT'17 定义与其他定义相比，突出了对分析、综合、评价及创造层面的高级知识的关注，使得教育技术从低水平的知识习得与理解支持，提升为促进高级知识与能力的理论与实践探索。首次将"调解"的概念用于指向学习和绩效，从前两个定义的"关于学习""促进学习和提升绩效"转向了动态的监控与调解方式，详尽、具体地呈现了学习与绩效的动态管理过程。大数据技术、语义分析技术及人工智能的迅猛发展，使得那些指向总结性的评价转向了过程性评价与总结性评价相结合的方式，教师或管理者能够根据学习者的过程性数据进行学习行为与绩效状态的干预和评价。

（5）教育技术的研究内容差异。

AECT'94 定义的研究内容是关于学习资源及学习过程的"设计、开发、利用、管理和评价"，AECT'05 定义的研究内容是"适当的技术性的"过程和资源的"创造、使用与管理"，AECT'17 定义的研究内容是"学与教"的过程和资源的"策略设计、管理和实施"。首先，研究内容的差异体现在内容属性的差异上，涉及研究对象的差异，从以"学"为指向的学习过程和资源转向"技术"指向的"适当的技术性的"过程和资源，最后强调了"学与教"双边互动的过程和资源。其次，研究内容的要素存在差异。AECT'94 定义的研究内容包括"设计、开发、利用、管理和评价"五个要素，是关于学习资源与学习过程的完整开发过程。AECT'05 定义由"创造、使用与管理"三个要素组成，强调技术性资源与过程的系统开发与应用过程。AECT'17 定义由"策略设计、管理及实施"三个要素构成，是教与学的过程和资源的系统设计与实践。教育技术的研究内容是由其研究对象决定的，不同的研究对象决定了研究内容的要素及其所指内容。研究内容除了要素数量存在差异外，更重要的是要素所体现的"学与教"的理念不同。

2. 教育技术学科性质

1）教育技术是教育科学领域的一门新兴的分支学科

经过几十年的理论和实践探索，教育技术已经初步建立起自己的理论框架，有了本学科特有的研究对象、内容和方法，以及研究和实践的队伍，并且以其独有的观察、分析和解决问题的方式立足于教育学科群体中。

教育技术关注的焦点不是科学技术本身，而是现代科学技术在教育过程中被运用时所蕴含的教育、教学规律。

2）教育技术是教育研究中技术学层次的学科

在教育研究中有三个不同层次的研究方法，即教育哲学层次、教育科学层次和教育技术层次。教育技术研究同教育科学、教育哲学研究的区别在于研究问题层次的差异，以及研究目的的差异。教育哲学层次的研究在于探讨教育理论研究的总体规律；教育科学层次的研究重点在于研究教育、教学活动的内在关系和规律；而教育技术层次的研究在于探讨如何分析并解决具体的教育、教学问题，研究"做什么""如何做"的问题，即主要研究和开发达到一定教育目标的各种方法、手段，并努力去实践这些方法和手段。

3）教育技术是具有方法论性质的学科

教育技术是为了促进教育优化而采取的一切手段和方法的总和，它直接作用于教育实践。教育技术学是有关教育技术的理论体系，它的研究目的不是发现原理和规律，而是研究如何利用原理和规律改进教学活动，实现教学过程的最优化。

4）教育技术是一门综合性学科

教育技术是教育中所应用的手段和方法的总和，这些手段和方法来自人类科学研究各个领域的科学知识和人类生活所有方面的经验，有物化技术和智能技术两大类。这就决定了教育技术学必须综合各个学科领域的知识，并使之转化为教育中可以利用的技术，教育技术学因此就具有了综合性。教育技术学主要汲取教育学、心理学、传播学、系统科学和管理学的理论作为教育技术学的理论基础。当然，教育技术学还会从其他学科中汲取所需要的知识，随着教育技术实践和教育技术学研究的不断深入，相信将来人们还会把其他学科的理论列为教育技术学的理论基础。

1.1.4　现代教育技术

现代教育技术作为这门课程中最核心的概念，全面、正确地理解这一概念对于建立整个学科的理论体系和框架具有重要的意义。

所谓现代教育技术，是指运用现代教育理论和现代信息技术，通过对教与学的过程和资源的设计、开发、利用、管理和评价，以实现教学优化的理论和实践（现代信息技术，目前主要指计算机技术、数字音像技术、电子通信技术、网络技术、卫星广播技术、人工智能技术、虚拟现实技术及多媒体技术等）。现代教育技术是为了促进学生学习，将教育技术基本理论与信息技术融合，以提升教师的信息化教学能力的一门课程。现代教育技术侧重于教育技术中心与现代教育媒体、现代教育理论及现代科学方法——信息论、系统论、控制论等有关的内容，是把现代教育理论应用于教育实践的现代手段和方法。

1.2　教育技术发展简史

教育技术的兴起与科学技术的发展密切相关。18世纪和19世纪的两次科学技术革命，不仅更新了教育观念和思想，而且促进了教育手段的现代化，为教育技术的兴起创造了技术条件。各国在教育技术的发展过程中，均借鉴了以美国为代表的教育技术的发展过程；而我国教育技术的发展，在借鉴美国教育技术的发展经验的同时，结合本国实际国情，创造性地发展了本国的教育技术。

1.2.1　国外教育技术发展简史

由于教育和信息技术发展水平的差异，教育技术在不同的国家经历了不同的发展阶段。

以美国为代表的发达国家的教育技术,大致经历了以下四个阶段。

1. 视觉教育阶段（20世纪初～20世纪30年代）

19世纪末,教育技术受到了科学技术迅猛发展的影响,大量科学成果的运用对教育技术的发展也产生了深刻的影响。照相机、幻灯机、无声电影等新媒体技术相继应用于教学,向学生提供了生动的视觉影像,使教学获得了不同以往的良好效果。1906年,美国宾夕法尼亚州一家公司出版了《视觉教育》一书,介绍照片拍摄、幻灯片制作与使用等技术,这是首次使用"视觉教育"这一术语。

随后,越来越多的教育工作者参与了对新媒体应用的研究。1913年,托马斯·爱迪生（Thomas Edison）预言：将来可以用电影来代替课堂教学。十年过去了,爱迪生预期的变化没有出现。然而,视觉教育活动却有了长足的发展。1923年,美国教育协会建立了视觉教学分会（Department of Visual Instruction）,视觉教育工作者开始发展他们自己的学说,并把捷克教育家夸美纽斯的直观教学论作为视觉教育的理论基础。1928年,第一本关于视觉教育的教科书《学校中的视觉教育》问世了,书中断言：视觉经验对学习的影响比其他各种经验都强得多。

1924年,在美国心理学会的会议上,S.L.普莱西宣布,他设计出了第一台可以进行教学、测验和记分的教学机器,该机器不仅能呈现视觉材料,还能针对学生的学习情况提供反馈信息,这是教学机器与音像媒体的重要区别。该教学机器用于个别化教学活动,于是产生了早期的个别化教学。

2. 视听教育阶段（20世纪30～50年代）

20世纪30年代后期,无线电广播、有声电影、录音机先后在教学中获得应用,人们开始在相关文章中使用"视听教育"这一术语。1947年,美国教育协会视觉教学分会正式更名为视听教育分会。

1931年7月,美国辛克斯公司在华盛顿做了一个电影教学的实验：在儿童看电影的前后,分别用5种测验表格考查他们的学习成绩,看电影后的成绩比看电影前的成绩平均增加了88分,学生的知识量增加35%。美国哈佛大学在3所中学所进行的实验也证明,用电影教学的学生比不用电影教学的学生成绩提高20.5%。随着第二次世界大战的爆发,视听设备在军事机关和工业部门被广泛应用起来。战争期间,美国政府通过影片培训技术获得了极大成功,把大量的没有军事知识的普通老百姓培养成了军事人员,把普通的年轻人培养成了技术人员,战时的极大成功更刺激了人们在战后大范围采用视觉教育。

20世纪50年代,电视的出现为视听教育提供了更好的技术手段,与电影相比,电视具有制作周期短,传播、复制容易等优点,于是电视被迅速地应用到教育领域。20世纪30～50年代,美国掀起了一场视听教育运动。与此同时,关于视听教育的理论研究也推动了视听教育的进一步发展,其中,以戴尔（Dale）的"经验之塔"理论最具代表性（见图1-2-1）,该理论被认为是视听教育的主要理论依据。

通过戴尔的"经验之塔",可以得到以下几条规律,这些规律对指导视听教学起到了很大的作用。

① 最底层的行为最具体,越到上层行为越抽象；
② 教学活动应该从具体的经验入手,逐步过渡到抽象的经验；
③ 视听内容比语言符号和视觉符号更具体,能突破时间、空间的限制,弥补了各种直

接经验的不足。

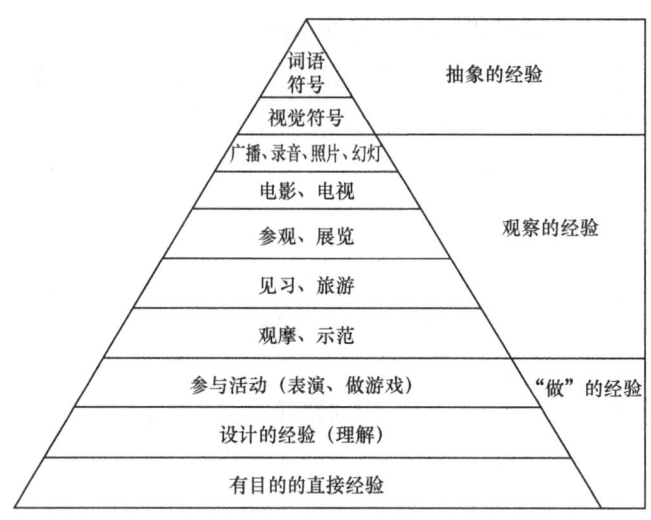

图 1-2-1　戴尔的"经验之塔"

20 世纪 50 年代中期,美国心理学家斯金纳(B.F.Skinner)根据行为主义学习理论设计了新一代的教学机器,被称为斯金纳程序教学机,并由试验阶段转入实用阶段,在大学和军队中应用。

3．视听传播阶段（20 世纪 50~60 年代）

20 世纪 60 年代以后,教育电视的使用由试验阶段进入实用阶段,程序教学机风靡一时。与此同时,由拉斯韦尔(H.Lasswell)等人在 20 世纪 40 年代创立的传播学开始影响教育领域,有的学者将教学过程作为信息传播过程加以研究。上述背景推动了对教育传播的重视,提出了视听传播(Audiovisual Communications)的概念。1963 年,美国视听教育协会对视听传播的概念进行了描述：视听传播是教育理论和实践的分支,主要研究控制学习过程的信息的设计和使用,它包括以下内容。

① 对直观信息和抽象信息各自独特的和相互联系的优缺点进行研究,这些信息可用于任何目的的学习过程；

② 对教学环境中的人和设施产生的教育信息进行研究,使其结构化和系统化。

上述研究涉及计划、制作、选择、管理、运用各种部分和整体结构系统,其目标是有效地运用每一种传播方法和媒体来帮助学习者发挥全部潜能。

这一时期,比"视听媒体"概念更为宽泛的"教学资源"的概念崭露头角,人们逐渐将关注的焦点从原来的视听教具转到整体的教学传播过程、教学系统上来。

美国 IBM 公司于 1958 年首次将电子计算机用于辅助教学,伊利诺伊大学于 1960 年研制出著名的 PLATO 教学系统,这使计算机辅助教学对"个别化教学"做出了重要贡献。

4．教育技术阶段（20 世纪 70 年代至今）

20 世纪 70 年代中期,随着微型计算机的问世,计算机教育应用也进入了新的阶段。1970 年,美国教育传播和技术协会(AECT)成立,首次提出"教育技术"的概念,并对其进行了定义。此后,AECT 又分别在 1972 年、1977 年两次对定义进行修改,并在原有的传播理论和行为主义学习理论的基础上加入系统理论,作为教育技术的理论基础。

随着多媒体计算机技术、网络技术、远程通信技术，激光视盘技术等媒体技术的发展，教育技术的实践进一步深入，使得教育技术的内涵不断丰富。上述发展也推动了教育技术理论的研究。认知主义学习理论和建构主义学习理论也被作为教育技术的理论基础。

1994 年，AECT 再次对教育技术进行定义，从而使其更加符合当时信息技术和教育教学的实际，对世界各国教育技术的发展产生了较大的影响。AECT 在 2005 年再次修订了教育技术的定义，该定义也受到了人们的广泛关注。

在教育领域，教育对象是有思想、有自我意识、有主观能动性的人，技术必须适应它所应用的领域和教育对象。但在教育技术发展史上，由于受严密的逻辑科学及行为科学的影响，使得教育技术被打上了"机械性、逻辑性、定量化"的烙印，注重严密的程序操作和外部控制，在一定程度上把人看成了机器，按照操作机器使其高效工作的方式来设计和实现教学，结果使教学主体基本丧失了自主性，抑制了学习者的主动发展。

1.2.2　国内教育技术发展简史

我国的教育技术源于欧美的视听教育，其发展历程可以分为表 1-2 所示的四个阶段。

表 1-2　我国的教育技术发展阶段

阶段名称	起止年代	采用的技术和方法		所依据的学习理论	特点
		媒体技术	智能技术		
初创阶段	20 世纪 20 年代初期～40 年代末期	电影、广播、幻灯			在国外视听教育的影响下，我国少数城市和地区开展了电化教育试验
奠基阶段	20 世纪 40 年代末期～70 年代中期	电影、幻灯、广播、录音		行为主义	奠定了我国电化教育的基础
重新起步和发展阶段	20 世纪 70 年代末期～90 年代初期	电影、幻灯、投影、广播、录音、电视、录像、计算机	系统方法	行为主义、认知理论	以音像技术为主，电化教育得到迅速发展，引入国外教育技术的基本理论
深入发展阶段	20 世纪 90 年代中期以后	幻灯、投影、广播、录音、电视、录像、多媒体计算机、网络、仿真教学系统	系统方法、整体技术	行为主义、认知理论、建构主义、人本主义	以计算机和网络为主，智能技术得到重视。教育技术学科体系初步确立

1．初创阶段

幻灯、电影等媒体在教育中的应用，揭开了我国电化教育的序幕。

早在 1919 年，国内已有人开始使用幻灯来开展教学试验。

1920 年，上海商务印书馆（当时我国最大的图书出版企业）成立国光影片公司，拍过一些无声影片，其中就有教育片，如《盲童教育》《养真幼儿园》《女子体育》《陆军练》《养蚕》等，这些是我国拍摄得最早的教育影片。金陵大学是我国最早推行电化教育的高等学校，1922 年就已开始用幻灯、电影宣传棉花种植。

1923 年，中国教育家陶行知在长沙、烟台、嘉兴举办大规模的"千字课"教学试验。在嘉兴试验时，使用了幻灯。随后，广播和电影教学在我国更为广泛地开展起来。

1925年6月，当时的教育部订购并下发一千多台收音机，并聘请专家通过广播电台播放教育节目。

1937年7月，当时的教育部建立了播音教育委员会，并在全国建立了11个播音教育指导区。

1932年，南京成立了"中国教育电影协会"，这是我国最早的群众性电教学术团体。

1935年，江苏省镇江民众教育馆将该馆的大会堂改名为"电化教学讲映场"，这是我国最早使用"电化教学"这个名词。1935年，上海大夏大学社会教育系开设"教育电影"课，这是我国最早在大学开设的电化教育课。

1936年，南京教育部成立了电影教育委员会，这是我国最早的政府电影机构。1936年，无锡市江苏省立教育学院开办电影广播专修科，这是我国最早的电教专业。同年，教育界人士在讨论为当时推行的电影、播音教育的定名问题时，提出并确定了"电化教育"这个名词，此后，这个名词被普遍采用。同年，上海教育界人士创办了"中国电影教育用品公司"，并出版《电化教育》周刊，共出了6期，这是我国最早的电教刊物。

1937年，上海商务印书馆出版了陈友松著述的《有声教育电影》，这是我国出版的第一部电教专著。

1942年，重庆成立了"中华教育电影制片厂"，这是我国最早的教育电影制片厂。

1945年，苏州国立社会教育学院建立电化教育系，这是我国最早的电化教育系。

2. 奠基阶段

新中国成立后，从20世纪50年代到60年代中期，我国的电化教育进入了初期发展阶段。其主要表现有以下几点。1949年11月，文化部科技普及局成立了电化教育处，负责领导全国教育技术工作。1949年，北京人民广播电台和上海人民广播电台举办俄语讲座，后又改为开办俄语广播学校，每年参加学习的学员达5000人，到1960年，累计招生19万多人。1955年，北京市、天津市分别创办了自己的广播函授学校。1958年前后，中国掀起了教育改革运动，推动了高等学校和中小学电化教育活动的开展，北京市、沈阳市等地相继成立了电化教育馆，由教师、技术人员、工人构成的电教专业队伍也不断壮大。1960年起，上海、北京、沈阳、哈尔滨、广州等地相继开办电视大学。在这段时期，幻灯、录音、电影开始进入城市中小学校和高等院校，特别是外语和医科院校，电教教材和电教资料开始得以制作、生产；外语教学唱片、教学幻灯片已被批量生产；外语录音带已在校际间复制、交流；外语院校开始设立同声翻译室、简易型语言实验室等较先进的电教设施。1964年，高等教育部批准在上海外国语学院建造国内第一幢电化教学楼。但是，"文化大革命"期间，整个教育事业受到严重摧残，电化教育也不例外，电教机构被撤销，人员被解散，设备、资料被破坏，使我国的电教事业进入停滞期。

3. 重新起步和发展阶段

"文化大革命"以后，我国的教育工作经过拨乱反正，逐步得到了恢复。在1978年召开的党的十一届三中全会上，邓小平代表党中央提出："要制订加速发展电视、广播等现代化教育手段的措施，这是多快好省发展教育事业的重要途径"，从而为中国电化教育的发展指明了方向，同时，这也标志着中国的电化教育进入了快速发展的阶段。其主要表现在以下几个方面。

1)建立、健全了电教机构,逐步形成全国性的电教网络

1978年,经国务院批准,教育部首先成立了电化教育局和中央电教馆,之后各地教育主管部门也相继成立了电化教育馆。1979年,中央广播电视大学创建,之后地方广播电视大学相继建立。各级各类学校也建立了电教专门机构,如学校电教馆、电教中心、电教组等。

2)形成了一支专兼职电教队伍

从1978到1988年,通过多种形式的培养和培训,我国已经培养出了一大批高素质的电教专兼职人才。许多中等师范学校开设了电化教育公共课,一批高等师范院校设置了电化教育(教育技术)系或电教专业。1987年,河北大学、北京师范大学和华南师范大学首次招收电化教育专业研究生。

3)配备了相应的电教设备和器材

为了有计划地配备电教设备和器材,指导电化教育的发展,国家教育委员会(教育部前身)于1992年制定了中小学校电化教育设备标准,从而促进了我国电化教育的快速发展。

4)编制了相当数量的电教教材

电教教材建设是电化教育发展的一项基本建设,目前我国已经出版发行了大量的电教教材,并在全国成立了许多电教教材的生产厂家,如中央音像教材出版社、北京幻灯片厂、福建幻灯片厂等,为电教教材的生产与发行提供了有效保障。为了加速电教教材的建设,指导电教教材建设的稳定发展,国家教育委员会于1988年3月发出了《关于进一步加强电教教材建设的意见》,着重提出了今后电教教材建设的原则及主要任务。各级电教部门都把电教教材建设作为重点,编制出了大量的电教教材。

5)开展电教理论研究和电教实验

通过电教研究者的潜心工作,我国目前已出版了一大批电教理论书籍,并创办了各种电化教育刊物,如全国性的电教刊物,包括中央电教馆主办的《中国电化教育》、西北师范大学主办的《电化教育研究》、中国高校外语电教学会主办的《外语电化教学》等。此外,诸多省市都创办了自己的电教刊物,如《北京电教》《河北电教》《江苏电教》等。各地电教部门和学校开展了不同形式的电教实验,由中央电教馆提出的"电化教育促进中小学教学优化"这一实验课题,被列为全国教育科学"八五"规划国家教委重点课题,并在各省市全面展开。

6)逐步形成了包括专科、本科、研究生在内三个层次的人才培养体系

在学科建设方面,从1978年开始,几所高等院校着手开设教育技术(电化教育)专业,从1983年起,北京师范大学现代教育技术研究所、华南师范大学电化教育中心、华东师范大学现代教育技术研究所三个单位创办了四年制本科教育技术(电化教育)专业。随后几年,电教专业形成了包括专科、本科、研究生在内三个层次的人员培养体系。

4. 深入发展阶段

1)学科名称从"电化教育"到"教育技术"

20世纪80年代,受国外教育技术的影响,中国电化教育领域出现了关于学科名称的争议,并引发了一场全国范围的辩论,全国电化教育理论和实践工作者纷纷从不同的角度发表了自己的观点。主张将"电化教育"更名为"教育技术"的观点认为,中国的电化教育以"现代教育媒体的研究和应用"为中心,违背教育技术的系统观念,缺乏教育系统方法的研究和

应用；主张仍然沿用"电化教育"名称的观点认为，名称并不能决定事物的实质，以现代教育媒体的研究和应用为中心，并不排斥对教育系统方法的研究，如冯秀琪教授对电化教育的定义："电化教育是依据教育科学理论，运用现代教育媒体，并与传统媒体恰当地结合，通过教学系统设计高效地传递教育信息，以实现教育、教学的现代化和最优化"，这一观点突出反映了电化教育中的系统观念。

经过全面的讨论，到 2000 年，大家对电化教育和教育技术的认识逐渐趋于一致。为了有效地开展研究和国际交流，在学术界采用"教育技术"的名称；为了保持中国教育技术的实践传统，在实践领域仍然采用"电化教育"的名称。

2）确定教育技术的学科体系

以美国教育技术与传播委员会 1994 年发表的教育技术的定义为基础，经过众多专家学者的讨论，逐渐确定了中国教育技术学的概念、研究领域和学科体系。

3）积极推动教育信息化工程

进入 21 世纪以后，教育技术研究与实践的焦点和热点是教育信息化。在研究领域，以推动信息技术在教育中的应用为核心的信息技术与课程整合的研究在全国全面展开；与此同时，中央政府和各级政府积极采取措施，推动教育信息化进程。

例如，教育部在《关于在中小学普及信息技术教育的通知》中明确提出：从 2001 年开始用 5～10 年的时间，在中小学（包括中等职业技术学校）普及信息技术教育，以信息化带动教育的现代化，努力实现中国基础教育跨越式的发展。其具体措施包括：将信息技术课程列入中小学生的必修课程；全面启动中小学"校校通"工程，为中小学普及信息技术教育、推动教育信息化建设奠定基础，用 5～10 年的时间，使全国 90%左右独立建制的中小学校能够与互联网或中国教育卫星宽带网连通，使中小学生都能共享网上教育资源。

1.2.3 现代教育技术发展趋势

1. 网络化

教育技术网络化的最明显标志是互联网（Internet）的快速发展和应用普及。据中国互联网络信息中心（CNNIC）2020 年第 45 次《中国互联网络发展状况统计报告》显示，截至 2020 年 3 月，我国网民规模达 9.04 亿人，互联网普及率为 64.5%。网络的普及对教育的影响不仅表现在教学手段、教学方法的改变上，而且引起了教学模式和教育体制的根本变革。在 2020 年"新冠"疫情的席卷下，线上教育的认可度和接受度显著增强，教与学的方式打破时间和空间的限制，保障学校教学秩序正常进行。当然，这仅仅是互联网快速发展和应用普及的一个缩影。

互联网的快速发展和应用普及不仅影响教学手段、教学方法的变革，还影响教学模式和教育体制的根本变革。基于互联网环境下的教育体制与教学模式不受时间、空间和地域的限制，每个人既是学生又是教师，每个人可以在任意时间、任意地点通过网络自由地学习、工作或娱乐。在网络教育环境下，既可以进行个别化教学，又可以进行协作式教学，还可以将二者结合起来，教学内容、教学时间、教学方式，甚至指导教师都可以按照学习者自己的意愿或需要进行选择。世界上每一个人都可以通过网络享受到多种优质教育，是真正意义上的开放性全民教育。

2. 多媒体化

近年来，多媒体教育应用正迅速成为教育技术中的主流技术，换句话说，目前国际上的教育技术正在迅速走向多媒体化。

1）多媒体教学系统

与应用其他媒体的教学系统相比，多媒体教学系统具有以下优点：多感观刺激；传输信息量大、速度快；信息传输质量高、应用范围广；使用方便、易于操作；交互性强。可以说，正是多媒体教学系统具有的诸多优点，才使得现代教育技术迅速走向多媒体化。

2）多媒体电子出版物

多媒体技术除了可直接应用于教学过程外，在教育领域还有另一方面的应用，这就是以CD-ROM光盘作为存储介质的电子出版物，如电子百科全书、电子词典、电子刊物等。在电子百科全书中，它的每个条目不仅有文字说明，还有声音、图形，甚至包括活动画面。此外，一些多媒体电子出版物还具有辅助教学功能，可以对学生进行辅导、答疑、布置作业。

3. 人工智能化

智能辅助教学系统由于具有"教学决策"模块、"学生模型"模块和"自然语言接口"模块，因而具有能与人类优秀教师相媲美的功能。

① 了解每个学生的学习能力、认知特点和当前知识水平；

② 能根据学生的不同特点选择最适当的教学内容和教学方法，并可对学生进行有针对性的个别指导；

③ 允许学生用自然语言与"计算机导师"进行人机对话。

4. 应用模式多样化

现代教育技术根据社会需求和具体条件的不同划分不同的应用层次，采用不同的应用模式。目前，教育技术的应用大体上有以下四种模式。

① 基于传统教学媒体的"常规模式"；

② 基于多媒体计算机的"多媒体模式"；

③ 基于互联网的"网络模式"；

④ 基于计算机仿真技术的"虚拟现实模式"。虚拟现实（Virtual Reality，VR）是由计算机生成的交互式人工环境，能让人产生身临其境的完全真实的感觉。

5. 绩效技术

《教学技术：领域的定义和范畴》一书中对绩效技术进行界定：绩效技术（Performance Technology）是一种对项目进行选择、分析、设计、开发、实施和评价的过程，它的目的在于以最经济的成本效益影响人类的行为和成就。绩效技术是比教育技术更宽泛的领域。教育技术主要通过对过程和资源的干预来改善学习，其目的是优化学习效果。[①]而绩效技术关注的不仅仅是改善学习，还包括人、企业、组织等各方面业绩和能力的提升。绩效技术是教育的一个新的研究领域和实践领域，它使教育技术走出学校，面向社会，充分发挥教育技术的巨大潜力。

实践表明，教育技术的科研课题多与企业需求紧密结合，相关研究者充分运用教育技术

---

① 梁林梅. 教育技术与绩效技术之关系探讨[J]. 电化教育研究，2005（12）：15-19.

研究成果，提出了许多完整的培训运作机制与过程模式，达到了用绩效技术提高企业整体效益的目的。在我国，将教育技术主动引入企业，寻求绩效技术的实际研究课题，并为企业解决具体问题，已成为重要的发展方向之一。

1.3 现代教育技术与教育发展的关系

1.3.1 现代教育技术是教育改革的制高点

《国家中长期教育改革和发展规划纲要（2010—2020年）》中指出：改革的战略目标是到2020年基本实现教育现代化，基本形成学习型社会，进入人力资源强国行列。教育改革就是对现阶段不利于教育发展的有关方法和技术、理论、评价等方面进行的更新和改变。

现代教育技术就是运用现代教育理论和现代信息技术，通过对教与学的过程和资源的设计、开发、利用、管理和评价，实现教学优化的理论和实践。当信息技术被引入教学过程之后，便成为教育技术研究和实践的主要对象。在理论和实践上运用现代信息技术优化教学过程（学习过程），创新教学或学习模式，最终提高教学质量，从而实现素质教育。由此可见，教育技术在这场教育变革中起着"制高点"的作用，它对教育的变革发挥着史无前例的作用，尤其是计算机技术、网络技术、人工智能技术及虚拟现实技术在教学中的运用，对教学模式、教学方式及学习方式产生了重大影响，对于促进当前教育改革，起着巨大的推动作用。

现代教育技术在教育改革中的作用表现为：现代教育技术可以有效地支持教育改革；现代教育技术是当代教育改革的制高点；现代教育技术的应用引起学习方式的变革；现代教育技术的应用引起教学模式的变革。

1.3.2 现代教育技术影响教师职业发展

随着现代教育技术的飞速发展，在学校教育系统中与之伴随的是对教师信息化教学能力要求的提高，教师不再是传统知识的主要来源和学术上的权威，学生完全有能力通过网络获得所需要的知识。这些必然促使教师不断接受新知识、新技能，同时转变教育思想和观念，走专业化发展道路。现代教育技术对教师职业发展的影响表现为以下三个方面。

1. 现代教育技术有助于提升教师的信息化教学能力

在信息化教学环境下，对于教师来说，信息化教学能力显得尤为重要，这就要求教师具有利用信息技术开展有效教学的能力，利用信息技术支持学术及教学研究的能力，利用信息技术进行交流协作的能力等。这就要求教师掌握信息化教学条件下的教学理念、教学方法，以及与之相对应的教学能力，从而为提升自身的信息化教学能力奠定坚实基础。

2. 现代教育技术有助于提升教师专业素质

教师专业素质主要是指教师的教育教学能力，是教师在教育教学活动中形成的顺利完成某项任务的能力。现代教育技术在教育教学中的普及和应用，极大地促进了教师能力的提升，主要包括：教学设计能力、表达能力、教育教学组织管理能力、教育教学交往能力、教育教学机制、反思能力、创新能力、教育教学研究能力等，从而提高自己的教育教学水平。

3. 现代教育技术有助于实现教师的终身学习

现代教育技术的飞速发展，要求教师树立终身学习的理念，要求教师要不断地适应信息化教学环境，同时还要求教师立足于新科技、新知识的前沿，不断超越自我，实现自身的教育价值。

1.3.3 现代教育技术影响学生发展

在传统教育中，学生的地位完全是被动的，教学内容、教学策略、教学方法、教学步骤等都由教师来安排。现代教育技术的发展改变了学生对教师的这种依附状态，由于多样化的现代信息技术手段的支持，学生可以从多种途径获得知识。他们不仅可以从教师那里获取知识，也可以在教师之外进行补偿性、验证性、兴趣性、适应性的再学习。这样，学生角色从被动学习者转变为积极的主动学习者，学生在学习过程中的主体地位得到了体现。

但学生角色在现代教育技术发展下的转变不是必然的。也就是说，并不是有了现代化的教育技术设备和手段，学生就自然而然地表现出主动学习者的角色特征；学生借助现代教育技术进行积极自主学习和自我教育应有一定的条件，即学生必须具有独立自主学习的精神、善于获取知识的能力、良好的学习品质，以及适合自己的学习方法等，离开这些条件，现代教育技术并不能发挥其真正的作用。

因此，我们在考虑现代教育技术发展对学生角色的影响时，既要看到学生角色转变的外在可能性，又要认识到学生角色转变其内在条件与能力的要求。

1.3.4 现代教育技术影响教育现代化的进程

教育部原部长陈至立在1998年强调："现代教育技术是教育改革和发展的制高点与突破口。要实现教育的现代化，就要实现教育的跨越式发展，教育信息化是一个关键因素。"所谓教育现代化，就是运用现代的先进教育思想和科学技术武装人们，使教育思想观念、教育内容、方法与手段等，逐步提高到世界先进水平，培养出参与国际经济竞争和综合国力竞争的新型劳动者和高素质人才的过程，具体包括教育观念现代化、教育内容现代化、教育装备现代化、师资队伍现代化、教育管理现代化等。

教育现代化具有如下特征。

① 教育的普及化。教育的普及化要求有较高的教育普及率和较高的平均受教育年限。
② 教育的终身化。教育的终身化要求具有终身教育的体制和条件。
③ 教育的个性化。教育的个性化强调要培养既全面发展又有个性特长的创造型人才。
④ 教育的国际化。教育的国际化要求加强与各国的教育交流，具有教育国际交流的能力。
⑤ 教育的信息化。教育的信息化要求在教育领域充分运用现代信息技术，以扩大教育规模，为教育终身化、个性化提供保证。

当务之急，要大力发展现代教育技术，深化教育改革，促使信息技术与课程深度融合，尽快实现教育现代化。

参 考 文 献

[1] The Definition and Terminology Committee. The definition for Educational Technology [EB/OL]. 2017-12-09. http://aect.site-ym.com/.
[2] 上海师范大学教育技术系. "教育技术领域新界定"的再解读[J]. 电化教育研究，2005（1）：39-44.
[3] 梁林梅. 教育技术与绩效技术之关系探讨[J]. 电化教育研究，2005（12）：15-19.
[4] 李芒，金林. 教育技术学导论[M]. 北京：北京大学出版社，2009.
[5] 祝智庭，顾小清，闫寒冰. 现代教育技术走进信息化教育（修订版）[M]. 北京：高等教育出版社，2005.
[6] 奚晓霞. 教育传播学教程[M]. 重庆：西南师范大学出版社，2009.
[7] 陈金华. 现代教育技术教程[M]. 北京：北京师范大学出版社，2010.

第 2 章　现代教育技术理论基础

现代教育技术是一门新兴的综合性应用学科，它综合了多门相关学科的理论，特别是随信息技术的发展而建立起来的许多新观念、新理论，彼此交叉渗透，形成了本学科的基础理论体系，推动着本学科的持续发展。通过对本章基本理论的学习，使师范生了解现代教育技术的理论基础，掌握教育技术的研究范畴和领域，培养他们在教学实践中运用现代教育技术的能力和水平。

2.1　学习理论

学习是每个人都非常熟悉的名词，但学习究竟是什么，绝大多数人都说不清楚，而且很少有人能够把握学习的真谛。从学习的概念、学习者的角色、教师的角色等方面考虑，学习有三种隐喻：第一，学习是反应增强，该隐喻认为学习是指一个刺激之间联系的增强或削弱，教师的角色是激发学生的反应，并随后对学生的行为进行奖赏，学习者的角色在于接受奖赏和惩罚；第二，学习是知识的获得，该隐喻认为学习就是增强学习者记忆中的知识输入量，教师的角色是向学生呈现信息，学习者的角色则是接受并储存这些信息，强调教师是信息的传播者，学生是信息的接收者；第三，学习是知识建构，学习是学习者主动建构自身心理表征并由此做出推断的过程，强调主动学习发生于学习者在学习过程中进行恰当的认知加工。

2.1.1　行为主义学习理论

20 世纪初，行为主义兴起于美国。行为主义只是一个总的名称，在此名称之下有很多观点不同的理论。在此主要讨论行为主义学派中对教育影响较大的四位代表人物：华生（John B.Watson，1878—1958 年）、桑代克（Edward Lee Thorndike，1874—1949 年）、斯金纳（B.F.Skinner，1904—1990 年）和班杜拉（Albert Bandura，1925 年至今）。行为主义各学习理论的共同之处是将学习看作刺激与反应之间建立新联结的过程，即 S-R 之间的联结。但对于刺激与反应之间的关系如何建立，或个体学习的产生受哪些因素的影响，各种观点有所不同。

1. 行为主义学习原理

教学设计运动是以行为主义为先导的。早在 20 世纪 20 年代，美国心理学家普莱西（S. Pressey）就提出了利用机器进行教学的思想，他还在 1924 年自行设计了一台自动教学机器。运用这台教学机器，可以向学生提供多项选择题形式的练习材料，并能跟踪学生的应答。教学机器的诞生表明机器辅助教学的思想已经开始萌芽。

作为程序教学的代表人物，美国行为主义心理学派的重要代表人物斯金纳（B.F. Skinner）认为，行为是人类生活的一个基本方面。因而他一直将行为作为研究对象。他认为，通过对行为的研究，可以获得对各种环境刺激的功能进行分析的方法，从而可以影响和预测有机体

（包括人和动物）的行为。

根据经典的条件作用学说，让一个中性刺激伴随着另一个已知会产生某一反应的刺激连续重复呈现，直至单凭那个中性刺激就能诱发这种反应，新的刺激-反应（S-R）联结就形成了。也就是说，新刺激替代了原刺激，例如，在著名的巴甫洛夫实验中，铃声替代了肉丸引起狗流口水。刺激替代现象在人身上也时有发生，如在课堂上，当教师转向黑板时，学生就会拿起笔来准备做笔记，虽然"转身"动作本身并非引起"做笔记"这一反应的原始刺激。然而，在经典的条件作用下建立的联结属随意性的学习行为，这种学习模式对于人类学习没有多大帮助，反而往往造成误会。

比较有实际意义的理论是斯金纳创立的操作性条件作用学说和强化理论。斯金纳在用白鼠和鸽子作为被试对象进行研究后认为，机体并不一定需要接受明显的刺激才能形成反应。他把机体由于刺激而被动引发的反应称为应激性反应，机体自身主动发出的反应称为操作性反应。操作性反应可以用来解释基于操作性行为的学习，如人们读书或写字的行为。为了促进操作性行为的发生，必须有步骤地给予一定的条件作用，这是一种"强化类的条件作用"，强化包括正强化和负强化两种类型。正强化可以理解为机体希望增加的刺激，负强化则是机体力图避开的刺激。增加正强化物或减少负强化物都能引起机体行为反应的概率增加。这一发现被提炼为"刺激-反应-强化"理论。这一理论可以用来指导教学工作：在学习过程中，当给予学习者一定的教学信息——"刺激"后，学习者可能会产生多种反应（包括应激性反应和操作性反应）。在这些反应中，只有与教学信息相关的反应才是操作性反应，在学习者做出了操作性反应后，要及时给予强化，如学生答对时告诉他"好"或"正确"，答错时告诉他"不对"或"错了"，这样在下次出现同样刺激时做错误反应的概率就会大为减小，从而促进学习者在教学信息与自身反应之间形成联结，完成对教学信息的学习。

当一个刺激被重复呈现，且都能引起适当的反应时，则称该反应是受刺激控制的。建立刺激控制取决于两个条件：①积极练习，多次练习做正确反应；②跟随强化，练习后紧接着给反应以强化。刺激控制可以在如下四个技能习得水平上建立。

辨别：学习从若干并列刺激中确定一个或一类特定刺激；

泛化：学习对属于同一类的任何刺激做反应；

联结：学习使一个适当的反应与一个或一类刺激相联系；

链接：学习将多个 S-R 联结组合成一个完整的链，形成执行复杂任务的能力。

在把操作性条件作用学说和强化理论应用于人类学习研究的基础上，斯金纳提出了程序教学的概念，并且总结了一系列的教学原则，如小步调教学原则、强化学习原则、及时反馈原则等，形成了程序教学理论。20 世纪 50 代后期，斯金纳积极倡导程序教学运动，他自己设计了教学机器，并在军队训练实践中运用程序教学的思想。斯金纳还提出了直线式程序教学的模式。他首先把教学内容分成一组连续的小单元，在学生学习一个新的单元前，必须先回答关于前一个单元的一些问题。如果回答错了，程序或者向学生提供一些暗示，或者直接告知正确答案，只有经历了这一关，且学生真正了解了与前一单元相关的问题的正确答案后，才可能进入新的学习单元。程序教学作为组织和提供信息的一种特殊方法，在操作中将预先安排的教材分成许多小的单元，并严格按照既定的逻辑顺序编制程序，将教学信息转换成一系列的问题与答案，从而引导学生一步步地达到预期的目标。图 2-1-1 为程序教学的基本过程。程序教学可借助多种不同的媒体来实现，如电动教学机、程序式课本，以及电子计算机。

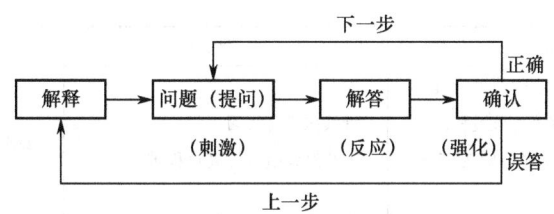

图 2-1-1　程序教学的基本过程

2. 行为主义设计原则

以行为主义理论为基础的程序教学在大量实践的基础上形成了一系列设计原则，这些原则成为早期计算机辅助教学（CAI）设计的理论依据，并且在当今的教学设计中仍然起着重要作用。在此对这些原则做简要介绍。

① 规定目标：将教学期望明确表示为学生所能显现的行为，保证行为主义心理学的基本方面——可观测的反应；

② 经常检查：在课程的学习过程中经常复习和修正，以保证能够适当地形成预期的行为；

③ 小步子和低错误率：将学习材料设计成一系列小单元，使单元间的难度变化比较小，达到较低的错误率；

④ 自定步调：允许学生自己控制学习进度；

⑤ 显式反应与即时反馈：课程中通常包含频繁的交互活动，尽可能多地要求学生做出显式反应；当学生做出反应时应立即给予反馈。

格鲁帕（G.Groper）对行为主义的教学设计原理做了系统性的总结。他将教学过程分为初期练习、中期练习和终期练习三个阶段，并且确定了用于支持教学过程的六种"工具"（tools）：提示量、学习单元长度、刺激与反应模式、练习任务种类、内容类型及练习频度。这些工具实际上是学习系统的调控变量，适当改变这些变量就能设计出许多满足不同要求的教学程序。表 2-1 是格鲁帕的程序教学设计规则。

表 2-1　格鲁帕的程序教学设计规则

学习类型	初期练习	中期练习	终期练习
学习事实	告诉事实； 提供暗示，强调事实； 要求做少量练习	让学生运用并叙述事实； 减退初期练习中的暗示； 增加练习量	让学生运用所有事实，但不做叙述； 消除所有暗示； 按全部标准做练习
定义概念	定义概念并要求学生叙述； 用提示来区别正例与反例； 让学生做实例分类	继续提供正例与反例，增加区分难度； 让学生提供实例； 让学生叙述定义； 实例渐趋抽象	让学生叙述定义，分类或提供实例而不予暗示； 做抽象的、言语的或符号的练习
提供解说	向学生提供说明并要求其叙述； 提供特别暗示（如流程图）并演示，帮助学生建立概念间的联系； 提供正例与反例	继续提供正例与反例，逐渐增加难度； 要求学生做标准解说，还要用自己的语言进行解说； 逐渐减退暗示	让学生以自己的语言叙述解说而不予暗示； 要求学生不仅做解说，还要使用所解说的概念

(续表)

学习类型	初期练习	中期练习	终期练习
仿效过程	提供过程的构成步骤或演示过程；要求学生按步骤练习该过程；将长的或难的过程分解为若干小单元，并按单元练习	继续按步骤练习；加长过程链或提高过程难度	要求学生连贯地练习全过程
解决问题	告诉学生解题规则；要求学生区别解答的正确与错误；将长的或难的问题分解为若干小单元，并按单元练习	给学生一个解答错误的问题，要求其纠错；要求学生提出自己的解题规则	要求学生自行解题而不寻求帮助；在可能情况下（除非唯一解法），要求学生产生自己的解法

行为主义学习理论在研究中不考虑人们的意识问题，只强调行为。把人的所有思维都看作由"刺激-反应"间的联结形成的。这就引起了认知主义理论学派的不满，从而促进了认知主义学习理论的发展。

2.1.2 认知主义学习理论

1957年，乔姆斯基（Chomsky）对斯金纳的《言语学习》（*Verbal Learning*）提出了尖锐的批评，之后，学习心理学经历了一场科学变革。学习理论从运用行为主义原则，转移到运用认知科学的原则，认知理论不仅认识到了大脑的作用，而且研究了大脑的功能及其活动过程。

1. 认知主义学习理论的兴起

一般认为，认知主义学习理论的真正形成是以美国心理学家奈塞尔（U.Neisser）于1967年发表的《认知心理学》为标志的。人的认知过程是认知主义理论的主要研究对象，其研究目标是要说明和解释人在完成认知活动时是如何进行信息加工的，包括信息的获取、存储、加工和转换等方面。

在认知主义学习理论学派看来，学习个体本身作用于环境，人的大脑的活动过程可以转化为具体的信息加工过程。生活在世界上的人既然要生存，必然要与所处的环境进行信息交换；人作为认知主体，相互之间也会不断交换信息。人总是以信息寻求者、传递者，甚至信息形成者的身份出现，人们的认知过程实际上就是一个信息加工的过程。人们在对信息进行处理时，也像通信中的编码与解码一样，必须根据自身的需要进行转换和加工。

随着计算机技术的发展，以西蒙（H.A.Simon）为代表的一些学者开始研究运用计算机模拟的方法来模拟人类解决问题的过程，也就是借助计算机及计算机语言来描述人类信息加工的过程。他们认为计算机硬件类似于人的生理活动过程（包括中枢神经系统、神经元、脑的活动），运用计算机语言可以模拟人对信息的初级加工过程，而通过编写计算机程序则可以模拟人类的思维活动。

西蒙与纽厄尔（Newell）设计了一个被称为"逻辑理论家"的程序。此程序可以用来证明形式逻辑中的各种定理，成功地模拟了人类的思维过程。后来他们又设计了一个称为"通用问题解决者"的程序，这个程序大量运用了人类解决问题时所运用的策略，使得其涉及面更为广泛。

2. 认知学习理论的基本概念

或许是从计算机的工作原理中得到了启发，大多数认知理论采取大脑信息加工的理论假设，由此形成了一系列基本概念。

1）短时记忆与长时记忆

如图 2-1-2 所示，人的记忆系统由三个存储器组成，即感觉登记器、短时记忆和长时记忆。来自环境的刺激经过过滤首先进入感觉登记器，通过选择性知觉，信息被临时存入短时记忆（STM），STM 是一个过渡性的记忆缓冲器，其容量有限，只能记录 7±2 个信息组块（短时记忆加工信息的能量是每次 5～9 个心理单元，大约 2～3 个概念之间的关系），且只能保持 15～30 秒。STM 中的信息经过复述和编码过程转化为长时记忆（LTM），长时记忆是一个相当持久的、容量极大的信息库。

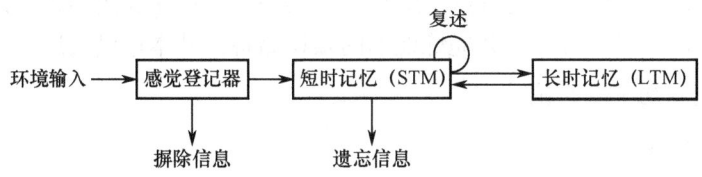

图 2-1-2 记忆信息加工模型

2）知识表征

假定 LTM 中的信息有多种知识表征方式。

① 命题：最小的信息单位，用于表示概念之类的陈述性知识。

② 产生式：类似于计算机语言中的 if-then 语句，用于表示过程性知识。多个产生式可以联结成产生式系统，是推理系统的基础。

③ 心象：知觉的信息表征。

④ 图式：先验知识组成的网络。

3）编码与提取

大多数认知心理学家认为，信息一旦被编码并存入 LTM，就不会丢失。接下来的问题是如何从 LTM 中成功提取（检索）信息，这取决于信息编码的质量和检索方法的好坏。对编码和检索起关键作用的认知过程有细化（elaboration）、组建（organization）和活性扩散（spread of activation）。

① 细化过程：将已存于 STM 中的知识加强、扩充或修正，或将它转化为 LTM；

② 组建过程：将 LTM 中的信息做有意塑造，形成有意义的部件，在网络节点间添加路径；

③ 活性扩散：拓展和组建过程都作用于信息的初始编码存储阶段，而活性扩散过程则是信息检索时在 LTM 中有关的命题之间建立联系线索。因为检索是依靠为数不多的特别提示或暗示进行的，为使活性扩散顺利进行，必须在命题间建立直接联系。

4）认知负担

认知负担是学习时学生必须加工的信息量，它取决于学生的 STM 容量、先验知识和课程内容的含义，也与课程的教学步调、编码要求，以及学生对课程内容的熟悉程度有关。当学生对内容比较熟悉时，认知负担就轻。

5）元认知

元认知（metacognition，或译为超认知）是学习者对自己认知过程的自觉意识，是通过对自己所用认知加工策略效果的不断监测，来选择、评价与修正认知策略的能力。这种能力允许学习者检出那些无效策略，评估特定任务的认知加工要求，以及修正当前策略，甚至产生全新的策略。

6）知识状态

认知学者力图使学习达到可持久、可迁移和自我调控，促成从生手向专家的转变。在这一转变过程中要经历增生（accretion）、重建（restructuring）和调整（tuning）三种知识状态，学习活动的安排应尽可能与学习者的知识状态相符。

① 增生本质上属事实和新知识的积累阶段；
② 重建是将新获得的事实进行蓄意组构，从而沟通新信息和先验知识之间的联系；
③ 在调整阶段，学习者提高并提炼他们的知识储备，基本达到反应自动化的程度。

3．加涅的信息加工学习论

1）信息加工模型

20世纪50年代后，计算机科学技术的兴起与发展，为心理学家分析和推断心理过程提供了重要的工具，信息加工应运而生。该理论认为，学习实质上是由信息获得和信息使用构成的，而人的行为是由有机体内部的信息流程决定的。因而他们关注两个问题：人类记忆系统的性质；记忆系统中知识表征和储存的方式。如图2-1-3所示，加涅认为学习是把通过感觉器官获得的信息存储在短时记忆中，短时记忆中的信息再通过各种方式把它存储到长时记忆中去，最后通过一定的线索提取出来，作用于环境。

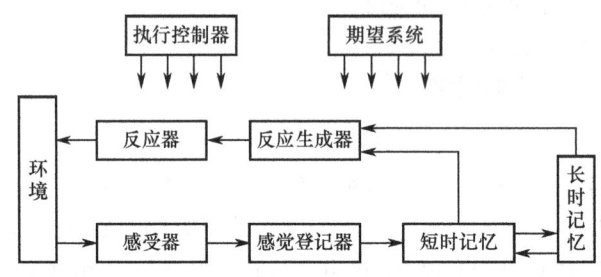

图2-1-3　加涅的信息加工模式

这一模式表明，来自外界环境的刺激通过学生的感受器，以映像的形式输入到感觉登记器，形成瞬时记忆，借助注意将这些信息以语义的形式贮存在短时记忆中，短时记忆区是信息加工区，信息在这里经过复述、精细加工、组织编码等，再进入长时记忆。长时记忆的信息要转变为人能清晰意识到的信息，就需要将它们提取进入短时记忆。因此，短时记忆是信息加工的主要场所，也称为工作记忆。它将来自感觉登记器和长时记忆中提取出来的信息进行加工处理，加工的结果一方面送至长时记忆，另一方面送至反应生成器。反应生成器将信息转化成行动，也就是激起反应器的活动，作用于环境。在这个模式中，执行控制器和期望系统是两个重要的结构，它们可以激发或改变信息流的加工。前者是已有的经验对当前学习过程的影响，起调节作用；后者是动机系统对学习的影响，起定向作用，它们可以对整个信息加工过程起调节和监督的功能。[①]

2）信息加工学习论的启示

刺激选择不是一种随机的过程，不能仅仅考虑到刺激的特征，还要关注学习者已有的信息或认知图式。

人类记忆加工信息的能量是有限的。不能一味要求在短时间内掌握大量的信息，而不给学生留有加工或思考的时间。

"组块"理论是指为了尽可能在短时间内学习较多知识，必须把知识组织成有意义的块状，减少机械学习。

信息编码有助于学生的理解、信息的贮存和提取。教师在帮助学生使用各种策略来编码时是可以大有作为的。

4. 认知主义的教学设计原则

认知主义学习理论在形成之初就从与行为主义不同的角度来探讨学习。在认知学者看来，环境的刺激是否受到注意或被加工，主要取决于学习者的内部心理结构。个体在以各种方式进行学习的过程中，总是在不断地修正自己的内部结构。认知主义学习理论促进了CAI向智能教学系统的转化，人们通过对人类思维过程和特征的研究，可以建立起人类认知思维活动的模型，使得计算机在一定程度上完成人类教学专家的工作。认知主义教学理论的结构主义特征如图2-1-4所示。

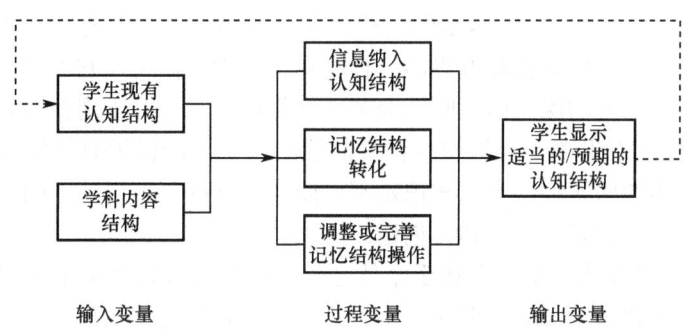

图 2-1-4 认知主义教学理论的结构主义特征

以认知主义学习理论为依据，专家们提出了一系列指导教学设计的原则。

① 用直观的形式向学习者显示学科内容结构，应该让学习者了解教学内容中涉及的各类知识元之间的相互关系；

② 学习材料的呈现应适合学习者的认知发展水平，按照由简到繁的原则来组织教学内容。这里所说的由简到繁是指由简化的整体到复杂的整体；

③ 学习以求理解才能有助于知识的持久和可迁移；

④ 向学生提供认知反馈，可以确认他们的正确学习和纠正他们的错误学习。虽然行为主义教学理论也强调反馈的重要性，但认知主义教学理论一般将反馈看作一种假设检验；

⑤ 学习者自定目标是学习的重要推动因素；

⑥ 学习材料既要以归纳序列提供，又要以演绎序列提供；

[①] 张剑平. 现代教育技术[M]. 北京：高等教育出版社，2013.

⑦ 学习材料应体现辩证冲突，适当的矛盾有助于引发学习者的高水平思维。

2.1.3 建构主义学习理论

建构主义是认知主义的进一步发展。在皮亚杰（J.Piaget）和早期布鲁纳的思想中已经有了建构思想，但相对而言，他们的认知学习观主要在于解释如何使客观的知识结构通过个体与之交互作用而内化为认知结构。20 世纪 70 年代末，以布鲁纳为代表的美国教育心理学家将苏联教育心理学家维果茨基的思想介绍到美国以后，对建构主义思想的发展起到了极大的推动作用。维果茨基在心理发展上强调社会文化历史的作用，特别强调了活动和社会交往在人的高级心理机能发展中的突出作用。他认为，高级的心理机能来源于外部动作的内化，这种内化不仅通过教学，也通过日常生活、游戏和劳动等来实现。美国宾夕法尼亚州立大学教授乔纳森（David H. Jonassen）代表着一种激进建构主义。他强调主体的能动作用，认为知识是学习者与环境互相作用的产物，具有情境性、个体性和主观性。学习者自身建构了现实，或者至少是按照他自己的经验解释现实；每个人的世界都是由学习者自己建构的，不存在谁比谁的世界更真实的问题。[①]另外，内在智力动作也外化为实际动作，使主观见之于客观。内化和外化的桥梁便是人的活动。所有这些都对当今的建构主义学者有很大的影响。

1. 建构主义理论的基本观点

1）知识观

① 知识不是对现实的纯粹、客观的反映，任何一种承载知识的符号系统也不是绝对真实的表征。它只不过是人们对客观世界的一种解释、假设或假说，它不是问题的最终答案，它必将随着人们认识程度的深入而不断地变革、升华和改写，并出现新的解释和假设。

② 知识并不能绝对准确无误地概括世界的法则，也不能提供对任何活动或问题解决都实用的方法。在具体的问题解决中，知识是不可能一用就准、一用就灵的，而需要针对具体问题的情景对原有知识进行再加工和再创造。

③ 知识不可能以实体的形式存在于个体之外，尽管通过语言赋予了知识一定的外在形式，并且获得了较为普遍的认同，但这并不意味着学习者对这种知识有同样的理解。真正的理解只能是由学习者自身基于自己的经验背景而建构起来的，取决于特定情况下的学习活动过程，否则，就不叫理解，而叫死记硬背或生吞活剥，是被动的复制式的学习。

2）学习观

① 学习不是由教师将知识简单地传递给学生，而是由学生自己建构知识的过程。学生不是简单被动地接收信息，而是主动地建构知识的意义，这种建构是无法由他人来代替的。

② 学习不是被动地接收信息刺激，而是主动地建构意义，是根据自己的经验背景，对外部信息进行主动的选择、加工和处理，从而获得自己的意义。外部信息本身没有什么意义，意义是学习者通过新旧知识经验间的反复的、双向的相互作用过程而建构成的。因此，学习不像行为主义所描述的"刺激-反应"那样。

③ 学习意义的获得，是每个学习者以自己原有的知识经验为基础，对新信息重新认识和编码，建构自己的理解。在这一过程中，学习者原有的知识经验因为新知识经验的进入而

---

① 谭敬德，徐福荫. 乔纳森建构主义的认识论特征分析及其对教学设计发展的影响[J]. 现代教育技术，2006（1）.

发生调整和改变。

④ 同化和顺应，是学习者认知结构发生变化的两种途径或方式。同化是认知结构的量变，而顺应则是认知结构的质变。同化-顺应-同化-顺应……循环往复，平衡-不平衡-平衡-不平衡……相互交替，人的认知水平的发展，就是这样一个过程。学习不是简单的信息积累，而是包含新旧知识经验的冲突，以及由此而引发的认知结构的重组。学习过程不是简单的信息输入、存储和提取，是新旧知识经验之间相互作用的过程，也就是学习者与学习环境之间互动的过程。

3）学生观

① 建构主义强调，学习者并不是空着脑袋进入学习情境的。在日常生活和以往各种形式的学习中，他们已经形成了有关的知识经验，他们对任何事情都有自己的看法。即使有些问题他们从来没有接触过，没有现成的经验可以借鉴，但是当问题呈现在他们面前时，他们还是会基于以往的经验，依靠他们的认知能力，形成对问题的解释，提出他们的假设。

② 教学不能无视学习者的已有知识经验，简单强硬地从外部对学习者实施知识的"填灌"，而应当把学习者原有的知识经验作为新知识的生长点，引导学习者从原有的知识经验中，生成新的知识经验。教学不是知识的传递，而是知识的处理和转换。教师不是知识的单一呈现者，不应是知识权威的象征，教师应该重视学生对各种现象的理解，倾听他们时下的想法，思考他们这些想法的由来，并以此为据，引导学生丰富或调整自己的解释。

③ 教师与学生、学生与学生之间需要共同针对某些问题进行探索，并在探索的过程中相互交流和质疑，了解彼此的想法。由于经验背景的差异不可避免，学习者对问题的看法和理解经常是千差万别的。其实，在学生的共同体中，这些差异本身就是一种宝贵的现象和资源。建构主义学者虽然非常重视个体的自我发展，但是他们也不否认外部的引导，即教师的影响作用。

2. 建构主义的教学模式

建构主义的教学模式下，目前已开发出的、比较成熟的教学方法主要有以下几种。

1）支架式教学（Scaffolding Instruction）

支架式教学被定义为：支架式教学应当为学习者建构对知识的理解提供一种概念框架（Conceptual Framework）。这种框架中的概念是为发展学习者对问题的进一步理解所需要的，为此，事先要把复杂的学习任务加以分解，以便把学习者的理解逐步引向深入。

"支架"（Scaffold）原是建筑行业的术语，又译作"脚手架"，是建筑楼房时施予的暂时性支持。当楼房建好后，这种支持就撤掉了。根据这个建筑隐喻，伍德（Wood Bruner&Ross，1976）最先借用了这个术语来描述同行、成人或有成就的人在另一个人的学习过程中所施予的有效支持。支架式教学是以苏联著名心理学家维果茨基的"最近发展区"理论为依据的。维果茨基认为，在测定儿童智力发展时，应至少确定儿童的两种发展水平：一种是儿童现有的发展水平，另一种是潜在的发展水平，这两种水平之间的区域称为"最近发展区"。教学应从儿童潜在的发展水平开始，不断创造新的"最近发展区"。支架式教学中的"支架"应根据学生的"最近发展区"来建立，通过支架作用不停地将学生的智力从一个水平引导到另一个更高的水平。

学习支架的主要形式有以下几种。

① 范例支架。即举例子，它是符合学习目标要求的学习成果（或阶段性成果），往往包

含了特定主题的学习中最重要的探究步骤或最典型的成果形式。

② 问题支架。所谓问题是指在一定情景中人们为了满足某种需要或完成某一目标所面临的未知状态。它是学习过程中最为常见的支架，有经验的教师会在学生的学习过程中自然地、应机地提供此类支架。当教师可以预料学生可能遇到的困难时，对支架问题进行适当设计是必要的。

③ 建议支架。当学生在独立探究或合作学习时遇到困境时，教师提出恰当的建议，以便于学习顺利进行。当问题支架的设问语句改成陈述语句时，"问题"支架就成为"建议"支架。

④ 工具支架。在以学为主的教学活动中，为了保证学生学习过程的顺利实施，而提供的认知、会话、协作、展示平台、共享平台等都可以算作工具支架，如知识库、语义网络、专家系统、概念图、BBS、电子白板、新闻组、PPT 等。

⑤ 图表支架。图表包括各种表格和图式。它可以直观地表达事物之间的联系，系统地呈现复杂问题的脉络。用可视化的方式对信息进行描述，尤其适合支持学生的高级思维活动，如解释、分析、综合、评价等。

支架式教学由以下几个环节组成。

① 搭脚手架。围绕当前的学习主题，按"最近发展区"的要求建立概念框架。

② 进入情境。将学生引入一定的问题情境。

③ 独立探索。让学生独立探索，探索内容包括：确定与给定概念有关的各种属性，并将各种属性按其重要性排序。探索开始时要先由教师启发引导，然后让学生自己去分析；探索过程中教师要适时提示，帮助学生沿概念框架逐步攀升。

④ 协作学习。进行小组协商、讨论。讨论的结果有可能使原来确定的、与当前所学概念有关的属性增加或减少，各种属性的排列次序也可能有所调整，并使原来多种意见相互矛盾且态度纷呈的复杂局面逐渐变得明朗、一致起来。在共享集体思维成果的基础上达到对当前所学概念比较全面、正确的理解，即最终完成对所学知识的意义建构。

⑤ 效果评价。对学习效果的评价包括对学生个人的自我评价和学习小组对个人的学习评价，评价内容包括：自主学习能力、对小组协作学习所做出的贡献及是否完成了对所学知识的意义建构。

2）抛锚式教学（Anchored Instruction）

早在 1929 年，抛锚式教学的思想雏形就出现在了有关的教育文献中。然而，真正使抛锚式教学从一种构想变成一种现实的教学模式，得益于美国范德堡大学约翰·布兰斯福德教授所领导的认知和技术项目组，他们在研究的基础上总结了抛锚式教学模式。

这种教学方式要求建立在有感染力的真实事件或真实问题的基础上。确定这类真实事件或问题被形象地比喻为"抛锚"，因为一旦这类事件或问题被确定了，整个教学内容和教学进程也就被确定了（就像轮船被锚固定一样）。建构主义认为，学习者要想完成对所学知识的意义建构，即达到对该知识所反映事物的性质、规律，以及该事物与其他事物之间联系的深刻理解，最好的办法是让学习者到现实世界的真实环境中去感受和体验（通过获取直接经验来学习），而不是仅仅聆听别人（如教师）关于这种经验的介绍和讲解。由于抛锚式教学要以真实事例或问题为基础（作为"锚"），所以有时也称为"实例式教学""基于问题的教学"或"情境性教学"。抛锚式教学本质上是以目标为基础的情境教学模式和基于问题的学习模式的综合。抛锚式教学主要基于两条基本原则：一是学习和教学活动应该围绕着一个"锚"（某种形式的现实案例或者问题情境）来设计；二是课程材料应该允许学习者开展探究活动（如使用互动性的教学光盘等）。抛锚式教学由以下几个环节组成。

（1）创设情境，引入课题——使学习能在和现实情况基本一致或类似的情境中发生。

（2）呈现任务，抛锚定题——在上述情境下，选择与当前学习主题密切相关的真实性事件或问题作为学习的中心内容。选出的事件或问题就是"锚"，这一环节的作用就是"抛锚"。

（3）问题探究，自主学习——不是由教师直接告诉学生应当如何去解决面临的问题，而是由教师向学生提供解决该问题的有关线索，并特别注意发展学生的"自主学习"能力。

（4）协作学习，意义建构——讨论、交流，通过不同观点的交锋，补充、修正、加深每个学生对当前问题的理解。

（5）效果检测，实施评价——抛锚式教学的学习过程就是解决问题的过程，该过程可以直接反映学生的学习效果。因此，对这种教学效果的评价不需要进行独立于教学过程的专门测验，在学习过程中随时观察并记录学生的表现即可。

3. 随机进入教学（Random Access Instruction）

斯皮罗等人认为由于在学习过程中对信息的意义建构可以从不同的角度入手，从而可以获得不同方面的理解。同时，运用已有的知识来解决实际问题可能是非常重要的。因此，对同一内容要在不同的时间，在重新安排的情境中，为不同的教学目标以及从不同的角度进行教学，这一点是实现高级知识获取目标的关键。

由于事物的复杂性和问题的多面性，要做到对事物内在性质和事物之间相互联系的全面了解和掌握，即真正达到对所学知识的全面而深刻的意义建构是很困难的。为克服这方面的弊病，在教学中就要注意对同一教学内容，要在不同的时间和不同的情境下，为不同的教学目标，以不同的方式加以呈现。换句话说，学习者可以随意通过不同途径、不同方式进入相同教学内容的学习，从而获得对同一事物或同一问题的多方面认识与理解，这就是所谓的"随机进入教学"。显然，学习者通过多次"进入"同一教学内容将能实现对该知识内容比较全面而深入的掌握。这种多次进入，绝不像传统教学中那样，只为巩固一般的知识、技能而实施的简单重复。这里的每次进入都有不同的学习目的和不同的问题侧重点。因此多次进入的结果，绝不仅仅是对同一知识内容的简单重复和巩固，而是使学习者获得对事物全貌的理解与认识上的飞跃。

随机进入教学主要包括以下几个环节，具体如图 2-1-5 所示。

（1）呈现基本情境：向学生呈现与当前学习主题基本内容相关的情境。

（2）随机进入学习：取决于学生"随机进入"学习所选择的内容，呈现与当前学习主题的不同侧面特性相关联的情境。在此过程中教师应注意发展学生的自主学习能力，使学生逐步学会自己学习。

（3）思维发展训练：由于随机进入学习的内容通常比较复杂，所研究的问题往往涉及许多方面，因此在这类学习中，教师还应特别注意发展学生的思维能力。

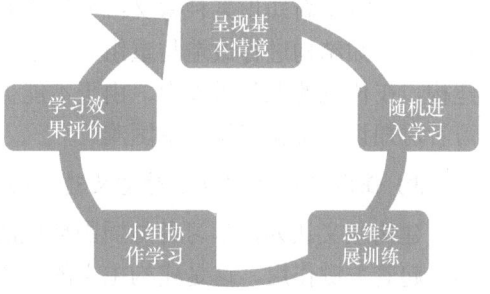

图 2-1-5　随机进入教学的基本环节

（4）小组协作学习：围绕呈现不同侧面的情境所获得的认识展开小组讨论。在讨论中，每个学生的观点在和其他学生以及教师一起建立的社会协商环境中受到考察、评论，同时每个学生也对别人的观点、看法进行思考并做出反馈。

（5）学习效果评价：包括自我评价与小组评价，评价内容包括：一是自主学习能力；二是对小组协作学习所做出的贡献；三是是否完成对所学知识的意义建构。

3. 建构主义环境下的教学设计原则

建构主义学习理论强调以学生为中心，认为学生是认知的主体，是知识意义的主动建构者；教师只对学生的意义建构起帮助和促进作用，并不要求教师直接向学生传授和灌输知识。和传统教学相比，在建构主义学习环境下，教师和学生的地位、作用已发生很大的变化。近年来，教育技术领域的专家们进行了大量的研究与探索，力图建立一套能与建构主义学习理论以及建构主义学习环境相适应的全新的教学设计理论与方法体系。尽管这种理论体系的建立是一项艰巨的任务，并非短期内能够完成的。但是其基本思想及主要原则已日渐明朗，并开始用于指导基于多媒体和 Internet 的建构主义学习环境的教学设计。建构主义学习环境下的教学设计原则如下。

1）强调以学生为中心

明确"以学生为中心"，这一点对于教学设计有至关重要的指导意义，因为从"以学生为中心"出发还是从"以教师为中心"出发将得出两种全然不同的设计结果。至于如何体现以学生为中心，建构主义认为可以从以下三个方面努力。

① 在学习过程中充分发挥学生的主动性，体现出学生的首创精神；
② 让学生有多种机会在不同的情境下应用他们所学的知识（将知识"外化"）；
③ 让学生能根据自身行动的反馈信息来形成对客观事物的认识和解决实际问题的方案（实现自我反馈）。

以上三点，即发挥首创精神、将知识"外化"和实现自我反馈，可以说是体现"以学生为中心"的三个要素。

2）强调"情境"对意义建构的重要作用

建构主义认为，学习总是与一定的社会文化背景即"情境"相联系的，在实际情境下进行学习，可以使学习者利用自己原有认知结构中的有关经验去同化和索引当前学习到的新知识，从而赋予新知识某种意义；如果原有经验不能同化新知识，则要引起"顺应"过程，即对原有认知结构进行改造与重组。总之，通过"同化"与"顺应"才能达到对新知识意义的建构。在传统的课堂讲授中，由于不能提供实际情境所具有的生动性、丰富性，因而将使学习者对知识的意义建构产生困难。

3）强调"协作学习"对意义建构的关键作用

建构主义认为，学习者与周围环境的交互作用，对于学习内容的理解（对知识意义的建构）起着关键作用，这是建构主义的核心概念之一。学生在教师的组织和引导下一起讨论和交流，共同建立起学习群体，并成为其中的一员。在这样的群体中，共同批判地考察各种理论、观点、信仰和假说；进行协商和辩论，先内部协商（自己争辩到底哪一种观点正确），然后相互协商（对当前问题提出各自的看法、论据及有关材料，并对别人的观点做出分析和评论）。通过这样的协作学习环境，学习者群体（包括教师和每位学生）的思维与智慧就可以被整个群体所共享,即整个学习群体共同完成对所学知识的意义建构,而不是其中的某一位或某几位学生完成意义建构。

4）强调对学习环境（而非教学环境）的设计

建构主义认为,学习环境是学习者可以在其中进行自由探索和自主学习的场所。在此环境中,学生可以利用各种工具和信息资源（如文字材料、书籍、音像资料、CAI 与多媒体课件以及 Internet 上的信息等）达到自己的学习目标。在这一过程中,学生不仅能得到教师的帮助与支持,而且学生之间也可以相互协作和支持。学习应当被促进和支持,而不应受到严格的控制与支配；学习环境则是支持和促进学习的场所。在建构主义学习理论指导下的教学设计,应是针对学习环境的设计,而非教学环境的设计,因为教学意味着更多的控制与支配,而学习则意味着更多的主动与自由。

5）强调利用各种信息资源来支持"学"（而非支持"教"）

为了支持学习者的主动探索和意义建构,在学习过程中要为学习者提供各种信息资源（包括各种类型的教学媒体和教学资料）。这些媒体和资料并非用于辅助教师的讲解和演示,而是用于支持学生的自主学习和协作式探索。对于信息资源应如何获取、从哪里获取,以及如何有效地加以利用等问题,是主动探索过程中迫切需要教师提供帮助的内容。

6）强调学习过程的最终目的是完成意义建构（而非完成教学目标）

在建构主义学习环境中,强调学生是认知主体、是意义的主动建构者,所以将学生对知识的意义建构作为整个学习过程的最终目的。教学设计通常不是从分析教学目标开始,而是从如何创设有利于学生意义建构的情境开始,整个教学设计过程紧紧围绕"意义建构"这个中心而展开,不论是学生的独立探索、协作学习还是教师辅导,这些学习过程中的一切活动都要从属于这一中心,且有利于完成和深化对所学知识的意义建构。

2.1.4 人本主义学习理论

科学技术发展在给人类带来前所未有的现代文明的同时,也给人类社会和人类自身带来巨大的负面影响。人们关注的重心是如何在科技推动下去改变外部世界,与此同时却忽视了对人本身及其精神需求的关注,"只见物不见其人",甚至使人日益沦为物的奴隶。在这种情况下,人本主义思潮逐渐兴盛起来并得到人们的重视。人本主义是 20 世纪 50 年代末兴起的一种心理学思潮,其代表人物有马斯洛（Maslow）和罗杰斯（Rogers）等人。他们研究的主题是人的本性及其与社会生活的关系,特别强调人的价值和尊严。20 世纪 60 年代以后,其理论被推广和应用到教育教学领域。

1. 人本主义学习理论的基本观点

人本主义学习理论强调学生自主学习,自主建构知识意义,强调协作学习。与建构主义不同,它更强调"以人的发展为本",即强调"学生的自我发展""发掘人的创造潜能",以及"情感教育"。人本主义学习理论主要分为五大观点,即潜能观、自我实现观、创造观、情感因素观与师生观。

1）潜能观

人本主义学习理论认为：在学习与工作上,人人都有潜在能力。可惜的是,这种潜能没有充分释放出来。教育本身就是要努力去发掘学生的潜在能力。所以人本主义理论研究的重点是怎样通过教育来发掘每个学生的潜能。从这个观点出发,人本主义一方面强调学习要以"学生为主体";另一方面,也强调要重视教师在这个过程中发挥的"主导作用",而这个"主导作用"在于怎样去发掘学生的潜能。

2)自我实现观(也称为自我发展观)

人本主义学习理论高度重视学生的个性差异和个人价值观;强调学生的自我实现(发展),把学生的自我实现作为教学的目标。但由于人的知识水平、接受能力、兴趣爱好、学习方法和学习习惯的不同,所以存在个性差异,教师在教学中应该根据每个学生的个性差异因材施教,为不同学生创设不同的学习条件,使不同的学生都能得到自由发挥,满足学生不同的个性需求,让学生充分认识自身价值,促进他们自身的发展。

3)创造观

人本主义与建构主义一样在知识与能力之间崇尚学生能力的培养,并把创造力作为教学的核心。罗杰斯指出:"人人有创造力,至少有创造力的潜能,人应该主动地发展这些潜能。"并认为:"不应该把创造力看成某些专家的特权。"而布鲁姆也认为应该研究大多数人的潜能和创造力。

4)情感因素观

学习中的情感因素与发掘学生潜能与发展学生创造力有密切的关系。人本主义认为,学习是学生个人主动发起的(不是被动地等待刺激)。个人对学习的整体投入,不但涉及认知能力,而且涉及情感、行为等方面。学生的学习兴趣很浓,目标明确,是十分重要的情感因素,教师必须充分地为学生创设良好的学习环境,把学生吸引到学习情境中来,并长期坚持下去。这种情感因素的创造,一要积极引导,二要积极鼓励,三要创设良好的学习环境。

5)师生观

人本主义更重视师生定位观;师生之间的关系也以情感为纽带,维持一种宽松、和谐、民主、平等的学习氛围,建立一种良好的人际关系与和谐的学习氛围。教师应该平等地对待每一个学生,根据学生的个体差异,相信学生,尊重学生,在教学过程中要构建民主、平等、和谐的师生关系,使学生在学习中不会感到压抑或负担,让学生在学习中真正做到主动积极和生动活泼。教师由主宰者、权威变成学生的指导者和朋友,由教变成导,这样才能让学生的学变成真正的自主参与。

2. 人本主义的教学设计原则

人本主义学习理论认为,情感与认知是人类精神世界中两个不可分割的有机组成部分,彼此是融为一体的,也是"完整的人"应具备的两个方面。然而,为了培养"完整的人",教师必须采取有效的方法来促进学生的变化和学习,培养他们适应变化和学会学习的能力。那么,为了实现这样的教学目标,以便更好地为当代信息社会的教学服务,教育者应以人本主义学习理论为指导,遵循以下几个方面的教学设计原则。

1)以学生为中心,重视个人意义的学习

人本主义认为,在适当的条件下,每个人所具有的学习、发现、丰富知识与经验的潜能和愿望是能够被释放出来的。由此,教师在进行教学设计时,应充分信任学生的潜在能力,以他们为中心，激发他们高层次的学习动机，从而使他们能够进行自我教育，最终把学生培养成"完整的人"。

2）创设真实的问题情境

与建构主义学习理论一样，创设真实的问题情境是基于人本主义学习理论的教学设计的首要任务。它是一种支持学生进行意义学习的各种真实问题的组合。

罗杰斯认为，如果要使学生全身心地投入学习活动，那么就必须让学生面临对他们个人有意义的或有关的问题。但在具体的教学活动中，学生与生活中所有的真实问题还存在很大的隔阂，这对学生的意义学习造成了很大的损失。

3）充分利用各种学习资源

学习资源，狭义上是指可资学习之源，包括支撑教学过程的各类软件资料和硬件系统；广义上还包括一切可为教学目的服务的人、财、物，且由学习材料与教学环境两大类组成。与传统教学相比，人本主义学习理论强调教师应把大量的时间用于为学生提供学习所需要的各种资源上。因为当学生觉察到某些学习资源与他自己的目的有关时，意义学习便可以发生；当某些学习资源有悖于学生自己的看法时，学习往往会受到学生的抵触。

4）追求学习过程的开放性

人本主义学习理论认为，学生的学习是一种在教师帮助下的自我激发、自我促进、自我评价的过程。在这种学习过程中，学生不仅获得了知识，形成了学习方法，而且培养了健全的人格。因此，基于人本主义学习理论的学习过程是自由开放的，是学生根据自己的个性来选择学习路径的。

5）主张协作学习

协作学习是通过两个或两个以上的个体在一起从事学习活动，互相促进，以提高学习效果的一种教学形式。基于人本主义学习理论的教学设计十分强调这种形式。因为这种协作学习不仅包括学生之间的协作，也包括师生之间的协作。它不仅是学习信息的交流与合作，也是语言的表达、思想的沟通、心灵的"碰撞"、性格的"磨合"，从而培养学生的组织交往能力和独立学习的能力，促进自我概念的发展和集体主义观念的形成。

6）加强师生情感互动

人本主义学习理论追求认知与情感相结合，极力突出情感在教学活动中的作用，以便能形成一种以认知与情感之间的协调活动为主线，以情感作为教学活动基本动力的教学模式。如果在教学活动中，师生之间以一种真诚的、互相认同的态度去传递情感，这将增强教学效果，使学生的个性得到充分的展示，从而促进学生的学习。

2.2 教学理论

教学理论的研究历史悠久，从 17 世纪 30 年代捷克的夸美纽斯发表《大教学论》，提出班级授课制度，开创以教师为中心的教学模式；后历经众多教育学家、教育心理学家的努力，使教育领域的实践探索不断深入，理论研究成果也层出不穷，内容也越来越丰富。20 世纪 30 年代，当代教学理论对教育技术的发展产生直接影响：斯金纳的程序教学理论；布鲁纳在教学内容上提出的以知识结构为中心的课程思想和发现法的教学程序；加涅在基于学习的信息加工理论基础上提出的九段教学策略；奥苏贝尔提出的有意义学习观点、"先行组织者"教学策略，以及动机理论等都对教育技术学科体系的形成和发展产生了重要影响。

如何基于对教学过程性质、规律的认识和基于对人类学习活动内在规律的认识，来优化教学环境和教学过程，并开发新的课程，以达到提高学生学习质量与学习效率的目的，是教学理论所研究的内容。

2.2.1 斯金纳的程序教学理论

20世纪20年代，美国普莱西首先开始研究程序教学。50年代，美国新行为主义心理学的创始人之一斯金纳从行为主义理论的角度，根据操作条件反射和积极强化的理论设计了新型的程序教学和教学机器，称为"程序教学"，对美国乃至世界教育产生了深远影响。程序教学是利用教学机器，使用程序教材以达到教学目的的教学活动。程序教学中的程序并非指计算机运行的程序编码，而是具体的教学步骤和安排。程序教学法将教学过程分成有序的小板块，鼓励学生在每个小板块的学习过程中做出积极的学习反应。程序教学要求学生循序渐进地学习，掌握每个小板块的学习内容，并能正确回答教师提出的问题，不断强化所学的内容。具体如图2-2-1所示。

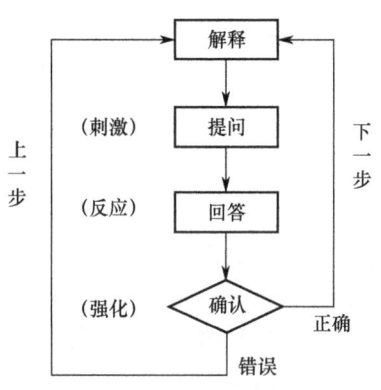

图2-2-1 程序教学法的基本过程

程序教学以其精确组织的个别化、自定步骤的学习，确立了许多有益的指导原则。[①]

（1）积极反应原则。程序教学以问题形式向学生呈现知识，学生在学习过程中能通过写、说、运算、选择、比较等做出积极反应，从而提高学习效率。

（2）小步子原则。小步子实际上就是循序渐进。把程序教学的教材分成若干小的、有逻辑顺序的单元，编成程序，后一步的难度略高于前一步。通过循序渐进的学习，每个学习单元的内容都是孩子能够轻松掌握的，这样孩子的学习积极性就会提高，而且，得到表扬的机会也会增多。

（3）及时强化原则。按照脑科学的研究，奖励和肯定能够激活大脑中的奖赏中心，使人分泌出多巴胺物质，并让人感到兴奋。及时强化能有效地帮助学生提高学习信心。

（4）自定步调原则。程序教学以学生为中心，鼓励学生按最适合自己的速度学习并通过不断强化获得稳步前进的诱因。

（5）低错误率原则。不应让学生在发生错误后再去避免错误，无错误的学习能激发学生学习的积极性，增强记忆，提高学习效率。

在程序教学的具体实施过程中，教师要编写一系列刺激（问题），教学材料应以小步子呈现给学生；学生必须对每个问题做出回答；教学材料要提供及时的反馈和允许学习者自定步调；让每个学生按照自己的进度完成整个教学程序。程序教学建立的一系列学习原则和开发程序教材的系统方法，极大地影响了后续乃至今天的教学设计模式。

---

① 斯金纳程序教学的五个原则[EB/OL]. https://wenku.baidu.com/view/5271abf09e31433239689302.html.

2.2.2 布鲁纳的认知结构理论

结构主义教学理论是20世纪50年代末产生于美国的一种教学理论,其代表人物是美国心理学家、教育家布鲁纳(Jerome Seymour Bruner,1915—2016年)。他强调学生学习的积极性和主动性,注重学习过程,并提出了认知-发现说。布鲁纳主张学习本质是学生主动形成自我认知结构,而发现学习则是学生掌握完整认知结构的根本方法,学习一门学科的最终目的是建构学生良好的认知结构(认知学习观)。[1]教学过程不仅是学生主动发现"学"的过程,而且强调教师"教"的作用,是教和学的统一过程。

(1) 认知学习观。布鲁纳认为,学习的实质是学习者主动地将新获得的信息与自身原有认知结构联系起来,通过同化、顺应,而不是死记硬背,积极建构新的认知结构;教学的主要目的是使每个学生掌握学科的基本结构,并得到最好的智力发展。同时,布鲁纳认为构建良好的认知结构需历经三个阶段:新知识的获得、知识的转化、知识的评价。

(2) 结构教学观。学科的基本结构是指一门学科中涉及的基本概念、原理和学习该学科的基本态度、方法。布鲁纳强调学科的基本结构,认为学习者只有理解了学科的基本结构,才会更容易掌握该学科的基本内容,记忆学科的知识,促进学习迁移,提高学习兴趣。他把学科的基本结构定为教学的中心,不论我们选教什么学科,务必使学生理解该学科的基本结构。

(3) 发现学习观。布鲁纳认为,"学习不但应该把我们带到某处,还应该让我们日后继续前进时更为容易"。他强调了发现的重要性,并把它作为教学的一种辅助手段。学生掌握学科的基本结构的最好方法是发现法,因为此过程和结果满足了学生的好奇内驱力、胜任内驱力和互惠内驱力。发现学习观即学生在学习情境中通过自己的探索主动获取知识,再现科学概念和原理,掌握学科的基本结构。发现式教学实质上就是引导学生自己去重新组织或转换人类已经发现的知识,并获得新的领悟的过程。[2]

为了让学生掌握和理解学科的基本结构,教师在教学时需遵循以下四个原则:[3]

(1) 动机原则。动机可以分为外部动机和内部动机,内部动机是根据自己的内在需要引起的动机,主要包括好奇的内部动机(求知欲)、胜任的内部动机(成就感)、互惠的内部动机(人与人之间和睦共处的需要)。布鲁纳认为,教师应调节学生的内部动机从而促进其学习。

(2) 结构原则。人有三种表征系统:①动作表象,借助动作进行学习,不需语言的帮助;②图像表象,借助图像进行学习,以感知材料为主;③符号再现表象,借助语言进行学习。任何知识结构都可以通过这三种表象呈现。

(3) 序列原则,又称程序原则。因为人的认知水平是由低级向高级发展的,所以教师在教学过程中应按照一定的顺序呈现问题或知识。

(4) 强化原则。即在教学过程中教师除了要规定适当的强化时间和步调,还要适时地提供反馈,让学生理解反馈信息,从而提高学生的学习效率。

---

[1] 贺晨旭,何凤梅,陆祖军. 布鲁纳认知——发现理论及其对中学生物学教学指导的意义[J]. 教育观察,2019-05.
[2] 杨丹. 对布鲁纳结构主义教学理论的再认识[J]. 现代教育科学,2008(6).
[3] 贺晨旭,何凤梅,陆祖军. 布鲁纳认知——发现理论及其对中学生物学教学指导的意义[J]. 教育观察,2019-05.

2.2.3 奥苏贝尔"先行组织者"理论

1960年,教育心理学家奥苏伯尔提出"先行组织者"(Advance Organizer)概念。他认为,能促进有意义学习的发生和保持的最有效策略,是利用适当的引导性材料对当前所学新内容加以定向与引导。这类引导性材料与当前所学新内容(新概念、新命题、新知识)之间在包容性、概括性和抽象性等方面应符合认知同化理论要求,即便于建立新、旧知识之间的联系,从而能对新学习的内容起固定、吸收作用。这种引导性材料就称为"组织者"。由于这种组织者通常是在介绍当前学习内容之前,用语言文字表述或用适当媒体呈现出来,目的是通过它们的先行表述或呈现帮助学习者确立有意义学习的心向,所以又被称为"先行组织者"。

"先行组织者"教学策略是奥苏贝尔提出的一个教育心理学的重要概念,也是他在教学理论方面的主要贡献之一。"先行组织者"教学策略的核心是在学生正式学习新知识前,向学生介绍他们熟悉且能高度概括新的学习内容的准备材料和信息,为引入新内容,连接新旧知识,铺路搭桥。

根据奥苏贝尔的论述,"先行组织者"教学策略的基本原则是:①在有效地传授新知识之前,我们必须增强学生认知结构的稳定性和清晰度。多数普通概念必须作为整体事先介绍给学生,然后不断分化。教学大纲必须组织有序,每一层次的学习都应该和学生原有的知识结构紧密联系,对知识进行由上位到下位,由一般到个别的纵向组织。②事先给学生提供的材料和信息必须与学习的新知识有联系。新知识的教学必须和学生原有的知识、认知结构综合同化。新知识的教学要帮助学生牢固掌握知识间的区别与联系,加强横向组织,促进学习的融会贯通。因此,"先行组织者"教学策略不是简单的复习和内容总结。它是新知识学习条件的组织,知与不知间的连接,认知结构的调整或组建。①

(1)建立认知框架,顺利实现课堂教学目标。在课堂教学中,运用"先行组织者"能从外部影响学生的认知结构,帮助学生提取旧知识,建立有利于同化新知识的认知框架,实现学生认知行为或技能的有效改变,有利于顺利完成教学任务。

(2)运用陈述性组织者组织教材,综合贯通知识。当学生面对新任务时,教师要帮助学生提取其认知结构中可用于同化新知识的上位概念。陈述性组织者通过移植一些适当的"先行组织者"进入学生的认知结构,可以加强学生认知结构的可利用性,使学生的认识具有较明确的指向性、较大的受控性和较好的系统性,从而有助于将所学知识加以综合。

(3)采用"比较性组织者",提高新旧知识间的辨别性。当学生面对新的学习任务时,若其认知结构中已具有同化新知识的适当观念,但原有观念不清晰或不巩固时,或者对新旧知识之间的关系辨别不清时,学生就难以应用,教师可设计一系列指出新旧知识间异同的组织者,此即"比较性组织者"。

(4)有效分解学习任务,确定学生学习的起点行为。起点行为是学生在教学活动开始前必须掌握的知识技能,它勾勒了教学活动开展的基本框架,是教学成功的必要保证。运用先行组织者不仅可以在新课学习前启动旧知识,更在于帮助教师确定美术新课的教学切入点。

(5)遵循认知规律,安排教学外部事件。教学过程由学生学习的内部过程和教师授课的

---

① 欧阳荣华,赵志毅. 美国教育理论的研究和发展[J]. 大学教育科学,2008(3).

外部事件共同构成。其中,外部事件对学生的认知结构和行为技能产生改变与支持作用。"先行组织者"的运用就在于当学生认知结构中尚未具备能同化新课学习的认知框架时从外部影响学生,帮助其重新建立与新课学习内容相关的认知框架,从而有效地实现教学目标。①

2.2.4 加涅的九段教学法

加涅从学习和记忆的信息加工理论中推论出九个重要而有序的阶段,称为学习过程。这九个阶段可以分为三个部分:准备、操作和迁移。加涅认为,将学习过程与教学事件相联系,对有效的教学设计来说,有深远的意义。"准备"包括注意、预期目标和提取原有知识。对应的教学事件是指引注意、告知目标和提示回忆原有知识。"操作"包括选择性知觉、语义编码、反应和强化。对应的教学事件是呈现教材、提供学习指导、引出作业和提供反馈。"学习迁移"包括提取知识和技能一般化。对应的教学事件就应该是评估作业和促进保持与迁移。具体如表2-2所示。

表2-2 加涅的九段教学法案例

教学阶段	学习过程	教学过程	课件实例(3+2)
准备	注意(attending)	引起注意 改变刺激;呈现新奇刺激,让学生集中注意力	蛋壳裂开,turtle孵出来了,学生都注意看白板
	预期(expectancy)	告知学生目标 给出实际场景,让学生知道相应知识的重要作用及与生活的联系,激起学生的学习兴趣	通过场景,学生知道数学可以帮助自己更清楚地了解事物,满足好奇心:知道有多少只turtle孵出来了
	提取原有知识(retrieval to working memory)	刺激回忆先前学过的内容 让学生回忆以往学过的基础知识,为掌握新知识做好准备	点数turtle,在两个tray分别数各有多少个
操作	选择性知觉(selective perception)	呈现刺激材料 呈现本课要学的新知识、新内容	拖曳turtle,把两个tray的turtle放到一起数,得出总数; 用数学语言描述现象,说出思维过程; 呈现数学表达式和专业语言
	语义编码(semantic encoding)	提供学习指导 根据所学知识的复杂程度和难易水平,以及学生的智慧水平,提供学习指导	用其他动物的场景帮助学生理解加法; 用数列帮助学生理解加法; 让学生变换加法算式中的数字,体验符号和实物的关系
	反应(responding)	引出行为 让学生把知识外化出来,引出所期望的学习行为	Practice部分让学生做加法练习
迁移	强化(reinforcement)	评价行为,提供反馈 建立强化,对学生的行为进行反馈,强化正确的行为,抑制不正确的行为	在练习过程中给予反馈,让学生知道自己是否正确,并对正确的行为给予鼓励

---

① 姜雪平. "先行组织者"教学策略在美术教学中的应用[J]. 教育理论与实践,2012(11).

(续表)

教学阶段	学习过程	教学过程	课件实例（3+2）
迁移	提取知识（retrieval clues）	评估成绩 提炼出一般原理，使学生知道自己学到了什么	Workout 部分，让学生总结和数 turtle 场景中一样的加法原理
	技能一般化（generalize）	促进保持和迁移 提供新场景，促进学生将知识迁移到新场景中去应用	Workout 部分，让学生在新情境中运用加法原理解决问题，使学生具有知识迁移的能力，用原理来解决问题

（1）引起注意（Gain Attention）。吸引学习者，让他们想要留下来。

（2）告知目标（Inform Learner of Objective）。即"设定方向"，告知学习者课程目标，他们可以通过怎样的方式来达成这些目标。

（3）激发对原有知识的记忆（Recall Prior Knowledge）。通过提醒学员回忆他们原有的知识，帮助他们建立连接新旧知识的桥梁。当他们能把新知识与原有知识联系起来后，思维上的联系也变得更为紧密，不易忘记。如何做到这一点呢？讲解新知识时采用与学习主题相关的、学习者熟悉的情景做例子。采用既与以往相似但又有所不同的范例，让学习者能够在此基础上吸收新知识，或者简单地提醒他们回忆上一节课所学过的内容。

（4）呈现激励材料（Present Material）。这里讲到的就是有关内容的东西了。与大家分享你的新知识或者概念，把你的主旨呈现出来。不过请尽量讲得生动有趣。

（5）提供学习指导（Provide Guided Learning）。这个阶段与第四阶段的学习内容呈现并行。记忆术可以帮助记忆一个进程表，案例分析或例子可以为学员理解一个概念的关键属性提供一些额外的指导。当要讲解一道程序的时候，甚至需要用清单的形式——指导学习者按照目标清单前进。

（6）进行练习（Elicit Performance）。我们通常把它叫作练习。让学习者练习你打算教给他们的东西。

（7）对练习的正确性提供反馈（Provide Feedback）。要告诉学员他们表现得如何。如果你使用的是多项选择题，不能仅仅说"那是错的"。要给一些能促使他们从错误中学习的有益反馈。

（8）评估绩效（Assess Performance）。你如何证明学习者已经达到了目标？为什么要测试他们呢？评估应该有挑战性，并且与学习内容紧密相关。

（9）促进记忆与转化（Enhance Retention and Transfer）。你如何保证把知识运用到工作上？间隔的学习阶段、持续的支持、不间断地与经理保持联系并报告进度都是不错的主意。

2.3 传播理论

教学过程其实也就是教学信息的传播过程，在教育技术学研究中，传播理论可以帮助教育研究者分析和研究教学传播过程涉及的要素、教学传播的基本阶段及教学传播的规律，因此，传播理论是教育技术的重要理论基础。

2.3.1 关于教育传播学

1. 传播理论简介

"传播"一词译自英语"communication",也有人把它译成交流、沟通、传通、传意等,它来源于拉丁文"communicure",意思是共用或共享。现在一般将传播看作特定的个体或群体,即传播者运用一定的媒体和形式向受传者进行信息传递和交流的一种社会活动。传播按其涉及人员的范围及对象可分为四种类型:人际传播、组织传播、大众传播和自我传播。

研究者提出了各种各样的传播理论和模式,最主要的两种模式是工程学模式(Engineering Models)和心理学模式(Psychological Modals)。其中,工程学模式以香农-韦弗模式为代表。

20世纪40年代,数学家香农(Claude E.Shannon)出于对电报通信问题的兴趣,提出了一个关于通信过程的数学模型。此模型最初是单向直线式的,不久,他与韦弗(Warren Weaver)合作改进了模型,添加了反馈系统(见图 2-3-1)。此模型后来被称为香农-韦弗模式,在技术应用中获得了巨大成功。

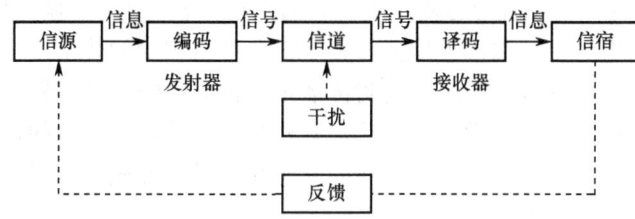

图 2-3-1 香农-韦弗模式

心理学模式关注的是信息源、接收者,以及传播产生的效果,尤其是传播对接受者来说产生了什么效果。

罗密佐斯基(A.J.Romiszowski)综合了工程学模式和心理学模式的特点,形成了一个比较适用于教育教学的双向传播模式(见图 2-3-2)。

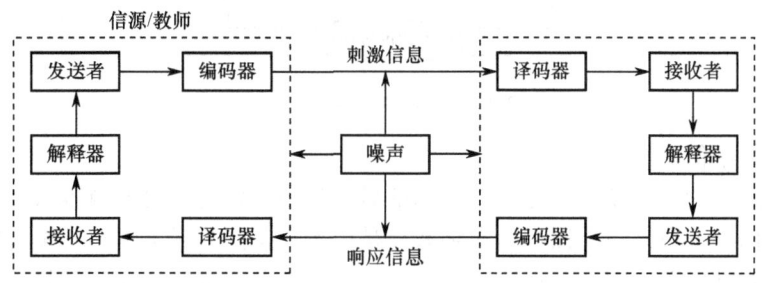

图 2-3-2 双向传播模式

2. 传播理论在教学中的应用

许多研究者利用传播理论的概念及有关模型中的要素来解释教学过程,并提出了许多关于教学传播过程的理论模式,为教育传播学奠定了理论基础,主要表现在以下几个方面。

1)说明了教学过程所涉及的要素

美国政治学家 H. 拉斯韦尔提出了表述一般传播过程中五个基本元素"5W"的直线性传

播模式，有人在此基础上将其发展成"7W"模式（见表 2-3）。其中每个"W"都类似于教学过程中的一个相应要素，这些要素自然也成为研究教学过程、解决教学问题的教学设计所考虑的重要因素。

表 2-3 "7W"模式

Who	谁	教师或其他信息源
Says What	说什么	教学内容
In Which Channel	通过什么渠道	教学媒体
To Whom	对谁	教学对象（即学生）
With What Effect	产生什么效果	教学效果
Why	为什么	教学目的
Where	在什么情况下	教学环境

2）指出了教学过程的双向性

早期的传播理论认为传播是单向的灌输过程，认为受传者只是被动地接收信息，只能够接收传播者的意图。这种传播思想忽视了受传者的主动性和自主性，显然是一种片面的认识。奥斯古德和施拉姆提出的模式强调了传播者和受传者都是积极的传播主体。受传者不仅接收信息、解释信息，还对信息做出反应，说明传播是一种双向的互动过程，借着反馈机制使传播过程能够不断地循环进行。教学信息的传播同样是通过教师和双方的传播行为来实现的，所以教学过程的设计必须重视教与学两方面的分析和安排，并充分利用反馈信息，随时进行调整和控制，以达到预期的教学目标。

3）确定了教学传播过程的基本阶段

教学传播过程是一个连续的、动态的过程，为了研究方便，南国农、李运林将它分解为六个阶段（见图 2-3-3）。

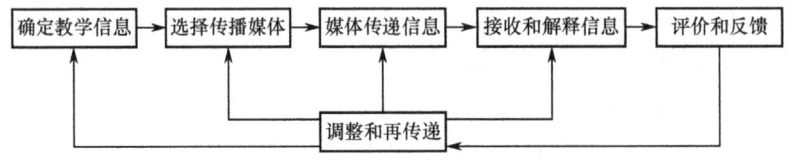

图 2-3-3 教学传播过程的六个阶段

（1）确定教学信息。

教学传播过程的第一步是确定所要传递的教学信息。传递信息的内容取决于教学目的和课程的培养目标。一般来说，课程的文字教材是由专家按照教学大纲精心编写的，通常都体现了要传递的教学信息。因此，在这一传播阶段，教师要认真钻研文字教材，对每单元的教学内容进行仔细分析，将内容分解成若干个知识点，并确定每个知识点要达到的学习水平。

（2）选择传播媒体。

选择传递信息的媒体，实际上就是信息编码的活动。某种信息该用何类符号和信号的媒体去呈现和传递，是一个较为复杂的问题，需用一套原理做指导。例如，选择媒体要能准确地呈现信息内容；要符合学生的经验和知识水平，容易被学生接受和理解；容易得到，需要付出的代价不大，又能取得较好的传播效果。

(3) 媒体传递信息。

这时首先要解决两个问题：一是信号要传至多远、多大范围，要根据信号的传递要求，应用好媒体，保证信号的传递质量；二是信息内容的先后传递顺序问题。在应用媒体之前，必须做好信息传递的结构设计，在媒体运作时，有步骤地按照设计方案传递信息。通过媒体传递信号时应尽量减少各种干扰，确保传递质量。

(4) 接收和解释信息。

在这一阶段，学生接收信号并将它解释为信息意义，实际上就是信息译码的活动。学生首先通过各种感官接收经由各种媒体传来的信号，然后依据自身的经验和知识，将符号解释为信息意义，并将其储存在大脑中。

(5) 评价和反馈。

学生接收信号并将它解释为信息之后，增加了知识，发展了智力，但是否达到预定的教学目的，需要进行评价。评价的方式和方法有很多，可以通过观察学生的行为变化，也可以通过课堂提问、课后书面作业，以及阶段性的反馈信息来评价。

(6) 调整和再传递。

通过将获得的反馈信息与预定的教学目的进行比较，可以发现教学传播过程中的不足，以便调整教学信息、教学媒体和教学顺序，进行再次传递。如在课堂提问时发现问题，可即时进行调整；在课后作业中发现问题，可进行集体补习和个别辅导；在远距离教学中发现问题，可以增发辅导资料，或在一定范围内组织面授辅导等。

4) 揭示了教学传播过程的若干规律

随着传播学和教育学的不断结合，现代教学可视为信息的传播过程，形成综合运用传播学和教育学的理论和方法，来研究和揭示教育信息传播活动的过程与规律，以求得最优化的教育效果。

(1) 共识律。所谓共识，是指一方面教师要依据学习者已有知识、技能的水平和特点，来建立传递关系；另一方面教师要根据教学目标、内容特点，通过各种方法和媒体来为学习者提供相关的学习资源和材料，以便使学习者已有的知识技能与将要学习的材料产生有意义的联结，从而达到传播的目的。

(2) 谐振律。所谓谐振，是指教师传递信息的"信息源频率"同学习者接收信息的"固有频率"相互接近，两者在信息的交流和传递方面产生共鸣。它是教学传播活动得以维持和发展并获得较优传播效果的必要条件。

(3) 选择率。任何教学传播活动都需要对教学内容、方法和媒体等进行选择，这种选择是适应学习者身心特点、较好地达到教学目标的前提，并以最佳的"效果/价格比"成功地实现教学目标。

(4) 匹配率。所谓匹配，是指在一定的教学传播环境中，通过剖析学习者、教学内容、目标、方法、媒体、环境等因素，使各种因素按照各自的特性，有机地、和谐地对应起来，使教学传播系统处于良好的运转状态之中。实现匹配的目的在于围绕既定的教学目标，使各种相关要素的特性有机地组合在一起，以发挥教学系统的整体功能特性。

3. 教学传播中媒体的作用

当媒体用于传递以教育教学为目的的信息时，称为教育传播媒体，它成为连接传播者与接收者之间的中介物。人们把它当成传递和取得信息的工具。

在一般的教学理论研究中，将教育者、学习者、学习材料三者作为教学系统的构成要素，它们在教学环境中，带着一定的目标，经过适当的相互作用过程而产生一定的教学效果。为讨论方便起见，将这三者称为教学系统的三元模型。在现代教育传播活动中，媒体起着相当大的作用，因此必须将媒体作为教学传播系统的要素之一，于是得到如图 2-3-4 所示的教育传播系统四元模型。四元模型实际上是由三元模型细化而来的，因为我们把学习材料视为媒体化的教学信息，将学习材料这一要素分成了"教学信息"（内容）与作为内容载体的"媒体"两部分。这四个组元在适当的教学环境中相互作用，产生一定的教学效果。

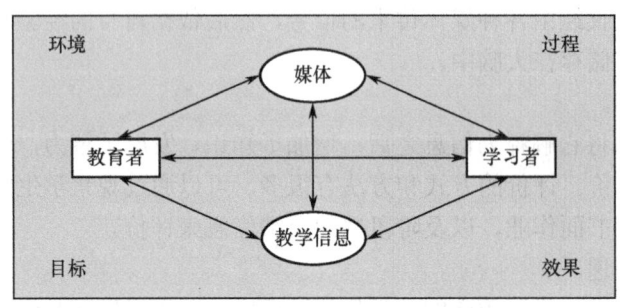

图 2-3-4　教育传播系统四元模型

4．传播过程的功能条件

教学系统各要素的组合和联系构成了系统的结构。这种结构可能是静态的，而静态的结构是无多少功能可言的。只有当系统内各要素在信息传播和控制下发生相互作用，并产生动态过程时，才能形成系统的特有功能。在教学系统中产生的动态过程就是教学传播过程，它表现为一定的阶段性，需具备一定的功能条件，受制于一定的基本规律。

教学系统的功能主要是通过系统内部的信息传递实现的，而欲使上述教学传播过程有效进行，教学系统本身必须具备下述几个条件。

（1）从教师的角度看。教师作为教学系统中的一个子系统，要求是高标准的。在教学系统中，教师起主导作用，因而必须深刻地了解学生要素、内容要素、方法要素和媒体要素及其相互作用关系。教师实现其功能的条件主要有三个方面：一是教师在所传授的学科领域与学生要有一定的知识水平的差距，因此教师需要不断学习和提高，掌握科学领域的前沿知识；二是要有一定的传授知识的手段和能力，如具有较好的语言表达能力和教学方法，能运用各种教学媒体和教学设施；三是要有一定的调节和控制教学活动的能力，包括对自身、对学生和师生关系的调节和控制。总之，教学系统中的教师应该精通专业、熟悉教材、了解学生、具有端正的教学态度和良好的传播技能。

（2）从学生的角度看。学生的任务是完成教学系统所规定的学习任务，使德、智、体各方面都得到相应的发展，这也是整个教学系统功能实现的首要标志。学生实现其功能的条件主要有三个方面：一是学生要有明确的学习目的，能形成积极的学习态度和学习行为，使个人的学习需要与社会的需求相统一；二是学生要有一定的学习能力，掌握一定的学习方法。作为学习的主体，他们接收信息的各种通道必须畅通无阻，并有良好的心理准备状态；三是学生要有自控能力，能够调节自己的学习目的和学习行动，并与教师密切配合，充分利用来自各方面的反馈信息，修正学习措施，完成学习任务。

（3）从教学内容的角度看。教学内容应是在科学上已经过检验，证明为正确的，并根据社会的发展和时代的要求，不断加以更新。对具有潜在发展意义的前沿知识，也应将其适当纳入教学内容，并注意理论与实践的联系。教学内容的组织与编排除了要符合学科本身的逻辑或知识结构，还要符合学生的认知特点，如注意由整体到部分、由一般到个别，不断分化；从已知到未知，使内容结构序列化；融会贯通，使教材内容纵横联系；具体形式符合学生心理成熟水平，体现对学习方法的指导，既要使学生能够接受，又要引导学生去探索。

(4) 从教学方法的角度看。教学方法的选用要注意三个"符合"和三个"考虑"，即符合教学规律和原则、符合教学目的和任务、符合教学内容的特点，考虑学生的适应性、考虑教师的可行性、考虑环境的可能性。教学系统中可用的方法非常多，每一种方法都有其优点和不足之处，因此，必须根据具体情况合理选用教学方法。另外，各种教学方法总是相互渗透的，因此，必须把这些方法合理地结合起来，使它们相得益彰。

(5) 从教学媒体的角度看。教学媒体的选用要考虑学习任务的因素、学生特点的因素、教学管理的因素和经济成本的因素。与教学方法一样，教学系统中可用的媒体也非常多，每一种媒体也都有各自的优点和不足之处，因此，必须根据情况合理选择和综合使用。所不同的是，教学媒体能否在教学系统中发挥作用，还将受到媒体自身特点及其使用等一些实践因素的制约，如媒体资源的硬件、软件的现有储备或添置的可能性；媒体操作的复杂程度和学会操作的培训时间；媒体使用时功能的稳定性；多种媒体配合使用时的灵活性和增效性；媒体使用时对时间、空间等环境条件的特殊要求。

教学系统五个构成要素的上述功能条件，保证了作为系统运行基本特征的教学信息的正常传播。但是，其传播效果的好坏除了取决于系统中每个要素之间的功能强弱，还取决于各个要素之间的联系状况。也就是说，为了取得良好的传播效果，还需要使教学系统符合信息传播过程的规律或法则。

2.3.2 教育传播与教育技术的关系

教育传播是教育者按照一定的目的和要求，选择合适的教学内容，通过有效的媒体通道，把知识、技能、思想、观念等传递给特定的教育对象的一项活动，是教育者和受教育者之间的信息交流过程；教育技术则是对学习过程和教学资源进行设计、开发、运用、管理、评价的理论和实践。教育传播学作为教育技术学的理论基础，与教育技术学有着千丝万缕的联系。我们从以下几个方面进行论述。

1. 目的

教育传播学与教育技术学的总体目标都在于为教育服务，即为促进和改善人类学习的质量而服务。教育技术的核心思想是系统方法：按照具体目标，根据对人类学习和传播的研究，以及利用人力与物力资源的结合以促进有效的教学。为了促进学习而设计、选择与使用学习资源，如信息、人员、材料设备、技巧和环境等。教育传播的目的则在于借助各种传播手段及传播技巧来实现知识传播、技能传播，提高受教育者获取信息、分析信息、吸收信息、利用信息、交流信息的能力。

2. 对象

教育传播研究教学中涉及传播系统、传播模式、传播内容、传播符号、传播通道、传者与受者、传播环境、传播效果等问题；教育技术是对学习过程和教学资源进行研究，与教育传播相对应,其中学习过程的各要素(教学者、学习内容、学习媒体、学习者)对应于传播过程的要素(传者、信息、媒介、受者);而教学资源(包括信息、人员设备、学习环境等)也与传播各子系统相对应。

3. 实践领域

从媒体的角度来看,教育技术经历视觉教育、视听教育、视听传播的发展轨迹,即借助于视听媒体辅助和传播教学的模式及其他资源以促进学习。我国的教育技术早期以电化教育的概念引进,当时主要研究视听媒体传播的应用,而发展视听传播的功效正是教育技术的主要实践领域。

4. 方法

教育传播着重于对信息传递的方法进行处理。通过视听媒体传播的编码/解码、媒体环境的选择、媒体传播技巧的实施来达到传播知识的效果。在教育传播活动前,传者作为先行组织者,要为受者设计相关的学习内容、学习途径、学习难度;在传播中,要通过媒体传播信息的延伸功能将教学知识有效地传递给受众;在传播活动后期,及时对受众的反馈信息及疑难问题进行分析,设计补救措施和解决办法。与此相似,教育技术以系统方法为指导,统筹分析教育、教学中的各个要素,以及环境之间的联系,进行课程开发与教学设计,建立相关的策略方案来解决教育、教学中的问题,试行解决的方案并对试行结果进行修改,从而使教学过程顺利进行,达到最佳的教学效果。

5. 手段

教育传播的主要手段是利用媒体来传播知识,并注重教学过程中的双向交流。在知识传播中,媒体的应用占主导地位,起到重要中介人的作用。加拿大著名传播学者麦克卢汉(M.Mcluhan)更提出了媒体即信息(The medium is message)的观点。媒体作为人体器官的延伸,将蕴涵在其中的信息赋予人类感官。近年来,通过现代媒体的研究与运用,媒体的传播效果更加显著。而在现代教育技术中,一个重要的教学手段就是运用先进的媒介进行教学活动。例如,幻灯、投影的运用有助于教学效果的提高;通过网上漫游,受教育者可以获取更多、更全的知识。在现代教育思想方法的指导下,借助于种类众多、功能强大的现代教育媒体,不只教师能方便、顺利地进行教学,甚至学生也可以成为自我传播知识的主体。媒体技术的发展已经成为现代教育前进的强大动力。

以上为教育技术与教育传播的几点共同之处,从中我们可以发现两者之间的联系与区别。

总之,教学与信息传播之间有着很大的联系。从信息论的角度来看,教学也是一种信息传播活动,教育技术与教育传播必然联系紧密。作为教育技术学信息论理论基础的教育传播学正是研究教育信息活动的学科,即研究教学中信息知识的传递与接收的理论学科。从信息传输机制来看,教学者采用一定的方法、技巧,运用多媒体技术将教学信息传播给学习者,刺激其知识结构产生反应,并且教学者与学习者之间可以双向交流对信息的不同认识。通过对教学中的信息传播系统的各个要素进行分析与组织,教学将会取得更好的效果。

2.4 系统论

系统论是研究系统的一般模式、结构和规律的学问,它研究各种系统的共同特征,用数学方法定量地描述其功能，寻求并确立适用于一切系统的原理、原则和数学模型，是具有逻辑和数学性质的一门新兴的科学。

2.4.1 系统论形成与发展

系统思想源远流长，但作为一门科学的系统论，人们公认是美籍奥地利人、理论生物学家 L.V.贝塔朗菲（L.Von.Bertalanffy）创立的。他在 1932 年提出了系统论的思想。1937 年，他提出了一般系统论原理，奠定了这门科学的理论基础。但是他的论文《关于一般系统论》于 1945 年才公开发表，他于 1948 年在美国再次讲授"一般系统论"时，其理论才得到学术界的重视。确立这门科学学术地位的是 1968 年贝塔朗菲发表的专著《一般系统理论：基础、发展和应用》（*General System Theory: Foundations, Development, Applications*），该书被公认为这门学科的代表作。贝塔朗菲临终前发表了"一般系统论的历史与现状"一文，探讨系统研究的未来发展。此外，它还与拉维奥莱特（A.Laviolette）合著了《人的系统观》一书。

系统一词，来源于古希腊语，是由部分构成整体的意思。今天人们从各种角度研究系统，对系统下的定义不下几十种。例如，"系统是诸元素及其顺常行为的给定集合""系统是有组织的和被组织化的全体""系统是有联系的物质和过程的集合""系统是许多要素保持有机的秩序，向同一目的行动的东西"，等等。一般系统论试图对一个能描述各种系统共同特征的一般系统进行定义，通常把系统定义为：由若干要素以一定结构形式联结构成的具有某种功能的有机整体。这个定义中包括了系统、要素、结构、功能四个概念，表明了要素与要素、要素与系统、系统与环境三方面的关系。

系统论认为，整体性、关联性、等级结构性、动态平衡性、时序性等是所有系统共同的基本特征。这些既是系统所具有的基本思想观点，也是系统方法的基本原则，表现了系统论不仅是反映客观规律的科学理论，而且具有科学方法论的含义，这正是系统论这门科学的特点。贝塔朗菲对此曾做过说明，英语"System Approach"直译为系统方法，也可译为系统论，因为它既可代表概念、观点、模型，又可表示数学方法。故意用 Approach 这样一个不太严格的词，正好表明这门学科的性质与特点。

2.4.2 系统论的思想及方法

系统论的核心思想是系统的整体观念。贝塔朗菲强调，任何系统都是一个有机的整体，它不是各个部分的机械组合或简单相加，系统的整体功能是各要素在孤立状态下所没有的性质。他用亚里士多德的"整体大于部分之和"来说明系统的整体性，反对那种认为要素性能好，整体性能就一定好，以局部说明整体的机械论的观点。同时认为，系统中各要素不是孤立存在着的，每个要素在系统中都处于一定的位置，起着特定的作用。要素之间相互关联，构成了一个不可分割的整体。要素是整体中的要素，如果将要素从系统整体中割离出来，它将失去要素的作用。正像人手在人体中是劳动器官，一旦将手从人体中砍下来，它将不再是劳动器官一样。

系统论的基本思想方法就是把所研究和处理的对象当作一个系统，分析系统的结构和功能，研究系统、要素、环境三者的相互关系和变动的规律性，并优化系统观点来看问题，世界上任何事物都可以看成一个系统，系统是普遍存在的。大至渺茫的宇宙，小至微观的原子、一粒种子、一群蜜蜂、一台机器、一座工厂、一个学会团体等都是系统，整个世界就是系统的集合。

2.4.3 系统论的任务

系统论的任务,不仅在于认识系统的特点和规律,更重要的还在于利用这些特点和规律去控制、管理、改造或创造系统,使它的存在与发展合乎人的目的需要。也就是说,研究系统的目的在于调整系统结构,协调各要素的关系,使系统得以优化。

系统论的出现,使人类的思维方式发生了深刻的变化。以往研究问题,一般是把事物分解成若干部分,抽象出最简单的因素,然后再以部分的性质去说明复杂事物。这是勒内·笛卡尔(Rene Descartes)奠定理论基础的分析方法。这种方法的着眼点在局部或要素,遵循的是单项因果决定论,虽然几百年来它在特定范围内行之有效,是人们最熟悉的思维方法,但是它不能如实地说明事物的整体性,不能反映事物之间的联系和相互作用,它只适用于认识较为简单的事物,而不能胜任对复杂问题的研究。在现代科学的整体化和高度综合化发展的趋势下,在人类面临许多规模巨大、关系复杂、参数众多的问题面前,就显得无能为力了。正当使用传统分析方法束手无策时,使用系统分析方法却能站在时代前列,高屋建瓴,别开生面地为现代复杂问题提供了有效的思维方式。所以系统论,连同控制论、信息论等其他横断科学一起所提供的新思路和新方法,开拓了人类的思维,它们作为现代科学的新潮流,促进着各门科学的发展。

2.4.4 系统论对教育技术的影响

教育技术以技术在教育领域的合理运用为出发点和归宿,把系统科学思想渗透到教育技术各个领域,从而促进了教育技术中各个分支的结合,并直接孕育了教育技术学。系统科学的思想观点和方法对教育技术学学科的形成和发展有着广泛而深远的影响,具体表现为以下几个方面。

1. 与教学设计的关系

(1)从教学设计的核心思想来考察。在实际应用过程中,教育技术以教学设计的思想为指导思想,教学设计以行为主义理论为指导。教学设计的核心思想是:应用系统方法研究、探索教学系统中各个要素之间的本质联系,并通过一套具体的操作程序来协调、配置这些要素,使它们有机地结合,共同完成教学系统的功能。教学设计在形式上贯彻了系统科学的整体思想:从总体上研究事物,分析其要素、结构和功能;系统整体功能不等于各独立部分之和,而是 $\sum_{E整} = \sum_{E部} + \sum_{E联}$。教学设计将教学系统看作自己的研究对象,分析教学过程的各个要素,注意各要素之间的联系,从总体上考虑,力求在可能的条件下,取得相对最佳的教学效果。这改变了传统的教师只注意传授信息环节,不注意其他环节的做法,使教学更加科学化。

(2)从教学设计模式的演变过程来考察。教学设计的模式(ISD)已历经ISD1、ISD2、ISD3、ISD4四代(具体模式介绍参见《开放教育研究》1998年第1期)。对四种模式进行比较可以发现:模式越来越复杂,涉及的因素及联系越来越多,考虑问题的范围越来越广,ISD的可行性与可靠性越来越高。这正好与系统科学中反馈原则、整体原则、有序原则的要求不谋而合,从这方面看,系统科学的思想推动着教学设计的进步,尽管其直接理论基础并不是系统科学。

2. 从教育技术定义的演变考察

教育技术定义的演变集中体现了其指导思想的演变。从1963年的定义到1972年(两个)、1977年直至1994年的定义，教育技术从单纯媒体使用上升到了系统方法论的高度。在实践中，教学媒体的局限性使人们认识到，单一媒体已不能很好地完成教学任务，人们不自觉地寻求与教和学有关的因素，分析其联系，以求得相对最佳效果。这种思想的改变，实际上是将考察对象的系统进行了放大，这正是系统科学整体原则的要求。

3. 与媒体技术使用的关系

教育技术离不开教学媒体，合理地选择教学媒体是关键。教学设计中将媒体选择作为一个重要内容来分析，但在实践中，却经常出现媒体使用方面的问题。这是因为媒体开发者、媒体使用者总是企图或期盼新出现的教学媒体能独自完成教学任务。这种心理虽然能够促进媒体开发者将媒体功能开发得更强，使其操作更方便、负效应更小，也能促进使用者对新媒体的充分使用。但遗憾的是，教学媒体并不能独自完成教学任务，因为教或学过程的主体是生活在具体环境中活动的人，教学媒体只是一个影响因素，只提供了必要的客观条件，而主观条件才是教学媒体发挥作用的重要因素。基于同样的原因，任何教学媒体对具体对象（或对象群）来说不可能完全适合，与对象（或对象群）的心理要求必有差距，即媒体有所长也有所短。解决的现实办法是尽量综合使用媒体。这从客观上体现了系统科学的要求。

4. 与教育思想的关系

教育思想在教育实践中具有重要作用。同样的教学媒体，在不同的教育思想指导下会有不同的产出。联系教学媒体和教育思想的主要是教师和学生，教师和学生对教学和学习的态度构成了教育思想的主要部分。以往的教学是传递式教学，教师起主导作用，学生处于被动地位，学生所获得的知识局限于教师的知识广度。在实践过程中，人们的教育思想逐渐发生了转变，部分归因于系统科学对人们的影响。人们认识到教与学的过程是由多个要素构成的整体，要素间的联系也很重要，不能仅局限于师生之间的联系，还要重视教师之间、学生之间的内部协作。同时，人们还认识到教学的关键是学生的"学"，应为学生的"学"提供一切必要和可能的学习资源，发挥学生的积极性。

5. 对教育技术社会实践的影响

系统选择（或称要素的定位）的不同会导致对要素的作用认识不同。教育技术如果仅局限于学校，就不能发挥出其应有的作用。教育系统本身是社会的一个要素，教育技术自然是社会系统的一个子要素，它可以与其他要素一起发挥一定的作用。例如，在我国，教育技术与农村实际相结合，产生了燎原学校、农业广播电视学校等技术推广形式。有学者对内蒙古自治区的敖汉旗、奈曼旗进行调研，结果表明，利用教育技术手段能够及时推广实用的农业技术，提高农牧民的素质及其生活水平，受到人们的欢迎。教育技术对其他各要素作用的同时，也受其他要素的反作用。在上例中，由于教育技术给人们的生活提供了帮助，敖汉旗、奈曼旗的许多乡镇积极投资于教育技术硬件的配置，推动了教育技术的发展。同样，教育技术离不开社会系统的其他要素的协作。在敖汉旗、奈曼旗，教育技术部门主动与农、牧、水、电、卫生、林等部门密切合作，发挥了远程教育的作用。

2.5 多媒体设计理论

多媒体设计和开发是现代教育技术能力培养的一个重要方向,通过对多媒体认知模型和认知负荷理论的学习,进一步加强师范生对多媒体认知过程和模式的理解。有意识地在多媒体课件制作过程中运用认知负荷理论和多媒体设计原则,提升师范生的多媒体素养和应用能力。

2.5.1 认知负荷理论

1. 认知负荷理论的基本观点

1988 年,澳大利亚教育心理学家斯威勒(John Sweller)与他的同事第一次提出了认知负荷理论,主要从认知资源分配角度考察人类的学习和问题解决,关注学习者在学习过程中产生的认知负荷,把工作记忆容量的有限性看作学习的主要障碍,研究如何通过教学设计优化总的认知负荷,使工作记忆的容量更多地集中于将要学习的材料中,从而促进学习。其基本观点如下。

(1)外部认知负荷(Extraneous Cognitive Load)。由设计不当的教学引起,忽视了工作记忆的有限性,没有重视工作记忆资源的图式和自动化。外部认知负荷与学习材料的组织和呈现方式有关,不恰当的学习材料的编排方式要求学生从事一些与图式获得或自动化没有直接关联的活动,都会产生外部认知负荷。例如,教材内容的整合与编排不良使得学习者需要花费额外的努力去寻找相关的参考数据或索引时,会造成外部认知负荷。

(2)内部认知负荷(Intrinsic Cognitive Load)。由于元素间交互形成的负荷称为内部认知负荷,它取决于学习元素间的交互程度(Element Interactivity)。内部认知负荷来源于学习材料本身的难度、复杂度等内在特征,它是由学习材料本身的属性和学习者的专业技能水平之间的关系决定的。

(3)相关认知负荷(Germane Cognitive Load)。是一种"有效的(Effective)"认知负荷,取决于图式建构和自动化过程的学习活动。也是由外在的教学设计引起的,同样会增加学习者的认知负担,与外部认知负荷不同的是,相关认知负荷使学习者的认知资源用于与学习直接相关的加工活动中,从事更高级的认知加工(如重组、抽象、比较和推理等),从而支持图式的形成和意义建构,促进了学习。

2. 认知负荷理论对多媒体教学的启示

在教学过程中,最大限度地降低阻碍学习的外部认知负荷、优化促进学习的相关认知负荷,使总的认知负荷保持在工作记忆容量许可的范围内,通过促使学习者合理地利用有限的认知资源,达到较好的学习效果。

一是要降低外部认知负荷。避免与学习无关的活动;由于这种认知负荷是由不良的教学设计所引起的,因此可以通过教学设计进行干预,经由重新组织信息和活动设计加以改善。教学设计应尽量减少外部认知负荷对学习的干扰。

二是要管理内部认知负荷。控制元素的交互作用(Element interactivity);由于内部认知负荷是由学习材料引起的,是不可避免的,通过良好的教学设计可以有效地降低内部认知负荷。

三是要增加相关认知负荷。图式和自动化可弥补工作记忆容量有限的缺陷,将工作记忆资源用于图式的建构以及图式的自动化。

3. 多媒体教学认知负荷设计策略

(1) 优化多媒体材料呈现方式,降低外部认知负荷。由于学生的生活经验与记忆表象的储备空间是有限的,教学中教师可以采取一些措施弥补这样的不足,如使用语音、插图、多媒体技术等直观感性的呈现方式。如果教师纯粹使用文字呈现学习材料,会使学生的外部认知负荷加重;要想减轻学生的外部负荷,提高教学效果,教师可以采用文字描述与示意图相结合的形式。当然,插图等直观材料的使用,也可能会分散学生的注意力,使学生对阅读材料的加工和理解形成一定的障碍,使学生的认知负荷额外增加。因此,教学中应该对学习材料进行优化组合,选择最佳的呈现方式,精心设计多媒体课件,使学生的认知负荷降低,注意力集中,对阅读材料能够实现真正的理解。

(2) 加强学生图片使用指导,降低外部认知负荷。形象生动的图片容易引起学生的注意,但也容易使学生忽视配套的文字内容。所以,教师使用多媒体进行教学,可以通过文字辅助说明、言语提示等方式,或者让学生观察图片的同时,对图片所对应的课文内容进行朗读,引导学生同时关注图片和文本,并在心理上使两者联系起来,促进学生对课文的理解。同时,教师要有意识地培养学生良好的观察习惯,使学生能够逐渐从被动的学习向发现、体验、研究相结合的学习方式转变。

(3) 注重相关认知资源的补充,强化关联认知负荷。如果认知任务要求不高(带来的内部认知负荷不高),使得学习者的认知资源还有很大一部分可以利用,这时他就可以利用一些额外的认知资源来建构图式。关联认知负荷就是这种投入后对图式的建构有利,但不是必须投入的认知负荷。关联认知负荷与外部认知负荷一样,都与教学设计联系紧密。教学中教师可以通过对教学设计进行精心设计,使学生的关联认知负荷适度增加,使学生在图式建构中投入更多的努力,寻求更好的信息加工策略,从而使其学习质量得到提升。

(4) 关注学生个体发展差异,降低内部认知负荷。内部认知负荷是指由学习材料的难度水平带来的负荷。这类难度主要有绝对与相对之分。通常绝对难度是说材料自身的复杂程度,而相对难度则是从学习者的角度考虑,即同样的学习材料在不同知识水平的学习者身上有不同的反映。对于同一材料,学生的经验直接影响着学习的有效性。实际教学中,我们可能很难去改变材料自身的性质,这也就意味着内在认知负荷在既定学习条件下是较难改变的。斯威勒等认为,尽管教师对内部认知负荷可能无能为力,但对学生来说,可以通过图式的建构与图式的自动化两种方式来降低。图式建构是指把若干原本独立的元素组织成一个单一元素,但图式的自动化需要经过反复练习才能实现。

2.5.2 梅耶的多媒体学习原则[①]

1. 梅耶的多媒体学习认知模型

在 20 世纪末期的多媒体教学的研究热潮中,许多学者对多媒体环境下的学习过程进行了深入探索。在这一时期的研究中,梅耶(Mayer)的研究十分具有代表性。梅耶结合 Baddely 的工作记忆模型、Pavio 的双重编码理论、Sweller 的认知负荷理论等,在总结自己十余年实

---

① 张剑平等. 网络学习与适应性学习支持系统研究[M]. 北京:高等教育出版社,2003.

验研究的基础上，提出了多媒体学习的认知模型（见图2-5-1）。梅耶的多媒体学习认知模型主要是针对多媒体教学环境设计的，尤其针对文本和图片这两类主要信息的加工过程进行了研究，该模型更加具体和富有针对性。

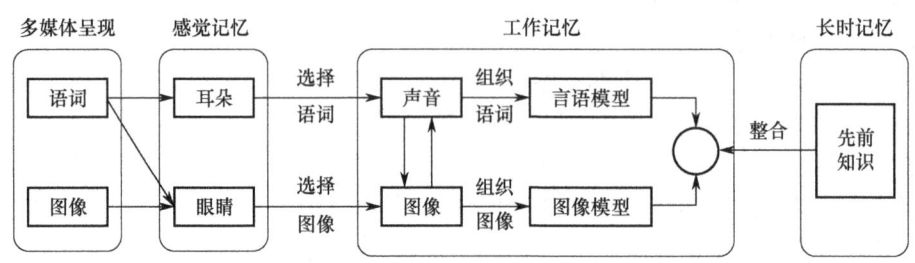

图2-5-1　梅耶多媒体学习认知模型

2．多媒体学习模型的三个基本假设

梅耶指出，按照人的心理工作方式设计的多媒体信息将更可能产生有意义的学习。在某些多媒体学习的设计中，把学习者看作单通道、无容量限制和被动加工系统的观点，被证明是与认知科学的研究结论相冲突的。因此，梅耶针对多媒体学习理论提出了三个基本假设。

（1）双通道假设。指人们对视觉表征材料和听觉表征材料拥有单独的信息加工通道。当信息通过一个通道进入人们的信息系统时，学习者可以转换表征方式，使其能在另一通道中被加工。屏幕文本最初可能是在视觉通道中被加工，因为它是呈现给眼睛的，但是一个有经验的读者会在心理上把有些表示声音的文字转化为声音，在听觉通道中加工。

（2）容量有限假设。容量有限假设（limited capacity assumption）指每个通道一次加工的信息数量是有限的。当向学习者呈现信息时，不管是插图、动画或口头解说，学习者并不能记住全部的内容，而是记住部分的或片段的信息。如米勒（G.Miller）于1956年所提出的，人的短时记忆容量7±2个组块，这一短时记忆容量也就是我们所说的短时记忆广度。当然，我们通过不断的练习，可以掌握多个组块的技巧，从而能够在每个组块中记住更多的元素。但是不管怎样，我们可以看出，人们在每个通道中的加工容量还是非常有限。

（3）主动加工假设。主动加工假设（active processing assumption）指人们为了其经验建构一致的心理表征会主动参与认知加工。这些主动的认知加工过程包括形成注意、组织新进入的信息，并将新进入的信息与其他知识进行整合。即人是试图理解多媒体呈现信息的主动加工者。

3．多媒体认知的三个基本过程

梅耶认为，学习应是知识建构的过程，学习者作为信息的主动加工者和意义的主动建构者，其目标不应停留于记忆和保持，更重要的是完成理解和迁移。在多媒体学习中，学习者的认知活动主要包括三个基本过程：选择、组织和整合。

（1）选择过程：学习者需要注意经过眼、耳进入信息加工系统的视觉和言语信息中的有关内容。从呈现的言语信息中，学习者选择重要的词语进行言语表征（选择语词），其结果是建构命题表征或语词库；从呈现的视觉信息中，学习者选择重要的图像进行视觉表征（选择图像），其结果是建构表象表征或图像库。

（2）组织过程：当学习者选择了视觉和言语材料之后，就会把进入工作记忆中的信息组织成一个连贯的整体。学习者对语词库重新进行组织（组织语词），形成关于语词中所描述情境的言语心理模型,这一过程发生在言语短时记忆中。学习者对图像库重新进行组织(组织图像),形成关于图像中所描述情境的视觉心理模型。

(3)整合过程:学习者需要在两类模型之间建立联系,并将所组织的信息与记忆中已有的、熟悉的知识结构联系起来。为使整合过程发生,视觉信息必须保持在视觉短时记忆中,同时,相应的言语信息需要保持在言语短时记忆中。然而,短时记忆的容量是有限的,因此,视觉与言语信息的整合将受到记忆负荷的限制。

需要指出的是,在多媒体信息的加工过程中,以上三个过程并非总是以线性的顺序发生。

4. 梅耶的多媒体教学原则

与前人的研究相比,梅耶的多媒体学习认知模型主要是针对多媒体教学环境而设计的,特别针对文字和图片这两类主要信息的加工过程进行了研究,因此相对而言该模型更加具体和富有针对性。此外,该模型十多年得到了百余次教学实验的检验,其合理性得到了充分的验证,在此基础上还总结出了多媒体教学的原则[①](见表 2-4),为实际环境下多媒体教学的有效开展提供了重要的理论指导意义。

表2-4 多媒体教学的原则

名称	描述
多媒体认知原则(Multimedia Principle)	使用包含语词和画面的多媒体材料进行学习,其学习效果比只有语词的材料要好
空间邻近原则(Spatial Contiguity Principle)	书上或屏幕上的文字与其相对应的画面邻近呈现比隔开呈现能使学习者学得更好
时间邻近原则(Temporal Contiguity Principle)	语词和画面同时呈现的多媒体材料比语词和画面分离呈现的材料能使学习者学得更好
一致性原则(Coherence Principle)	不含无关文字、声音、视频等要素的学习材料比包含无关要素的学习材料更能促进学习者的学习
标记原则(Signaling Principle)	对多媒体材料中的重要内容加以标记,突出强调,其学习效果好于未标记的材料
冗余性原则(Redundancy Principle)	使用"动画+语音解说"形式的多媒体材料比"动画+语音解说+屏幕文字解说"形式的多媒体材料能使学习者学得更好
多通道原则(Modality Principle)	学习者通过"动画+语音解说"形式的学习材料进行学习的深度好于使用"动画+屏幕文字"形式的学习材料
分段原则(Segmentation Principle)	将多媒体信息按学习步调分段呈现,学习效果会更好
预训练原则(Pre-training Principle)	学习者掌握和了解了学习内容的主要概念的名称和特性之后,会从多媒体中学得更好
个体差异原则(Individual Differences Principle)	多媒体设计效果对于知识水平低的学习者要强于知识水平高的学习者,空间能力高的学习者要好于空间能力低的学习者
声音原则(Voice Principle)	多媒体材料中的言语信息使用标准口音的发声比使用机器发声或外语,其效果会更好
图像原则(Image Principle)	多媒体教学中,讲解者的图像出现在屏幕上不一定优于不出现在屏幕上的效果

---

① Mayer, R. E. The Cambridge handbook of multimedia learning[M]. Cambridge: Cambridge University Press, 2005.

（续表）

名称	描述
个性化原则（Personalization Principle）	使用会话风格的多媒体材料进行学习，效果好于一般说明风格的多媒体材料
静态媒体原则（Static Principle）[1]	学习者使用"静态图片+文字"形式的学习材料，其效果好于"动画+语言解说"形式的学习材料
交互性原则（Interactive Principle）[2]	当学习者能够控制多媒体材料的呈现进度时，学习效果会更好

2.5.3 多媒体课件开发流程[3]

多媒体课件开发是一项复杂的系统工程，它的制作是为了实现教学目的，是教学内容和教学方法的体现。通常，多媒体课件的开发过程中，涉及教育学、心理学、传播学、美学、计算机科学等不同学科的多种专业知识，且需要不同专业的人员组成开发组，通过分工合作，共同完成课件的开发。不同的开发人员有不同的文化背景、兴趣爱好，进而导致各种不同的多媒体课件开发模型的出现。一般来说，多媒体课件作为一种软件，同样具有软件的一些基本特征，并且存在着软件提出、软件开发和软件淘汰的一般过程，因而也适用软件工程的思想和方法。将软件工程的思想和方法引入到多媒体课件开发中，是软件工程的发展和多媒体课件设计与制作需要的必然结果。基于软件工程的多媒体课件开发的流程包含项目定义与计划、设计、实现、评价和维护几个阶段（见图2-5-2）。表2-5还给出了各阶段的具体内容、主要负责人和产生的文档。

1. 项目定义与计划阶段

课件开发不同于一般软件开发，是针对特定的课程内容进行的，从逻辑上说，是先有课程内容再有课件，课件是建立在一定的课程内容基础上的，因此，关于"要解决的问题是什么，有可行的解吗，系统必须做什么"的问题就演变成"为什么要选择这一课程内容，是否可行，需求情况怎么样，学习对象是谁"等。课件开发的前端，是由特定的教学内容和教学对象引发的。

2. 设计阶段

设计阶段是整个课件开发的"重头戏"，决定了之后的具体实现情况及评价维护等一系列问题，包括教学设计和结构设计。这里的教学设计不完全同于一般课程的教学设计，在一般的教学设计中的一些环节，如学习者分析、课程内容分析等在项目定义与计划阶段都做了大方向的明确，在设计阶段，将进一步细化。这个阶段问题的中心在于"如何总体设计并具体实现课件"。

设计阶段的教学设计和结构设计，是针对不同的中心来设计的，前者是从课程教学的角度进行多媒体课件的教学设计，如图2-5-3所示；后者是从课件结构的角度设计的，安排目

---

[1] Mayer RE, Hegarty M, Mayer S, Campbell J. When Static Media Promote Active Learning: Annotated Illustrations Versus Narrated Animations in Multimedia Instruction[J] .Journal of Experimental Psychology: Applied, 2005, 11 (4): 256-265.

[2] Clark RC, Mayer RE.E-learning and the science of instruction: proven guidelines for consumers and designers of multimedia learning[M].Willy Publisher Science, 2007: 289-316.

[3] 龚玉清. 基于软件工程的课件开发[D]. 上海：华东师范大学，2004.

录主题的显示方式，建立信息间的层次结构和浏览顺序，确定信息间的交叉跳转关系，组织多媒体课件中的教学内容结构，以线性结构、树状结构、网状结构、混合结构等方式展现。两者之间有一定的重叠和反复，这两者既相互独立，又交织在一起，如教学设计中的教学策略设计和结构设计有相当大的重复，设计时既要符合课件的教学性，又要符合课件的技术性和艺术性，因此，需要学科教师和美工人员及媒体制作集成人员密切配合，充分交流，体现集体智慧的结晶。

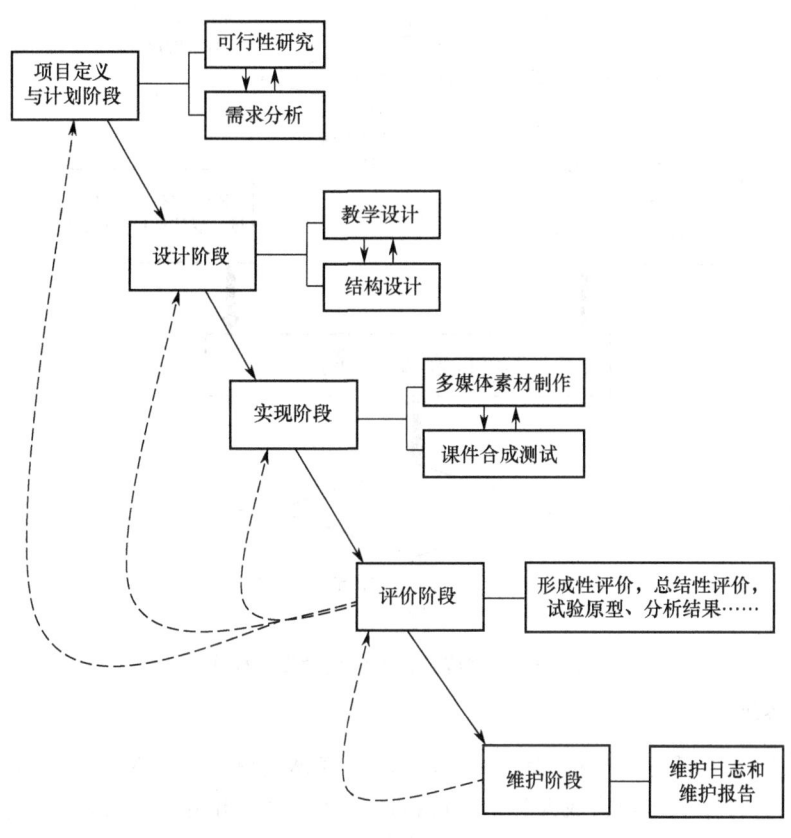

图 2-5-2　多媒体课件开发流程

表 2-5　多媒体课件开发阶段及任务划分

阶段划分	具体内容	主要负责人员	产生文档
项目定义与计划阶段	课程内容选择、可行性研究、需求分析	项目负责人	项目开发计划
设计阶段	教学设计	教学设计者、学科教师	文字脚本
	结构设计	软件工程师、媒体制作和集成人员	制作脚本
实现阶段	多媒体素材制作、课件编辑合成	媒体制作和集成人员	使用手册
评价阶段	试用评价	媒体制作和集成人员、学科教师	测评报告
维护阶段	维护修改	媒体制作和集成人员	维护报告

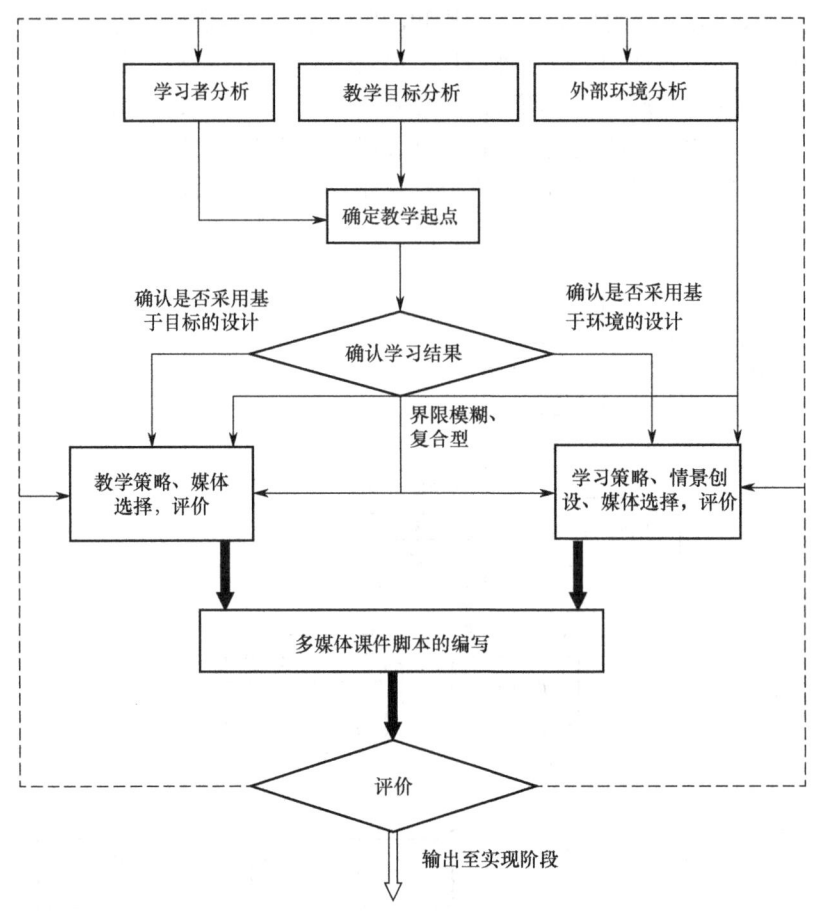

图 2-5-3　多媒体课件的教学设计模式

3．实现阶段

实现阶段的主要任务就是根据课件制作脚本多媒体素材制作和课件的编辑合成，课件开发的中心转移到媒体制作和集成人员上。选择何种开发平台和开发工具取决于教学目标和课件类型及运行环境。由于课件开发涉及多种媒体元素，因此要分类管理文件，并恰当命名，以"见名识义"。课件表现为声音和画面两个方面，同时具有技术性和艺术性的要求。如要求音色清晰、音质真实、音量适当；要求画面美观清晰、色彩和谐等。

4．评价和维护阶段

评价、维护阶段的主要任务是试用评价和维护修改。通过课件在教学实践中的试用，从教和学两个方面进行评价，从而发现课件的失当之处，如课件结构、媒体元素、呈现内容等方面的问题，形成测评报告，以进行修改完善。评价、维护是一个重要的环节，构成了对课件整体开发的反馈，推动课件质量的提升。

评价、维护虽然是课件开发的末端，但又是一个渐进完善课件的过程，贯穿课件从开发到淘汰的始终。课件的评价要采用学习评价理论，以学习者最终达到的学习目标和学习效果为根本依据，从而推广运用课件。

软件工程与计算机辅助教育的交叉融合，为多媒体课件开发指出了一条道路，而在这条路上需要更多的实践和创新，才能制作出真正符合教学需要的高质量的多媒体课件，促进计算机辅助教育的健康发展。

2.5.4 "平抛物体的运动"多媒体教学设计案例

1. 教学内容与学习水平分析表(见表2-6)

为了有效说明教学内容知识点和学习水平之间的对应关系和要求,可以构建教学内容与学习水平分析表,以二维表的形式直观地说明各个知识点所应该达到的学习水平。

表2-6 教学内容与学习水平分析表

教学内容		知 识 点	学习水平			
			知识	理解	应用	综合应用
运 动	1	平抛运动的概念	✔			
	2	平抛运动的特点		✔		
	3	对平抛运动的两个分运动的理解与应用		✔	✔	
	4	平抛运动的运用				✔

2. 教学目标的分析制定

(1)知道平抛运动的特点是初速度方向为水平,只在竖直方向受重力作用,运动轨迹是抛物线。

(2)理解平抛运动是匀变速曲线运动,其加速度为 g。

(3)理解平抛运动可以看作水平方向的匀速直线运动与竖直方向的自由落体运动的合运动,并且这两个运动并不互相影响。

3. 多媒体选用情况表(见表2-7)

运用多媒体课件进行教学,发挥信息技术的强大功能,增强学生对平抛运动的了解,拓展学习外延,扩大知识领域,提高学习能力。

表2-7 多媒体选用情况表

知识点	学习水平	计算机多媒体类型					媒体作用	媒体内容	使用方式
		文本	图片	声音	动画	影像			
1	知识				✔		陈述概念	平抛实验伽利略观点	演示实验陈述概念
2	理解				✔		提供示范	闪光摄影	边演示边讲解
3	理解与应用		✔		✔		显示过程解释原理	飞机投弹	边演示边讲解
4	综合应用	✔	✔				综合创新	图像函数	边观察边讲解

4．平抛运动教学流程图（见图 2-5-4）

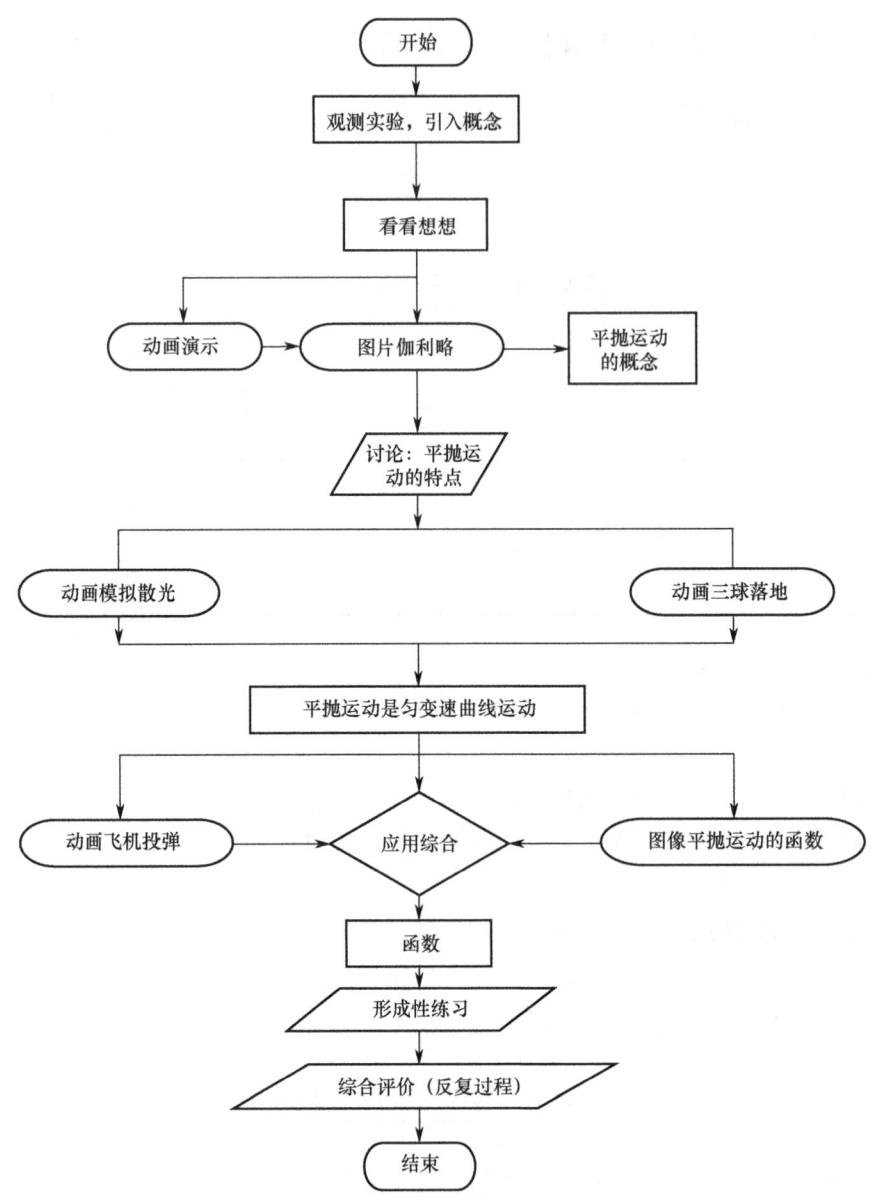

图 2-5-4　平抛运动教学流程图

参 考 文 献

[1] 何克抗. 教育技术学[M]. 北京：北京师范大学出版社，2005.
[2] 第三章教育技术学理论基础[EB/OL]. http://www.eapoo.com/doc/VmcMMg4zUTJaMARgVzdUbA==.html.
[3] 何文茜，高振环. 现代教育技术[M]. 北京：北京大学出版社，2009.
[4] 陈琦，刘儒德. 教育心理学[M]. 北京：高等教育出版社，2005.
[5] 张越，建构主义学习理论综述[J]. 当代教育论坛，2005（15）.

[6] 学习理论的基本流派[EB/OL]. http://school.btvu.org/CmsFile/rm/ip2/2002_10_18/xxjsy/xxjsy3/htm/xxjsy_2.htm.
[7] 学习理论的博客：学习理论[EB/OL]. http://i.mtime.com/xxll/.
[8] 基于人本主义学习理论的教学设计原则[EB/OL]. http://www.teacher.com.cn/forum/View.aspx?fId=160&aId=2061134&pf=2.
[9] [美] 威尔伯. 施拉姆, 威廉. 波特. 传播学概论[M]. 北京：中国人民大学出版社，2010.
[10] 教育技术学的理论基础[EB/OL]. http://wenku.baidu.com/view/0cfe2968a98271fe910ef9f0.html.
[11] 陶承德. 现代科学方法论[M]. 郑州：河南人民出版社，2010.
[12] 苗东升. 系统科学大学讲稿[M]. 北京：中国人民大学出版社，2007.
[13] 系统科学对教育技术的作用[EB/OL]. http://blog.sina.com.cn/s/blog_4aeb42500100073r.html.
[14] 第二节教育技术的心理学基础：行为主义与认知主义[EB/OL]. http://www.doc88.com/p-192105619601.html.
[15] 桑新民. 学习科学与技术——信息时代大学生学习能力培养[M]. 北京：高等教育出版社，2004.
[16] 戴尔. H. 申克著, 韦小满等译. 学习理论：教育的视角[M]. 南京：江苏教育出版社，2003.
[17] 罗明东, 和学仁, 李志平, 解继丽. 教育技术学基础——现代教学理论与信息技术整合的探索[M]. 北京：科学出版社，2007.
[18] 张剑平等. 网络学习与适应性学习支持系统研究[M]. 北京：高等教育出版社，2003.
[19] 龚玉清. 基于软件工程的多媒体课件开发研究[D]. 上海：华东师范大学，2004.
[20] Mayer, R. E. The Cambridge handbook of multimedia learning[M]. Cambridge： Cambridge University Press，2005.
[21] Mayer RE, Hegarty M, Mayer S, Campbell J. When Static Media Promote Active Learning：Annotated IllustrationsVersus Narrated Animations in Multimedia Instruction[J]. Journal of Experimental Psychology：Applied，2005，11（4）：256-265.
[22] Clark RC, Mayer RE.E-learning and the science of instruction: proven guidelines for consumers and designers of multimedia learning[M].Willy Publisher Science，2007：289-316.

第 3 章 教学设计

随着学习理论、教学理论的不断发展和教学资源的不断丰富,在教学领域越来越强调知识是通过学生主动的意义建构而获得的。学生要成为知识意义的加工主体,教师要成为学习的促进者、组织者和帮助者,教师角色要不断地向教学问题的分析者、教与学过程和资源的设计者、教学策略的决策者、学生学习过程的管理者和帮助者的方向转变,这便对教师的教学设计与实施教学活动的能力,提出了更高的要求。因此,要加强对教学设计问题的研究。

3.1 教学设计概述

3.1.1 教学设计的定义

心理学家加涅的界定:"教学设计是一个系统化(Systematic)规划教学系统的过程。教学系统本身是对资源和程序做出有利于学习的安排。任何组织机构,如果其目的旨在开发人的才能,均可以被包括在教学系统中。"

梅里尔(Merrill)等人关于教学设计的界定如下。

(1)教学设计是一种用于开发学习经验和学习环境的技术,这些学习经验和环境有利于学生获得特定的知识和技能。

(2)教学设计是一种将不同学习策略整合进教学经验的一门技术,利用这些教学经验可以使得知识技能的获得更有效率、更有效果和更吸引人。

(3)教学设计指导学生获取知识,帮助他们复诵、编码和处理信息,监控学生的学业行为,提供学习活动的反馈等。教学设计是一种创设学习经验和学习环境的技术,这些学习经验和学习环境有利于以上教学活动的顺利开展。

(4)掌握不同类型的知识技能需要不同的学习条件。如果一项教学经验或环境中没有包括掌握预期知识技能所要求的教学策略,那么,满足预期学习结果的有效率、有效果和有吸引力的学习便不可能发生。

(5)教学的目的是使学生(新手)获得知识技能;教学设计的目的是开发促进学生掌握这些知识与技能的经验和环境。

国内学者关于教学设计的界定如下:

(1)"教学设计是以获得优化的教学效果为目的,以学习理论、教学理论和传播理论为理论基础,运用系统方法分析教学问题、确定教学目标、建立解决教学问题的策略方案、试行解决方案、评价试行结果和修改方案的过程。"

(2)"所谓教学设计,就是为了达到一定的教学目的,对教什么(课程、内容等)和怎么教(组织、方法、传媒的使用等)进行设计。"

归纳以上的观点,对教学设计的一般定义描述为:以学习论、教学论、教育传播学、信息技术等作为指导思想的理论依据,采用系统方法,分析学习需要、确定学习目标和任务体系，整合教学策略，制订解决方案，开展评价活动和试行解决方案，并在评价基础上改进工作和方案的有序过程。教学设计的目的是实现教与学的最优化。

3.1.2 教学设计的特点

1. 系统教学设计以系统理论与方法作为其方法论基础

系统教学设计的最根本特征是追求教学系统的整体优化。系统理论把事物看成由相互关联的部分所组成的具有特定功能的整体。它要求人们着眼于整体，从整体与部分、整体与环境之间的相互联系、相互制约中选择解决问题的优化方案。例如，相对于一堂课来说，不仅要考虑这堂课中的各个要素，把它本身作为整体来看待，同时，还要考虑这堂课与本单元教学甚至本课程教学的关系。所以，教学系统作为一种"人为系统"，其本身是分层次的，而且由于参照点不同，系统的构成也是灵活多变的。当我们把课堂教学作为一个系统来对待时，系统教学设计主要是从"输入（建立目标）-过程（导向目标）-输出（评价目标）"这一视角来看待其整体优化问题的。系统教学设计有利于真正从行动上落实教学系统的整体观念，克服以往的局部改革对旧教学机制触动不大的缺陷。

2. 系统教学设计更加完整合理地看待学习与教学之间的关系

系统教学设计致力于设计、开发、利用及评价恰当的学习环境、学习资源和学习经验，因而，"为学习设计教学"这一当代杰出教学设计理论家罗伯特·M.加涅提出的名言，正是人们长期以来对学与教关系加深认识的总结。系统教学设计把"学习"看成学习者认知结构或业绩行为发生的持久变化，这一变化既体现在过程中，又反映在结果上。"学习过程"遵循着一系列复杂的身心内部加工，如产生警觉、知觉选择、复诵强化、编码组织、提取回忆、执行监控、建立期望等；"学习结果"则是身心状态的积极转变，如认知完善、情感陶冶、态度转变、动作精致、交往和谐等；两者共同构成了学习的内部条件。教学不仅仅体现为教师教与学生学的共同活动（劳动）性质，更重要的是，教学是人们精心创设的环境，通过外部条件的作用方式，激发、支持和推动学习内部过程的有效发生和学习结果的达成。因此，学习的内部条件（学习过程与学习结果）与学习的外部条件（教学）共同决定了学习者的发展潜力。然而，教学本身却是围绕着学习展开的，教是为学服务的。为学习设计教学即意味着不仅要考虑教师教得方便、教得精彩、教得舒畅，而且要把学习与学习者作为焦点，以教导学、以教促学。

3. 系统教学设计重视教学活动的循序操作

系统教学设计中的"系统"一词，既有着眼整体、统揽全局的意思，也包含有条不紊、合理有序的内容。所谓重视教学活动的循序操作，就是要突出教学在促进学习过程中的程序化与计划性。也就是说，教师在备课、上课、评（价）课、说课等一系列教学工作中都应有相对明确的操作程序和基本要求。这些程序和要求有些是同教师以往的经验积累相吻合的，或者他们在实践摸索中已经知晓；有些则是集学习理论、教学理论与技术、传播理论等多学科数十年研究得出的尝试性结论，它们往往需要广大教师，特别是那些有经验的教师敞开心胸去认真倾听和择善而从。人们不能把循序操作看成对"教无定法"的否定，当然也不是让人死守教条、刻板行事，而是强调教学外部条件应环环相扣、层层落实。

4．系统教学设计致力于提高教师的教学素养

系统教学设计虽然以学习者为焦点，但绝不意味着教师教学素养的高低与学习结果无关。恰恰相反，与以往的做法相比较，系统教学设计把教学成功建立在教师教学工作的规范化、合理化、有序化和技术化的基础之上。通过系统教学设计的实践，能够让教师目标更明确（知道要做什么）、程序更清晰（知道应怎样去做）、针对性更强（知道为什么要这样做）和灵活性更大（知道在什么样的具体情况下该做什么和怎样去做）。从这个意义上说，系统教学设计对于一所学校、一个地区普遍提高教师的教学素养是一条现实合理的途径，也是较为理想且富有实效的"名师工程"，由此可推出一大批合乎规范、质量稳定的教学新人，缩短从"新手"到"专家"的转换时间，减少失误，少付代价。在这个基础上，每一位教师都可能随着经验积累与个人风格的形成，逐渐达到教学上炉火纯青、出神入化的艺术境界。因而，系统教学设计在提高教师教学素养上具有"雪中送炭"和"锦上添花"的双重效能。

5．系统教学设计强调从学习者的需要出发确立教学目标

教学目标是指某一教学活动结束后学生应达到的预期状态。根据系统教学设计的逻辑，教学始于问题，问题则表明现状（教学开始前）与预期状态（教学结束后）之间存在的差距，有差距也就是有学习与教学的需要。因此，教学目标的确定除了要把教学大纲作为依据，认真钻研教科书和教学参考资料之外，更重要的是对学习者的学习需要进行评估和分析。需要评估是寻找教学起始点与教学终结点之间的差距大小；需要分析则是对已确定的多项需要加以筛选、鉴别，列出一种或几种需要优先满足的需要。从需要出发确立目标，意味着对学习者进入某一教学活动时的起点行为进行细致分析。当学习处于一个连续环节时，学生的起点行为实际上就体现为对新任务掌握产生重要影响的先决知能。根据学习者的需要确定目标之后，还要考虑将教学目标具体化，实际上这往往是指把教学目的、意图、范围、领域转化为具体的行为目标或业绩目标。也就是说，应当按照期望学习者身上出现的可观察、可操作、可测量结果的方式对教学目标做出具体的说明。这种说明常常包含了行为（做什么）、条件（在什么具体情况下）和标准（达到什么样的要求）三种成分的句子陈述。

6．系统教学设计要求教师对教学任务进行周密分析

教学任务分析要求把教学活动结束时学生应达到的预期结果，即将终点目标分解为若干个过渡目标或从属技能，分析过渡目标本身之间的关系，以及过渡目标又以哪些先决条件作为支撑。换句话说，教学任务分析是要查明新学习内容以什么样的逻辑顺序体现层级关系或组成关系，并以哪些原有的知识技能作为先决条件。显然，教学任务分析是以教学目标为依据，"由上而下"地逐级排序，由此对学习过程的开展进行"层级分析""程序分析"或"归类分析"，从而确定"可能的教学起点"。将来的实际教学过程遵循着任务分析中确定的路径"由下而上"地逐级达标。两者之间的互逆关系表明，教学任务分析通过厘清目标序列和层级，为教学过程的设计与实施提供了依据。如果说教学目标是确定"教什么"，那么，任务分析则是把握"先教什么，后教什么"，并指明应"怎样去教"。由此可见，任务分析是教学过程的"路线图"，绘好这张图有赖于教师做好以下几项工作。

① 先确定具体、清晰的终点目标。
② 为了达成终点目标，学生必须先掌握哪一个过渡目标？
③ 为了掌握这一个过渡目标，必须先知道什么或先会做什么？逐级推演，直到找出全

④ 按照终点目标-过渡目标-先决条件的层级进行排序。
⑤ 考虑通过什么样的方法和途径才能最有效地达成每一项学习任务。
⑥ 根据学生的起点行为确定"可能的教学起始点"。

从以上操作可以看到，教学任务分析比以往单纯确定教学重点和难点的做法更为周到、详尽和科学。

7. 系统教学设计在学习归类的基础上，提出"分类教学"原则

从"为学习设计教学"这一基本观念出发，系统教学设计确定了"不同的学习需要有不同的教学条件"的新思路，即"分类教学"的原则。当代认知心理学家和教学设计理论家越来越倾向于将学习任务划分为以下 6 种类型。

① 言语信息（陈述性知识）；
② 智力技能（程序性知识）；
③ 认知策略（策略性或情境性知识）；
④ 动作技能；
⑤ 情感态度；
⑥ 社会交往等领域。

在备课中，以教材内容或学科内容为载体，一旦能够确定学习任务属于哪一种或哪几种类型，那么，教师就可以据此设计教学过程，有针对性地创设教学环境，促使学习有效地发生。若对学习没有进行合理地归类，就会导致教学有的放矢或较为笼统。强调"学习归类"，既可以弥补以往学科间互相隔阂、联系薄弱的缺陷，又可以为不同类型学习结果之间的转化、迁移、渗透提供保障。

8. 系统教学设计要求教学目标与检测项目的对应匹配

如何保证全部教学行为都能够不脱离教学目标呢？系统教学设计认为行为目标与教学结果检测项目之间必须有一一对应的关系，也就是说，一个行为目标至少应有一项检测项目加以落实，必要时常常用几项检测项目（不同类型、不同形式）检查一个行为目标。再加上讲解实例、课内尝试练习和回家练习作业的新选择，系统教学设计为教学目标的达成建立了可靠的监控调节机制。从这个意义上讲，系统教学设计倡导者所津津乐道的一句格言"为检测而教"，就丝毫不带有"应试教学"之嫌，反倒证明这是在教学中运用全面质量管理或全面质量控制思想的生动体现。传统教学（设计）在质量监控方面显得软弱无力，往往只是到了检测实施之前才考虑检测项目，或者是因为没有明确具体的行为目标，选择检测项目的主观随意性很大。

9. 系统教学设计以达标度作为评估教学效果的主要依据

传统教学在评估教学效果时往往有两个特点：一是从教师教的角度出发来考虑教学效果，例如，"教师是否讲透、讲完了教材""教师是否使用了计算机辅助手段""教师采用的教学方法是否吸引人或带有新颖性（如发现法）"，等等；二是过分强调常模参照比较，热衷于按照百分制、评分制等进行横向排列。

系统教学设计则以达标度作为评估教师教学与学生学习的依据。由于行为目标事先得到了确认，检测项目又与之对应，因而根据检测结果得到的达标程度（例如，将不同测验项目归并为相应的教学目标，据此可以设计表达式统计学生个体及群体达标度，用适当的代码对

学生出现的测试错误进行归类）能够清楚地反映教学实施的效果究竟如何。这种以"产品"（结果）为导向的评价观，再加上贯彻因人而异的分层达标思想，能够真正激发学习者的积极性，使原有的"少数人掌握大部分目标"变为"绝大部分人都能掌握大部分目标"，使得教学评价真正担负起了解进步状况、检查达标程度、激励付出努力、监控教学实施、调整教学安排等多重功能。

10．系统教学设计强调必须精心安排教学过程

系统教学过程体现为按照时间流程和受空间条件制约的教学环节实际展开的程序。在教学目标的指引下，根据学生的起点行为和学习任务归类，考虑对教学任务所做的周密分析，教师可以对课时分配、教学内容等进行处理，以及对策略、方法、媒体及教学组织形式的选择做出优化决策。当代教学设计理论都一致强调教学过程要依据学习过程的性质与特点，教的步骤要支持学习过程的展开与预期学习效果的达成。具体来说，系统教学设计所倡导的精心安排教学过程大体包括以下几个方面。

① 课时的划分应根据多种因素整体考虑，至少在一堂课的单位时间内包括引入、提取、编码、练习、巩固或迁移等一组"模块"；

② 教学内容的排序以学习者接受掌握的心理顺序为主，兼顾内容本身的逻辑顺序；

③ 教学策略、方法、媒体的选择应摒弃 "先验决定论"或"单一优越论"的偏见，提倡合理选择、优化组合；

④ 教学组织形式应着重考虑师生、生生互动的适宜性，加强课堂交往的力度，并根据需要恰当转换互动方式；

⑤ 课堂教学活动的展开应遵循学习过程发生的规律，包括引起注意，激发动机，告知目标，回忆相关知能，呈现新任务，帮助指导编码以理解意义，为每个学生提供尝试练习、体验结果的机会并给予反馈，精心安排作业，以使学生进一步巩固和迁移。其核心是促进有意义学习和确保在"主动学习时间"内有成功感。

上述对系统教学设计特色的概括，绝不是故意贬低、诋毁以往的教学理论与实践，因为它们之间不是简单的"有或无"关系，这样做只是想说明系统教学设计确实能够反映现代教育和心理科学的重要进展，提高课堂教学中新理论与技术的含量，着眼于在原有教学理论与实践的基础上加以改进，弥补其不足，尝试走出一条扩大内涵、提高效益、批量化培养"专家"教师（尤其是中青年"专家"教师）的新道路。无须讳言，"没有最好，只有更好"，从传统教学观到系统教学设计的转变，尚有待于更多的观念碰撞与实践尝试。唯有此，人们才会进一步体会到当代教学设计理论的效用，并与广大教师分享成功的喜悦。

3.1.3　教学设计的理论基础

1．系统理论

系统理论是作为一种科学的方法论，对教学设计产生了举足轻重的影响。任何系统都包括五个要素：人、物、过程、外部限制因素和可用资源，这五个要素间有以下3种联系形式。

① 过程的时间顺序；

② 各要素间数据或信息流程；

③ 从一个系统中输入或输出的原材料（人或物）。

2. 传播理论

信息传播是由信息源、信息内容、信息渠道与信息接收者为主要成分的系统。进行信息传播，必须对信息进行编码，考虑信息的结构与顺序是否符合信息接收者的思维与心理顺序。信息不能"超载"，过于密集的信息直接影响传递效果，增加接收者的负担。另外，不同信息的注意获得特性不同，有些图像信息宜于以视频方式呈现，有些则宜于以音频方式呈现。同时，还可以运用多种暗示技巧来增强这种注意获得特性，更重要的是根据信息接收者的特性（年龄、性别、偏好等），激发其内在学习动机等。

3. 学习理论

各种教育理论对教学设计的关系分别如下。

1）行为主义理论与教学设计

概括地说，行为主义观点在教学设计中最基本的应用是把可观察行为作为教学基础，提出用可观察行为动词界定各类教学目标（包括价值观与教学态度），并依此进行教学传递与评价。

2）认知理论与教学设计

认知理论探讨学习者内部的认知活动，其中主要是信息加工学习理论和认知建构学习理论。信息加工学习理论把人类的学习过程看成一系列信息加工的转换过程，例如，加涅的信息加工理论中有关学习与记忆的 8 个阶段的学习模型。认知建构学习理论是在皮亚杰和维果茨基的学说基础上发展起来的，认知建构学习理论对教学设计的指导意义在于建构过程要引导学生发现原有知识结构与新知识之间的不协调性，然后主动去改变它。学习的认知建构发生在具体的情景中，在具体的情景中，能够使学生感受到知识的意义。

3）人本主义学习理论与教学设计

人本主义学习理论对教学设计的意义大都是在观念上的，包括如何发挥人的潜能问题等。

3.2 教学活动设计

教学设计过程的一般模式可以用前期分析、教学目标、教学策略和教学评价四部分进行描述。教学设计过程的一般模式中，前期分析是教学设计的依据。教学目标是按照学习的分类和学习分类的层次划分学习任务，为设计"教"与"学"的学习经验提供的依据。教学策略是对教学方法、教学活动程序、教学组织形式、教学媒体等的一体化规划、设计和组合。教学评价是通过对教学设计成果的试用、检验，发现问题，进行反馈、修正和优化。

3.2.1 前期分析

前期分析包括学习需要分析、学习内容分析和学习者分析三方面的内容。

1. 学习需要分析

在教学设计中，学习需要是一个专门的概念，是指学习者学习方面当前的状况与被期望达到的状况之间的距离，或者说，是学习者已经具备的水平与期望达到的水平之间的差距。学习需要分析是界定现实结果和预期结果之间差距的一般过程。学习需要分析的结果提供学生之间"差距"的有效资料和数据，从而帮助确定总的教学目标。研究系统的大小不同，学习需要分析也具有不同的层次，大到对整个教育系统做学习需要分析，小至对课程单元或一个课时做学习需要分析。对学生现状的调查在教学中至关重要，具体的调查方法包括：与学生正式或非正式交谈，查阅学生的相关试卷和作业、测验，与学生家长或相关教师开展调查与交流，等等。

学习需要分析方法包括内部参照分析和外部参照分析。内部参照分析常用的数据收集方法为：设计形成性的座谈会、测验题、问卷或观察表；外部参照分析常用的数据收集方法为跟踪访谈和问卷调查。

学习需要可划分为六种类型，包括标准的需要（通过把一个对象与某种既定标准进行比较所确定的差距）、比较的需要（通过把对象组与其他的被认为是规范的学校或机构相比较而确定的差距）、感到的需要（个人认识或体验到的个体行为或某个对象行为的差距或不足，以及对改进的要求；或者说，一种现在行为或技能水平与所预期行为或技能水平之间的差距）、表达的需要（个体要把感到的需要表达出来的一种"需要"）、预期的需要（指将来理想状态的需要）、处理突发事变的需要。

分析学习需要往往是以教学中存在的问题为起点的，教学设计主要考虑7个方面的教学问题：教学中是否有不适合学习者的学习目标？教学传送方式是否有效？教学能否提高学习者的动机、兴趣？是否能够达到学习目标？课程中是否增加了新的学习目标？学习者的组成是否有变化？资源和约束条件的情况如何？

学习需要分析的四个步骤为规划、收集数据、分析数据、准备最后的报告。

2．学习内容分析

学习内容分析主要分为四方面内容：确定教学目标的类型、对教学目标进行信息加工分析和确定学习内容、学习内容组织（或安排）、初步评价。

教学目标的类型或学习结果分类，可以按布鲁姆等人提出的"认知、技能和态度"分成三个领域，也可以按照加涅提出的五种学习结果"言语信息、智力技能、认知策略、动作技能和态度"分成五类。教学设计中，把教学内容划分为课程（单指一门课程）、单元和课堂（可以是知识点或一项技能等）三个分析层次。对每一个层次，依据言语信息、智力技能、认知策略、动作技能和态度五种学习结果进行分类，区别学习任务的性质，并为进一步细化提供依据，确定教学目标的类型。

教学设计中至少用到两类目标：学习结束时应该达到的目标（教学目标）和学习过程中必须达到的多个阶段目标。前一种称为"终点目标"，后一种称为"使能目标"。学习内容分析采用的步骤是从"终点"目标开始，然后由上到下、按部就班地分析确定达到终点目标的一系列前提条件，并把它们作为按分类层次建立起来的、系统的使能目标，或称为单元目标。

信息加工分析又称过程任务分析，是以学习需要分析过程中得到的教学目标和学习者分析中得到的学生的起点状态为依据，逐步分析列出一系列的信息加工内容和单元目标，从教学的终端状态一直延续至学习者的起点状态。信息加工分析采用加涅提出的五种学习结果"言语信息、智力技能、认知策略、动作技能、态度"进行分类，首先将教学目标分解为五种内容的子目标，然后根据各类中的内容层次关系将其进一步分解成在内容上并列或从属的子单元。对学习内容进行信息加工分析，就是将实现教学目标时学习者信息加工中涉及的所有心理的和操作的过程揭示出来的分析方法，或者说是确定学习者要达到目标所需要的学习内容。信息加工分析可以清楚地描述实现教学目标的信息加工步骤和单元目标，即呈现一系列目标和行为，并且还可以揭示出某些不明显的个别步骤。

信息加工分析完成后，学习内容分析的另一项任务就是鉴定从起点到终点之间所必须掌握的先决条件。先决条件包括必要条件和支持性条件两类。必要条件是指决定下一步学习必不可少的条件，也就是使能目标。使能目标是构成高一级能力或倾向的组成成分，没有使能目标，学习活动将无法进行。

有效的学习除了必要条件之外，还要有一定的支持性条件。支持性条件则像化学中的"催化剂"，有助于加速或减缓新学习的进行。例如，认知策略、心智技能、学习动机与态度等则是学习的支持性条件。

学习内容的组织是依据确定学习内容中具体知识技能的逻辑结构和学习理论，对内容进行科学的安排和组合。学习理论关于学习内容组织的重要观点主要包括三种：美国心理学家布鲁纳提出的螺旋式排列教学内容的主张；美国心理学家加涅提出的直线编排教学内容的主张；美国心理学家奥苏贝尔提出的逐渐分化和综合贯通的原则。在编排学习内容时，应根据学科特点对上述三种观点综合运用。例如，由整体到部分，由一般到个别，不断分化；确保从已知到未知，由浅入深、由易到难、由具体到抽象，由较简单的先决技能到复杂技能的序列，排成一个有层次或有关联的系统，使前一部分的学习为后一部分的学习提供基础，成为学习的"认知固定点"；按事物发展的规律排列；注意学习内容之间的横向联系，加强概念原理、单元课题之间的联系，以及知识、技能、情感各部分内容之间的协调衔接，促进融会贯通和学习的迁移。

初步评价是一种形成性评价，用于考察选择和组织的学习内容的效用及其对学生的适合性。评价的内容主要包括：确定内容对目标的有效性、确定内容组织的科学性、确定内容的教学性和适用性。

3．学习者分析

学习者分析包括学习准备、学习风格和心理发展的年龄特征三项内容。

（1）对学习者学习准备的分析包括以下三个方面。

分析学习者从事新学习的预备技能方面。了解学习者是否具备了新学习所必须掌握的知识与技能，这是从事新学习的基础；

分析学习者对新学习内容的目标技能的掌握情况，了解学习者是否已经掌握了或部分掌握了教学目标中规定的知识与技能。对那些已经掌握了的内容，显然没有必要再作为继续学习的内容。

分析学习者对从事特定学科内容学习的认识与态度，检查是否存在偏爱或误解。确定学生起点行为的方法有很多。在一般情况下，教师可以利用学生的作业、小测验或通过课堂提问等方式了解学生原有的基础。教师也可以通过诊断性的单元测验，来确定学生的起点能力或倾向。

（2）学习风格是学习者持续一贯的带有个性特征的学习方式，也是学习策略和学习倾向的总和。学习风格的构成有生理、心理和社会三个要素。

学习风格的生理要素指个体对外界刺激（声、光、温度等）的生理反应，一天的时间节律，以及在接收外界信息时对不同感觉通道的偏爱。

学习风格的心理要素包括认知、情感和意志动机三方面。认知要素具体表现在认知过程中归类的宽度、信息的顺序加工与同时加工、场依存性和场独立性、分析与综合、沉思与冲动等方面。情感要素具体表现在理性水平的高低、学习兴趣或好奇心的高低、成就动机的差异、内控与外控，以及焦虑性质与水平的差异等方面。意志动机要素则表现为学习坚持性的高低、言语表达力的差异、冒险与谨慎等方面。

学习风格的社会要素，包括个体在独立学习与结伴学习、竞争与合作等方面所表现出的特征。

（3）学习者心理发展的年龄特征分析。

人的心理发展表现出若干个连续的阶段，处在不同年龄阶段的学习者会表现出不同的心理特征。学习者的心理发展规律及特征是教育工作的重要依据，教学内容和教学策略的选择都要考虑这一因素。

分析学习者的心理特征因素，可以从心理的认知因素（如感知、记忆、思维、想象等方面）和意向因素（如动机、注意、情感、意志等方面）入手。前者是决定认知过程速度与水平的主要因素，也称智力因素；后者与学习者的积极状态相关，称为非智力因素，还可以从学习者的认知特点、注意特点、情感特点和个性特点等方面入手。

3.2.2 教学目标的设计

教学目标的设计包括两个方面，即制订可以操作的学习目标和编写评价学习目标的材料。

1．制订可操作的学习目标

1）五类学习结果分类方法

心理学家加涅提出的5类学习结果分类方法被公认为最具权威的学习目标理论之一。加涅根据学习结果的特点，把学习结果分为言语信息、智力技能、认知策略、动作技能和态度五种类型。

（1）言语信息，指学习者陈述观念的能力，包括口头和书面陈述事实、名称、概念、规则的能力。

（2）智力技能，指"运用符号办事的能力"，包括辨别事物差异的能力、学习和运用概念的能力、运用规则的能力、解决问题的能力。学习较高一级的智力技能以较低一级的智力技能为先决条件。可将智力技能理解为获得信息和加工信息的技能。

（3）认知策略，指学习者控制与调节自身的学习、记忆与思维等认知过程的能力，是学习者指导自己学习的能力，它对学习者的信息加工过程起定向作用。要提高认知策略水平，需要学习者有机会和有意识地练习、运用认知策略。

（4）动作技能，指学习者进行身体操作性活动的能力，主要表现为肌肉的协调性。动作技能又可分为运动型和职业型。运动技能的学习，需要在掌握动作技能的基本程序后，反复练习和不断强化。

（5）态度，指个体获得的一种内部状态，它影响个体对事物或行为的选择，表现为一种行为的取向。有时，可将态度与价值观结合在一起考虑。加涅把态度作为个体通过学习所获得的一种能力，因为态度能影响人的操作。

加涅在对学习进行分类的同时，指出了不同类型的学习需要不同的内部条件和外部条件。学习的内部条件主要指学习者的认知能力和态度；外部条件则由教学提供。例如，言语信息学习的内部条件：学习者已形成的相应的知识结构，记忆中能呈现相关的信息；同时，学习者还需具备言语编码的策略（指组织言语内容的能力），以便能够进行陈述。言语信息学习的外部条件：信息应以不同的方式呈现，使之能引起学习者的注意和选择；信息应在一种有意义的背景中呈现；对信息进行有意义的编码（指与原有知识的连接）。在确定教学目标时，需同时考虑学习的外部条件和学习的内部条件。

2）布卢姆的教育目标分类

1956年，布卢姆（Bloom，B.S.）等人的《教育目标分类学第一分册：认知领域》正式出版，标志着教育目标分类学的研究拉开了序幕。到了1966年，十年的时间内，在认知，情感和心理动作领域都初步完成了教育目标分类。50年来，布卢姆的教育目标分类学产生了巨大的影响。

布卢姆的教育目标分类被公认为最具权威的教育目标理论之一。布卢姆将认知领域的目标分为以下六个层次。

（1）知识（Knowledge）。"知识"学习的特征是记忆，包括再认和再现，这两个过程都涉及对储存在大脑中的有关信息或事实的回忆。知识水平的目标注重的是对有关信息的储存和回忆。学生在回答这类问题时先要发现问题中适当的线索，以便回忆有关的信息。在回答这类问题的过程中，只需要回忆信息，不需要对有关信息进行加工。

（2）领会（Comprehension）。"领会"注重的是对有关信息的转化，使信息变成更易于理解的形式。在回答领会层次的问题时，要求学习者对学过的知识进行加工或变换，以证明对知识的理解。领会有三种行为：一是转化，学习者能用自己的语言阐述某一问题；二是解释，学习者在头脑中对储存的信息进行了重新整理、排列，并理解观念之间的相互关系；三是推理，学习者能根据某一陈述进行推理，得出结论，或预测变化的趋势。

（3）运用（Application）。"运用"涉及利用学过的知识去解决问题。问题的新颖性和独特性是"运用"的特征。如果问题是学习者以前遇见过的，那只是回忆。学习者在回答运用层次的问题时，分两个步骤：第一步，确认以前是否遇到过相似的问题；第二步，选择合适的解决方法并解决问题。

（4）分析（Analysis）。"分析"是比领会和运用更高层次的学习。"分析"注重把材料分解成各个组成部分，并清楚地理解各部分之间的相互关系及其构成方式。"分析"包括要素分析、关系分析和组织原理分析。

（5）综合（Synthesis）。"综合"是指创造性地将各种要素和组成部分组合起来，形成一个新的独特整体的过程。综合包括进行独特的交流、诗歌的创作、论文的撰写，制订计划或操作程序，推导出一套抽象关系等。

（6）评价（Evaluation）。"评价"是根据一定的准则，对有关的信息（观点、作品、方法、程序等）做出合理的判断。正如创造性是综合的特征，价值判断是评价的特征。解答评价层次问题首先要建立一套合适的标准或价值体系；然后，要评价观点、思想或事件是否符合判断标准。评价是对前面五种层次行为的组合，评价可分为依据内在证据的评价和依据外在准则的评价。

2．编写评价学习目标的材料

为了克服学习目标陈述的含糊性，心理学家将学习目标分为行为目标、内部心理与外显行为相结合的目标和表现性目标三种类型。

（1）行为目标是用学生学习之后将产生的行为变化来描述的目标，也就是用可观察和可测量的行为来陈述的目标。行为目标应符合三个条件：一是要说明通过教学后，学生能做什么（或会说什么），二是要规定学生的行为产生的条件；三是规定符合要求的作业的标准。

（2）内部心理与外显行为相结合的目标指采用内在心理状态与外显行为表现相结合的描述方法来陈述的目标。既陈述如记忆、理解、创造、欣赏、热爱、尊重等内在的心理变化，又列举反映这些内在变化的行为样例。

（3）表现性目标要求规定学生必须参加的活动，而不必精确规定每个学生应从这些活动中习得什么。表现性目标易于作为教学目标的补充。加涅的五要素目标运用两个动词（一个定义能力，另一个定义可观察的行为）来对学习者的内在能力与外部行为表现进行界定。五个要素包括：代表学习结果类型的"习得的能力动词"、代表外部行为变化的"行为动词"、指明学习者行为操作内容的"对象"、规定执行行为所处环境的"情境"，以及行为需要的"工具、限制和特殊条件"。

教学目标必须符合以下三个基本要求：

（1）教学目标应陈述通过一定的学习活动后，学生内在心理状态的变化，如能力提高、态度改善、正确自我观建立等，而不应陈述教师的行为。

（2）陈述得好的教育目标应反映学习的类型，如言语信息、认知策略、智力技能等。即使在同一学习类型中，也应反映学生掌握的水平，如智力技能学习的教学目标应反映辨别、概念、规则、高级规则、问题解决五个层次。

（3）教学目标的陈述应力求明确、具体，并可以观察和测量，尽量避免用含糊的和不切实际的语言陈述教学目标。

3.2.3 教学策略的设计

教学策略的设计（发展教学策略）包括对教学模式（程序）、教学组织形式、教学方法、教学媒体的选择、决策、整合和开发。发展教学策略的理论基础和实践依据涉及多方面的内容，如学习理论、传播理论、教学理论、教学目标、前期分析、教师本人的素质、教学能力、教学资源条件等。在操作方法上采用系统方法，即运用系统方法，适当选择教学的模式、方法、组织形式和媒体等，并有机地整合在一起。制定的教学策略应具有针对性、灵活性、整体性。针对性指能准确高效率地实现特定的教学任务或教学目标；灵活性指能方便有效地适用于多种目标的教与学活动；整体性指通过教与学活动的程序、方法、组织形式等的正确选择与有机组合，实现系统优化和整体功能。

1. 教学模式

教学模式指能够反映特定学习理论或教学理论，并为保持教学的相对稳定而采用的教学活动结构。教学设计过程中具体采用哪种教学模式应视具体情况而定。教学模式包含四方面的内容，即步骤安排、师生交往系统、反馈方式和支持系统。

步骤安排指对教学活动顺序和教学阶段的安排，每个教学模式都是由一系列独特的、有序的活动组成的。师生交往系统指教学活动中的角色扮演、遵循的规则及其师生之间的相互关系。一般有教师中心（集中型）、学生中心（松散型）和师生互动（温和型）三种典型方式。反馈方式指教师如何观察学生和如何对学生的表现做出反应。支持系统指为了使教学模式达到预期效果必须具备或提供的一些特殊条件，任何一种教学模式都要求配备一定的物质条件，如图书、声像设备等。

尽管教学模式多种多样，但大致可以归入以下四类。

（1）行为矫正模式。以行为主义心理学为理论基础，重视学习者的外显行为，而不关心其内部心理结构及变化。这类模式在教学过程中倾向于把学习任务分成一系列具体而有序的行为，学习情境的控制权一般都掌握在教师手中。

（2）信息加工模式。以认知心理学为理论基础，比较重视学生的信息加工能力。不过，信息加工涉及信息组织、概念形成、问题解决等不同的方面，由于对这些加工过程的重视程度不同，因而就产生了概念形成教学模式、创造性培养教学模式等不同模式。

（3）个人发展模式。以人本主义心理学为理论基础，重视个人价值的实现、个人潜能的发挥，以及个人的情感生活，强调帮助个体与环境建立创造性的联系，以发展自我。

（4）社会作用模式。以社会心理学为基础，重视人际关系的改善，鼓励个体积极参与社会工作，提高社会活动能力。

1）刺激控制教学模式

刺激控制教学模式是建立在行为主义强化理论的基础之上的。行为主义认为，环境中任何一个能够提高特定反应发生概率的事物都是强化。在某种特定的刺激环境中，个体做出一个期望的反应，就伴随一次强化呈现。在心理学中，这种刺激与强化间的对应称为列联，对强化刺激的系统控制称为列联安排。刺激控制教学的核心，就是要制订一个合理的列联安排计划。强化可以采用社会强化、物质强化或活动强化。社会强化包括口头表扬、通报鼓励及友善的微笑等不同的形式；物质强化包括各种可以消费的物品，如金钱、实物等；活动强化指个体感兴趣的活动，如踢足球、看话剧、编程等。强化也可以有不同的程序，既可以采用持续强化，也可以采用间歇强化。刺激控制教学模式由定义目标行为、评价初始行为、制订列联计划、实施列联计划和评价列联计划五个阶段组成。刺激控制教学模式可以采用多种教学组织形式进行教学，如小组形式、个别形式和组班教学形式。

2）科学探究教学模式

科学探究教学模式是以布鲁纳的认知发现学习论及其认知结构教学论为理论基础的，教师在教学中的作用是为学生创设问题情境，鼓励学生提出问题、分析问题、提出假设并最终解决问题。科学探究教学模式包含呈现问题情境、收集信息并进行实验、主动解释问题、分析探究模式与类型四个阶段。科学探究教学模式可以采用多种教学组织形式进行教学，如小组形式、个别形式和组班教学形式。科学探究教学模式的宗旨是要人们意识到并掌握科学探究的过程，而不仅仅是找到问题的答案。在这一模式中，师生之间是一种既合作又民主的关系，师生比较平等，学生可以自由地进行探究，有利于发展学生的自控能力。

3）有意义接受学习的课堂教学模式

奥苏贝尔依据学习方式的不同，将学习分为接受学习与发现学习、意义学习与机械学习。他认为，接受学习既可以是机械学习，也可以是意义学习，在有意义的接受学习的情况下，有潜在意义的课题或材料在内化过程中被理解成为有意义的。在机械的接受学习的情况下，学习课题要么缺乏潜在意义，要么是学习者在内化过程中没能使课题式材料成为有意义的。同样，发现学习中也存在着意义学习与机械学习之分。动物的尝试错误系机械的发现学习，而科学家的发明创造是有意义的发现学习。在奥苏伯尔的有意义接受学习理论及其"先行组织者"技术的基础上，乔伊斯（B.Joyce）提出了先行组织者教学模式，发展了教授教学法。

按照这一模式，教学过程一般分为以下三步。

① 呈现先行组织者。首先要阐明课程目标，这是吸引学生注意并使他们指向学习任务的途径之一，接着呈现组织者。它以学生熟悉的语言呈现，为新的学习提供一个认知框架，或者为新旧知识的联系架设桥梁。组织者可以是陈述性的，也可以是比较性的，前者为新的学习提供一个固定点，后者侧重比较新旧知识的异同。

② 呈现学习课题或学习材料。新材料可以通过演讲、小组讨论、多媒体等方式呈现。在此阶段，一是要维持学生的注意，二是材料要有清晰的组织，也就是说下位的材料应与先行组织者的结构相一致，由一般到特殊逐步呈现，以实现渐近分化的目的。

③ 认知结构的加强。这一阶段的目的是促使学生把新学习的具体材料与教师最初提出的组织者中的上位结构达到融会贯通。例如，教师可以提示学生如何把具体的细节整合为一幅完整的画面；提问学生，看他们是否理解了新知识，新知识与原有认知结构是否建立起联系；最后，让学生自己提问，让他们对学科内容进行评价，并使之超越学习材料的范围而有所扩展。

4）指导学习法

指导学习法是加涅根据他对学习过程和学习条件的理解提出的一种教学设计程序。加涅认为，教学是一种旨在影响学习内部过程的外部事件。因此，教学的程序应该与学习阶段及学生内部活动过程相吻合。他把每一个学习行动分解成九个阶段，相应的基本教学过程也是九个事件。

① "引起注意"：教师通过多种途径使教学活动与学生的兴趣相关联，以唤起他们对教学内容的注意和接受意向；

② "告诉学生目标"：教师让学生知道他们在学习结束时能够达到什么水平，使学生对学习结果形成比较具体的期望；

③ "刺激对先前学习的回忆"：教师激发学生回忆过去学到的有关内容，以利于掌握新知识，使他们充分利用原来认知结构中的合适观念来同化新知识；

④ "呈示刺激材料"：教师使用有鲜明特征的媒体向学生传递与新内容有关的教学信息，促使他们有选择地感知教材；

⑤ "提供学习指导"：教师根据学生对新知识的领会程度，适当地指导学生对教学内容加以编码，即对有意义的习得进行分析和综合；

⑥ "诱发学生行为"：教师让学生积极参与教学活动，引导学生以各种方式对所感知的信息做出真实的反应，以表明他们对教材的接受情况；

⑦ "提供反馈"：教师让学生知道自己的学习结果，主要让学生从肯定性反馈中受到鼓励，以便起强化作用；

⑧ "评价行为"：教师通过各种形式的测试，促使学生进一步回忆和整合新学到的知识，并对学生的学习行为做出价值判断；

⑨ "促进记忆和迁移"：教师采用间隔复习的方式，增强学生对已习得的知识的保持，并提供提示的策略，帮助学生把这些新知识纵向迁移到后续的学习内容中去，或把新知识横向迁移到相似而不相同的其他情景中去。

2．教学组织形式

教学组织包括班级教学、小组教学和个别化学习三种形式。

1）班级教学

班级教学的优势：一位教师同时教许多学生，扩大了单个教师的教育能量，具有规模效益；能在规定的时间传授较多的内容，循序渐进，系统完整；有目的、有计划地组织并进行系统讲授，有利于发挥教师的主导作用；固定的班级人数和统一的时间单位，有利于学校合理安排各科教学的内容和进度并加强教学管理，可促使教学快速进行；教师与学生直接面对面，可以及时收集反馈信息，相互交流，有利于及时调整讲授内容与方法；班集体的群体活动和交往有利于健全学生健康人格的发展，有助于学生建立集体感和班级精神，加速社会化过程。

班级教学的局限性：倾向于把学生看作一个在一般能力、兴趣、学习方式和动机等方面同质的组，教学针对中等水平的学生，难以照顾学生的个体差异，不利于因材施教；教学活动多由教师做主，学生学习的主动性和独立性受到限制；主要是接受性学习，不利于培养学生的探索精神、创造能力和实际操作能力；不适宜完成动作技能、情感领域的教学目标。

2）小组教学

小组教学的优势：给学生提供更多的直接参与学习的机会，有利于培养学生的参与意识，促使学生民主与合作精神的养成；有利于情感领域和动作技能教学目标的实现（如形成态度、动作技能的训练等）。

小组教学的局限性：教学进度不容易控制，教学目标难以一致。

小组教学形式：以学习任务为定向的学习小组、教导式学习小组、个别指导式学习小组、苏格拉底式学习小组、合作式学习小组、脑力激荡式学习小组、漫谈式学习小组。

3）个别化教学

个别化教学的优势：适合每个学生的学习需要、能力水平和学习速度，有利于因材施教；训练学生独立学习、自负学习责任、独立钻研和自我教育的能力；学习的时间和空间灵活性大。

个别化教学的局限性：若长期作为主要的教学形式，会削弱师生之间、学生之间的相互作用，不利于合作精神的培养和竞争意识的形成，以及交往能力的发展；个别化教学不适合所有的学生，特别是那些缺乏学习自觉性的学生，他们可能会拖延学业；"代价昂贵"，需要比其他教学形式花更多的时间、精力、财力和物力。

3. 教学方法

按教学目标分类，教学方法分为三种类型：认知类学习结果的教学方法，如讲授、讨论、谈话、实验等七种方法；动作技能类的教学方法，如示范-模仿、练习-反馈等方法；情感态度类的教学方法，如直接强化、间接强化等方法。

4. 教学媒体的选择

选择教学媒体的基本思路：对教学目标和内容、教学策略、教学对象、媒体的教学特性和功能、经济性与适用性进行整体考虑，择优选择适当的教学媒体。

选择教学媒体的基本方法包括：问题表、矩阵选择表、流程图和戴尔的经验之塔。问题表是列出一系列相关的问题，通过对这些问题的回答，寻找发现适用于一定教学目标的媒体。矩阵选择表是将教学媒体的种类作为一维，以它们的教学功能作为另一维，进行列表，再用一种评价尺度反映两者之间的关系。评价尺度可用高、低、中三种层次。流程图是将选择过程分解成一套按序排列的步骤，每一步骤都有相应的标有"是"与"否"的问题，选择问题的"是"与"否"则进入不同的分支步骤，回答完问题，会有一种或一组媒体被确认为最适用的。"经验之塔"是美国媒体教育家戴尔（E.Dale）提出的，它将媒体提供的学习经验进行排列，形成金字塔状，由下而上分为 11 个层次。"塔"的最底层的内容提供的学习经验最直观、具体，逐层上升，直接感觉的程度越来越下降，趋向抽象的程度越来越高。

影响教学媒体选择的因素包括：教学任务方面的因素、学习者方面的因素、教学管理方面的因素、经费和技术方面的因素、媒体的教学性能等。

3.3 教学评价

教学设计评价是一种特定的系统过程，包括确定评价目标，收集有关资料，描述并分析资料，形成价值判断，做出决策等步骤。

3.3.1 教学评价的功能

教育心理学和教学论专门研究了教学评价对提高教学效果的作用，具体概括为以下几个功能。

1．诊断功能

评价是对教学结果及其成因的分析过程，借此可以了解到教学各方面的情况，从而判断它的成效和缺陷、矛盾和问题。全面的评价工作不仅能估计学生的成绩在多大程度上实现教学目标，而且能解释学生成绩不良的原因，如学校、家庭、社会和个人中哪方面的因素是主要的；就学生个人来说，主要是智力因素，还是学习动机等其他非智力因素的影响，抑或是两者兼而有之。教学评价如同体格检查，是对教学现状进行一次严谨的科学诊断，以便为教学的决策或改进指明方向。

2．激励功能

评价对教学过程有监督和控制作用，对教师和学生则是一种促进和强化。通过评价反映出教师的教学效果和学生的学习成绩。经验和研究都表明，在一定限度内，经常进行记录成绩的测验对学生的学习动机具有很大的激发作用。这是因为，较高的评价能给教师、学生以心理上的满足和精神上的鼓舞，可激发他们向更高目标努力的积极性；即使评价较低，也能催人深思，激起师生奋进的情绪，起到推动和督促作用。

3．调控功能

评价的结果必然是一种反馈信息。这种信息既可以使教师及时知道自己的教学情况，也可以使学生得到学习成功和失败的体验，从而为师生调整教与学的行为提供客观依据，教师据此修订教学计划、改进教学方法、完善教学指导；学生据此变更学习策略、改进学习方法、增强学习的自觉性。教学评价有利于使教学过程成为一个随时得到反馈调节的可控系统，使教学效果越来越接近预期的目标。

4．教学功能

评价本身也是一种教学活动。在这种活动中，学生的知识、技能将获得长足发展，甚至产生飞跃。如测验就是一种重要的学习经验，它要求学生事先对教材进行复习，巩固和整合已学到的知识技能；事后对试题进行分析，又可以确认、澄清和纠正一些观念。另外。教师可以在估计学生水平的前提下，将有关学习内容用测试题形式呈现，使题目包含某些有意义的启示，让学生自己探索领悟，获得新的学习经验或达到更高的教学目标。

3.3.2 教学评价的种类

依照不同的分类标准，可对教学评价的种类做不同的划分。例如，按评价标准的不同，可分为相对评价、绝对评价和自身评价；按评价功能的不同，可分为诊断性评价、形成性评价和总结性评价等。在此，我们重点讲述诊断性评价、形成性评价和总结性评价。

1．诊断性评价

诊断性评价也称教学前评价或前置评价。一般是在某项教学活动开始之前，对学生的知识和技能、智力和体力，以及情感等状况进行"摸底"，通过了解学生的实际水平和准备状况，判断他们是否具有实现新的教学目标所必需的基本条件，为教学决策提供依据，使教学活动适合学生的需要和背景。

教育中的"诊断"是一个范围较大的概念，除了辨认缺陷和问题，还包括对各种优点和特殊才能禀赋的识别。因此，诊断性评价的目的是设计出可以满足不同起点水平和不同学习风格的学生所需的教学方案，并分别将学生置于最有益的教学程序中。

2．形成性评价

这种评价是在某项教学活动的过程中，为使活动效果更好而不断进行的评价，它能及时了解阶段教学的结果和学生学习的进展情况及存在的问题等，以便及时反馈，并及时调整和改进教学工作。形成性评价进行得比较频繁，如一个章节或一个单元后的小测验。形成性评价一般又是绝对评价，即着重于判断前期工作的达标情况。教学设计活动中进行的评价主要是形成性评价，对于提高教学质量来说，重视形成性评价比重视总结性评价更有实际意义。

三级形成性评价的三个阶段分别是一对一的测验、小组测验、现场测验。

1）一对一的测验

选择有代表性的学生作为被试对象，使之对样品材料做一对一的尝试（一个评价者对一名学生）。从一对一测验中获取的各种信息应该为下列问题的解答提供有效的依据。

① 对学生起点能力的估计是否正确？
② 教学呈现是否清晰？
③ 测验的问题和指导语是否清楚、明了？
④ 对学习结果的预期是否恰当？

2）小组测验

这一小组的学生从学生总体中随机抽样获得，以代表目标总体。此时设计的教学和有关的材料被提供给由 6～8 名学生组成的小组。小组测验的重点是"明确学生怎样应用材料和需要怎样的帮助"。通常，这种测验在开始时对教学中即将教授的知识和技能进行一次前测，然后呈现教学，接下来实施一次后测。基于对前、后测分数的比较，从小组测验中得到的信息就可初步回答有效学习是否发生及学习质量的问题。其他结果可用于说明教学呈现和问题的清晰程度，借此指导教学的修改。此外，还要编制一份有关的态度问卷，用于调查、评估学生对教学各方面的态度，也可要求学生讨论教学、前测和后测。

3）现场测验

现场测验是在一对一测验和小组测验的基础上修改过的，并针对全班进行。也可以从打算教授的学生总体中抽取适当的样本，尝试教学方案。主要内容包括：对这个较大组实施（根据小组测验结果修改过的）前测、后测、进行教学呈现、对学生和参与教学者实施态度调查等。在这种尝试过程中，要观察呈现的学习材料和它们的指导语是否充分。此外，还要收集教师使用这些材料时的操作质量和这些材料能否被充分利用的信息。

3. 总结性评价

总结性评价又称事后评价，一般是在教学活动告一段落后，为检验活动最终效果而进行的评价。具体形式如学期末或学年末各门学科的考核、考试。总结性评价更加注重教与学的结果，对被评价者所取得的较大成果做出全面鉴定并区分等级，对整个教学方案的有效性做出评定。一般来说，总结性评价本身关注的是一个教学系统、教程或课题的有效性。

3.3.3 教学评价的指标

1. 课堂教学的评价指标

制约课堂教学效果的基本因素大致包括学生、教师、方法和管理等。现将由这些因素引发出来的评价指标分述如下。

1）与学生因素有关的指标

（1）学生话语。在语言教学评价中，学生话语是一项重要的指标。教师应当采取有效措施收集学生的活动表现证据，其中包括话语量、话语真实水平、话语流畅程度、话语的随机建构水平等。

（2）学生行动。伴随着学生话语，还有相应的行动发生。教师需要重点评价学生行动的目的性、互动性、主动性，还应评价学生行动的实际效能。

（3）学生认知水平。教师应当采取有效手段得知学生的思维进程与线索，学生对教学信息的领悟程度、学生对教学资源的感受深度，以及学生接受新语言学习项目的敏锐程度。

（4）临场机智。课堂过程是教师与学生随机构建教与学关系的过程。所以，学生在现场所表现出来的临场灵活性、创造性，以及对学习情景的适应性，也是教师的评价内容。从表情上分析学生对讲课内容和速度的适应性。例如，与教师讲解速度同步；与教师讲解速度不能同步，嫌快或嫌慢；对讲课内容感到费解等。从课堂提问中分析学生对功课的理解程度。例如，学生对所提问题的最初反应是热烈、高兴、很快举手，还是不很主动但做了思考，或是不理会、回避甚至恐惧。学生回答问题时的反应是思路敏捷、叙述流畅、答案正确，还是表达了思想但答案不完全正确，或是思路不畅、叙述不清、回答错误。

2）与教师因素有关的指标

（1）教学能力。从讲述内容中判断教师的专业水平，从选用教材上判断教师吸取、处理和传递知识的能力，从讲授的准确程度和严谨情况判断教师的逻辑思维能力；从讲解时能否随机应变判断教师对学生反应的敏感程度和应变能力；从教学全过程的整体素养判断教师是否经过了系统的师范教育训练。

（2）课堂控制能力。从课堂纪律状况分析控制水平，了解是外在因素还是内部因素在左右教学过程；从处理偶发事件的效果推断教师维持教学秩序的能力。

(3) 教学行为能力。可以从教态是否自然、大方、亲切，判断师生感情的融洽程度和教学气氛的和谐程度；从语言是否生动流畅、文字是否规范简明、板书是否工整美观判断教师的教学基本功。

2. 教学材料的评价指标

教学材料的范围广泛、种类繁多。目前教育技术界比较关注的是音像教材（这里含计算机课件）。对于这类教材，我国学术界总结过所谓"五性"的编制原则，实际也是评价教材的基本标准。

1) "五性"的编制原则

(1) 教育性。看其是否能用于向学生传递教学大纲所规定的教学内容，为实现预期的教学目标服务。

(2) 科学性。看其是否正确地反映了学科的基础知识或先进水平。

(3) 技术性。看其传递的教学信息是否达到了一定的技术质量。

(4) 艺术性。看其是否具有较强的表现力和感染力。

(5) 经济性。看其是否以较小的代价获得了较大的效益。

2) 课件的评价

(1) 教学设计。教学设计有创新，反映了教师个人的见解和独特的思想。教学设计体现和贯彻了先进的教学思想，以学生为主体，突破教学演示模式，有利于培养学生的创造能力，有利于学生自主学习和发现学习，能提高学生的学习兴趣与学习自觉性。

(2) 知识内容。内容的表述科学规范、深入浅出；语句通顺，易于理解，没有错别字和繁体字；内容经过认真的选择，体现教学中的重点和难点；在疑难问题和关键知识点上提供多种形式和多层次的学习内容，重点突出，难点突破；适当地采用图片、配音、动画或视频等强化学习效果，但避免与教学内容无关的、纯表现式的图片或动画；图片、图形、动画等要突出与知识点有关的要素和结构，避免无关细节的干扰；提供丰富的信息和相关资料；文字说明中的有关名词、概念、符号、人名、定理、定律和重要知识点与相关背景资料相链接。

(3) 提问、练习和反馈。提问有启发性；能为学生提供操作、练习、模拟、游戏等活动；练习和活动能引发学生的兴趣，激发学生的思考；提供小组活动；提问、练习与活动有多种不同的层次，既有双基的教学，又能培养创造性和高层次的思维能力；及时提供测评、反馈、矫正。

(4) 导航、结构和链接。界面亲切友好，方便用户使用；每一页都有清晰明确的导航；内容按模块的方式组织，结构层次清晰明确，符合内容本身的逻辑和人的认知规律；能随机选择学习的入口和出口，以适应不同学生学习的需要和不同教师教学的需要；内容易于检索。

(5) 制作水平。图形图片经过最优化处理，视频和音频材料经过压缩，载入迅速；合理选用多媒体表现形式，多媒体表现形式能巧妙地体现文字材料难以展现的过程和内容；合理地设计菜单、按钮、窗口、开关等，用户可以自主选择学习和教学内容；用户可以选择是否运行或载入作品中的动画、视频、音频及图片；声和画面同步；画面、声音无抖动且无明显的跳跃。

(6) 艺术性。界面设计美观；视频、动画和图片色彩鲜明清晰、生动形象；版面设计活泼，布局安排合理；音乐和配音能加强表现力。

3.3.4 教学评价的工具

教学设计成果的形成性评价主要使用测验题、调查表、观察表、学习文件夹等，它们也是教学设计和教学活动中其他评价类型的主要工具。因此，了解这些评价工具的特点并掌握其编制原理和方法，是教学设计人员应该具备的基本功之一。

1. 测试

测试用于对学生的学习结果进行评价，并依此说明教学设计方案的效果并发现问题。在提供质性评价的同时，还必须认识到，测试仍然是日常教学中一种常见的评价方法。教师应当注意以下几方面：改革测试内容；改造测试题型；有效发挥测试的诊断、调整、激励和甄别功能；审时度势，准确把握测试时机；提高测试设计与实施的专业化水平。

2. 测量

虽然教师重视测试的评价作用，但是他们往往没有重视测量的特定作用。实际上，即使在语言教学中，态度测量、情绪测量、一般智商的测量等，都对教学改进有明显的效应。同时，测量方法还能够使学生更加了解自己。

3. 观察

对于到现场获得的第一手材料，通过有目的的观察，了解教学方案的使用情况和存在的问题，并对观察情况做适当的记录。课堂教学观察可以采取五种方法：调查严密组织的系统观察方法、生态学观察方法、人种学观察方法、同步等级界定观察方法、非正式观察方法。

4. 调查

调查用于了解学生的学习兴趣、态度、学习习惯和意向，以及对教学过程的意见等，从而判断教学的有效程度等。观察是在活动过程中同步采集信息，调查则是在活动之后采集信息。行之有效的调查方法有问卷和访谈两种。问卷和访谈都需要掌握一定的专业技术，教师实施此类调查是很有必要的。

5. 档案袋

"学习文件夹"又称档案袋评价，是近年来英、美、日等国的教育界广泛采用的一种评价方法。档案袋也称为成长记录袋，鲍尔森和梅耶（Paulson & Meyer, 1951）指出，档案袋的概念是"收集、选择和反思。"即从收集的所有作业中，学生自己选择存入档案中的材料，可以是他们认为特别有价值的东西。然后学生对自己的成品和相关表现进行反思。进入 20 世纪 90 年代以后，这种评价方法不仅应用于英语、艺术学科，而且在其他学科中也得到广泛应用。

6. 轶事记录

轶事记录就是对某一时间、地点和环境下发生的行为进行持续客观的描述。此种方法可以用于学生执行解决问题的任务或项目时的质性评价。它是一种随意记录观察对象在活动中表现出来的具有评价意义的行为的一维表格，此维即观察对象样本。只要观察者认为与评价目的有关的事件，不论是偶然的，还是经常的，是预料之中的还是意外的，都可记录。那些偶发的意外事件更应认真观察，详细记录，也许能从中发现对改进教学设计成果极有价值的资料。这项评价活动当然可以由教师来做，长期做这件事可以有效地培养学生的反思能力。

3.3.5 教学设计评价的基本步骤

1. 制订评价计划

制订设计成果的评价计划是一项重要的基础性工作，它将对以下五项工作做出详细说明，即在教学活动的每个环节中应收集何种资料才能确定成果的哪些地方是成功的、有效的；哪些地方是失败的、待改进的；应建立怎样的标准来解释收集的资料；应选择什么人来做成果的试用者；评价需要什么条件。

2. 选择评价方法

不论收集哪种类型的资料都要借助某些方法，在教学设计成果的形成性评价中，主要使用测验、调查和观察三种评价方法。这三种方法在收集资料方面各有特长，如测验适用于收集认知目标的学习成绩资料，调查适用于收集情感目标的学习成绩资料，观察适用于收集动作技能目标的学习成绩资料。此外，调查和观察还经常被用来收集教学过程的各种资料。前者适用于收集学生、教师和管理人员对教学的反馈资料；后者适用于收集设计成果的使用是否按预先计划进行的资料。

3. 试用设计成果和收集资料

试用设计成果和收集资料的基本步骤是：向被试者说明须知→试行教学→观察教学→后置测验→问卷调查。

4. 归纳和分析资料

通过上述的观察、测验和问卷，评价者获得了一系列所需的资料，为了便于分析，制成图表后，评价者应对资料做一次初步分析（将各类数据与评价标准进行比较，考察各种现象的相互关系）。经过分析，可能会发现一些重要问题，应及时对它们加以解释，并通过恰当的途径证实自己的解释。设计者应持虚心、诚恳、坦率和求实的态度，当该成果遭到激烈批评时，还应保持冷静，以使所有被访者都能毫无保留地发表意见。

5. 报告评价结果

评价报告的内容包括：设计成果的名称和宗旨、使用的范围和对象、试用的要求和过程、评价的项目和结果、修改的建议和措施、参评者的名单和职务，以及评价的时间，等等。评价报告以简明扼要为宜，具体资料如各种数据、访谈记录、分析说明等可以作为附件。

3.4 信息技术与课程整合

3.4.1 信息技术与课程整合的基本概念

整合指的是一个系统内部各个要素的整体协调、相互渗透，并使各个要素发挥最大的效益。整合是一种和谐，需要被整合的个体对象的主动调节和适应这种和谐，整合也是一种互动，促使被整合的个体对象主动适应。信息技术与课程整合，是指信息技术有机地与课程结构、课程内容、课程资源以及课程实施等融合为一体，成为课程的有机组成部分，成为与课程内容和课程实施高度和谐自然的有机部分，信息技术与课程整合不是简单的结合，仅仅成为辅助教与学的工具，而是融入课程的有机整体中去。信息技术与课程的整合，将对课程的各个组成部分产生变革影响和作用,通过创建信息化的教学环境和全新的教与学方式,使信息技术与课程教学成为有机整体,并主动地适应和变革课程过程。①

信息技术与课程整合的实质是在信息技术支撑下创设既能发挥教师主导作用,又能体现学生主体地位的教学结构,其核心是改变师生的地位、作用,重构师生之间的关系,这也是信息技术与课程整合的落脚点和出发点,我们必须从变革教学结构的高度来审视"信息技术与课程整合",而不是从工具手段角度看"信息技术与课程整合"。

信息技术与课程整合改变了传统的教学结构,促进了教学模式变革,实现了能支持自主探究、多重交互、情境创设、合作学习、资源共享等多方面要求的信息化教与学方式,既发挥了教师引导、启发、监控教学过程的主导作用,又充分体现了学生作为学习过程主体的主动性、积极性与创造性。②

3.4.2 信息技术与课程整合的途径方法

在对信息技术与课程整合的内涵、定义有了理解之后,重要的是开展整合实践,探索有效的整合方法,为广大学科教师开出实施深层次整合的"处方"。

1. 注重建构主义教学应用

教学是教师、学生、教学媒体和教学内容构成的教学生态系统,教学结构是上述四个要素之间相互联系、相互作用的具体体现。信息技术与课程整合需要在建构主义理论指导下,基于信息技术构建一种新的教学结构,营造一种信息化教学环境。建构主义的"情境""协商""会话""资源"特性能够充分发挥教学中教师的指导者、帮助者和支持者的作用,同时也给予学生主动探究、情境体验和主动建构的有效支持,实现一种"主体、探究、合作"为特征的教与学方式。在建构主义先进理论的指导下,整合课已经触动课堂教学结构中的师生关系、师生角色定位,实现了信息技术与课程教学的深层次整合。

2. 做好信息化教学设计

整合需要有效的信息技术支撑,需要在信息化教学环境中展开,这就需要做好信息化教学设计,简单理解就是信息化环境下的教学设计。首先是学习情境设计,重点围绕教学中教师、学生、教学媒体和教学内容四大要素,基于信息技术,有效融合到教学因素的方方面面,构建一种既能发挥教师主导作用,又能激发学生主动参与的教学情境;其次是提供合适的教学资源,整合课中信息技术不仅仅是工具手段,更重要的是为教与学提供有效教学资源支撑,实现信息化教学环境的创设,为学习者和教师提供有效的协作交流支持,为师生提供合作探究、认知建构的资源支持;最后是采用有效的教学设计模式,因为整合课变革了师生关系,需要采用学教并重的教学设计模式,充分发挥整合课"主导-主体"相结合的教学结构优势,实现一种既利于教师组织、监控教学活动进程,便于情感交流,又有助于学生主动建构、自主发现的教学策略。

3. 实施有效的教学整合模式

教学结构需要通过教学模式来实现,教学模式一般指两种及以上教学策略和方法综合

---

① 沈学美,胡水星. 信息技术与中学数学课程整合的实践与思考[J]. 中国教育信息化. 2007.
② 何克抗,李文光. 教育技术学[M]. 北京:北京师范大学出版社. 2009.

的、较为稳定的教学步骤的集成和运用。在教学实践中，为了达到预定的目标而综合采用的多种不同的方法和策略，就成为一种有效的教学模式。能够实现新型教学结构的教学模式很多，但是影响较大、效果较好的整合模式有基于网络的探究（WebQuest）和适时教学两种。

1）基于网络的探究教学模式

该模式是1995年由美国圣地亚哥州立大学教育技术系伯尼·道格和汤姆·马奇创立的，并在课堂教学中广泛开展了实践。基于WebQuest的教学是一类探究导向的学习活动，利用网络资源制订授课计划或安排课程单元。WebQuest教学以建构主义学习理论为基础，在教学中主要以学习者为中心，以问题为载体，以网络为手段，充分发挥学生的主体性，帮助学生建构知识，形成信息技能，发展高水平思维。[1]WebQuest的基本要素和组成模块具体如表3-1所示。

表3-1　WebQuest的基本要素[2]

模块	基本要素	内容简介
情境模块	导言（Introduction）	导言模块的目的主要有两个方面：一是给学习者指定方向，二是通过各种手段提升学习者的兴趣。为此，选择的主题必须与学习者过去的经验相关，与学习者未来的目标相关，充满吸引力、生动有趣
任务模块	任务（Task）	任务模块是练习结束时学习者对要完成的项目进行描述。最终结果可以是一件电子作品（如PowerPoint演示文稿等），也可以是书面报告（如解释某一特定主题），具体包括编篡、复述、判断、设计、分析，等等，或是这些任务不同程度的综合
资源模块	资源（Resource）	"资源"是一个网站清单，教师事先已查找过这些网站。资源经过了预选，以便学习者能在主题上集中注意力，而不是漫无目的地网上冲浪
过程模块	过程（Process）	教师给出学习者完成任务将要经历的步骤，让学习者知道完成任务的过程。其中可以包括把任务分块的策略，对每一学习者扮演角色或看问题的视角的描述，等等。教师还可以在这一部分提供学习建议及人际关系的建议，如何组织"头脑风暴"活动等。整个过程描述部分应当相对简短而清晰
评价模块	评价（Evaluation）	评价是WebQuest的新增模块。显然，如果要证明用网络来学习的花费是值得的，需要评估学习结果。由于评价的学习在布鲁姆目标分类学中处于较高层面，因此难以用多项选择题来测量，需要有一个评价量规。根据学习者任务的不同，评价量规可以有不同的形式
结论模块	结论（Conclusion）	结论部分提供机会给学习者总结经验，鼓励对过程的反思，拓展和概括所学知识、鼓励学习者在其他领域拓展其经验。结论部分还可以给教师提供许多问题，这些问题在全班讨论时可能会用到

2）适时教学模式（Just in time teaching）

该模式是20世纪末在美国高校本科教学中出现的一种新型的教与学策略。1999年由美国空军学院和普渡大学的诺瓦克为代表的一批物理教师提出，由于这种教与学的策略一定是在网络环境下（要有信息技术手段的支持）才能够顺利开展和实施的，所以适时教学是信息技术与课程整合的一种教学模式。适时教学将信息技术充分融入本科教学中，改变传统的以教师讲授为主的教学模式，利用信息技术实现师生之间随时随地的沟通与交流，极大地激发

---

[1] 李斌辉. WebQuest教学模式在语文综合性学习中的应用[J]. 中国电化教育，2012.
[2] 何克抗，吴娟. 信息技术与课程整合[M]. 北京：高等教育出版社，2019.

学生的学习兴趣，发挥学生学习的主动性、积极性和创造性，达到有效教学的目的。适时教学是建立在"基于网络的学习任务"（Web-based study assignment）和"学习者的主动学习课堂"（active learner classroom）二者交互作用基础上的一种新型教与学策略。[①]适时教学模式的实施步骤具体如表 3-2 所示。

表 3-2 适时教学模式的实施步骤

学习阶段	基本步骤	主要内容
预习和上课	教师基于网络发布预习内容	教师按照教学目标认真设计好学生应事先预习的教学内容，并以网络资源的形式存储在网络上，方便学生随时查看
	学生认真预习并及时反馈	学生认真阅读教师放在网络上的资料，完成指定的思考题和练习题，写出自己对阅读内容的理解，并通过网络向教师反馈
	教师做出适应性调整并实施教学	根据学生的实际情况对当前的授课内容、方法、策略与教学进度做适当的调整，以适应不同学习者的认知水平与学习能力的差异
讨论和辩论	创设学习者主动学习型课堂	教师利用课堂开展各种各样的讨论与辩论，充分调动学习者的积极性、主动性和创造性，促进对学生对知识的理解和掌握
难题与探究	促进学生高级复杂认知能力的发展	要求学生在课后自主开展基于网络的"难题探究"，培养发散思维和创新思维能力，促进高级复杂认知能力的发展

3.4.3 信息化教学设计案例

"积件"设计辅助中职数学教学[②]

——以会"歌唱"的正弦型曲线为例

正弦型函数的抽象性是导致中职学生难以理解、掌握该内容的主要原因。为加强学生对正弦型函数的理解，教师借助玲珑画板设计"三个参数对正弦型函数的影响"的教学积件，将抽象复杂的变换规律进行形象直观的展示，有助于突破教学的重点和难点；教师借助几何画板设计的"音键"，让函数发声，帮助学生理解参数的同时感悟数学与音乐的紧密联系，学会用数学的眼光看世界。信息技术与中职数学课程的有效整合，不仅改变了学生的学习模式，也变革了教师的教学方式，实现了灵动的、生动的智慧课堂教学生成。

【实践举措】

遵循"学生主体，教师主导"的教学理念，采用问题导向，小组合作等教学方法。通过学生自主探究、合作交流、师生互动，得到三个参数 A，ω，φ 对正弦型函数图像的影响并归纳出变换方案。运用学习通平台，将教学过程从课上延伸至课前，并拓展至课后，借助玲珑画板、几何画板自制教学积件，将抽象复杂的变换规律进行形象直观的展示，突破重点、难点，提高学生对知识点的有效理解，从而促进教学效果。

1. 课前准备

① 学生登录学习通平台在线观看微课，奠定学习本节课的知识基础；
② 在平台上发布寻找生活中"类正弦曲线"的任务，并上传至平台；
③ 学生完成在线检测，进行知识的查漏补缺，并提出思考与困惑。

[①] 何克抗, 刘春萱. 信息技术与课程整合的教学模式研究之六——"适时教学（JiTT）"模式[J]. 现代教育技术, 2008, 12.
[②] 徐锋. 基于"积件"的中职数学教学实验研究——以会'歌唱'的正弦型曲线"为例[J]. 湖州师范学院学报, 2019, 12.

2. 课堂教学

本次课的学习时长为 2 课时,教学流程安排如图 3-4-1 所示。

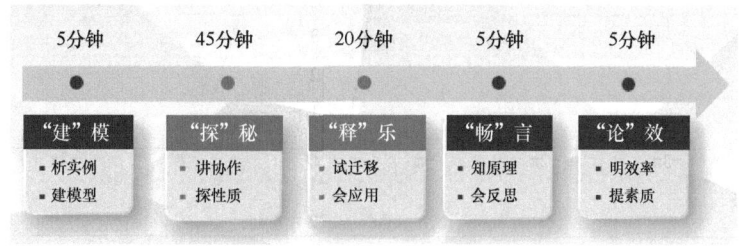

图 3-4-1　教学流程安排

环节一:"建"模

小组代表展示寻找的"类正弦曲线"(见图 3-4-2):

图 3-4-2　类正弦曲线

发现曲线的起伏、疏密程度不同,从而引出刻画声波的数学模型——
$y = A\sin(\omega x + \varphi)$,体会正弦型函数与音乐的紧密联系,激发学生的研究兴趣。

环节二:"探"秘

教师根据课前预习及讨论结果,确定本节课的探究任务:如何由正弦曲线得到正弦型曲线?

(1)定方案。

学生小组讨论,研究正弦型曲线的方案,将讨论结果提交到平台,教师点评,确定最佳方案,在师生交流、生生交流中形成多参数问题的一般研究策略——控制变量,将复杂问题简单化。

(2)寻规律。

学生应用玲珑画板制作的教学积件,动态演示三个参数分别对正弦型函数产生的影响并得出一般规律。将"复杂问题"分解为"简单问题"再"逐个击破",培养学生探究能力的同时,突出本节课的重点。

练习　正弦函数 $y = \sin x$ 的图像经过怎样的变换后可得到正弦型函数 $y = \dfrac{3}{2}\sin(3x - \dfrac{\pi}{6})$ 的图像(见图 3-4-3~图 3-4-5)。

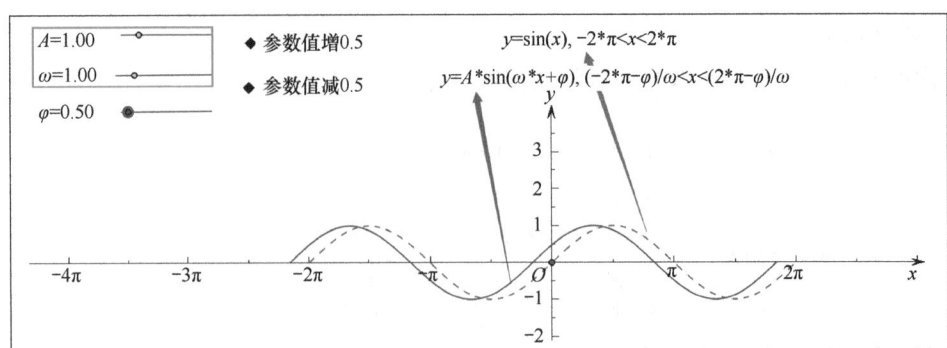

图 3-4-3　正弦函数变化相位

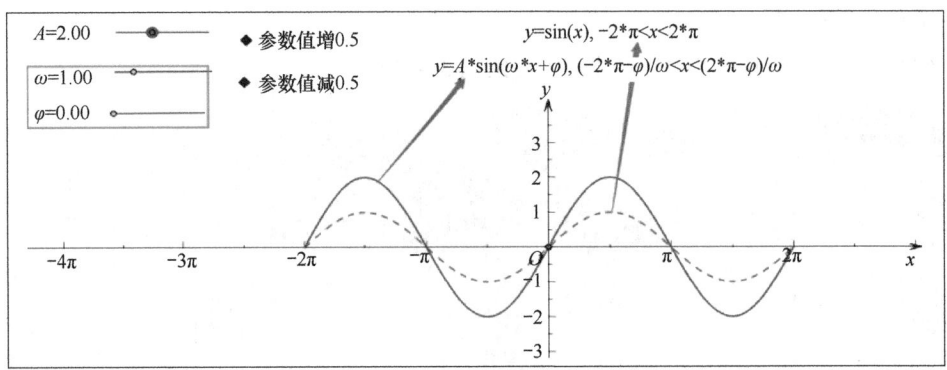

图 3-4-4　正弦函数变化振幅

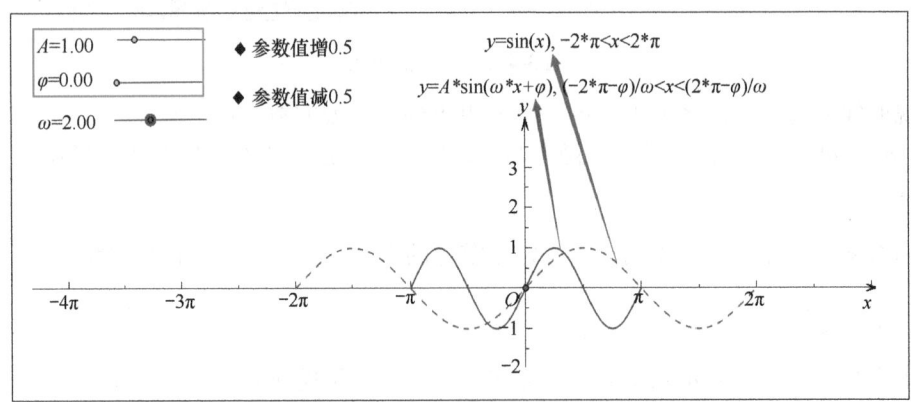

图 3-4-5　正弦函数变化周期

根据所得规律，小组讨论得到练习 1 的变换方案，并提交至平台。

教师操作教学积件——演示各小组的变换过程，发现暴露了学生认知上的误区，从"形"上让学生感知"ω 与 φ 变换顺序的不同"，平移量的取值也不同，为难点的突破埋下伏笔。

（3）破瓶颈。

为什么把 $y=\sin\omega x$ 的图像变换成 $y=\sin(\omega x+\varphi)$ 的图像时，左右平移的量是 $\left|\dfrac{\varphi}{\omega}\right|$，而不是 $|\varphi|$？

学生的困惑点是知识的生长点，也是教学的出发点、立足点。教师适时提问，学生经历"直觉-矛盾-验证-思考"，理解图形变换的实质是点的变换，从"数"上理解"ω 与 φ 变换顺序的不同"，平移量的取值也不同，并编制口诀。让学生体验获得感的同时，有效地突破了本节课的难点。

（4）化归一。

教师引导学生回归核心问题，学生小组讨论并上传变换方案，运用从特殊到一般的思想方法，总结归纳不同顺序的变换方案。

环节三："释"乐

我是"演奏家"，学生代表上台运用自制"琴键"弹奏。在教师的引导下，得到第一个发现：音调与 ω 有关，ω 越大，频率越大，音调越高！

练习 学生运用几何画板发音验证"两个男低音能否合成男高音"，得到第二个发现：音量与 A 有关，A 越大，音量越大！

我是"校音师"，通过练习3、练习4，体会 A、ω 对音量、音调的影响。运用几何画板将"形""数""音"三者结合起来，有助于学生对参数 A、ω 物理性质的理解。从专业到数学，再从数学到专业，既加深了对数学抽象概念的理解，又实现了学生对乐理知识从感性到理性的升华。

环节四："畅"言

引导学生从知识、方法、情感、问题四个维度进行回顾反思，加深学生对正弦型曲线的理解，掌握函数学习的方法，养成反思的好习惯。

环节五："论"效

学生通过平台完成在线检测，教师运用平台进行统计分析，反馈学生对本节课知识的掌握情况。

通过师评、互评、自评，推选出本节课的最佳小组和个人，

多元化的评价方式，激发了学生的学习热情，增强了团队的合作意识。

课后延伸：

根据学生的差异性，教师发布分层作业。并利用学习平台进行交流互动，延伸课外辅导空间。

成效与反思：有效促进了信息技术与数学课程的整合

（1）教育领域中的技术应用显然已经成为当今教育发展的重要趋势，信息技术的教学手段日趋丰富和多样化，本次教育信息技术与中职数学课程教学有机融合。通过教育实验研究来分析信息技术与中职数学课程的有机融合问题。发现信息技术融入学科教学不是要用信息技术去替代以前所有的教学方式，而是要帮助传统教学解决难以克服的能力培养问题，促进学生对知识更好地理解与思考，最终达到培养和提升学生的创新实践能力的目的。

（2）运用学习通平台，实现课前预习检测，课中实时反馈，课后拓展延伸；针对"积件"设计辅助中职数学教学知识模块的教学内容，大胆尝试了教学实验研究。本次实践证明，科学合理地采用信息技术能够促使教师中职教学绩效的提升和学生学习效果的增强。信息技术融入中职数学课程关键是要将信息技术作为一种新方式或新思维工具，让其在课程实施中扮演认知工具，发挥出卓越的教学支持服务功能，促使教师教育和学生学习方式的变化，从而

增加师生之间和生生之间的交流沟通。基于活动、问题情境和协作探究的教学实践才是信息技术融入中职数学学科教学的关键核心点。

（3）运用玲珑画板帮助学生探究正弦型曲线的变换过程，化抽象为形象，突出重点；同时帮助教师对学生进行纠错，从"形"上加深对"先伸缩再平移"与"先平移再伸缩"的不同理解，突破本节课的难点，可以使知识由抽象变为具体，帮助学生实现复杂问题的简单化，扩大学生的学习和研究视野，为学生营造一个全新的数字化学习环境，从而能够使学生的形象思维迅速过渡到抽象思维，进而实现认识上的飞跃发展，实现中职数学难点的突破和实践本领的提高。

案例点评：

（1）从对学生的访谈中可见：应用玲珑画板、几何画板设计"积件"来辅助正弦型函数教学，能化抽象为具体，有助于学生理解"A, ω, Φ"三个参数对图像的影响；弥补了学生抽象思维的不足，而且提供了解决问题的思想方法，容易获得成就感；在自主探究中，化被动学习为主动学习，无形中激发了学生的学习兴趣，激发了其对数学学习的信心；积件设计从"数""形""动态变化"去表征正弦型函数图像的变化，加深了学生就"三个参数对函数图像影响"的认识，为学生从数到形的认识过渡到对抽象数学符号的概括提供了思维桥梁，同时也丰富了学生对数学对象的多角度认识。

（2）从对教师的访谈中可见：玲珑画板设计的积件能动态演示"A, ω, Φ"三个参数对图像的影响，加深学生理解这三个参数对图像的意义，并由此归纳出一般规律；用几何画板设计的积件，把抽象图像变成动态图形和优美的音声，丰富和培养了学生的审美观，提高了学生的学习兴趣，使学生化被动学习为主动探究；设计积件辅助教学，将一些晦涩难懂的数学语言直观形象地呈现给学生，便于学生理解和接受，符合学生的认知规律。通过一系列探究活动寻找到一般规律，不仅提高了学生独立解决问题的能力，而且有助于学生深刻认识数学的本质。

（3）从对专家的访谈可见：积件作为多媒体课件的深入应用与发展，是信息技术不断发展和推动的产物。当前，随着教育信息化的持续推进，尤其是MOOC、微课、翻转课堂、教育大数据、智慧教室的兴起与发展，为基础教育课堂教学模式改革与实践提供了技术支持和理论指导。本节课以多媒体"积件"设计辅助中职数学教学，通过在智慧教室中实现课堂教学的"建"模、"探"秘、"释"乐、"畅"言、"论"效，不仅形象地表征了正弦型函数的图像，更是从本质上加深了学生对正弦型函数的认识；实现了信息技术与课程教学有效的整合，为信息化环境下的智慧课堂教学提供了典型的案例和有意义的启发。

参 考 文 献

[1] 乌美娜，等. 教学设计[M]. 北京：高等教育出版社，1994.
[2] 皮连生. 教学设计——心理学的理论与技术[M]. 北京：高等教育出版社，2000.
[3] 张大均. 教与学的策略[M]. 北京：人民教育出版社，2003.
[4] 冯忠良，伍新春. 教育心理学[M]. 北京：人民教育出版社，2000.
[5] 教学评价[EB/OL]. http://baike.baidu.com/view/429190.htm.
[6] 何克抗，郑永柏，谢幼如. 教学系统设计[M]. 北京：北京师范大学出版社，2012.
[7] 课堂教学设计案例[EB/OL]. http://wenku.baidu.com/view/4c4b79335a8102d276a22f28.html.

[8] P. L. 史密斯，T. J. 雷根著，庞维国等译. 教学设计[M]. 上海：华东师范大学出版社，2006.
[9] 罗伯特. M. 西尔，山尼. 戴克斯特拉 主编. 任友群等译. 教学设计中课程、规划和进程的国际观[M]. 北京：教育科学出版社，2009.
[10] 徐锋. 基于"积件"的中职数学教学实验研究——以"会'歌唱'的正弦型曲线"为例[J]. 湖州师范学院学报，2019，12.

第二部分

媒体篇

第 4 章　教学媒体

教学是一种教育信息的传播活动，和其他的传播行为一样，必须借助媒体的参与来实现。为了完成教学工作，人们发明了各种各样的教学媒体，教学工作者也正是借助于这些媒体，完成了对一代又一代学习者的教育任务。社会发展到今天，随着科学技术的进步，许多体现现代科学技术成就的现代教学媒体相继产生。研究各种现代教学媒体的功能，了解各种现代教学媒体的特性，掌握各种现代教学媒体的使用技术，是教育工作者适应现代教育工作条件下学校教学工作的基本要求，也是教师必须具有的基本素质。

4.1　教学媒体概述

教学媒体是教学过程的重要元素，是教育技术形成和发展过程中逐渐形成的概念。在今天的信息化社会中，教学媒体的不断更新和丰富，对人们教育教学观念的变革、教学模式的改革、教学过程的整体优化，以及教育教学效率的提高等方面的影响越来越大，教学媒体已经成为教育技术领域一个十分重要的研究课题。

4.1.1　教学媒体的概念

1．媒体

媒体一词是英文"Media"的译名，意思是"两者之间"。媒体也称媒介，是指信息传播过程中，从信息源到接收者之间携带和传递信息的任何物质工具。也可以把媒体看作实现信息从信息源传递到受信者的一切技术手段。媒体有两种含义：一是指承载信息的载体；二是指存储和传递信息的实体。电影、电视、广播、计算机、网络、印刷材料、录像带、光盘、磁盘、磁带等都是媒体。在信息社会中，媒体已经成为各种通信工具、宣传工具、教育工具的总称。

2．教学媒体

媒体被用来存储与传递教学信息时称为教学媒体。教学媒体是载有教学信息的媒体，是连接教育者和受教育者的中介物，是人们用来传递与取得教学信息的工具。具有明确的教学目的、教学内容、教学对象。例如，专门用于教学的电视机、计算机和网络就是教学媒体。教学媒体是学习资源的重要组成部分。

一般的媒体发展成为教学媒体要具备以下两个基本要素。

（1）媒体用于储存及传递以教学为目的的信息时，才可称为教学媒体，既服务于特定教学目标，又服务于教师或学生这些特定的对象。

（2）当媒体能用于教与学活动的过程时，才能发展成为教学媒体。

4.1.2 教学媒体的分类

对教学媒体进行分类，是为了更好地在教学中选择和使用这些媒体。因此，对媒体的分类应该以教学过程中的要素为依据，常见的分类方法有如下几种。

1. 根据使用媒体的感知器官分类

这种分类方法从教学内容出发，清楚地表明了教学媒体的信息表现能力与特点。根据这一分类的结果，教师可以有目的地选择教学媒体来展示教学内容。

（1）视觉媒体：指发出的信息主要作用于人的视觉器官的媒体，如印刷品、图片、黑板、教科书、挂图、标本、幻灯、投影等。

（2）听觉媒体：指发出的信息主要作用于人的听觉器官的媒体，如口头语言、录音机、广播等。

（3）视听觉媒体：指发出的信息主要作用于人的视觉器官和听觉器官的媒体，如电影、电视、计算机等。

（4）交互多媒体：指使用多种感官且具有人机交互作用的媒体，如多媒体计算机。

2. 根据教学组织形式的需要分类

这种分类方法为教师在不同的教学形式、教学规模下选择教学媒体提供了有效的指导，教师可以根据自己的教学活动、学生数量来合理地选择媒体，争取最佳的教学效果与效率。

（1）课堂展示媒体：如投影、录像、黑板等。

（2）个别化学习媒体：如印刷品、录音带等。

（3）小组教学媒体：如图片、投影、白板等。

（4）远程教育媒体：如广播电视、计算机网络等。

3. 按媒体的物理性质分类

根据现代教学媒体的物理性质，教学媒体可以分为四大类。

（1）光学投影教学媒体：包括幻灯机和幻灯片、投影机和投影片、电影和电影片等。这类媒体主要通过光学投影，把小的透明或不透明的图片、标本、实物投射到银幕上，呈现所需的教学信息，包括静止图像和活动图像。

（2）电声教学媒体：包括电唱机、扩音机、收音机、语言实验室，以及唱片、磁带等。它将教学信息以声音的形式储存、播放和传送。

（3）电视教学媒体：主要包括电视机、录/放像机、影碟机、录像带、视盘、学校闭路电视系统和微格教学训练系统等。它的主要特点是储存与传送的是活动的图像和声音信息。

（4）计算机多媒体：包括计算机课件和多媒体教学资源等。它能在各种教学活动中实现文字、图表、图像等教学信息的传送、储存与加工处理，能与学习者产生互动，开展有效的教学活动。

（5）网络流媒体：它可以实现基于网络的远距离教学，并且可以开展基于网络的协作学习、研究性学习等教学模式。

4.1.3 教学媒体在教学中的作用

教学媒体在教学中的作用包括以下几方面。

1．给教学活动提供具体的经验

通过教学媒体展示教学活动涉及的教学内容，揭示事物发展的内因，给教学活动提供具体的经验，使抽象的语言、文字、符号的意义更加明确，使抽象事物的概念更加清楚。

2．优化教育教学过程

合理使用教学媒体可为学习者创设优化的学习环境，使教学更具趣味性，可使教学在希望或需要的时空进行，缩短时间，提高效率，使学生学习的知识可以长久保存。

3．使教学传递更加标准化

教学媒体可改变过去因教师或地域文化发展水平的不同而造成的信息传递质量上的差异，使学生能够通过媒体获得相同的教学信息，为其进一步学习和发展打下相同或相似的基础。

4．使教学更加生动有趣

教学媒体，特别是现代教学媒体，主要是用声音、画面等直观地呈现教学信息；特技效果、艺术手法及交互活动的良好运用为学生提供了更加丰富的感知；新颖的学习形式不仅能够激发学生的好奇心和求知欲，而且能增加学生的感知深度，提高学习效果。

5．使各种教学理论和学习理论得到更有效的运用

教学媒体，特别是教学软件在内容的组织和呈现方式上都是要经过精心设计的，这样，可以反复推敲，认真研究，使已有的教学原则认知规律、学与教的经验和理论最大限度地贯彻其中，讲究方式、方法、效率和效果，从而使最佳的教与学成为可能。

6．方式灵活，广泛适用

教学媒体的特性就是灵活性和适用性。对教与学来说，无论是集体的、小组的，还是个人的，该特性意味着可打破时间、空间的限制，随时随地为教与学提供便利。

4.2 视觉媒体

常用的视觉类媒体设备包括数码相机、幻灯机、光学投影仪及屏幕、投影机、视频展示台、电子白板等。

4.2.1 多媒体投影仪

多媒体投影仪是多媒体教室中用来显示多媒体信息的设备，如图4-2-1所示。到目前为止，投影仪主要通过三种显示技术实现，即CRT投影技术、LCD投影技术，以及近些年发展起来的DLP投影技术。

图4-2-1 多媒体投影仪外观

1. 多媒体投影仪的使用方法

1）开机

投影仪开机可用遥控器实现，或者按多媒体教室控制面板上的投影仪"开"按钮，投影仪指示灯闪烁说明设备处于启动状态，当指示灯不再闪烁时，方可进行下一步操作。注意：在开机状态下严禁振动、搬移投影仪，严禁强行断电，以防配件烧毁、炸裂。

2）使用注意事项

① 在使用过程中，如出现意外断电却仍需启动投影仪的情况，要等投影机冷却 2~10 分钟后，再启动。

② 连续使用时间不宜过长，一般控制在 4 小时以内，夏季高温环境中，使用时间应再短一些。

③ 使用中不要固定一个画面太长时间而不切换画面。

④ 下课后不要忘记关闭多媒体投影仪。

3）关机

关机后不能马上断开电源，要待投影仪的风扇不再转动，指示灯不再闪烁，散热完成后，让投影仪自动停机。投影仪闲置时，一定要完全切断电源。尽量减少开关机次数，以延长灯泡的使用寿命。

2. 使用投影仪时常见问题的解决办法

使用投影仪时常见问题的解决办法如下。

（1）投影仪连接笔记本电脑时，要正确选择笔记本电脑的显示输出控制功能。要选择笔记本液晶屏亮，外接显示设备亮的功能选项。通常只需按下笔记本电脑键盘功能键进行切换即可，一般是按下"Fn+功能键"。对于不同型号的笔记本，功能键的选择不同，具体参见相应的笔记本说明书，如 TOSHIBA 笔记本是按下"Fn+F5 键"。

（2）投影仪输出图像不稳定，有条纹波动，一般是因为投影仪电源信号与信号源不共地造成的，将投影仪与信号源设备的电源线插头插在同一电源接线板上即可解决问题。

（3）投影图像重影，大部分的情况是由于连接电缆性能不良所致。可更换信号线，如果不能解决问题，则要求厂家来维护。

（4）定时检查并清理通风过滤器。如果投影仪通风过滤器被灰尘堵塞，会影响投影仪内部的通风，甚至引起投影仪过热而损坏机器。

4.2.2 视频展示台

视频展示台（Visual Presenter）也称实物展示台、实物演示仪、实物投影机、实物投影仪等，如图 4-2-2 所示。它是通过 CCD 影像机，以光电转换技术为基础，将实物、文稿、图片、过程等信息转换为图像信号输出在投影机、监视器等显示设备上的一种演示设备。

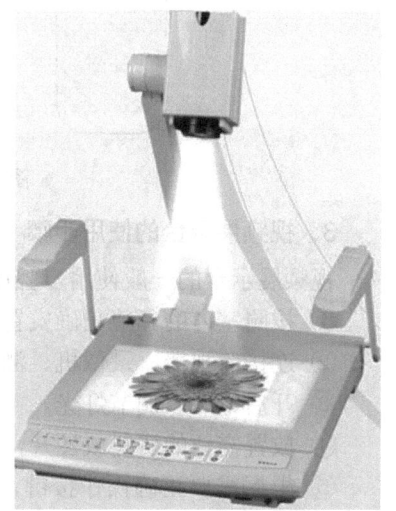

图 4-2-2 视频展示台外观

1. 视频展示台的组成

从外观上看，一台视频展示台基本的构成包括"摄像头"和"演示平台"两部分。摄像头通过臂杆与演示平台连接，但是为了实现更好的应用，还需要一些拓展设备，如控制面板（遥控器）、辅助照明（上部和底部）、视/音频输入输出、计算机接口等，共同构成一台完整的产品。

2. 视频展示台的工作原理

由摄像头将展示台上放置的物体转换为视频信号，输入到放映设备；光源则用来照亮物体，以保证图像清晰明亮；台板起放置物品的作用；接口则用来输出各种视频信号和控制信号。

高档的数字展示台通过计算机图像捕捉适配器与计算机连接，应用相关程序软件，可将视频展示台输出的视频信号输入到计算机中进行各种处理。视频展示台上的小液晶监视器便于用户直接观察被投物体的图像，在展示过程中无须另外准备监视器，如图4-2-3和图4-2-4所示。

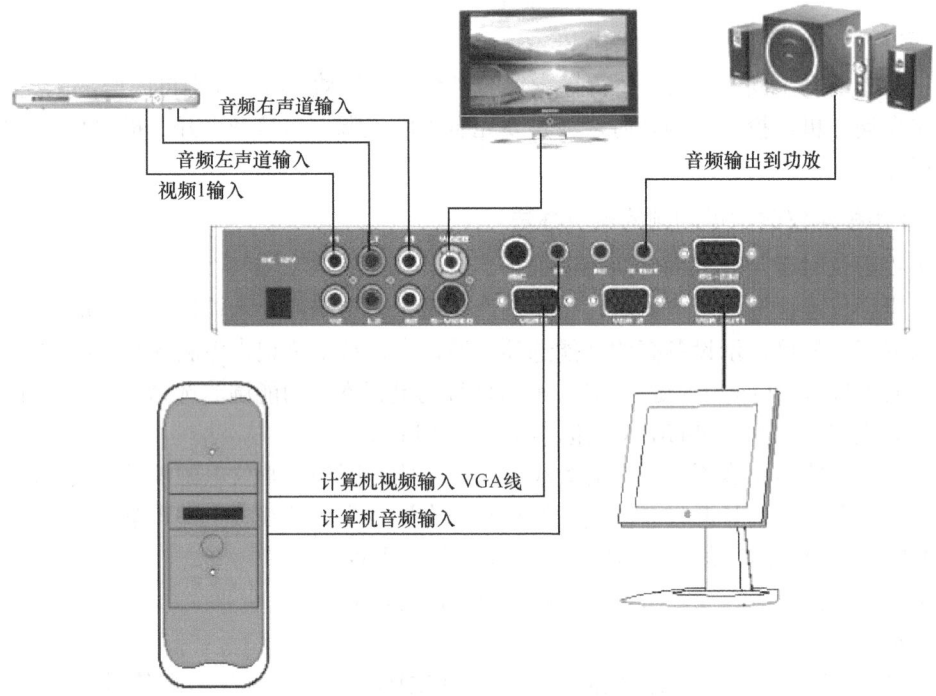

图 4-2-3　视频展示台的接线示意图

3. 视频展示台的使用步骤

视频展示台的一般使用步骤如下。
① 按照室内的环境正确安置视频展示台。
② 连接监视器、录像机、激光盘、投影机等设备的连线。
③ 开启电源，调节灯光。
④ 放置需要的资料或图片，调节摄像头，使其对准资料或图片。
⑤ 根据需要正确操作按键，若需存储画面，需按存储按键，但关机后所有存储内容会被删除。

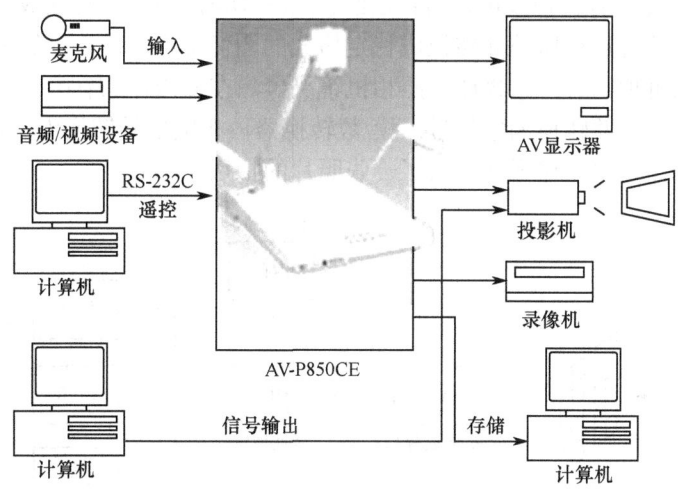

图 4-2-4　视频展示台与其他设备的连接示意图

⑥ 根据需要利用手动或自动调焦，使图像更加清晰。
⑦ 使用完毕，关闭电源，盖上摄像头镜头盖，遮上防尘罩。

4.2.3　数码相机

数码相机也称数字相机，如图 4-2-5 所示。它拍摄记录下来的是数字化影像，可以很方便地通过计算机加工处理图像、打印照片、制作多媒体幻灯片、储存备用，还可以借助数字通信网络实现即时远距离传输。

1．数码相机的基本结构及工作原理

数码相机包括镜头系统、感光芯片、A/D 转换器件、存储机构、液晶显示器、电源等构件，如图 4-2-6 所示。

图 4-2-5　数码相机外观

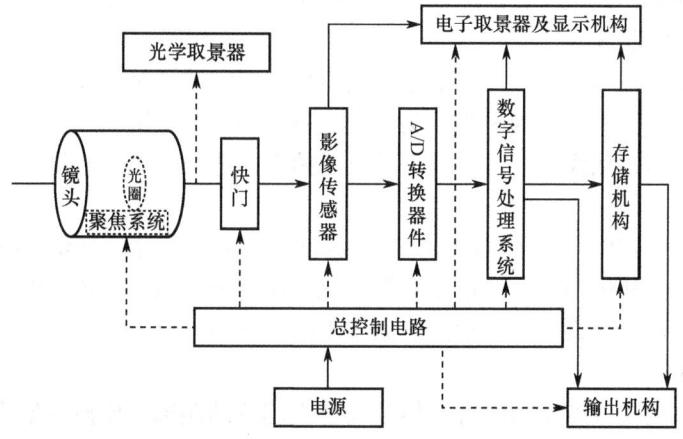

图 4-2-6　数码相机的结构

数码相机工作原理示意图如图 4-2-7 所示。光学镜头将景物聚合到感光芯片（电荷耦合器 CCD）上，并将光信号转换成电信号；后经模/数转换器（A/D）转换成数字信号；再由微处理器（MPU）对信号进行压缩并转换成特定格式的图像文件，最后存储或在液晶显示器上显示。在用数码相机拍照时，景物通过照相机镜头聚焦在 CCD 芯片上，CCD 芯片把影像分解为成千上万的像素，并转换为电信号；模/数转换器再将电信号转换为二进制的影像数据，存储在照相机的存储器中。这样就完成了一张照片的拍摄。

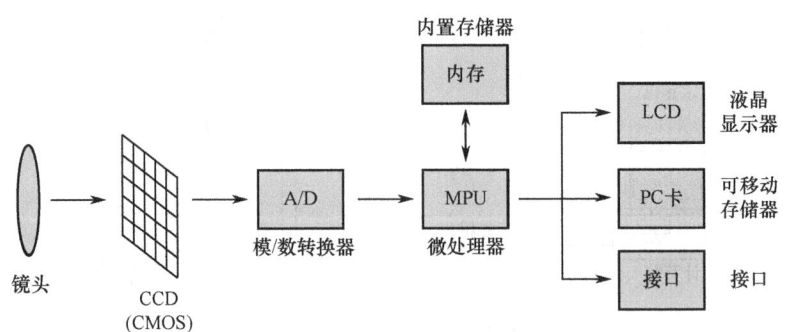

图 4-2-7　数码相机工作原理示意图

1）镜头系统

镜头起成像作用，被拍摄的景物通过它成像在感光芯片 CCD 或 CMOS 上，主要包括镜头、光圈、快门、聚焦系统等。

（1）镜头。

数码相机所用的镜头分为定焦镜头和变焦镜头两大类。

① 定焦镜头。定焦镜头是指焦距固定不变的镜头。一般分为标准镜头、广角镜头、远摄镜头三类。

标准镜头：视角在 50°左右，焦距与感光芯片成像区域的对角线长度接近的镜头。其特点是所摄画面影像的透视效果（近大远小）与人眼看实际景物的透视效果较为接近，符合人眼的透视标准和习惯。

广角镜头：视角大于 70°以上，焦距长度比感光芯片成像区域的对角线长度短得多的镜头。其特点是焦距短、视角大、景深长。适合拍摄景物前后清晰度大的照片，或在较狭窄范围内拍摄较大场面的照片。

远摄镜头：视角在 40°以下，焦距比感光芯片成像区域的对角线长度长得多的镜头。根据焦距的大小，远摄镜头又分为中焦镜头、长焦镜头和超长焦镜头。远摄镜头的特点是焦距长、视角窄、看得远、成像大。适合将远景拉近拍大，适合拍摄不易接近的被摄物体，以及远距离拍摄。

② 变焦镜头。变焦镜头的焦距可以在一定范围内调节变化，视角可随焦距的不断变大而在广角镜头的视角和远摄镜头的视角之间变化。使用变焦镜头，拍摄者站在同一位置上推拉或旋转镜头，就可以变换焦距，拍摄出大小不同的画面。

（2）聚焦系统。

聚焦系统的作用是改变拍摄时镜头镜片与感光芯片的距离，使被摄景物在感光芯片平面能清晰成像。数码相机的聚焦方式有自动聚焦、手动聚焦和免聚焦之分。高档数码相机往往同时具有自动聚焦系统和手动聚焦系统，中档数码相机多数只有自动聚焦系统而没有手动聚焦系统，低档数码相机一般采用免聚焦系统。

(3)光圈和快门。

光圈是在镜头中间由数片互叠的金属叶片组成的可调节镜头通光孔口径的装置。光圈的第一个作用是调节通光量。光圈既能开大，也能缩小。在拍摄同一个对象时，若光线强，应将光圈缩小；若光线弱，应将光圈开大。第二个作用是改变景深范围大小。光圈越大，景深越小；光圈越小，景深越大。

光圈孔径的大小通常用光圈系数（F 系数）表示，光圈系数是镜头焦距与光孔直径的比。如 F2.8、F4、F5.6、F8、F11、F16、F22 等，如图 4-2-8 所示。每个系数为光圈的一个挡。光圈系数值越大，光圈口径越小，通光量越小。反之，光圈系数值越小，光圈口径越大，通光量越大。上面各光圈挡中，F2.8 最大，F22 最小。前面光圈挡的通光量是后面通光量的 2 倍，如 F2.8 的通光量是 F4 的 2 倍，F4 的通光量是 F5.6 的 2 倍，依次类推。

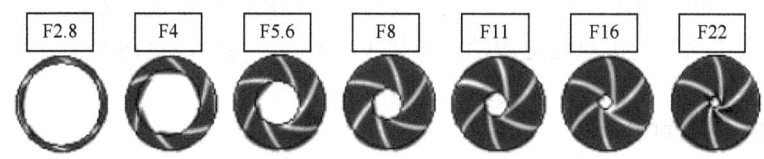

图 4-2-8　光圈与 F 系数

注：光圈口径指光圈开口的大小，光圈系数越小，通光口径越大，而光圈系数与光圈挡对应。

快门是控制感光片曝光时间长短的装置。照相机的快门速度盘上通常标有一系列标记，如 1、2、4、8、15、30、60、125、250、500、1000、2000、B 等，它们的实际值是标定值的倒数，即 1、1/2、1/4、1/8、1/15、1/30、1/60、1/125 等。如果在 B 门和 1 之间用其他颜色标记 2、4、8 等，则代表整秒数。

B 门俗称"慢门"，在需要进行长时间曝光时使用。一般情况下，按下快门按钮时即开启，松开快门按钮时即关闭。若使用 B 门，要有三脚架和快门线与之配合。

2）感光芯片

数码相机的"心脏"是感光元件。与传统相机相比，传统相机使用"胶卷"作为其记录信息的载体，而数码相机的"胶卷"就是其成像感光元件，而且是与相机一体的。感光器是数码相机的核心，也是最关键的技术部件。目前数码相机的核心成像部件有两种：一种是广泛使用的 CCD（电荷耦合）元件；另一种是 CMOS（互补金属氧化物半导体）器件。

（1）感光元件工作原理。

电荷耦合器件图像传感器（Charge Coupled Device，CCD），它使用一种高感光度的半导体材料制成，能把光线转变成电荷，通过模/数转换器芯片转换成数字信号，数字信号经过压缩以后由相机内部的闪速存储器或内置硬盘卡保存，因而可以轻而易举地把数据传输给计算机，并借助于计算机的处理手段，根据需要和想象来修改图像。CCD 由许多感光单位组成，通常以百万像素为单位。当 CCD 表面受到光线照射时，每个感光单位会将电荷反映在组件上，所有的感光单位所产生的信号加在一起，就构成了一幅完整的画面。

和传统底片相比，CCD 更接近于人眼对视觉的工作方式。只不过，人眼的视网膜是由负责光强度感应的杆细胞和色彩感应的锥细胞分工合作组成视觉感应系统的。经过多年的发展，CCD 大致的形状和运作方式都已经定型。CCD 主要由一个类似马赛克的网格、聚光镜片以及垫于最底下的电子线路矩阵组成。

互补金属氧化物半导体（Complementary Metal-Oxide Semiconductor，CMOS）和 CCD 一样同为在数码相机中可记录光线变化的半导体。CMOS 的制造技术和一般计算机芯片没什么差别，主要是利用硅和锗两种材料做成的半导体，使其在 CMOS 上共存着带 N（正电）和 P（负电）的半导体，这两个互补效应所产生的电流可用来处理芯片记录和解读成影像。

（2）两种感光元件的不同之处。

由两种感光元件的工作原理可以看出，CCD 的优势在于成像质量好，但是由于制造工艺复杂，只有少数的厂商能够掌握，所以导致制造成本居高不下，特别是大型 CCD，价格非常高昂。同时，CCD 从开始的 30 万像素，一直发展到现在的 800 万像素，像素的提高已经到了一个极限。

在相同分辨率下，CMOS 价格比 CCD 低，但是 CMOS 器件产生的图像质量相比 CCD 来说要低一些。到目前为止，市面上绝大多数的高端数码相机都使用 CCD 作为感应器件。

CMOS 影像传感器的优点是电源消耗量比 CCD 低，与周边电路的整合性高，可使数码相机体积大幅缩小。

（3）影响感光元件的因素。

对于数码相机来说，影响感光元件成像的因素主要有两个：一是感光元件的面积；二是感光元件的色彩深度。

感光元件面积越大，成像越大，相同条件下，能记录更多的图像细节，各像素间的干扰也小，成像质量越好。但随着数码相机向时尚小巧化的方向发展，感光元件的面积也只能是越来越小。

3）模/数转换系统

模/数转换系统用于将拍摄到的电信号进行数字化存储。模/数转换部分的质量档次直接决定所拍摄存储影像的质量。

4）存储器

数码相机拍摄得到的数字文件，要通过数码相机中的驱动机构存储在各种存储媒体上（将数码相机与计算机相连的拍摄除外）。数码相机所用的存储器可分为内置存储器和可移动存储器。

内置存储器安装在相机内部，用于临时存储图像，装满后要及时向计算机转移文件，否则无法继续存入图像。

可移动存储器分为 PC 卡、CF（Compact Flash）卡、SM（Smart Media）卡、软盘、NZ 光盘、Miniature 卡等几类，装满后可取出更换，就像胶卷相机的胶卷用完可更换一样，所不同的是这些存储器可以删除和反复记录图像信息，使用方便、灵活。要将存储在 PC 卡中的影像文件传送给计算机，除了可以将数码相机与计算机相连进行传送外，还可以将 PC 卡插入笔记本电脑直接进行下载，或将它装进 PC 卡读取器，下载到计算机。

存储器是数码相机内置的一种存储芯片，用于存储影像数据。根据照片选取的不同分辨率，存储器可以存储 8~500 幅照片，存储的文件是 JPEG、TIFF、BMP 等格式。存储的照片可以在液晶显示器上显示，也可以删除重拍。

5）LCD 液晶显示器

数码相机上装置彩色液晶显示器具有三方面的作用：一是作为取景器，供拍摄者观察被摄景物和景物范围，确定画面构图和拍摄范围；二是使数码相机具有即显性，拍摄后可及时观看，对拍摄影像的质量进行判别、确认，发现不足可删除重拍；三是显示参数设置菜单，便于拍摄者根据需要正确控制与调整数码相机。例如，大部分数码相机设置两种或三种JPEG压缩方式供拍摄者选择，有的数码相机还提供了非压缩的TIFF（Tag Image File Format）格式。图像压缩比大，占用存储空间小，但图像细节被压缩算法消除较多，图像分辨率低；图像压缩比小，可保留更多的图像细节不被压缩算法消除，图像细腻，层次表现丰富，质感强，但占用存储空间大。

6）接口

接口是数码相机连接外部设备的通道。常见数码相机的接口有串行接口、并行接口、USB接口、AV接口、电源输入接口等。

2．数码相机的使用

数码相机的种类很多，在外观、功能及性能等方面差异很大，标志也不相同，所以在第一次使用时要详细阅读说明书。以下是通用的基本操作方法。

1）安装电池

所有的数码相机都需有电源方能工作。拍摄时一般使用电池供电。不同机型使用的电池种类不同，大多数是专用电池，且不同品牌之间不能通用。电池的安装也因机而异，所以在准备阶段，要熟悉电池的更换、安装方法。

2）安装存储卡

存储卡的安装要在照相机处于关机状态下进行，并要装载到位，特别要注意卡的正反面、前后方向是否正确。

3）应用模式的选择

数码相机一般分为拍摄、查看、连接或下载等几挡的转换开关和转盘，操作时须选择对应挡，如要拍摄必须将开关或转盘置于所需挡位。

4）参数设置

数码相机的参数设置一般在两个区域进行。一部分参数设置是在LCD液晶显示屏上进行，通过旁边的操作按钮以选择菜单的方式来调整，如分辨率、感光度、时间等；另一部分参数通过机身上相应的操作键进行设置，如光圈、快门、闪光灯、调焦等。

5）取景、构图、拍摄

按下快门后，CCD拾取图像，接着相机会有短时的读取、处理、保存数据的过程。这时，拍摄者会从LCD显示屏上看到刚刚拍摄的画面效果。显示的图像消失后，可继续拍摄。因此，在拍摄两张照片之间要有几秒的间隔，也正因为数码相机的这一特点，很多机型有自动连续拍摄的功能。

6）影像文件下载

读取数码相机照片数据有两种方式：一种是从相机中直接读取；另一种是将存储卡取出，通过读卡器读取。有些相机在读取照片之前要在计算机上安装该相机的驱动程序。

4.2.4 幻灯机

1. 幻灯机基本结构及工作原理

幻灯机的光学系统由光源、反光镜、聚光镜、放映镜头等组成。如图 4-2-9 所示,光源发出的光线经聚光镜会聚照亮幻灯片,再通过放映镜头在屏幕上形成放大、倒立的图像。

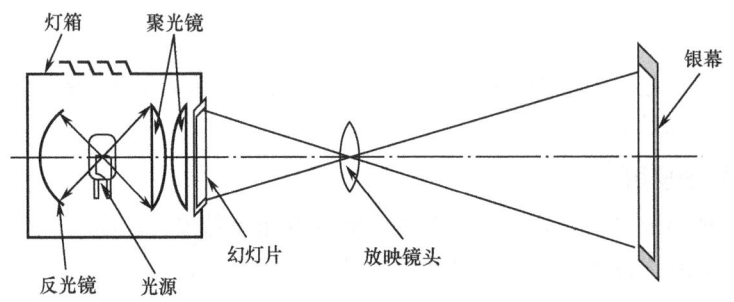

图 4-2-9　幻灯机的光学原理

光源通常采用发光效率高、显色好、灯丝排列面积小的低压溴钨灯;反光镜的作用是将光源向后发射的光线反射回去照射幻灯片,以提高光源利用率;聚光镜由两片平凸透镜组成(见图 4-2-10),用来会聚光源所产生的光,使其集中并均匀地照射幻灯片,提高成像的亮度;放映镜头由几片单透镜复合而成,它使幻灯片画面在屏幕上成像,相当于透镜成像中的凸透镜。通过沿光轴方向前后移动放映镜头来调节聚焦,使幻灯片成像准确、清晰。

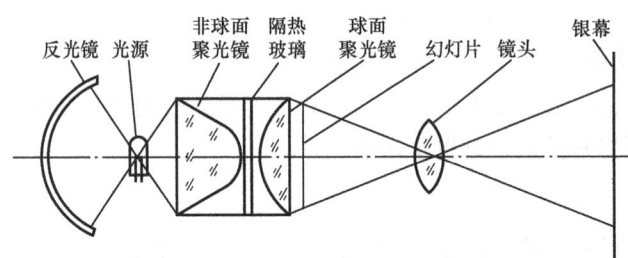

图 4-2-10　聚光镜式照明系统幻灯机的光学部分

2. 幻灯机的操作方法

幻灯机的操作方法如下。

① 在使用幻灯机前,要熟悉幻灯机的性能和特点,检查零部件是否齐全。

② 将幻灯机安放在离银幕距离适当的地方,以适合学生观看为准。

③ 接通电源时,要检查电风扇是否运转,若电风扇、灯泡由两个开关分别控制,则应先开电风扇开关,后开灯泡开关。关机时操作顺序相反。

④ 装片时要按教学需要的顺序将幻灯片插在片盒中,幻灯片应上下倒立、左右反放。然后将片盒上的齿条与幻灯机转动机构的齿轮啮合,再打开电源和灯泡开关,即可进行放映。

⑤ 换片。幻灯机的型号、种类不同,换片的方式也不同,主要有手动、键控、遥控、信控和自动换片等多种方式。

⑥ 调焦。

4.2.5 教学银幕

银幕是幻灯、电影教学中不可缺少的器材,它对放映画面的亮度、清晰度起着重要作用。

1. 教学银幕的种类和特点

教学银幕有不同的种类和规格,要根据实际情况正确选用。

① 玻璃微珠幕:用布做底基,比白布银幕的亮度大 4 倍左右,不能折叠,不能用硬物碰触银幕,不能用水擦洗,可用鸡毛掸轻轻掸去上面的灰尘。

② 高级塑料透视幕:用尼龙膜做底基,是高亮度银幕,使用时将银幕固定在木框上。

③ 布基白塑幕:用白布做底基,幕面洁白,光线反射均匀柔和,可折叠,可用湿布擦洗。

④ 白塑幕:用白布制成,亮度不及前面三种银幕。

⑤ 木板幕:用三胶板或五胶板制成。

2. 教学银幕的选择与安装

教学银幕可以挂在教室的正前方,也可挂在黑板的一侧,银幕的规格应根据教室的大小、学生座位的多少来决定。一般来说,银幕的宽度以教室纵深长度的 1/8～1/6 为佳。银幕悬挂的高度以银幕的底边与坐在前排座位上的学生头部平齐为准,银幕至前排学生座位的距离不应小于银幕宽度的 1.5 倍。为了使学生看到的图形不变形,用透射式幻灯机放映时,银幕上边需要向前倾斜,使之与光束垂直。

4.3 听觉媒体

听觉媒体指采集、记录、播放声音的媒体,主要有话筒、调音台、功放、音箱、录音机、CD 唱机、MD 录音机及相应的带、盘等。

听觉媒体在语言及音乐学习方面能够提供标准的教学示范;与其他媒体结合可创设教学情境,如音乐伴音、朗诵、对白等,可激发学习者的情感和想象;还可辅助个别化学习,如音乐和外语听力学习。因此,听觉媒体在现代教育媒体中占有一定比例。

4.3.1 声音传送的源头——话筒

话筒(Microphone)又称传声器,它是一种声电转换的换能器,通过声波作用在电声元件上产生电压,再转为电能。它可用于各种扩音设备中,种类繁多,电路比较简单。

分析话筒电路主要掌握以下两点。

① 信号传输回路分析,各种话筒输入插口电路分析。

② 话筒信号放大器分析,话筒信号放大器是一种小信号、低噪声音频放大器,分析话筒电平控制电路并不困难。

1. 话筒分类

按照不同的原理性质,话筒有不同的分类方法。

① 按换能原理分类:包括电动式(动圈式、铝带式)、电容式(直流极化式)、压电式

（晶体式、陶瓷式）、电磁式、碳粒式、半导体式等。

② 按声场作用力分类：包括压强式、压差式、组合式、线列式等。

③ 按电信号的传输方式分类：包括有线话筒和无线话筒。

④ 按用途分类：包括测量话筒、人声话筒、乐器话筒、录音话筒等。

⑤ 按指向性分类：包括心型、超心型、双向（8字）型、超指向型（枪式）和无指向（全向）型等。

⑥ 此外还有驻极体话筒，以及最近新兴的硅微话筒、液体话筒和激光话筒。其中，驻极体话筒体积小巧，成本低廉，在电话、手机等设备中广泛使用。硅微话筒基于CMOS MEMS技术，体积更小，其一致性比驻极体话筒的一致性高4倍以上，所以硅微话筒特别适合高性价比的麦克风阵列应用。匹配性更好的话筒可改进声波形成过程并降低噪声。激光话筒常用于窃听装置。

这里按录音室对话筒最通用的分类方法，把话筒分为动圈话筒和电容话筒。

1）动圈话筒

动圈话筒（见图4-3-1）是由磁场中运动的导体产生电信号的话筒。工作原理：由振膜带动线圈振动，从而使磁场中的线圈感应出电压。特点：结构牢固，性能稳定，经久耐用，价格较低；频率特性良好，50～15000Hz频率范围内幅频特性曲线平坦，指向性好，无须直流工作电压，使用简便，噪声小。

2）电容话筒

电容话筒（见图4-3-2和图4-3-3）的振膜就是电容器的一个电极，当振膜振动时，振膜与固定的后极板间的距离跟着变化，就产生了可变电容量，这个可变电容量和话筒本身所带的前置放大器一起产生信号电压。特点：频率特性好，在音频范围内幅频特性曲线平坦，这一点优于动圈话筒；无方向性；灵敏度高，噪声小，音色柔和；输出信号电平比较大，失真小，瞬态响应性能好，这是动圈话筒所不具有的优点；工作特性不够稳定，低频段灵敏度随着使用时间的增加而下降，寿命比较短，工作时需要直流电源，使用不太方便。

图4-3-1 动圈话筒　　　　图4-3-2 电容话筒1　　　　图4-3-3 电容话筒2

电容话筒中有前置放大器，当然就得有一个电源，由于体积关系，电源一般是放在话筒之外的。该电源称为幻象电源，它除了供给电容器振膜的极化电压外，也为前置放大器的电子管或晶体管供给必要的电压。

由于有前置放大器，所以电容话筒的灵敏度相对要高一些。在使用时，必需的附属设备有防振架（一般会随话筒赠送）、防风罩、防喷罩、优质的话筒架。如果要进行超近距离的录音工作，防喷罩是必需的。

2．话筒的特性

话筒的特性一般包括以下三方面。

1）话筒的指向

前面提到，按指向性，话筒一般分为心型、超心型、双向（8字）型、超指向型（枪式）和无指向（全向）型等，如图4-3-4所示。

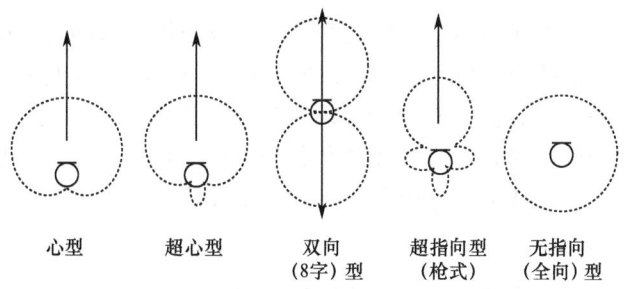

图4-3-4 话筒指向示意图

图4-3-4中，箭头所指方向为话筒所指正前方，虚线为可拾音的大致范围，在这个范围之外，拾音不灵敏。

2）话筒的阻抗

专业录音室应使用低阻抗话筒，由于可能要用很长的电缆来连接，所以用低阻抗话筒可减少信号衰减现象。

3）平衡线与非平衡线

平衡线由两根导线和一根屏蔽线构成；非平衡线中则只有一根导线，用屏蔽线代替第二根导线。

平衡线的优点在于，该线的两根导线拾取的噪声信号强度相等，因而两者能互相抵消；而非平衡线则把噪声信号传输到线路的下一级。如果音频信号很强或非平衡线很短，可能不会听到噪声。但话筒线一般都很长，要从录音间拉出线来，经传声盒过墙后再进入控制室的调音、录音系统，所以必须使用平衡线，并使用匹配平衡的插头XLR（俗称卡农头或公母头）或大三芯（6.35JK-立体声）的TRS。

3．话筒的选择与使用

话筒的选择与使用要注意以下五点。

1）话筒的选择

要根据使用的场合和对声音质量的要求，合理选择不同方向性和频率响应特性的话筒。一般的课堂教学选用低阻抗、单向性（对正面声音有很高的灵敏度，而对其他方向尤其是后面的声音源响应很低）、对中频段响应好的动圈话筒；如果在较小且安静的空间录制采访类的内容，则应选择无指向型或双向型的话筒；器乐演奏的拾音应优先选择电容话筒或高质量的动圈话筒；录制小提琴、小号等乐器演奏，则应选择高频响应好的话筒；录制交响乐或街道、大自然等外景的现场效果声，则要选择频段响应范围宽的话筒。

2）话筒连接线

话筒与输入设备之间的连接必须用音频屏蔽线，一般话筒可采用单芯金属屏蔽线；高质量话筒应选择双芯金属屏蔽线，双芯金属屏蔽线抗干扰能力强，可进行远距离信号传输。高阻抗话筒输出时输出信号较强、对放大器的要求较低，但传输线过长易受外界干扰引起交流声，以及使高频严重衰减，故传输线长度通常不超过 5m；低阻抗话筒输出通常借用卡农插头进行平衡连接，抗干扰能力强，连线可延长至 10~30m。

3）话筒位置

扩音时，话筒不要靠近扬声器或对准扬声器，应放在扬声器的后面或侧面，以免引起刺耳的啸叫声；同时不宜把话筒音量开得过大。安放话筒位置时，除要考虑方向外，还要考虑与声源之间的距离，通常会议扩音和老师在固定位置讲课时，话筒的工作距离以 20~30cm 为宜。在录制播音员的解说时，一般将距离保持在 10~20cm，同时还要考虑话筒的近讲效应，即话筒与声源过近时，低频成分提升，声音变得浑厚。

4）防振、防潮、防风

在使用话筒时应防止敲击或振动，不要用吹气或拍打的方法试音，这会损坏内部的振动薄膜；若话筒本身有防风罩（通常是由海绵或皮毛制成的），在使用中要正常佩戴，以保证音质；日常存放要注意防尘、防振。

5）正确使用无线话筒

① 正确安装发射器上的电池，有尾部天线的，在使用前应把天线装好；打开发射器的电源开关和接收机电源开关；

② 试音，调整接收机接收天线长度（一般为接收电磁波波长的 1/4 左右）和谐振频率，以得到满意的接收效果；

③ 使用无线话筒时应注意：手不要接触天线，以避免频率的漂移；手不要握防护罩，以免声音失真。

4.3.2 声音处理中心——调音台

调音台是整个录音流水线上介于同类拾音设备和录音设备之间的一个控制点。不管现在的调音台多么复杂，无论它是模拟调音台还是数码调音台，基本结构均可分为输入部分（信号由话筒及录音设备线路输入到调音台）、输出部分（信号由调音台输出到录音设备）和监测部分（用表头、音箱、耳机监听所有信号）三个部分。

图 4-3-5 是模拟调音台的外观图，从上到下，从话筒卡农插座到推子，称为一"路"或一个"通道"。这有别于"轨"的概念，轨是针对录音设备而言的，图中左边是输入部分，右边是输出部分，包括了总音量控制、编组输出的音量控制、耳机监听输出控制、效果调整控制等功能。输出部分具有耳机监听、音箱接口连接、总输出 LED 显示等功能。

图 4-3-6 是 Samplitude 2496 中的混音器界面。左边是单轨控制部分，右边是总控制部分。对单轨来说，从上往下是 Gain（增益）、Aux Bus Sends（辅助发送）、Delay/Reverb（延迟、混响效果开关与调整）、Dyn（动态效果开关与调整）、EQ（四段均衡）、Name（轨名称）、Pan（声像）、Solo/Mute/DirX（独奏、哑音、效果器插件）、推子、自动记录开关、输出端口选择等调控装置。

图 4-3-5　模拟调音台的外观图

图 4-3-6　Samplitude 2496 中的混音器界面

4.3.3　声音信号的推动器——功率放大器

功率放大器（Power Amplifier），简称功放，俗称扩音机，如图 4-3-7 所示。它是音响系统中最基本的设备,其作用是把来自信号源(专业音响系统中则是来自调音台)的微弱电信号进行放大以驱动音箱发出声音。很多情况下,主机的额定输出功率不能胜任驱动整个音响系统的任务,这时就要在主机和播放设备之间加装功率放大器来补充所需的功率缺口,而功率放大器在整个音响系统中起到了"组织、协调"的枢纽作用,在某种程度上决定着整个系统能否提供良好的音质输出。

图 4-3-7　功放

一套良好的音响系统,功放的作用功不可没。按照使用元器件的不同,功放可分为胆机(电子管功放)、石机(晶体管功放)和 IC 功放(集成电路功放)。近年来,由于新技术、新概念在胆机中的使用,使得电子管这个古老的真空器件又大放异彩。IC 功放由于其音色比不上其他两种功放,所以在 Hi-Fi(高保真)功放中很少看到它的影子。

功放大体上可分为专业功放、民用功放、特殊功放三大类。

1. 专业功放

一般用于会议、演出、厅、堂、场、馆的扩音。设计上以输出功率大,保护电路完善,良好的散热为主。大多数专业功放用于高保真重放时,声音干硬不耐听。

2. 民用功放

又可分为 Hi-Fi 功放、AV 功放、KALAOK 功放,以及将各种常用功能集于一体的综合功放。

① AV 功放。AV(Audio Video)即音频。AV 功放是专门为家庭影院而设计的,一般都具备 4 个以上的声道数及环绕声解码功能,且带有一个显示屏。该类功放以真实营造影片环境声效让观众体验影院效果为主要目的。

AV 功放从诞生到现在,经历了杜比环绕→杜比定向逻辑→AC-3→DTS 的进程。AV 功放与普通功放的区别在于,AV 功放有 AV 选择杜比定向逻辑解码器、AC-3、DTS 解码器、五声道功率放大器,以及画龙点睛的数字声场(DSP)电路,可为各种节目提供不同的声场效果。但是由于 AV 功放在信号流通环节上,经过了太多复杂的处理电路,使声音的纯净度受到了过多的"染色",所以用 AV 功放兼容 Hi-Fi 功放时效果不理想。这也是很多 Hi-Fi 发烧友对 AV 功放不屑一顾的原因。

② Hi-Fi 功放。Hi-Fi 是英文 High-Fidelity 的缩写,意为高保真,是指逼真地还原音源信息,即"原汁原味"。它要求音响设备在重放过程中,对声音信号各项指标不失真地放大、处理,以还原声源的本来面貌,强调的是"原汁原味",大多用于欣赏音乐。Hi-Fi 功放是为高保真地重现音乐的本来面目而设计的放大器,一般为两声道设计,且没有显示屏。

③ KALAOK 功放也是近几年发展起来的一种功放。它与一般功放的区别在于 KALAOK

功放有混响器、变调器和话筒放大器。

④ 特殊功放，顾名思义，就是在特殊场合使用的功放，如警报器、车用低压功放等。

4.3.4 声音的最终重现——音箱

音箱是将音频信号转换为声音的一种设备，如图 4-3-8 所示。它是整个音响系统的终端，其作用是把音频电能转换成相应的声能，并将其辐射到空间中。音箱由扬声器和箱体构成。

1．扬声器

扬声器在音响设备中是一个最薄弱的器件，而对于音响效果而言，它又是一个最重要的部件。扬声器有多种分类方式，按其换能方式可分为电动式、电磁式、压电式、数字式等；按振膜结构可分为单纸盆、复合纸盆、复合号筒、同轴等；按振膜开头可分为锥盆式、球顶式、平板式、带式等；按重放频可分为高频、中频、低频、超低频和全频等；按磁路形式可分为外磁式、内磁式、双磁路式和屏蔽式等；按磁路性质可分为铁氧体磁体、钕硼磁体、铝镍钴磁体等；按振膜材料可分为纸质和非纸质等。

图 4-3-8　音箱

① 电动式扬声器应用最广，它利用音圈与恒定磁场之间的相互作用力使振膜振动而发声。电动式低音扬声器以锥盆式居多，中音扬声器多为锥盆式或球顶式，高音扬声器则以球顶式、带式、号筒式居多。

② 锥盆式扬声器的结构简单，能量转换效率较高。它使用的振膜材料以纸浆材料为主，可掺入羊毛、蚕丝、碳纤维等材料，以增加其刚性、内阻尼及防水等性能。新一代电动式锥盆扬声器使用了非纸质振膜材料，如聚丙烯、云母碳化聚丙烯、碳纤维纺织、防弹布、硬质铝箔、CD 波纹、玻璃纤维等复合材料，性能进一步提高。

③ 球顶式扬声器有软球顶和硬球顶之分。软球顶扬声器的振膜采用蚕丝、丝绢、浸渍酚醛树脂的棉布、化纤及复合材料，其特点是重放音质柔美；硬球顶扬声器的振膜采用铝合金、钛合金及铍合金等材料，其特点是重放音质清脆。

④ 号筒式扬声器的辐射方式与锥盆式扬声器不同，它是在振膜振动后，声音经过号筒扩散出去。其特点是电-声转换及辐射效率较高、距离远、失真小，但重放频带及指向性较窄。

⑤ 带式扬声器的音圈直接制作在整个振膜（铝合金聚酰亚胺薄膜等）上，音圈与振膜间直接耦合。音圈产生的交变磁场与恒磁场相互作用，使带式振膜振动而辐射出声波。其特点是响应速度快、失真小、重放音质细腻、层次感好。

2．箱体

箱体用于消除扬声器单元的声短路，抑制其声共振，拓宽其频响范围，减少失真。音箱的箱体外形结构有书架式和落地式之分，还有立式和卧式之分。箱体内部结构有密闭式、倒相式、带通式、空纸盆式、迷宫式、对称驱动式和号筒式等多种形式，使用较多的是密闭式、倒相式和带通式。

落地式音箱属大型音箱，箱体高度在 750mm 以上，书架音箱的箱体高度在 750mm 以下，高度在 450～750mm 的为中型书架音箱，450mm 以下的为小型书架音箱。

家庭影院系统的前置主音箱有立式音箱、书架式音箱和落地式音箱，这要根据视听室面积大小、功放功率大小及个人爱好来确定。通常，15 平方米以内的房间，宜选用中型书架式音箱；低于 10 平方米的房间应选用小型书架式音箱；大于 15 平方米的房间，可选用中型书架式音箱或落地式音箱。前置主音箱、中置音箱和环绕音箱均以倒相式设计居多，其次是密闭式、1/4 波长加载式和迷宫式等。超重低音音箱以带通式和双腔双开口式居多，其次是倒相式和密闭式。

4.4 视听媒体

常用的视听类教学媒体设备有电视机、录像机、摄像机、DVD 等。

4.4.1 录像机

录像机（或简称 VCR）是一种装有活动录像带盒的录像机，如图 4-4-1 所示。它带有的磁带用来录制电视广播节目的声音及视频，留作以后播放。

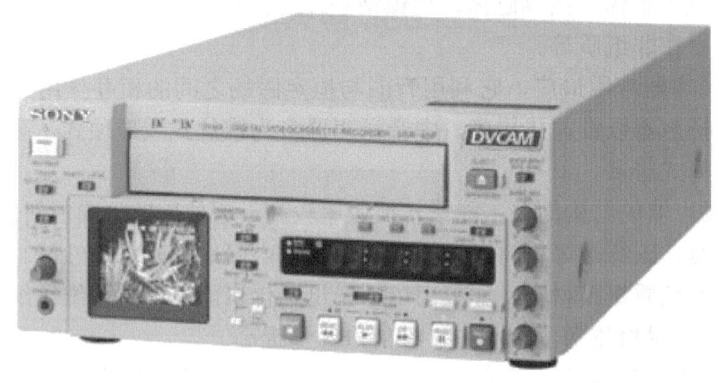

图 4-4-1 录像机

1．录像机的种类

录像机有以下多种分类方式。

① 按磁带的宽度来划分，有 1 英寸带录像机、3/4 英寸带录像机、1/2 英寸带录像机、8 毫米带录像机。

② 按走带方式划分，有开盘录像机、U 型录像机、VHS 型录像机，B 型录像机。

③ 按功用来划分，有放像机、录像机、编辑机、便携式录像机、摄录一体化录像机。

④ 按性能档次来划分，有广播级录像机、专业级录像机、家庭级录像机。

⑤ 按电路技术模式来划分，有低带机、高带机、高低带兼容机。

⑥ 按制式来划分，有 NTSC 制式、PAL 制式、SECAM 制式。

2．录像机的使用

使用录像机时，应注意以下几个方面。

① 录像机一般放置于电视机附近，同样要注意干燥通风、避免阳光直射，还要注意不要放在扬声器、电动机等有强磁场的地方，以免磁头被磁化。

② 录像机使用时间一般每次不要超过 5 小时，高温季节使用时每次最好不要超过 2 小时。

③ 录像机应经常保持清洁。经常用软布擦拭外壳灰尘。在使用一段时间后应对录像机磁头进行清洗。清洗方法是：用棉棍蘸少许酒精或磁头清洁剂进行擦洗。注意切不可使用汽油擦洗，否则容易损伤磁头表面并导致带轮变质。

④ 在使用录像机的过程中，如需倒带、快进，必须先按"停止"键，否则传动机容易损坏。

⑤ 录像机停机后应拔掉电源插头，因为即使录像机不工作，其变压器也会消耗电能，长期如此，会影响变压器的寿命。

4.4.2　摄像机

摄像机（见图 4-4-2）是进行光电转换的设备，它利用三基色原理，通过光学系统，把彩色景物的光像分解为红、绿、蓝三种基色光像，由摄像器件完成光信号到电信号的转换，然后进行信号处理，编码成彩色全电视信号，最后得到的标准信号可以送到录像机等记录媒介上记录下来，或通过传播系统传播，或送到显示器上显示出来。

图 4-4-2　摄像机

1．摄像机的种类

1）按使用特点分类

① 演播室/现场座机型摄像机。座机型摄像机体积较大，比较笨重，一般安装于底座或三脚架上才能操作。镜头的体积、焦距范围、相对孔径也大。常用于演播室，或其他位置相对固定的场所，这类摄像机一般为广播级。

② 便携式摄像机。体积小，质量轻，携带方便，用三脚架或人体支撑拍摄均可。一般采用直流电池供电，也可通过交流结合器交流供电。可用于多种场合，如电子新闻采访（ENG）和电子现场制作（EEP）。这类摄像机有肩扛式（质量为 3～10 千克，一般为广播级或业务级）和手持式（质量为 0.7～3 千克，以家用为主）。

2）按质量档级分类

① 广播级摄像机。广播级摄像机一般用于电视台和节目制作中心，其质量要求较高，如清晰度 700～800 线，信噪比 60dB 以上，从镜头、摄像器件到电路等都是优等的，当然其价格相当高，一般在 10 万元以上，如 BVP-70P、DV-700P 等。

② 业务级摄像机。业务级摄像机一般用于教育部门的电化教育及工业监视等系统中。其性能指标比较优良，原来采用单管（DXC-1640）和双管（DXC-1800），现在多为三管（DXC-M3A）或三片 CCD（DXC-3000P，DXC-6000P，DXC-M7，DXC-537），价格相对较低，一般在 10 万元以下。

③ 家用级摄像机。这个档次的摄像机种类繁多，主要特点是体积小，质量轻，作用多，使用操作简便，价格低廉，一般在 1 万元左右。其质量等级比不上广播级和业务级，多为单片 CCD 摄录一体机。在教学中也常使用此类型的摄像机制作节目或开展微格教学等。

3）按光电转换器件分类

① 光电导摄像管：主要器件为氧化铅管、硒砷碲管。
② 固体光电传感器 CCD：CCD 取代摄像管是摄像机未来的发展趋势。

4）按拍摄的用途分类

① 黑白摄像机：用于键控字幕或工业监视。
② 彩色摄像机：用途最为广泛。
③ 红外线摄像机：用于夜间监控。
④ X 光摄像机：用于医疗、安检、无线影音传输系统。

5）按照摄像机的工作场合分类

① 社会治安监控摄像机：市场大、需求广。
② 不适合暴露的场合：记者暗访摄像机、纽扣看字摄像机（也称无线影音传输系统）。

2．摄像机的使用

使用摄像机时，应注意以下几个方面。

（1）开机预热。启用机器时，应开机预热 1 分钟左右。然后打开镜头盖，这时寻像器上能看到镜头所对准的景物。通过调焦，使景物图像清晰。

（2）白平衡。设置白平衡是为了在摄像过程中使色彩得以正确还原所采取的步骤。数字摄像机一般设有自动白平衡和手动白平衡两种方式。自动白平衡是由摄像机根据照明光线的色温情况，通过内部处理器自动调整的。手动白平衡是选择一个不掺杂色，且不反光的白纸或纯白的物体，将其顺光置于光源下，将镜头对准白色物体，并使之充满画框，然后根据菜单提示按下白平衡按钮，直至显示"OK"为止。

（3）光圈控制。光圈的控制有手动和自动两挡。处于自动光圈挡时，摄像机能根据被摄景物的平均亮度（如中央重点平均亮度）自动地调整光圈的大小，使摄像机始终获得正确的曝光量，但自动挡只适用于景物场面亮度比较均匀的情况，在逆光摄影或景物与背景之间亮度差别很大的场合，还必须通过手动光圈控制，才能获得满意的曝光量，使图像清晰、层次丰富。

（4）聚焦。聚焦的目的是使被拍摄景物的图像最清晰。摄影镜头均具有一定的景深，即所拍摄到的图像总有一定的前后清晰范围，景深的大小与光圈大小、焦距长短、拍摄距离有关。光圈小、焦距短、拍摄距离远，则景深范围大，反之则小，其工作规律与照相机镜头的工作规律完全相同。聚焦也有手动聚焦和自动聚焦两种方式。自动聚焦方式最常见的是红外线式自动聚焦，它是以画面中央景物为对象进行调焦的。使用时要注意，如果主景物不在画面中心，最好用手动聚焦方式或者进行自动聚焦的锁定办法，使不在中央位置的主景物也获得清晰的图像。

（5）变焦控制。变焦用于画面的推拉或景物的变换。变焦控制也有手动和自动两挡。手动挡在快速变焦或制作特殊效果时使用，自动挡适合于拍摄一般镜头的场合。

（6）使用时既可以扛在肩上进行拍摄，也可以将其安装在三脚架上。若扛在肩上进行拍摄，必须注意摄像机的稳定性，以保证摄取的图像稳定。如拍摄近景或特写，最好安装在三脚架上，才能确保拍摄画面的图像稳定，无晃动。

3. 摄像机拍摄要领

摄像机拍摄要领可概括为：平、稳、准、匀。

① 平：画面要平。画面要平主要指所拍摄的画面要摆平，地平线要平，垂直物要直。

② 稳：画面要稳。画面要稳是指拍摄的画面要稳定，拍摄姿态大方，立好马步，拿稳摄像机，防止上下及左右抖动。广角镜头拍摄较稳，容易掌握，长焦拍摄较容易抖动，较难掌握。

③ 准：摄像要准主要指拍摄的对象、范围、起幅落幅、焦点变化、镜头运动及景深运用等都要准确。当使用者拿起摄像机时，就要考虑怎样拍，拍什么画面，所拍画面要表达什么内容，即如何构图，如拍摄课例是拍全景、中景还是近景。

④ 匀：匀是指拍摄时的速度和节奏要均匀合拍。用自动变焦时，镜头的推拉速度容易控制；用手动变焦时，则要反复练习，用力要匀。一般情况下，镜头在起幅和落幅时的速度应该慢些，中间的运动状态变速要均匀，用三脚架摇摄时，云台要有良好的阻尼特性，便于均匀操作摄像机。

另外，室内荧光灯下拍摄一般选用自动白平衡模式。新手拍摄时，最好采用自动对焦模式。

4. 摄像机的维护

摄像机的维护要做好以下几方面工作。

1）请勿遭雨淋

最好不要在下雨天到室外使用摄像机，如果由于拍摄的需要不得不在雨天室外使用时，一定要做好摄像机防雨措施。

2）注意防潮、保持干爽

摄像机长时间在室外阴冷潮湿的地方拍摄、放置，若突然进入温暖干燥的室内，这时机器内部容易产生结露现象，应在摄像机进入室内前先放置在密封的塑料袋中，待机器与室内温度一致时再取出。

3）进行必要的防尘措施

为了防止灰尘侵入摄像机，污染机芯、磁鼓、寻像器、液晶屏和镜头，必须做好有效的防尘措施。例如，在风沙环境中拍摄时，最好用透明塑料袋罩住摄像机，或自己制作简易的防尘袋包住机身等。携带摄像机时，应将摄像机放入专用包或箱内，停止拍摄时要盖好镜头盖，最好在镜头前面安装一个 UV 镜，它可以有效地防止灰尘和雨滴侵入镜头。

4）外出携带的注意事项

摄像机携带和使用中要注意防振、防摔。外出旅行途中应取出电池和磁带，要避免使摄像机受到剧烈振动。不要在不平稳的地面或人多的地方使用三脚架自拍，以防被人撞倒，尽量不要让小孩操作摄像机。避免将摄像机和矿泉水或其他包装的液体放在一个包内，以防液体意外渗漏侵入摄像机。

5）远离磁场/电场

由于摄像机的摄像部分利用的是光电转换原理，录像部分利用的是电磁转换原理，因此，摄像机在工作和存放期间应远离强磁性物体或能产生强电磁感应的物体，如电视机、音箱、电磁灶、变压器等。

6）工作中不要任意切断电源

摄像机在运行过程中,特别是在装带、退带过程中不要突然切断电源。摄像时尽量避免长时间对着特别明亮的物体(如太阳等),因为那样会对 CCD 造成损伤,甚至会在图像上形成垂直拖影,摄像机的寻像器和打开的液晶屏幕也应当避免长时间强光照射。

7）摄像机使用后的注意事项

摄像机使用完毕,存放之前应将磁带和电池从摄像机内取出。收藏录像带时要远离加热器和其他热源,不要靠近强磁场,要竖着放在原包装盒内。电池若长期装在摄像机上,即使将电源开关关掉,摄像机也会耗电,电池放电过度会影响其使用寿命。电池如长期不使用时,最好每半年对其进行一次充/放电。

4.5 网络媒体

4.5.1 校园网的主要功能

校园网络(Campus Network)系统(以下简称校园网,见图 4-5-1)是指利用计算机网络设备、通信介质和相应的协议(如 TCP/IP 协议等)及各类系统管理软件,将校园内计算机和各种终端设备有机地集成在一起,同时又与外部的计算机网络(如 Cernet 或 Internet)连接,以用于教学、科研、学校管理、信息资源共享和远程教育等方面工作的局域网络。校园网络最初的概念是以硬件集成为主,即只是一个硬件平台,到第二阶段又提出以教学应用软件集成为主的软件建网的校园网概念,这也是当今大多数校园网所采用的模式。现在,越来越多的人发现,硬件加软件的模式还远不能发挥出校园网的优势,校园网应该建构在全新的教育模式上,而不应依附于传统的教学模式,所以诞生了"硬件+软件+现代教育"模式的新一代校园网概念。因此建设校园网的真正目的在于为学校师生提供教学、科研和综合信息服务的高速多媒体网络。

1. 信息发布

学校的 Web 主页犹如学校的一个窗口,通过这扇窗口,可以向世界各地的人们充分展示学校的形象。一般来说,学校主页的主要内容应包括学校的历史沿革、院系、部门简介、专业设置、招生与就业分配信息、教学与科研信息等。学校主页上可以发布学校的各种重大事件、会议通知及安排,也可以发布各种公文,这样既节省了时间和费用,又增强了公示的效果。

2. 教学应用

校园网的主要功能就是教学应用,它可以由网络教学平台提供支持,以网络教学信息资源库作为信息来源,运用多种网络工具完成网络教学任务。

网络教学平台一般由网上备课系统、网上授课系统、网上课程学习系统、网上练习、在线考试、虚拟实验室、网络教学评价、作业递交与批改、课程辅导答疑、师生交流、教学管理等模块组成,它是学校开展网络教学活动的支撑系统,对促进高水平的师生互动,开展主动式、协作式、研究型学习,促进学校的教育改革具有积极作用。一个完整的网络教学平台应具备以下功能。

① 具备支持教师备课、授课、提问、答疑与讨论、作业布置与批改、题库维护、组织

考试与活动、试卷分析等功能。

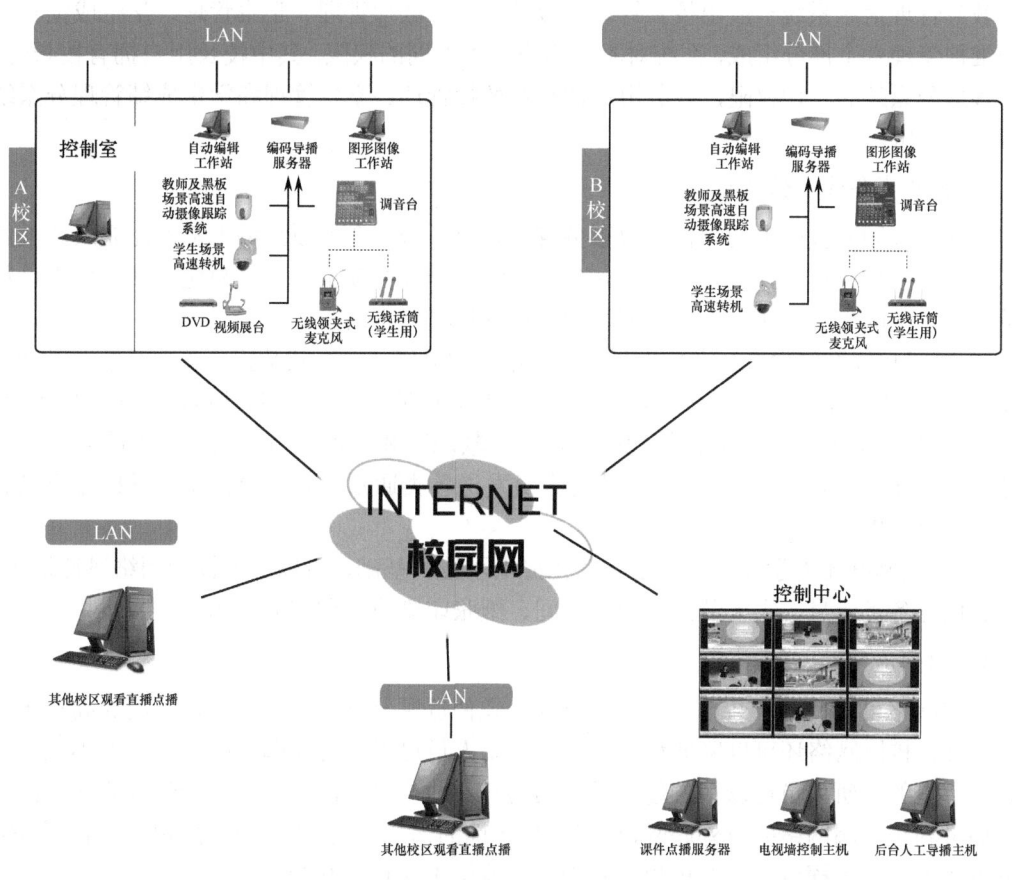

图 4-5-1　校园网

② 具备支持学生选课、学习、递交作业、提问、讨论、实验、资料查阅、考试等功能。
③ 具备支持基于流媒体的网络实时与非实时授课系统。
④ 具备支持教务人员进行学生管理、课程管理、资料管理、教学质量分析等功能。
⑤ 具备支持教师通过各种网络工具，相互之间或与外校的教师之间进行教学方法、教学艺术的交流与探讨的平台。
⑥ 具备支持连接 Internet 以实现远程教育的功能。

教学信息资源库是学校进行网络教学的重要组成部分，它包括多媒体素材库、教案库、课件库、试题库、学科资料库等。同时，资源库还为师生提供全文检索和属性检索、资源的增减与归类、压缩打包下载等服务。

3. 管理应用

1）网络招生信息管理系统

通过网络招生信息管理系统，可将考生档案信息电子化后在网上传送，招生部门通过计算机网络即可随时调阅学生档案、查看学生成绩，提出拟录意见和退档意见，交招生主管部门审核批准，学校无须派人去招生录取现场，即可完成招生录取工作。这样不仅节省了录取时间，减少了经费开支，同时也提高了招生录取的准确率。

2）教务管理信息系统

教务管理信息系统一般由校长管理、教务管理、教师管理、学生管理、学生成绩管理和系统维护管理六个部分组成，系统对不同用户给予不同的权限。其中校长用户拥有校长管理、教务管理分系统的一切权限，教务用户拥有对教师管理、学生管理和学生成绩管理分系统进行查阅的权限。

3）行政事务管理信息系统

建立在校园网基础上的学校行政事务管理信息系统，会使原来每天都不能完成的大量日常工作，如人事、财务、教务、日常办公、后勤管理等各项工作大大简化，使工作人员从这些单调、繁杂的事务中解放出来，把时间用在处理其他事情上。

① 通过校园网络建立一个集中与分散相结合的分级、分布式数据库管理系统，既能实现学校各部门之间大量数据的共享，同时也为管理人员及时提供数据、快速做出决策提供了帮助。

② 利用校园网络提供的通信功能，可以为教职工和管理人员提供较完善的多媒体电子邮件（E-mail）功能，能向各部门和管理人员发送各类通知、布告等消息。学校还可以利用校园网络召开电子会议。

③ 校园网络还为学校实现办公自动化提供了技术基础，可以通过校园网络迅速地传递、复制和保存各类信息，大大节约人力、时间、纸张印刷或交通差旅费用。

4．科研应用

校园网络可以使用户共享各类计算机软、硬件资源及学术信息资源，从而提高科研的效率。另外，校园网络还可以降低科研成本。科研人员可以通过校园网络形成工作小组，在不同办公室里的科研人员可以很方便地通过网络与其他成员交流设计思想和设计方案。同时，人们还可利用校园网络的对外联网，检索世界各地的信息资料，也可以使用电子公告栏（BBS）与世界各地的专家探讨最新的思想，发表、交流学术观点，交换论文等。

5．校园网的体系结构

从体系结构上看，校园网一般由网络基础层、信息资源层、技术支持层和应用服务层四大部分组成，如图4-5-2所示。

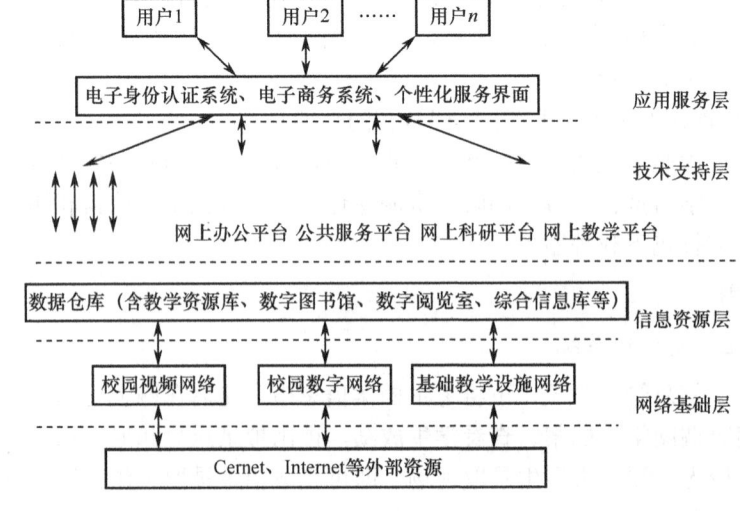

图4-5-2　校园网体系结构图

其中，网络基础层主要包括学校的校园视频网、校园数字网和基础教学设施网；信息资源层主要包括教学资源库、数字图书馆、数字阅览室和综合信息库等；技术支持层主要包括学校的网上办公平台、网上教学平台、网上科研平台和公共服务平台；应用服务层主要包括学校的电子身份认证系统、电子商务系统和个性化服务界面等。

4.5.2 多媒体网络教室

计算机网络教室又称计算机教室或多媒体网络机房，是目前国内各类学校，尤其是中小学较为普遍、应用广泛的一种网络教学系统。它是集普通的计算机机房、语音室、视听室、多媒体演示室等功能于一体，利用现代网络技术和多媒体技术将若干台多媒体计算机及相关的网络设备互连而成的小型教学网络教室。它为提高教学质量、建构协作化学习环境创造了良好的技术基础。

1．多媒体网络教室的组成与原理

多媒体网络教室的硬件系统主要由服务器、交换机（或集线器）、教师多媒体计算机、学生多媒体计算机、视频展示台、多媒体集成控制系统、投影机、银幕及音响系统等组成。这些设备集成在一起，形成一套功能齐全的视听型多媒体计算机网络教学系统，还可接入校园网或互联网。图 4-5-3 是基于 Web 的多媒体网络教室的拓扑结构图。

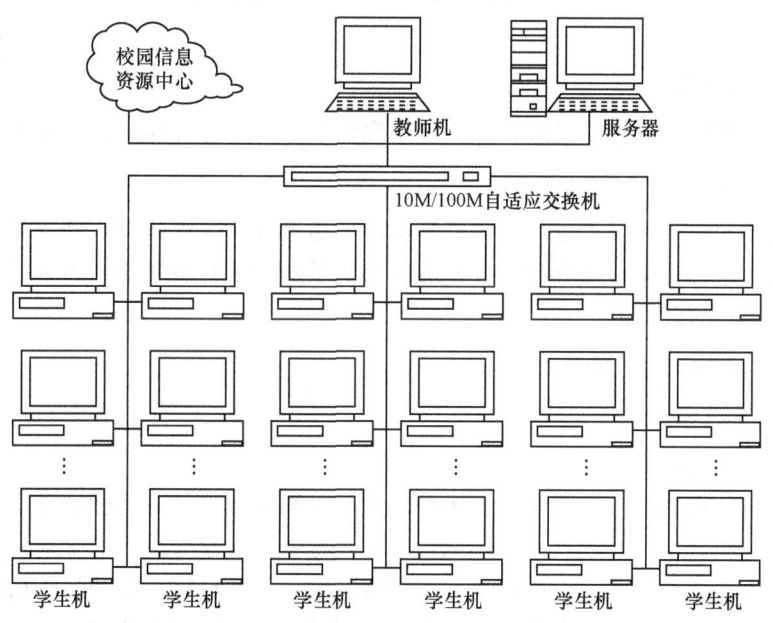

图 4-5-3　基于 Web 的多媒体网络教室的拓扑结构图

2．多媒体网络教室的主要功能

多媒体网络教室的主要功能如下。

1）实时广播教学功能

教师可以将屏幕内容或讲话声音传递给全体学生、部分学生或单个学生。实时广播包括屏幕广播和声音广播。屏幕广播不仅在一定程度上发挥了黑板的作用，而且可以插入各种精美图片、音视频动画和图像，丰富了黑板的功能，可提高课堂教学效果；声音广播则使网络

教室增添了语音教学功能。

2）示范功能

可以将指定学生的屏幕、语音及声音广播给全体、部分或个别学生进行示范。

3）远程控制功能

教师可以根据教学需要，要求学生机远程执行某种命令，达到相应的控制效果。

4）学习监督功能

教师可以在教师机上观看和检查网络上全体学生、某个小组学生或个别学生的屏幕信息。监督功能不影响被监督者正在进行的操作，也不会被察觉。

5）分组讨论功能

教师可任意指定每 2~16 人为一组，将全体学生分为多组进行分组讨论，教师也可加入任何一组进行讨论。

6）电子举手功能

学生有问题提出或需要帮助时，可以按功能键进行电子举手。

7）在线交流功能

网上的任意用户，可以相互交流信息。交流时，在双方的屏幕上将出现交谈的窗口，显示收、发双方的信息。

8）学籍管理功能

可对学生的姓名、学号、班级、年龄等学籍信息进行管理并显示在屏幕上。

9）联机考试功能

教师运用此功能时，可以先指定正确答案，再通过屏幕或声音将试题发送给学生，学生作答，收卷后计算机立即自动批卷，教师可以很快了解学生对所学知识的掌握情况，从而对教学效果做出正确的评估。

3. 多媒体网络教室的建设

1）设备配置及构成模式

（1）无盘工作站模式。

多媒体网络教室的设备配置可以有多种形式。最简单、最经济的做法是学生机采用无盘工作站。在这种模式下，采用客户/服务器（Client/Server）方式的各工作站可以共享服务器资源，并由服务器统一管理，工作站之间可以相互通信，并设置一定的使用权限，可以防止学生误删重要软件或信息。由于学生机不单独配置硬盘，所以建设成本低，比较经济实惠。

在无盘模式下，教师机应采用网络化的多媒体计算机，必须配备网卡、声卡、显卡、视频采集卡等板卡及光驱等设备，以使教师机能运行多媒体教学软件、采集视/音频信息，以及对网络中的学生进行管理与调控等。学生机的配置没有特殊要求，只需配置网卡、键盘、鼠标及显示器即可。这种构建模式的基本特点如下：

① 教室内的所有学生机依托于网络系统连接，通常采用 Windows 2000 或 Windows XP 平台。

② 所有的学生机可以共享硬盘、打印机、扫描仪及各种应用软件等。

③ 可增加一套专门设计的网络教学软件系统，或者硬件教学网络系统设备，共同组成多媒体网络教室。

（2）标准模式。

与无盘模式相比，标准的多媒体网络教室在每个学生机上都配置有单独的硬盘、软驱、光驱、声卡及耳麦等部件；在教室内还安装有投影机、视频展示台、录像机、影碟机、多媒体集成控制系统、银幕及音响系统等设备；并在教师机上存放有如辅助备课资源库、学习资源库、资源开发与搜索工具等本地教学资源。

2）系统的辅助设施建设及注意事项

多媒体网络教室对室内布局、电源及网络布线和辅助设备的安装均有一定要求。一般计算机后面有很多连线，连线一定要隐蔽，使学生不易触及，最好铺设在防静电地板下面。另外，电源布线和网络布线应分开，并加套 PVC 线槽（或线管）以确保绝缘，这样做既美观又安全，还可以有效地防止静电对设备的损坏。多媒体网络教室的设施还有桌椅、静化电源、UPS（不间断电源）、空调、白板和应用软件等。安装辅助设备时特别要注意电源的负荷问题，要切实保证动力电源的容量（计算机按 200～300W 每台计算），同时还要注意整个网络教学系统良好接地，以保证网络的正常运行，避免因接地不良或没有接地而导致器件的损坏。

4．多媒体网络教室的应用

利用多媒体网络教室可以有效地完成多种教学任务，其应用形式主要有以下几种。

1）多媒体教学

在教学过程中，通过文本、声音、动画、图像、图片等符号表达的教学信息，可以激发学生的兴趣，提高教学效率和质量。在网络教室中，可以方便地将各种媒体符号信息集成在一起，开展多媒体课堂教学。甚至可以把其他学校的直播课堂或网上学习资源直接引入课堂，极大地丰富教学资源，有效地解决一般教室上课信息单一、静止化的问题。

2）课件开发

教师开发与制作多媒体教学课件经常会遇到两个问题：一是资料缺乏；二是文件较大，不易存储、复制和移动。在网络教室可以较好地解决这两个问题：第一，网络教室中的资源库可以为教师提供丰富的教学资源与素材，教师在开发制作多媒体课件时可以随时借鉴或调用；第二，教师可以把自己做好的课件直接存入资源库中，以备上课时调用，这样既解决了磁盘装不下、不便于移动的问题，又丰富了教学资源库，为教师之间的交流共享提供了途径；第三，在网络教室里备课还有一个好处是可以实现资源的高度共享。例如，如果学校只买一套光盘，一般只能供一位教师使用，有了网络教室后，就可以将这些资源存入教师机或服务器供多人同时使用。

3）多种形式、方便的教学活动

网络教室可以为学生学习提供一个更加开放的资源及平台，促进多种形式教学活动的开展，如基于 Web 环境下的探索式学习、小组协作学习和研究型学习等。

4）网上练习与测试

教师可以通过网络教室为学生提供课堂练习或进行考试，既可避免打印、发放试卷的麻烦，又可以及时了解学生的答题情况，甚至可以当场完成试卷评判，免于收、批试卷，便于把主要精力投入其他教学工作及科研上。

4.5.3 微格教室

微格教学（Microteaching）又称微型教学，是以现代教育理论为基础，利用先进的媒体信息技术，依据反馈原理和教学评价理论，分阶段系统培训教师教学技能的活动。

微格教学的特点用一句话概括就是"训练课题微型化，技能动作规范化，记录过程声像化，观摩评价及时化"。"微"是微型、片段及小步的意思；"格"取自"格物致知"，是推究、探讨及变革的意思，又可理解为定格或规格。微格教学主要应用于师范院校学生的教学实习和试讲，它将完整的教学过程分解成许多容易掌握的单项教学技能，采用微型课堂的形式进行教学实践。

进行微格教学的一般方法是：由受训者（人数以 10 人为宜）用 10~15 分钟的时间，对某个教学环节，如"组织教学"或"授新课"进行试讲，试讲情况用录像机记录，指导教师和受训者一起观看，共同分析优缺点，然后做训练，直至掌握正确的教学技能。由于这一训练活动只有很少人参与，而且只训练某一教学技能，因此称为微格教学或微型教学。微格教室是进行微格教学的场所。

1. 微格教室的组成及原理

微格教室一般由一个主控室、一个示范室、一个观摩室和若干个微型教室组成。它运用先进的视/音频技术，引入科学的管理手段，对教师技能进行培训。它通过安装在教室内的摄像头、云台及拾音器，以及设在中心控制室内的主控计算机和分控计算机，观察各摄像点情景，回放场景情况，进行自我评价，并可调整现场摄像头的各种角度及距离，达到观摩课、公开课等各种功能。因设计思想与理念的不同，有的微格教室将示范室和观摩室合二为一，统称为示范观摩室或示范室，有的学校用多媒体电教室或演播厅代替。典型的微格教室系统结构图如图 4-5-4 所示。

下面以结构完整的普通微格教室为例说明其组成及原理。

1）微型教室

一般微型教室装有话筒和摄像机，用来拾取"模拟教师"的声音和教学活动影像。若条件允许，还可配备一台摄像机来拾取"模拟学生"的学习反应情况。室内还配备有电视机，用来播放已记录的教学过程录像，供学生进行分析、评价与讨论等。

多媒体与网络型微型教室除装有一般微型教室设备外，还安装有多媒体组合系统、多媒体计算机局域网或互联网终端等，用来拾取"模拟教师"的声音，以及运用现代教学媒体开展教学活动。

2）观摩室

观摩室是装有电视机的普通教室。控制室中经视频切换器选择后的视频信号被送到观摩室的电视机上，实时播放教学实况，供指导教师现场评述，以及学生观摩分析。

3）控制室

控制室内装有电视特技台（视频切换器）、调音台（混音器）、录/放像机、视频分配器、监视器等设备。从每间微型教室传来的"模拟教师""模拟学生"教学活动的两路视频信号经电视特技台控制，一路送至录像机进行录像，另一路则可经视频分配器将教学实况信号送到观摩室，供同步评述分析。

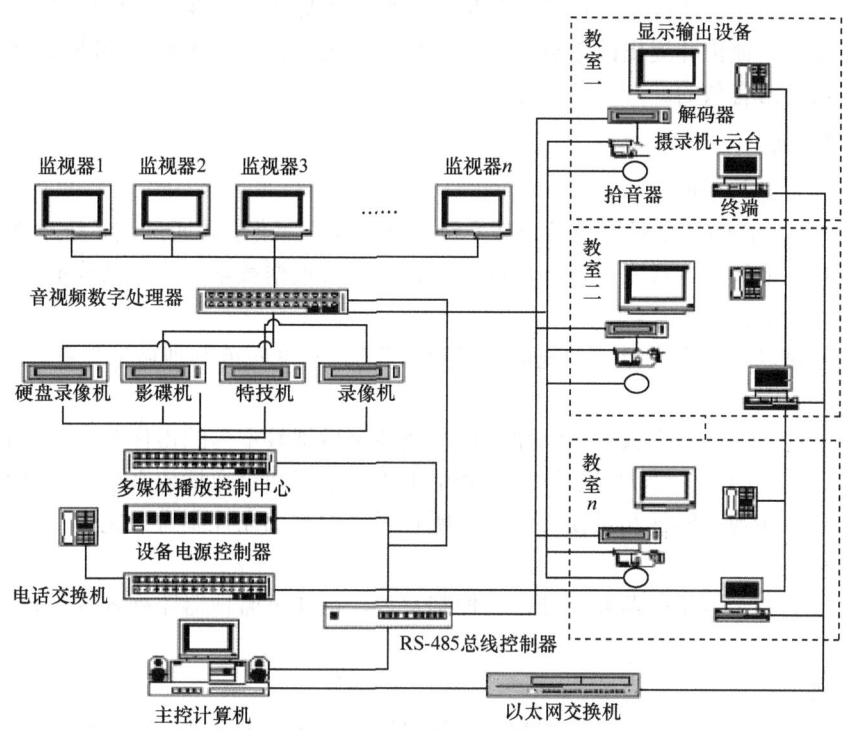

图 4-5-4　典型的微格教室系统结构图

4）示范室

示范室、控制室及各间微型教室一起组成一个双向闭路电视传输系统。在示范室里可以选择收看任意一间微型教室教学训练活动的实况，也可以将示范教室的教学实况同步传输到各间微型教室。示范室还可以作为学校闭路电视台的演播室，摄制新闻、艺术、采访、知识竞赛等节目。

2. 微格教室的主要功能

1）教学功能

（1）教学模拟。

微格教室可以同时开展一组或多组微格教学活动，也可同时对一个或多个学生进行模拟教学（或其他技能）训练。教师课堂教学基本技能包括课堂组织、提问、导入、讲解、媒体演示、板书、应变、反馈强化、归纳总结等技能，微格教室都应该具备训练这些技能的功能。

（2）观摩示范。

通过示范室，可以让全班学生集中观摩教师的示范教学。分析典型课例，观看优秀教师课堂教学录像，给受训学生（或教师）提供示范等。

（3）反馈与评价。

在微格教室中，教师借助摄像监视系统可以实时掌握每一组学生的训练情况，在模拟训练结束后又能及时重播，并将指导意见反馈给学生。此外，微格教学系统环境可以为学生提供多种形成性评价方式：可以是"模拟教师"通过重播自己训练的录像，肯定成绩，发现不足，进行自我纠正与评价；也可以是同组训练的"模拟学生"通过听课、一起观看重播录像，对"模拟教师"的教学情况进行讨论、分析和评价；指导教师也要对"模拟教师"的教学情况进行全面分析、评价并提出改进意见等。很显然，这些评价方式对于帮助师范院校学生提高教学技能是非常有效的。

2）管理功能

（1）实况录像与播放。

在控制室内，教师可以对每个微型教室进行教学实况录像，并通过该系统重播录像节目，再在各微型教室播放。各教室可以播放同一节目，也可根据教学需要，播放不同的节目。

（2）教学转播。

在控制室可以将任意模拟教学现场转播给示范室、观摩室或其他微型教室，供师生观看。

（3）控制。

在控制室内，通过操作云台控制器，可以使各个微型教室内的摄像头上下左右移动，并进行调焦、变焦及改变光圈大小等操作。利用矩阵切换器和录像播放系统，可以实现各路视频、音频信号的切换、转播和录像等功能。所有操作控制均在控制台上完成。

（4）监视。

微格教室具有全方位的监视功能，在控制室内，可通过监视器监视各微型教室的教学活动情况。

（5）对讲。

在控制室，教师可以与任意微型教室进行对讲，以便学生在遇到问题时，教师能及时提供指导。

3. 微格教室的设计

微格教室的设计应能充分体现系统的先进性、开放性、实用性和易用性等特点。除能满足以上教学功能要求外，在设计过程中还应注意以下两点。

1）应注意新旧媒体的综合使用

传统媒体发展到今天，虽然数字技术已相当成熟，但是传统媒体并没有被完全取代。这说明传统媒体有其自身的特点和优势。新的媒体，如计算机、网络，也有其自身的特点，主要表现在时空上的优势。它可以实现时空分离、异地同步等功能。因此，在微格教室的设计中应该把新旧媒体综合起来考虑。如在针对中小学准教师的培训上，黑板、投影、幻灯等还是不可或缺的。

2）应注意教室环境的设计

传统的微格教室存在着式样单一、空间狭窄等不妥之处，这容易使受训人员的心情受到很大影响，从而影响受训效果。因此，为了使受训人员在教室中能有一个宽松的环境，微格教室在整体布局上要做到宽敞舒适，在座位的安排上应做到不固定，随时组合，以便交流和营造氛围等。

参 考 文 献

[1] 尹俊华. 教育技术学导论[M]. 北京：高等教育出版社，2002.

［2］ 李运林，徐福荫. 教学媒体的理论与实践[M]. 北京：北京师范大学出版社，2003.
［3］ 教学媒体的概念及分类——教育技术学[EB/OL]. http://ksei.bnu.edu.cn/ET3/unit3/jibenzhishi2.htm.
［4］ 教学媒体及应用[EB/OL]. http://core.yntvu.edu.cn:10015/study/jxnr1.htm.
［5］ 教学媒体与教学资源——全国中小学继续教育网站[EB/OL]. http://club1.fxl2011.teacher.com.cn/topic.aspx?topicid=2285114.
［6］ 话筒——分类、连接、选择[EB/OL]. http://wenku.baidu.com/view/72d542ea5ef7ba0d4a733b4e.html.
［7］ 音箱[EB/OL]. http://baike.baidu.com/view/13534.htm.
［8］ 摄像机[EB/OL]. http://www.elecfans.com/weiji/wiki/摄像机.
［9］ 董红斌. 现代教育技术教程[M]. 北京：中国水利水电出版社，2005.
［10］ 微格教室[EB/OL]. http://baike.baidu.com/view/1700303.htm.
［11］ 现代教育技术精品课程[EB/OL]. http://www.yytc.net.cn/mpt/wangluokecheng/WORDkejian/20080408/3276.htm.

第 5 章　计算机辅助教学

随着技术发展的日新月异，人类社会进入了知识经济时代，知识转化为经济，科学技术转化为生产力的速度不断加快，对于人才需求的竞争也日趋激烈。传统的教育已经无法满足新时代对高素质人才培养的需求，计算机辅助教学的产生为 21 世纪的教育发展注入了新的活力。它的广泛应用，推动了教育思想、教学方法的深层次更新，有利于突破教材中的重点、难点，从而大大地提高了课堂教学的效率和质量，达到减轻学生负担、促进教育现代化进程、促进基础教育由应试教育向素质教育转变的目的。

5.1　计算机辅助教学概述

计算机辅助教学（Computer Aided Instruction，CAI）是在计算机辅助下进行的各种教学活动，以对话方式与学生讨论教学内容、安排教学进程、进行教学训练的方法与技术。它颠覆了一直以来的一支粉笔、一块黑板的教学手段，以生动的画面、形象的演示，给学生耳目一新的感觉，并以其丰富的媒体表现形式、直观形象的教学模式、庞大的信息系统、强大的师生交互功能，在提高学生的知识水平，培养学生的信息素养和学生的创新思维方面有着传统教学无法比拟的优势，从而使传统的教育方式发生了深刻的变革，教育质量和教学效率也有了显著提高。

5.1.1　计算机辅助教学概述

1. 计算机辅助教育

在教育领域中，计算机有着广泛的应用，包括教学、研究和管理的各个方面。计算机辅助教育（Computer Based Education，CBE）是一门新兴的交叉学科，它研究计算机在教育领域中的应用，是以计算机作为教育媒体来执行教育功能的一种教育技术。CBE 的原意是"计算机化教育"，国内译为"计算机辅助教育"。人们习惯上将计算机的各类教育应用统称为 CBE，将计算机用于直接支持教与学的各类应用统称为 CAI，将计算机用于实现教学管理任务的各类应用统称为计算机管理教学（Computer-Managed Instruction，CMI），并且将 CAI 和 CMI 视为构成 CBE 领域的两大分支。随着计算机在教育领域应用范围的扩大，计算机辅助教育的研究对象和实践内容将不断地发展与变化，它的概念在扩展，应用范围也不断拓宽。

一般来说，我们可以从多个角度对它的应用方式进行分类。

① 按功能不同，计算机在教育领域中的应用方式分计算机辅助教学和计算机管理教学。

② 按应用对象不同，计算机在教育中的应用方式可分为：学习计算机（Learn about computer）：把计算机作为学习对象，其内容包括计算机的基础知识、基本技能及其对社会的影响等；用计算机学习（Learn with computer）：把计算机作为学习工具，主要包括用计算机

来完成获取和保存信息、处理和交流信息等任务；从计算机学习（Learn from computer）：教师把计算机作为一种辅助的教学工具来辅助教学、辅助测试、辅助管理教学与辅助备课等。

2. 计算机辅助教育的分支领域

1）计算机辅助教学

计算机辅助教学是指用计算机帮助或代替教师执行部分教学任务，向学生传授知识和提供技能训练，直接为学生服务。它是将计算机应用于教学以完成教学功能和解决教学问题的形式。当前的教学已逐渐向以学生为中心的方法转移，因此，现阶段个别化学习的主要形式就是计算机辅助教学。

用于执行教学任务的计算机程序称为教学软件或课程软件，简称课件（Course Ware）。作为一种教学媒体，计算机与教科书、投影仪、电视机和录像机等一样，具有帮助教师提高教学效果、扩大教学范围和延伸教师功能的作用。然而，由于计算机具有存储和处理信息的能力，不仅能够呈现教育信息，还能接收学生的应答并进行判断，进而对学生进行学习指导，计算机辅助教育可以做到根据学生的特点因材施教。与 CAI 有关的术语还有：计算机辅助训练（Computer Aided Training，CAT），它是指用于职业培训的计算机辅助教学，其特点是学习目标十分明确，偏重于操作能力和应变能力的培养和训练；计算机辅助学习（Computer Assisted Learning，CAL），其含义通常与计算机辅助教学相同，更加强调学习应以学习者为中心。

2）计算机管理教学

计算机管理教学是指计算机在学校管理中的各种应用，包括教学管理、学校行政管理和图书资料管理等。目前用得比较多的是狭义的概念，利用计算机指导整个教学过程的教学管理系统，它的功能包括管理教学计划和教学资源以及帮助教师进行测验和评分等，它是教师为了提高教学效果和效率，利用以计算机为中心的丰富的教学资源，改进传统教学或为学生提供一个学习环境，使学生通过与计算机的交互、对话进行学习的一种教学形式。

个别化教学对计算机管理教学的产生和发展有着直接的关系，个别化教学要求根据学生的个人能力、兴趣、学习风格等特点来安排教学，这就加重了教学过程中的管理任务，要不断收集学生的学习数据，进行评价和分析，并由此做出决策。随着计算机的迅速发展及其广泛应用，教学中频繁的测验、评分和诊断工作，可以由专门的计算机管理教学系统或其他数据处理系统来完成。

3）计算机支持的学习资源

计算机支持的学习资源（Computer Supported Learning Resources）旨在为教师和学生提供信息和资源的检索、查找、咨询、获取、处理和利用，是计算机辅助教学的重要方面。例如，在校园网的基础上，建设计算机化图书馆和教学资料库，利用 Internet 的丰富信息资源，支持教师备课和学生学习等。

在计算机辅助教育领域，还使用其他一些术语。与 CBE 相近的有计算机教育应用（Educational Computing）。与 CAI 和 CMI 有关的术语分别有计算机辅助训练（Computer Aided Training，CAT）和计算机辅助测验（Computer Based Testing，CBT）。

5.1.2 计算机辅助教学的发展阶段

计算机辅助教学始于 1958 年，美国是最早开展此项研究的国家。以美国为例，计算机辅助教学的发展经历了四个时期。

1. 形成阶段（1958—1965 年）

在 20 世纪 20 年代中期，美国心理学家普莱西（S.L.pressey）就开始研究程序教学和教学机器，并设计了一台能同时完成测验和计分两种功能的自动教学机器，但由于科技限制，未能进入应用阶段。20 世纪 50 年代，美国心理学家斯金纳（B.F.skinner）根据自己长期的研究和实验，发表了《学习的科学和教学艺术》（1954）、《教学机器》（1958），将程序教学应用于实际教学中，收到了良好的教学效果，使程序教学受到了社会的认可，从而导致教学机器和程序教学的兴起。

1958 年，美国 IBM 公司沃斯顿研究中心开始尝试将程序教学和教学机器理论应用到计算机上，这是计算机辅助教学的初期发展阶段，其标志是 IBM 公司和伊里诺斯大学开发的有代表性的教学系统的诞生。IBM 公司在 1958 年设计了第一个计算机教学系统，利用一台 IBM 650 计算机向小学生教授二进制算术。在此基础上，IBM 公司研制了结构更为复杂的 system 1500 教学系统，这个系统设置了 32 个学生站，每个站点使用两个显示终端、一个图像投影仪和一个声音装置进行教学。

这一时期，斯坦福大学在帕特里克·萨贝斯和唐纳德·比德泽的指导下，对"自动教学操作的逻辑"系统（Programmed Logic for Automatic Teaching Operation System，PLATO）进行了大量的研究。基于萨贝斯早期有关课件和辅助教学设备的研究成果和政府的有力支持，PLATO 系统很快就发展成为一个具有强大功能的大型计算机网络，成为利用大型中央计算机辅助教学的范例。

2. 实用化阶段（1965—1970 年）

这一时期，计算机辅助教学系统及课件的研发规模不断扩大。斯坦福大学在 1966 年研制了包括算术、外语、哲学、高等数学、音乐理论等课程在内的 IBM 1500 教学系统。加利福尼亚大学 Irvine 分校教育技术中心开发了大量的物理及自然科学中的计算机辅助教学课件。此外，IBM 公司、CDC 公司和 DEC 公司生产和出售多种教学系统，1967 年成立的 CCC 公司，就是专门开发计算机辅助教学系统的公司。

3. 发展完善阶段（1970—1975 年）

这一时期，CAI 涉及的领域迅速扩大，包括数学、物理、医学、语言学、经济学、艺术等多种学科，智能型计算机辅助教学系统的设想也首次被提出。1971 年，MITRE 公司与得克萨斯大学、杨伯翰大学合作，开发了 TICCIT 教学系统，与此同时开发了大量的教学软件。这个系统将计算机与电视技术结合起来，拥有 75 兆字节的容量和 128 个教学终端，是适合学校或机关的小型计算机系统，后被广泛应用于高等教育和军事教学中。

4. 成熟阶段（1975 年至今）

这一时期，CAI 的发展有两个明显的特征。

一方面，大型计算机辅助教学系统的进一步完善。此时的 PLATO 系统已经发展成为 PLATO Ⅳ，可以同时提供 150 个专业约 7000 课时的教材，供 1000 万人学习数、理、化、地、史及多种外国语课程。20 世纪 80 年代，PLATO 系统已发展到第五代即 PLATO Ⅴ，并仍在不断的发展中。

另一方面，以微型计算机为核心的教学系统在学校和家庭中广泛普及。20 世纪 70 年代初，微型计算机的出现标志着 CAI 发展的新阶段。随着价格的不断下降和性能的逐步改善，学校和企业拥有的计算机数量迅速增加，适合各种教学环境和模式的计算机辅助教学课件也如雨后春笋般地被开发出来，理论界对实施教学的规律和经验的探讨日益激烈，CAI 在这一时期得到了长足的进步。

此时的 CAI 已在世界各国得到普遍的发展，国际信息处理协会（TFIP）在 1970 年、1975 年、1977 年曾经三次召开 CAI 国际会议，最终明确了 CAI 的学科性质——边缘交叉的新学科。还先后于 1987 年、1989 年两次召开了国际 CAI 会议，英、日、德、法、加拿大等国都相继制订了 CAI 的发展计划。

以上各阶段的发展特点参见表 5-1。

表 5-1　计算机辅助教育的发展阶段

发展阶段	主要特点
形成阶段	以一些大学和计算机公司为中心进行的计算机辅助教育软件、硬件的开发研究工作，出现了一些有代表性的系统
实用化阶段	研究规模扩大，先期的研究成果大量投入应用，计算机辅助教育的应用范围不断扩大，进一步趋向实用化
发展完善阶段	大型的计算机辅助教育系统进一步完善；微型计算机的出现，使计算机辅助教育系统的发展有了突破性的变化；智能计算机辅助教学系统的出现对计算机辅助教育系统的发展产生了重大影响
成熟阶段	多媒体化、网络化与智能化

5.1.3　计算机辅助教育在我国的发展情况

与美国相比，我国的 CAI 研究和应用起步较晚，主要经历了以下三个时期。

第一时期，经验、理论引进阶段。20 世纪 80 年代初期，教学技术领域的部分学者开始关注国外 CAI 的研究与发展，并将计算机辅助教学的基本概念和经验介绍到国内，开创了我国 CAI 的最初发展阶段。此时发表的文章几乎都是介绍国外尤其是美国和日本的先进经验，以及有关 CBE 和 CAI 概念的介绍，且发展重点放在硬件建设和配置利用上。

第二时期，20 世纪 80 年代中后期，国内一些有条件的地区和学校配置了一定数量的微机，使计算机应用于学校教育成为可能，并开始体现其对教学的巨大作用。国内介绍国外计算机教育应用的文章已开始注意软件的应用与开发。20 世纪 80 年代后期，微型计算机开始进入高等学校和有条件的中小学，并发挥出了巨大的威力。随着教学理论的反复验证和大量实践经验的积累，一股 CAI 的研究热潮悄然兴起。从硬件的配置转向了课件的开发和应用，打开了原有的狭小局面，新的课题和浓厚的研究热情将 CAI 的发展带入了迅速发展阶段。

第三时期，1994 年以来，拥有计算机的学校日益增多，城市的中小学也相继建起了计算机房，在全国掀起了一股学微机、用微机的高潮，为 CAI 的发展提供了极好的契机。人们对丰富的计算机软件课件的要求越来越迫切，"课件"一词越来越频繁地出现在越来越多的文章中。不仅重视课件的设计与编制，也重视课件的评价与推广发行。

进入 20 世纪 90 年代，尤其 1994 年之后，微型计算机在教育领域掀起了应用高潮，新的 CAI 理论被不断引入国内并得到了实践的修订,成为适应中国教学实际的理论支撑。我国的许多高等院校和计算机公司也致力于计算机教学软件和 CAI 教学系统的开发,用于基础教育、高等教育、技能培养和职业培训的各类课件,以及教学软件写作系统争相登台,成为国内软件产业不可或缺的组成部分,为现代教育技术的进步提供了动力和契机。我国的计算机辅助教学正以稳健的步伐迈向成熟。

纵观我国 30 多年来计算机辅助教育的发展历程。大致可看到一个比较清晰的脉络,从引进国外经验,到配置硬件,再到开发合适的软件,最后到教学过程的优化和教学资源的开发,越来越契合中国教育发展的实际,与多元化教学形式相对应,计算机越来越适应各种学习的需要(如个人学习、小组学习、课堂教学),进而通过网络实现计算机远程教育。计算机网络教学的兴起,教学软件的广收并用和多元化发展,已成为我国计算机辅助教育发展的一大特点。总之,计算机辅助教育的应用范围和应用规模越来越大,发展初期主要用于数学和语言的辅助教学,至今已用于学校教学的各个学科;最初主要用于初等、中等和高等教育,至今已在幼儿教育、职业教育、成人教育和家庭教育中获得广泛应用。

5.1.4 计算机辅助教学系统

计算机辅助教学系统是教学系统和计算机应用系统相结合的产物。用于 CAI 的计算机应用系统由硬件、软件及课件三部分组成,它们相互作用,相互支持,以共同实现 CAI 活动。

1. 硬件

计算机辅助教学系统中所有的设备装置称为硬件(Hardware)。它是 CAI 系统的物质基础,主要是指多媒体计算机的主机和外围设备。主机的主要部分是进行信息处理和控制的中央处理器(Center Process Unit,CPU)及存放信息数据的内存储器。外部设备包含存放大量信息的外存储器(磁带、磁盘、优盘、硬盘、光盘等)、用于输入信息的输入设备(键盘、鼠标等)、用于输出信息的输出设备(显示器、打印机等),以及多媒体设备(声卡、显卡、视频采集卡、光盘驱动器、音箱、数码相机、扫描仪等),外部设备的主要作用是与外界(教师、学生等)交流各种信息。通常将硬件的数据处理能力、存储能力和人机对话能力统称为硬件能力。

2. 软件

软件系统包括系统软件和应用软件。系统软件的主要作用是协调硬件各部分有序工作,提高硬件工作效率,方便用户使用和扩充计算机系统。系统软件主要包括操作系统、程序设计语言及其处理程序和数据库管理系统等。应用软件是指为解决某一领域的具体问题而编制的软件产品,如常见的 CAI 课件制作工具 Authorware、PowerPoint、Flash 等就属于应用软件。

3. 课件

1)计算机辅助教学课件

CAI 课件(Courseware)是一种根据教学目标而设计的,表现一定教学内容,反映一种教学策略的计算机教学程序及有关的教学资料。它由教学内容、教学策略、诊断评价、反馈强化、交互界面等多种元素构成。计算机的教学能力来自事先编好的 CAI 课件,进行计算机辅助教学时,利用计算机运行这些 CAI 课件。CAI 课件包括用于控制和进行教学活动的程序,帮助开发、维护和使用这些程序的有关文档资料,以及帮助教师、学生使用课件的课本、练习册（纸）等。

2）计算机辅助教学课件的发展方向

"积件"是由教师和学生根据教学需要自己组合运用多媒体教学信息资源的教学软件系统。"积件"系统包括积件库和积件组合平台两部分。其中积件库是多媒体教学资源素材的集合，它包括以知识点为基础，按一定检索和分类规则组织的素材资料；帮助教师讲授某个教学难点的微教学单元；供教师、学生任意选用的资料呈现方式；供教师、学生任意借鉴的教学策略；连接在各种网络上的环境资源。积件组合平台是供教师和学生选取、加工教学资源素材，并进行创造性教学活动的软件环境，它的操作界面直观、清晰、人性化、教学化，易学易用，适合所有教员，适用于不同的教学情景。

随着教学理念的更新和网络技术的成熟，软件开发商们为适应教学和市场的需要，相继推出了智能型的 ICAI（Intelligent Computer Assisted Instruction）。所谓 ICAI，就是以认知学为理论基础，将人工智能技术应用于 CAI。例如，有的 CAI 软件能记录软件使用者的使用情况，根据使用者的掌握情况提供不同的内容。客观地说，智能型计算机辅助教学 ICAI 具有一定的灵活性，能实现因材施教，充分地调动学生的学习热情，但交互性差，不方便进行师生间、学生间的交流。

5.2 计算机辅助教学的模式

5.2.1 计算机辅助教学的教学模式

1. 教学模式的概念

在现代科学方法论中，模式方法是一种重要的研究方法，模式方法将事物的重要因素、关系、状态、过程突出地显示出来，便于人们进行观察、实验、调查、模拟和理论分析。研究教育模式，有助于我们对复杂教育过程的组织方式作简要的表述，分析主要矛盾，认识基本特征，进行合理分类。

教学模式是指在一定的教育思想、教学理论和学习理论指导下，对某种教学环境和资源支持下的教与学活动中各要素之间的稳定关系和活动进程的结构形式。简单地说，教学模式是对教学现象及其规律的一种简化形式。计算机辅助教学的模式也称信息化教学模式，它是教学模式中的一种现代形式，不仅体现现代教学思想，而且将传统教学模式中教师和学生的两个要素转变为教师、学生、计算机三个要素，它是学习理论、计算机技术、网络技术和教学实践的有机结合，是为完成现代教学与学习任务而采用的相对稳定的，用于设计、组织、实施、评估、优化教学的策略方法和结构的简化形式。

2. 信息化教学模式的文化分类框架

我国学者祝智庭从认识论和价值观两个维度来考察教学模式，提出了信息化教学模式的一个分类框架。从认识论角度来看，存在着两种较为对立的观点：客观主义与建构主义。从价值观角度来看，也有两种较为对立的观点：个体主义与集体主义。个体主义是西方国家尤其是英、美等国的价值观核心，在教育中普遍采用个别化的教学计划，鼓励学生个人的竞争。集体主义价值观在社会主义国家和许多东方国家中占主导地位，在教育中表现为普遍采取集体化的教学计划，鼓励学生之间相互帮助。

借助二维坐标系,将个体主义-集体主义、客观主义-建构主义分别作为描述不同教育文化差别的维度,就得到如图 5-2-1 所示的关于计算机辅助教学模式的分类框架。

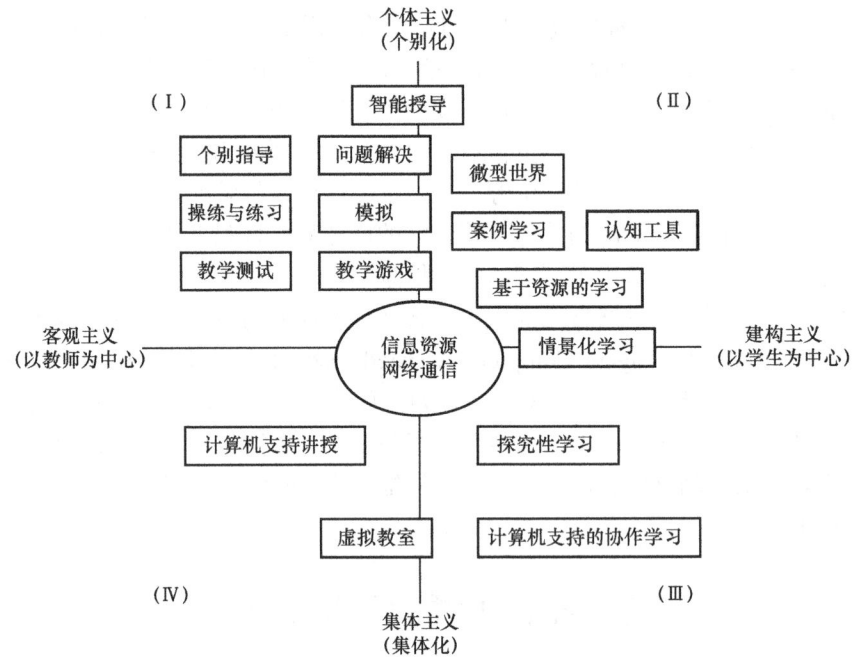

图 5-2-1 计算机辅助教学模式的分类框架

该分类框架将计算机辅助教学模式分为以下四类。

第Ⅰ类:客观主义-个体主义(教师为中心-个别化);
第Ⅱ类:建构主义-个体主义(学生为中心-个别化);
第Ⅲ类:建构主义-集体主义(学生为中心-集体化);
第Ⅳ类:客观主义-集体主义(教师为中心-集体化)。

由图 5-2-1 可以看出,传统的 CAI 模式主要集中在Ⅰ区,强调个别化教学,从传统的以教师为中心转换为以教为中心(因为教师的直接教学任务被机器所替代)。到了 20 世纪 80 年代以后,由于建构主义学习理论在教育技术中的应用和多媒体技术的发展,国际上计算机辅助教学模式的研究兴趣转移到Ⅱ区,强调以学生为中心。20 世纪 90 年代以后,由于网上教育的兴起,出现了以合作学习为中心的多种虚拟学习环境(Ⅳ区)。位于Ⅲ区的教学模式是从传统的电化教室发展而来的,增加了多媒体教学,而虚拟教室的出现则大大扩展了其概念。位于中心的是集成化教育系统,它是综合了许多不同信息化教学模式的系统。

对于一种具体的教育文化来说,它可以处在这个平面的某一位置上。这个分类模型还有助于刻画教育文化的变迁问题。例如,美国传统的教育文化基本上属于第Ⅰ类,现在正向第Ⅱ类迁移,日本的教育文化是典型的第Ⅲ类,我国的教育文化也偏向于第Ⅲ类。

5.2.2 各种教学模式的研究

教学模式的划分是相对的,在具体的教学活动中,各种教学模式往往结合使用。

1. 操练与练习

操练与练习（Drill and Practice）模式主要用于实现教学过程中学生练习阶段的功能，它是发展历史最长而且应用最广的计算机辅助教学模式，该模式并不向学生传授新知识和新技能，只用来巩固和熟练某些知识和技能。此类教学软件通过计算机向学生逐个呈示问题，学生在计算机上作答，并得到适当的即时反馈。运用多媒体可将许多可视化动态情境作为提问的背景。

操练与练习型课件所提供的教学方式是逐个或一批批地向学生提出问题，当学生输入答案后，系统判断其正确情况，并根据学生回答的情况给予相应反馈，以促进学生掌握某种知识与技能。通常，当学生答对时，系统予以适当鼓励，强化学生的理解与记忆；当学生答错时，系统给予适当提示与帮助，或者让学生再试一遍。操练与练习的问题相当多，直到学生对该知识或技能的掌握达到要求为止。这种课件像教师提问一样，可帮助学生复习和巩固已学知识。

采用多媒体手段进行操练与练习的主要优点在于：提高学生学习的兴趣；及时反馈信息；有效激励学生；将学生的成绩及时保存。

2. 个别指导

个别指导型也称指导型（Tutorials），是经典的 CAI 模式之一，它是由计算机扮演授课教师的角色，对学生实施个别化教学，目的在于向学生传授新的知识或技能。这是能较好体现计算机个别化教学特点的一种模式，常常用于学生自学或者补习功课。

个别指导型教学模式的基本教学过程为：计算机呈示与提问→学生应答→计算机判别应答并提供反馈。在多媒体方式下，个别授导型 CAI 的教学内容可变得图文并茂、声色俱全，并可使交互形式更为生动活泼。多媒体教学个别指导模式的优点在于：学生参与程度高；有利于个别化教学的开展；教学效率高。

3. 教学测验

计算机辅助测验（Computer Based Testing，CBT）是 CAI 或多媒体教学的一个重要组成部分，主要内容包括自动出试卷、联机测验或自动阅卷、测验数据分析三个方面。按照评分方式的不同，可以把测验分成主观性测验和客观性测验两类。主观性测验包括口试、写作、翻译、回答问题等，其优点是有利于测定考生的综合认识能力，但评分标准不太好掌握，测验结果在较大程度上依赖于教师的主观判断。客观性测试又称标准化测试（考试），它可以弥补主观性测验的上述缺点。该种测试通常采用是非题、多项选择题、匹配题等形式，题目一般十分简短，答案唯一，而且题量较大，内容的覆盖面较广，所以客观性测验题的评分简单、准确，测验结果的可信度高。事实上，用计算机来实现的测试正是这类客观性测验。

4. 教学模拟

模拟（Simulation）也称仿真，就是用计算机来模仿真实自然现象或社会现象。教学模拟是利用计算机建模和仿真技术来表现某些系统（自然的、物理的、社会的）的结构和动态，为学生提供一种可供他们体验和观测的环境。建立教学模拟的关键工作是建立被模拟对象（真实世界）的模型（数学的，逻辑的，过程的），然后用计算机程序描述此模型，通过运算产生输出。这些输出能够在一定程度上反映真实世界的行为。计算机化教学模拟允许学生通过改变输入数据的范围来观测系统的变化状态。

教学模拟是一种十分有价值的 CAI 模式，在教学中的应用十分广泛，从自然科学、管理科学到工程技术的许多学科教学中都可以采用。例如，在物理课中可模拟电子运动、原子裂变、落体运动等；在生物课中可模拟遗传过程和生态系统；在化学课中可模拟化合过程和各种实验；在社会和人文科学中可模拟历史演变、政治外交等。模拟在教学中的应用可以分为实验模拟、管理模拟和训练模拟等方面。在教学过程中采用计算机模拟手段，其优点有：高效、安全；低成本；形象逼真，容易引起学生的兴趣。

5. 问题解决

问题解决也称问题求解（Problem Solving），它是以问题驱动学生学习的一种方式，学生学习知识从问题开始，以问题为导向，整个学习过程是在不断探索和研究中发现问题、解决问题。作为一种 CAI 模式，问题解决模式是指利用计算机作为解题计算工具，让学生利用计算机的信息处理功能解决学科领域相关的问题。问题解决型教学模式给学生提供创造性解决问题的机会，通过解决问题的过程来应用、检验和提炼已经掌握的概念和知识，提高有效解决问题的能力，培养自主学习和终身学习的能力。

1）问题解决型教学模式的特点

以问题为中心设计真实性任务；结合多种学习途径鼓励自主探究；强调激发学习者高水平的思维；强调以社会性交流与合作鼓励对学习内容和学习过程的反思。

2）问题解决型教学模式的过程

① 理解问题。在问题解决型教学中，首先要深入理解问题，明确要解决问题的方向，创造性地全面思考问题之间的关系，列出与问题相关的内容、组成部分。

② 探索研究。在明确了问题之后，要根据问题的方向和范围展开积极的探索研究活动，通过自主探究和小组合作等多种方式展开学习活动，进行探索，寻找问题解决策略。

③ 解决问题。根据前一阶段的探索研究，以及信息的查询与收藏，围绕问题设计、问题解决方案和策略，形成答案，得出结论。

问题解决模式通常有特定的问题求解和工具性问题求解两种实施方法。

工具性问题求解所涉及的工具软件主要包括文字处理软件、数据库软件、绘图软件、符号计算软件、计算机高级语言等。例如，Mathematica 就是一个著名的符号运算软件，网站 http://www.wolfram.com/中提供了该软件的在线运行版本，我们可以通过该软件解决多项式计算、因式分解、不定积分等各种各样的符号运算问题。事实上，在高校的理工科和中学的数、理、化等学科中，都可以利用该类符号运算软件来解决大量的问题。

6. 教学游戏

教学游戏（Instructional Games）就是计算机以游戏的形式呈现教学内容，营造一种带有竞争性的、潜在的学习环境，从而激发学生积极参与，起到"寓教于乐"的作用。在教学游戏中利用多媒体技术，不但可使模拟的现象变得更加逼真，而且可创造在现实世界中难觅的"虚拟现实"情景。

7. 智能授导

智能授导系统（Intelligent Tutoring System，ITS）旨在让学生与计算机进行双向问答式对话，利用人工智能技术来模拟"家庭教师"的行为。一个理想的智能授导系统应能理解学生用自然语言表达的提问，不仅要具有学科领域知识，而且要知道它所教学生的学习风格。

8. 微型世界

微型世界（Microworld）是指利用计算机系统构造一种可供学习者自由探索的学习环境。其基本特点是学生操纵模拟环境中的对象，建构自己的实验系统、测试实验系统的行为。例如，一个名为"电子工作台"（Electronic Work Bench，EWB）的软件系统，允许学习者利用它提供的"元件"构造各种模拟电路和数字电路，并能动态测试电路的性能。一个名为"交互性物理"（Interactive Physics，IP）的软件系统允许学习者构造属于经典力学系统的大部分实验。有一种适合儿童学习的 Logo 语言，由于它提供的"图龟"世界允许学习者进行操纵并观察其反应，因此也被认为是一种微型世界。随着网络和通信技术的发展，网络支持的微观世界也应运而生。由美国科学探索网络开发的学习化学酸碱度知识的"pH 酸碱度"就是一个很好的例子，它为学习者学习酸碱度知识提供了一个良好的网络学习环境。一般来说，微型世界和教学模拟、教学游戏有密切的关系。

9. 情景化学习

情景化学习（Situated Learning）就是在多媒体技术创设的接近实际的情境下进行学习，利用生动、直观的形象有效地激发联想，使学习者能利用自己原有认知结构中的有关知识与经验去同化当前学习到的新知识。情景化学习是建构主义学习的主要研究内容之一，它的主要模式包括认知学徒模式、抛锚式学习模式等。

① 认知学徒模式是从传统的师徒传技授艺模式中得到启发的。情景学习论者认为，就像一个手艺人不会用预先准备好的稿子教学徒一样，教学环境和教师应该着重于用实际的方法解决真实世界的问题，而不是简单地运用预先准备好的教学顺序。认知学徒模式主要采用示范、教练、扶助等方法，类似于传统的师徒传技授艺模式。在这里，教师的作用可以由智能代理来实现。

② 抛锚式学习模式（Anchored Learning）的实质是将教学"锚接"于（安排在）有意义的问题求解环境中，这些有意义的问题求解环境称为"大环境"，因为它包括复杂的环境要素，要求学生系统地解决一系列相关的问题。每个环境能够支持学生进行持续的探索，学生能够在几个星期甚至几个月时间内从多种角度对其中的问题进行持续的求解，而且各个"锚点"（及其伴随的教学事件）都能够提供多课程的延伸。

10. 案例学习

案例学习（Case Studies）为学生提供来自实际案例的资料，在丰富的信息环境中让学生以调查员的角色（犯罪案件、医疗事故、道德伦理问题等）去收集资料、调查案情，进行分析和决策。而教学查询系统本质上是数据库系统和信息检索技术的教学应用。

11. 基于资源的学习

基于资源的学习（Resources-based Learning）就是要求学生利用各类资源进行自学。现代信息技术，特别是多媒体与计算机网络技术的应用，为学习者提供了极为丰富的电子化、数字化学习资源，如数字化图书馆、电子阅览室、多媒体电子书等。此外，互联网上也蕴藏着无穷无尽的学习资源，学习者可以通过各种检索机制，方便快捷地获取自己所需要的知识，以进行高效的学习。

12. 探究型学习

基于互联网的探究型教学（Web-based Query，WBQ）是指让学习者根据学习任务和学习需要，自定学习步调，自主选择学习媒体、学习内容和学习方式，独立自主地进行探索性学习活动。探究型学习模式借助计算机多媒体技术、网络技术所创设的集成化、智能化虚拟学习环境，让学习者在丰富的媒体资源空间进行自主学习活动，通过独立思考、自主探索、利用资源有效解决问题的学习活动过程，培养学习者解决实际问题的能力以及独立思考的元认知技能。

1）探究型教学模式的特点

① 学习者的学习过程是自我识别、自我选择、自我培养、自我控制的活动过程。

② 教师的主要职责是设计教学过程，组织学习资源，解答学习者学习中的疑难问题，帮助、指导学习者进行自主学习。

2）探究型教学模式的五个阶段

① 问题分析：利用网络提供问题情境，让学生对问题进行分析，在已有的知识基础上，提出解决问题的设想，然后根据要解决的问题与学习任务形成解决问题的行动方案或行动计划。

② 信息收集：学习者进行独立探索、展开行动，教师给学习者提供与问题相关的线索或资源，学习者根据学习任务收集有关的信息资源，建构起认知结构原型。

③ 综合加工：学习者利用获得的信息资料对问题进行综合分析，提出解决问题的实际方案，找出解决问题的切实可行的方法，让知识在进一步应用中得到巩固，产生广泛的联结，建构起牢固的知识体系。

④ 提炼抽象：通过抽象概括，建立起解决同类问题的一般性原理与方法，以便对知识进行迁移。

⑤ 反思深化：学习者反思问题的求解过程，思考在解决问题的过程中所运用的方法，对解决问题过程中遇到的问题和困难，学习者可借助网络通信工具向教师咨询、请教，教师进行指导评价，进一步提高学生的元认知技能。

13. 认知工具

一般认为，计算机作为学习工具，按照它们对学习者支持作用的不同，可以分为效能工具和认知工具两大类。效能工具（Productivity Tools）重在帮助人们提高工作效率，如文字处理系统、电子报表系统等。认知工具（Cognitive Tools）也称为智力工具，乔纳森认为，认知工具是指可以帮助学习者发展批判性思维、创造性思维和综合思维能力的软件系统。乔纳森还提出了鉴别一个软件工具是否可作为认知工具的9项标准：计算机化、现成的应用软件、用户（在经济上）可承担、可用于表示知识、可泛化（可用于不同领域）、可支持批判性思维、学习可迁移、简单而功能强大的知识表示形式、易学易用。乔纳森认为，数据库、电子报表、语义网络工具、专家系统外壳、计算机化通信工具、超媒体工具等都是认知工具。其中有些工具，如数据库软件，通常都被作为处理数据的有力工具，但它们完全可作为认知工具来用。

所谓概念图（Concept Mapping）工具，是语义网络的可视化表示方法，图中有许多节点，节点与节点之间的关系用加语义标记的连线来表示。例如，有一个名为"灵感"（inspiration）的概念映像软件很受教师欢迎，可以让学生把课程中的所学知识元素按语义建立关联，有助于知识的系统化，如图5-2-2所示。

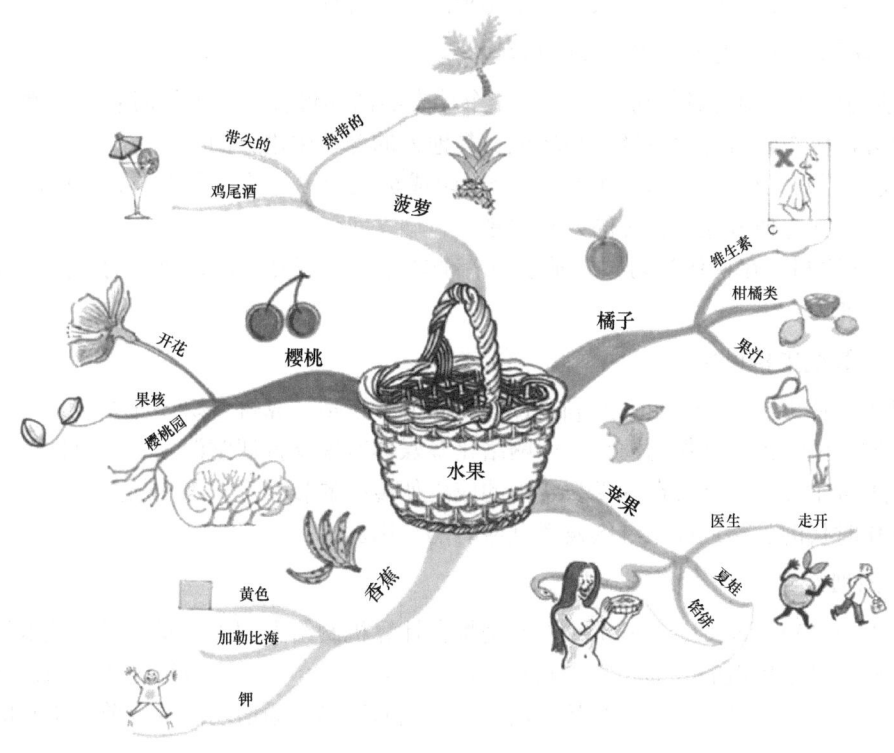

图 5-2-2 概念图例

14．计算机支持的协作学习

计算机支持的协作学习（Computer Supported Cooperative Learning，CSCL）是与传统的个别化 CAI 截然不同的概念，个别化 CAI 注重人机交互活动对学习的影响，CSCL 则强调利用计算机网络支持学生之间的交互活动，例如，在计算机网络的支持下，学生可以突破地域和时间上的限制，进行学伴互教、小组讨论与练习、小组课题等协作性学习活动。

1）计算机网络环境下协作学习的特点

（1）交互性。可进行人机交互、人人交互；交互人数可变化；时间、空间比较灵活；交互的过程可以记录保存。

（2）协作性。解决交互问题是实现 CSCL 的第一步，要使学习者产生协作学习行为，必须提供协作的机制。CSCL 提供以下功能和服务。

① 支持共享信息：信息资源的丰富程度影响着成员及整体目标的实现。

② 支持共享活动：协作学习目标的实现都是通过一系列共享活动如集体讨论、轮流发言、流线操作等来实现的。

③ 支持角色扮演：CSCL 包含正互依赖性、个体职责等基本要素，一些非常重要的角色（如调停者、指导者、组织者等）是复杂协作系统成功的重要因素。

④ 支持创造行为：协作学习过程促进个体自身学习观念、方法等内部知识及技能结构的极大丰富，所以新的观点、思路、策略常常会涌现出来，甚至某些时候超过预定的协作组或个体的学习目的，实现"超额目标"。

⑤ 支持控制管理：由于学生在学习过程中交互的多样化和复杂性，各个成员的学习行

为也大不一样，为使协作和谐一致，需要完善的控制管理策略。

2）计算机网络环境下协作学习的原则

① 活动原则。学习者的协作学习是一个动态的活动过程，要求学习者积极地参与到学习活动中去，协作学习是学习者在与环境、与他人的互动中进行的。

② 交往原则。协作学习活动是有多个学习成员共同参与的，在人与人之间的交往中完成学习任务，并与他人建构良好的人际关系。

③ 个性原则。在协作学习中要求学习者个体自己去探究、评判他人的观点，并形成自己的知识与能力。

15. 计算机支持讲授

计算机支持讲授（Computer Supported Tutoring）包括计算机多媒体在课堂教学中的多种应用。例如，电子讲稿制作与演示、用网络化多媒体教室支持课堂演示、示范性练习、师生对话、小组讨论等。计算机在课堂教学中的应用使传统的教学形式得到新生，并且有助于教师在信息化时代的教学过程中继续发挥其应有的作用。

16. 虚拟教室

虚拟教室（Virtual Classroom，VC）是指在计算机网络上利用多媒体通信技术构造的学习环境，允许身处异地的教师和学生互相听得着、看得见，不但可以通过实时通信功能实现传统物理教室中所能进行的大多数教学活动，还能通过异步通信功能实现前所未有的教学活动，如异步辅导、异步讨论等。

5.2.3 计算机辅助教学模式的特点

表 5-2 中按教育形式对计算机辅助教学模式做了分类，并概括了各类模式的关键特征。

表 5-2 计算机辅助教学模式的类型及特点

类型	典型模式	特点
个别授导类	个别指导，操练与练习、学习监测、智能导学	计算机作为教师，内容特定，高度结构化
情景模拟类	教学模拟、游戏、微型世界、虚拟实验室	计算机产生模拟的情境，可操纵，可建构
信息调查类	案例研习、探究性学习、基于资源的学习	计算机提供信息资源与检索工具，低度结构性
课堂授导类	电子讲稿、情景演示、课堂作业、小组讨论、课堂信息处理	计算机作为教具及助教，播送、收集与处理信息
远程授导类	虚拟教室，包括实时授递、异步学习、作业传送、小组讨论等	网络作为传播工具，集成一定程度的信息与学习工具
合作学习类	计算机支持合作学习、协同实验室、虚拟学伴、虚拟学社	计算机与网络作为虚拟社会，集成一定程度的情境、信息、学习工具
学习工具类	效能工具、认知工具、通信工具、解题计算工具	计算机作为教学辅助工具，提供多种用法
集成系统类	集成学习环境，电子绩效支持系统，集成教育系统	综合授递、情境、信息资源、工具

5.2.4 几种常见的教学模式的案例

下面选取几个典型的教学模式的设计案例供读者参考。

1. 探究型教学模式设计案例

从国外教学实践看，自主探究教学模式是许多中小学课堂与网络学校开展的教学模式，在这种教学模式中，教师的教学活动设计策略是整个教学的关键。下面是一个国外设计的基于网络的探究式教学（Web Quest 教学模式）的应用案例。

案例主题："如何在沙漠中生存？"

适用对象：小学三年级的学生。

教学设计目标：通过网页给学生提供情境、任务、问题、资源，并分享活动成果。

探究型教学模式的设计过程：情境创设→任务活动设计→提出问题→寻找资源→得出结论→反思和分享交流等。

根据主题创设的情境："你同团队驱车进行穿越沙漠的旅行，突然汽车戛然而止，你们被困在沙漠中，面对此情境束手无策，虽已发出求救信号，但救援队伍在 7 天后才能到达，在救援队伍到达前，你如何生存？（通过网络提供与问题有关的真实情境）"

1）任务活动设计阶段

（1）两人或三人一组一起合作。在小组合作过程中，小组成员各负其责，分别扮演记录者、调查研究组织者和设计者。

（2）选择沙漠：Hot-Kalahari、Mojave、Cold-Gobi、Great、Basin、Namib、Turkestan、South West USA Deserts。

（3）完成个人作业。

① 画出 Hot-Kalahari 沙漠白天、晚上的气温曲线图，与你被围困的沙漠的信息进行比较对照，解释这些信息如何影响你的日常安排。

② 保留一份日常活动日志。

③ 绘制一张地图，要求包括这些元素：沙漠所在的洲、你在沙漠中的位置。

④ 解释围困你的沙漠是怎样形成的。

（4）为小组设计一种如何在这 7 天内生存下来的方案。

① 选择你车里的 10 个事物，解释为什么对你的生存来说，它们是很重要的。

② 制作幻灯片，演示说明你如何在这 7 天内生存。

③ 对你的日常安排做生动的陈述。

④ 对在沙漠中的 7 天按时间顺序做出流程安排。

2）提出问题阶段

沙漠中的哪些部分给你带来了威胁？沙漠中的哪些地方有助于你生存？选择沙漠中的一种或多种动物，探索它们是如何适应沙漠生活的？把你发现的规律运用到你遇到的情境中。选择一种在沙漠中生活的植物，分析它是如何在恶劣的沙漠气候环境中生存的？在沙漠中居住的环境特征是什么（如温度、风景、植物、动物）？气候条件是怎样影响你在沙漠中生存的？等等。

3）提供资源阶段

给出帮助，找到关于沙漠信息的相关站点，让学生在这些站点发现与主题相关的一些信息。如提供以下的相关站点。

① 沙漠是什么样的（What is a desert like）？

② 有关世界上许多沙漠的事实（The facts about desert in the world）；
③ 在沙漠中的一天（A day in the desert）；
④ 沙漠中的幸存者（Desert survival）；
⑤ 沙漠中生活指南（The guideline of living in desert）。

4）得出结论阶段

通过以上的阶段，根据探索研究结果，得出初步结论。

5）反思阶段

反思是对问题的解决过程抽象与重新深入思考的过程。

① 是否能获取、评价、有效利用在完成项目过程中所用的信息资源（网络资源、人力资源、书本教材资源等）？怎样利用这些资源提高作品质量？

② 作为小组成员，反思你学到了哪些团体协作技能？哪些方面做得较好？哪些方面还有待提高？还有解决此问题的其他方法吗？下次应该怎么做？能否找到解决此问题更简便的方法？

分享交流阶段是借助网络技术，利用通信工具及网络交流模板，向全班同学提出你7天内在沙漠中如何生存的策略，把设计好的项目成果公开展示发布，与他人共享研究成果，同时在与他人的交流中，进一步完善自己的认知，发展多元化思维。

学习思考：通过以上教学案例的学习，你对 Web Quest 教学模式是否有了进一步的了解呢？请写下你的收获。

2. 协作学习案例

1）CoVis 简介

CoVis（Collaborative Visualization）Project 是美国西北大学（Northwestern University）在 K-12 自然科学教育中的一项实验。其目标是建立一个开放的合作化科学研究方案，使全国的学习者能够通过这个方案通力合作，与外面的专家共享科技研究成果。

在 CoVis Project 中，参加的学生通过探究活动学习大气和环境科学，研究活动内容包括探索测量、数据分析、讨论交流等。通过应用网络技术，中学生能与远程的学生、教师和科学家协同工作；通过可视化科学软件，学生可在研究中接触到一流科学家在这一领域所使用的研究工具和数据集合。

CoVis Project 提供给学生一系列的协作和交流工具，包括桌面视频电话会议系统、远程实时协作共享软件环境、多媒体科学记事本，以及可视化的科学软件。除了利用新技术外，还密切与教师合作，研究与学校课程结合，发展协作学习的教学方法。

因此，CoVis Project 是用于在协作化的情境中，通过可视化的科学工具来学习科学知识、进行科学研究的合作学习项目。

目前，全美有 50 所学校通过互联网视频电话会议系统，以及其他通信协作工具和可视化工具相联系，成千上百所学校使用地球科学网络服务器来支持课程教学，获取数据集和分析工具。

2）CoVis Project 的研究重点

① 远程协作群体的协作学习活动方式（学生与学生，学生与指导者，学生与专家之间）；
② 研究支持学习的可视化环境；桌面音频、视频电话会议系统在协作学习中的使用；

③ 网络结构与教室管理；
④ 对所学概念和技能的应用性证明，以及怎样协调教和学的过程；
⑤ 评价策略研究。

3）CoVis Project 的提供的工具与环境

CoVis Project 可以提供的工具与环境如下。

① 协作记录与数据库系统：协作记录本（Collaboratory Notebook）、多媒体共享数据库、协作性支持系统。

协作记录本是用来支持小组科学研究工作的多媒体工具，使用具体的链接类型来组织论据，记录探求过程，从而形成科学的推理方法，学生、教师和科学家可以不受时间、地域局限在科学探究过程中协作。

② 网络工具：音频/视频电话会议系统、电子邮件、新闻组、网络文件传输、万维网、屏幕共享工具。

③ 可视化的科学研究工具：天气观察系统（Weather Visualizer）、温室效应观测系统、气象观测系统（Climate Watcher）。

天气观察系统是一种在线工具，能提供实时数据，并根据要求生成使用者定制的气象图。还提供大量的在线帮助，包括不同大气科学专题详细的交互模块，从而提供能正确解释气象图所必需的背景知识。其他的 CoVis 可视化工具，包括基于网络的温室效应观测系统和单机的气象观测系统，可用来分析各种数据。

4）CoVis Project 中常用的协作策略与学习方式

① Cross-talk。Cross-talk 是一种在线论坛，主要讨论 CoVis Project 研究中出现的新问题，给教师提供了一个研究 CoVis Project 理论与具体课堂教学结合的空间，通常 5 个小组中有两个小组进行讨论，每次设定讨论主题，围绕一个与项目结合的案例进行，从讨论记录中给其他学习者或教师提供一些有用信息和帮助。

② Tech-talk。Tech-talk 是 CoVis Project 技术支持下通过电子邮件进行人际交流的一种方式，借助技术的支持可以找到做项目时的合作伙伴，以进行交流，寻求帮助，它也给每所学校在参加 CoVis Project 遇到问题和困难时提供支持和帮助性服务。

③ 跨越校际的指导。CoVis Project 建立了一个科学实验室和一个科学博物馆，从学术界或校外聘请专家来主持，这些专家自愿给 CoVis Project 学生辅导，CoVis Project 导师数据库能够使教师和专家交流通过分析电子邮件、学生作业与采访记录，进一步有针对性地对学生进行辅导帮助。

④ 视频会议。CoVis Project 有三处应用视频会议系统的地方：一是人与人之间的视频会话，这是视频会议系统的传统用法；二是互动性天气简报，它作为给学生练习阅读天气资料的一种方式，几乎每天进行一次；同时，把它引入课堂，让学生一起观看从 Internet 上下载的即时天气影像，通过视频会议系统工具让学生和气象专家或科学家进行交流；三是虚拟野外作业（Virtual Field Trip），由参加 CoVis Project 的学校和博物馆共同参与，通过视频会议系统多角度模拟野外实习活动，博物馆工作人员用数码相机、录音/录像设备记录学习者的观察、研究活动，给学生社会实践活动的机会。

⑤ CoVis Project 校际之间的活动。CoVis Project 校际之间设计多种丰富的活动，如学生和科学专家之间的活动，科学博物馆的模拟野外实习，科研实验室的相互合作。活动目

的是在活动期间让 CoVis Project 成员能够与专家合作或协调学习者之间的相互合作。例如，在 1995—1996 年进行的校际间活动是一个资源利用计划，让学生设计土地管理资源计划（Land Use Management Plan，LUMP），在 LUMP 进行过程中，学习者可以与环境工程师及当地居民合作。此外，CoVis Project 还尝试过课堂教室之间的合作，来自教师、学生、指导者之间的积极反馈表明，通过校际之间的活动可以为学习者提供良好的协作学习与共享交流的机会。

⑥ 地理科学服务。地理科学服务的目的是提供给 K-12 师生在线资源，可进行地理科学方面基础方案查询服务，特别是事先计划好的地理科学方面的基础方案和活动；有注解的网络资源的集合；大气环境科学的多媒体教学资源，以及以网络为基础的探究温室效应影响和即时天气信息的可视性环境。

5）学习思考

通过以上教学案例的学习，你对问题协作型教学模式是否有了进一步的了解呢？请写下你的收获。

3. 问题型教学模式案例

1）问题的选择

"问题解决角"是美国弗吉尼亚州公共教育网（Public Education Network，PEN）上的一个项目，它将学生、教师以及从事数学教育的研究者们联合到一起，组成一个着重于问题解决的学习者电子团体，从而开展问题型教学与学习。

2）生成问题的解决方案

要求答案至少在此问题发布一周内的最后一天前交上，并且应按照特定的格式书写。格式要求是：

（1）陈述问题和所做的设想。

（2）解释解题思路。建议的解题思路如下。

① 举出一个简单的例子并应用。

② 找出一种应用模式。

③ 做一个推广性猜测，并检验你的回答。

④ 制作一个表格或图表；采用一种模型。

⑤ 用变量标记已知部分和未知部分。

⑥ 写出一个关于已知量和未知量的方程式。

⑦ 倒推。

⑧ 处理子目标。

⑨ 找到一个可以应用的相关问题或思路。

（3）给出最终答案。

（4）列出你的姓名、年级、学校、所在城市。

（5）指明是独立解决还是小组解决。

3）建立评价标准

每周对提交的答案设立以下奖项：杰出创造性奖、优秀解法将、积极分子奖、优秀小组奖、优秀个人奖和口头表扬。标准解法在学生的答案上交期限 48 小时后给出。

4）执行方案，确定探究的结果是否符合解决方案的标准（问题示例）

你邀请了9位朋友来参加你的生日晚会。你的妈妈安排了一种有趣的吃点心的方式。她让你和你的朋友们站成一行，你站在第一个，开始握手活动。你与后面的朋友逐一握手，然后领到你的那盘冰激凌和蛋糕。每位朋友都这样做，先和队列里其余的人握手，然后领到自己的那盘冰激凌和蛋糕。假设每两个人之间的握手次数都不超过一次，那么当最后一个人领到点心时，总共握多少次手？

对此类问题，问题解决角通过建立学习者电子团体来进行问题型教学的尝试。师生之间通过共享思路、提问、寻找问题的解决方法等多方面协作，在经过一段时间的尝试实践后，发现问题解决角在促进问题型教学方面起到积极的作用。问题解决角激发了学生参与学习及解决问题的热情，问题解决角在第一周只有6个参加者，但到了第10周，每周的参加者平均超过50个，并且这个数字还在继续增加。学生们常常在他们的答案结束处加上一句"这真有趣！"。教师们也反映他们的学生有很高的学习热情。随着问题解决角活动的深入开展，问题解决角的功能不断改进和完善，例如，在以前，问题和样本答案两周后便从网上删除，现在已经为这些问题建档，以便同学们随时查阅，复习以前的问题解决方法。

5）总结

问题解决角实现了在交流中学数学，通过数学问题培养学生应用数学的能力，锻炼学生创造性解决数学问题的技能。通过多种形式的交流，不仅促进学生对问题进行积极深入的思考，而且使他们学会如何与其他学生及专业教师或研究者进行交流，理解别人是如何进行数学思维的。通过参加这类学习活动，提高了学生创造性解决数学问题的能力，拓展了学生学习数学的方法。

学习思考：通过以上教学案例的学习，你对问题解决型教学模式是否有了进一步的了解？请写下你的收获。

小结：本节主要介绍了一些典型的计算机辅助教学模式，旨在帮助广大学习者更进一步地理解各模式在计算机辅助教学中的应用。

5.3 计算机辅助教学的应用

5.3.1 多种技术在计算机辅助教学中的应用

在不同的教学阶段，针对不同的教学目标和学生特点，应采取不同的计算机辅助教学应用模式。米因斯（B.Means）等人曾分析多种技术在支持信息化教学方面的不同作用，提出一些建议，对读者有一定的参考作用（见表5-3）。

表5-3 计算机辅助教学支持技术的特征

计算机辅助教学支持技术的特征	学生异质分组	基于绩效的评估	务实的多学科任务	协同作业	交互式指导	学生探索	教师作为帮助者
电子数据库		✓	✓			✓	✓
电子参考工具			✓		✓		
超媒体	✓	✓	✓	✓	✓		
智能CAI					✓		✓

(续表)

计算机辅助教学支持技术的特征	学生异质分组	基于绩效的评估	务实的多学科任务	协同作业	交互式指导	学生探索	教师作为帮助者
智能工具					✓	✓	✓
基于微机的实验室			✓	✓		✓	✓
微世界与模拟		✓	✓	✓	✓	✓	✓
多媒体工具与手段	✓	✓	✓	✓		✓	✓
网络及其应用	✓	✓	✓	✓		✓	✓
双向视听远程学习	✓				✓		✓
电视摄录编系统	✓	✓	✓	✓		✓	✓
录影光盘与 CD-ROM			✓			✓	
字处理及智能写作工具		✓	✓	✓		✓	✓

5.3.2 多媒体网络教学系统的应用

多媒体网络教学系统功能全面，便于实现现代教学设计，是近年来教育界普遍青睐的媒体。该系统的功能是在教学过程中得以最终实现的，其中涉及很多要素，如教师、学生、系统管理人员；教材、设备、媒体；教学目标、教学内容、教学策略、教学评价，等等。

1．系统的各组成要素

1）技术支持要素

技术支持要素的完善要遵循实用性、统一性、开放性和安全性四个原则。

① 实用性原则。多媒体网络教学系统要经济、实用，符合教师、学生的教学训练习惯和教学要求，应该坚持普及与专用相结合，突出特点和特色。

② 统一性原则。对于系统的硬件设备和软件，要尽可能地统一购置、统一管理。这样既可以保证维修服务的及时、有效，也可以最大限度地提高整个系统的性能，同时也为系统的进一步开发打下了良好的基础。

③ 开放性原则。局域网要与互联网连通，以方便地获取资源；同时硬件和软件的配置也要便于升级换代。

④ 安全性原则。配置系统时要充分考虑网络黑客、病毒、使用者的误操作、电源中断等因素可能造成的系统故障，并通过相应的软/硬件措施，如设置防火墙、配备不间断电源等，在技术上提高系统的可靠性。

2）物质环境要素

物质环境要素的完善应从保障教学效果和保护人体健康两个方面考虑。

在多媒体网络教学环境中，应保障电压稳定、室内无混响无噪声、照明均匀（以保证微机屏幕无反光）、座椅高度适中、温/湿度适宜。配置硬件时首要考虑人体健康问题，如在选择显示器时，应选择符合国际认证标准的绿色环保型显示器，以减少辐射或闪屏等对人体健康的影响。

3）管理要素

管理要素的完善要注意从管理人员的素质和规章制度的合理性两个方面考虑。

① 由于管理人员是规章制度的主要执行者，并参与规章制度的制定和修改，所以他们

的素质在整个系统的功能实现中举足轻重。作为网管人员，不但应该在技术上胜任工作，具有敬业精神和服务意识，还应定期接受培训和考核，以适应现代教育技术的不断发展。

② 规章制度的制定至少应对以下诸方面给出明确的责任分工和任务要求：网络使用者权限设定；数据备份、查毒及系统的日常维护；对已有多媒体资源的管理和维护；资源数据库的更新；最新的教学资源网址、软件目录等的提供；教师与学生的计算机应用能力培训等。

4）信息资源要素

信息资源要素的完善需要统一管理。

对于必须在市场上购买的多媒体资料，要由教师提供目录，由专人负责购买并及时分类存放、登记公布，既可以避免重复投资造成浪费，又可以尽可能做到与现行教材配套。对于网上获得的资源可以由获得人自行保管。但若要存放在服务器上，则必须经过管理人员允许，存储在相应的路径中，以便其他教师查找使用。

5）其他

作为学生利用信息资源的顾问、信息资源的开发者和学习的指导者，教师必须具备良好的计算机操作能力。管理人员应利用多媒体网络教学系统开展有组织的、分期分批的轮流培训。学校还要适当引进激励机制，将计算机应用水平作为考核标准之一。除教学以外，还要适当地安排师生自由的用机时间，以便师生有机会在宽松的环境中获取资源，丰富学术经验，增长见闻，提高综合素质。

2. 多媒体网络教室的应用

1）多媒体网络教室的构成

多媒体网络教室是按照教学设计的理论、方法，采用计算机技术开发的多媒体网络教学平台。它能够为传统的课堂教学提供丰富多彩的多媒体内容、辅助教学工具及通信交流工具，使之实时、动态地引入到教学过程中去。多媒体网络教室的构成包括计算机网络系统、网络教学支持系统、教学信息资源系统。

① 计算机网络系统：教室范围内的局域网，有 Internet 接口，方便存取互联网的信息资源。

② 网络教学支持系统：包含核心控制系统和教学管理系统两部分。核心控制系统以计算机网络系统为基础，在教师机和学生机上增加了相应的硬件控制和软件控制，实现多媒体网络教室的基本功能（主要包括音/视频信号和控制信号的传输）。网络教学管理系统直接支持网络考试、协作学习等方面的教学活动。

③ 教学信息资源系统主要包括辅助备课资料库、教学资源库和资源搜索工具三部分。

2）多媒体网络教室的教学功能

从用户的角度来看，多媒体网络教室至少具有广播、监看、控制、分组四部分的功能。

① 广播功能。可将教师机的画面同步传输到每个学生机的屏幕上，从而使每个学生可以同步看到教师的操作过程。此外，教师还可以将某个学生的屏幕画面转播给全体学生，用学生的操作作为示范讲解。屏幕广播让教师进行各种教学演示，开展示范教学，增强了传统教室中黑板的作用，不仅可以"板书"，还可以插入各种图片、视频动画等多媒体功能。

② 监看功能。教师可以不离开自己的座位而从教师机上清楚地掌握系统运行状况，并及时显示实时工作状态，教师更可以实时监看任何座号学生的学习情况及其对系统的操作情

况，根据实际情况调整教学活动的进度，从而对教学过程进行有效的控制和调度。

③ 控制功能。控制功能使教师可以实现对学生机的控制，如锁定/解锁键盘、锁定/解锁鼠标、屏幕提示、开/关计算机、全体黑屏、个别辅导等。控制功能通过技术手段有效地帮助教师实现了课堂管理。

④ 分组功能。教师在控制台上可以对学生进行分组，让各小组成员进行讨论与合作。实时分组功能是对小组合作学习的有力支持。

此外，有的多媒体网络教室集成了资源管理、电子备课、课件开发、网络练习与考试、教务管理等功能。

5.3.3 校园网的教育应用

校园网是指在校园范围内，将计算机以相互共享资源（硬件、软件和数据）的方式连接起来，具有教学、管理和信息服务等功能的计算机系统的集合。在丰富的教育教学资源与管理信息的基础上，通过学校信息管理平台、校园通信平台、网络教学平台、教育资源管理平台，实现现代信息技术环境下的教学与管理。

1. 教学方面的应用

校园网在教学方面的应用包括以下内容。

① 支持教师备课、答疑和作业批改：如利用计算机做教材分析、教案编写与管理、电子讲稿制作、智能答疑、学生作业的评阅与修改。

② 多媒体课堂教学：教师在普通教室中通过校园网调用讲稿，进行讲授；利用多媒体创设学习主题的真实情境，支持学生的自主学习和意义建构。

③ 个别化计算机辅助教学：提供个别辅导、练习等；进行测试；计算机提供教学诊断。

④ 自主学习：利用计算机支持各类以学生为中心的学习活动。

⑤ 课程整合：将信息技术与学科教学过程紧密结合，以实现各学科教学的课程改革。

2. 管理方面的应用

校园网在管理方面的应用包括以下内容。

① 信息发布：学校职能部门在网上发布学校工作安排或在线报告某项工作的进展。

② 教育质量管理与决策支持：进行连续化动态测评和提供决策支持。

③ 教务管理：包括学籍管理、课程管理、成绩管理等。

④ 人事管理：包括人事档案管理、教职员业绩测评等。

⑤ 信息资源管理：包括图书采编与流通管理、电子阅览与情报检索、教学资源库的维护与管理等。

⑥ 总务管理：包括财务预/决算、校产管理等子系统。

3. 家庭教育方面的应用

校园网在家庭教育方面的应用包括以下内容。

① 家庭作业：学生通过互联网在家中完成作业并传送给教师，可得到及时的反馈。

② 家长咨询：利用网络的电子通信手段，家长可与学校取得联系，学校可为家长开通学科知识答疑、心理咨询等服务项目。

4．社会教育方面的应用

校园网在社会教育方面的应用包括以下内容。

① 共享校外资源：公共图书馆通过 Internet 与其他学校图书馆连接，共享网络信息资源。
② 远程合作学习：学生与校外学生进行合作学习，交流学习经验。
③ 远程教学研讨：开展校际教学交流，将教法和教学资源进行远程传播。
④ 网上专家指导：通过网络聘请国内外教育专家为学校教育提供咨询，为青年教师提供指导，为学生开辟第二课堂等。

5.3.4 网络合作学习

网络合作学习是当前计算机辅助教育中研究的热点问题之一，也是远程教育发展过程中必须重视的一个研究课题。

1．网络合作学习的应用系统简介

目前国内外对合作学习系统的开发虽不尽相同，但都具有一个共同的特性：比较注重合作学习所需要的网络支撑环境的建设，也就是存在着"环境优先"的现象。以下是几个比较成功的合作学习系统的例子。

① Virtual-U 是由加拿大 Simon Fraser 大学开发的基于 Web 的教学和培训集成工具。它可以使教师方便地建立和管理合作小组，还可以创建主题以供会议讨论，允许学生进行角色扮演，在消息中插入多媒体素材。

② Class Fronter（课堂先锋）是由挪威 Fronter 公司开发的网络教学平台。它提供了 40 多个模块，包括日历表、活动计划、联系人名单、聊天室、论坛、写字板、测试等部分。它可以实现多个学生实时合作书写同一文件的功能。

③ PREP 是由 Carnegie Mellon 大学开发的一个写作工具。PREP 使用两维的文本表格，类似于展开的表单，在这里学习者独立开展工作，文本被分割成每个学习者都可以处理的水平的部分。学习者可能会对相应的部分进行评论、重写或编辑。另外，允许他们浏览其他学习者处理的部分。通过使用 PREP，学习者既可以开发自己的文本部分，也能了解其他人的工作。经证明，PREP 在处理诸如类型、句子分析和段落结构等小实验的写作问题时很有用，而在处理诸如全面组织和文档结构这样大型的问题时用处不大。

④ Sherlock 是关于美国空军 F16 航行器的一个学徒身份的纠纷解决系统。SherlockⅡ为 Sherlock 提供了协作学习服务。当学生在 SherlockⅡ中解决了一个电子错误诊断问题后，系统为学生提供一个称为"深思熟虑"的阶段，以使学生有机会反省他们先前解决纠纷的表现。SherlockⅡ希望学生能精细化他们解决问题的策略，评判自己的解决策略，解释为什么某项活动是不合适的或者不是最令人满意的，并给出可替代的建议。

在国内，同样也有一些可以支持合作学习的网上学习环境。

① Web CL 平台是北京师范大学网络教育实验室为配合教育部现代远程教育关键技术研究重点项目"基于 Web 的协作学习系统（Web CL）研究"，而设计开发的一个基于网络的协作学习支撑平台。它提供学习风格测量、学习活动任务设计、学生分组学习、教师监控、小组交流合作，评估学习效果和协作绩效等功能。这个系统既可以独立用于协作学习教学，也可以整合到更全面的教学支撑系统中。

② Vclass 系统是国内开发的比较全面的一套基于 Web 的教学支持平台，包括网上课程

开发系统、网上教学支持系统、网上教务管理系统和网上教学资源管理系统几部分。在网上教学支持系统中，它提供了学生的管理系统，可以记录学习过程，对学习效果进行评估，具有讨论、搜索、公告等功能，部分支持协作学习和协同工作。

③"方正校园解决方案"是采用 Internet 技术，配合多媒体网络教学软件的一个软硬件一体化的现代化教学、管理的解决方案。在利用"方正校园解决方案"进行协作学习时，可在局域网内实现 Internet 仿真浏览、快速进行网络搜索、方便地收/发电子邮件，还可实现网上讨论、网上会话、网上教学等功能。

④"金海航新数字学校"的协作学习系统可以支持文字交互、电子白板、声音交互等功能，还可以将全体学生分成若干小组进行分组讨论。在各组中教师可指定讨论主持人，也可不指定讨论主持人。教师可查看各个讨论组的讨论情况并将讨论的结果进行存储和打印。

2．网络合作学习中的"学习者优先"观念

网络合作学习作为一种重要的未来教育的教学方式，不仅满足了现代社会对协同合作的需求，而且适应了素质教育和终身教育的时代发展，因此受到越来越多的关注和重视。

虽然大多数的理论研究和学术调查都不约而同地指出和证明合作学习是一种高效率、高质量的教学形式，其教学效果明显优于目前普遍提倡的个体学习方式，但是在"环境优先"网络合作学习系统具体的实践中所得出的结论却往往不容乐观。有关学者已经注意到当前的网络学习并没有产生预期效果。他们对计算机（网络）的作用、合作学习的组织和监控、合作学习观念的建立三个方面进行了严肃的思考和反省，认为目前网络合作学习实践中存在一些问题：夸大了计算机（网络）在合作学习中的作用，因而过分着重于对技术的研究。例如，只关注在网络应用中如何提供一种多元化的通信工具，而忽略了对学习者为什么要进行交流的原因的研究；在合作学习的组织和监控上，存在一种"被动"和"懒惰"的组织现象，对于合作的管理只停留在建设好一个良好的合作学习环境（创造好的"物"的环境）的想法上，对学习者在合作中如何"主动"地参与并进行活动（调动"人"的因素）的考虑并不多，因此整个网络合作学习的建立只重开始和结束，轻过程，也就忽略了合作过程中的一些比较重要的运动因素和不稳定因素。当前还处于"学生不习惯学"及"教师不习惯教"的阶段，在培养从个体学习到合作学习的观念转变过程中，对于合作学习观念的建立，应该有一个过渡的时期，要逐步克服网络合作学习建设中的"环境优先"现象。

从优化网络合作学习效率的目的出发，有研究者提出，对于网络协作学习的建设应该由当前"环境优先"的思想转变为"人优先"的思想。他们比较了网络合作学习与传统合作学习的特点，认为网络合作学习应该更多地考虑心理学、社会学（如动机理论、维果斯基的最近发展区、社会互赖理论等）方面的问题，提出了"寻找最佳合作伙伴"的协作机制优化解决方案。这种机制优先从学习者的角度出发，按照学习者特性的类似性和需求的互补性原则，将学习者动态地进行配对组合、组织合作，并选择最佳的时机适当、灵活地安排内容和活动；这种机制还将对整个合作过程进行跟踪、评价和调整，通过对学习者归属和满足的心理强化，将他们的被动式合作转化成主动式合作，从而促进和加强合作效果，最终实现学习目标。这种机制试图弥补和改善大多数现有网络合作学习系统在合作组织、管理和维持过程中所存在的不足和缺点，使得所创建的学习环境更能吸引学习者的参与，更加适合网络合作学习的开展。同时，这种机制还将合作学习流程由"群体主流、个体支流"转变成"个体主流、群体支流"，从而将群体学习从合作学习中的主要地位转移到次要地位，突出了个体学习的首要

地位，这样一方面简化了合作学习的设计和实现，另一方面也能很好地与当前已有的大多数学习系统衔接，成为普及合作学习的很好的过渡形式。

在以计算机为核心的辅助教育不断发展的今天，要能真正落实网络化学习中"人高于环境"的思想，还有待于我们不断地探索和实践。

5.4 智能教学系统（ITS）

5.4.1 智能教学系统的发展历史

智能教学系统（ITS）是一种计算机系统，其目的是提供即时和定制的指令或反馈给学习者，通常不需要教师的干预。ITS 的共同目标是通过使用多种计算技术以有意义和有效的方式进行学习。在正规教育和专业环境中使用 ITS 的例子有很多，已经证明了它们的功能和局限性。智能辅导、认知学习理论与设计之间有着密切的关系。并且正在进行改进 ITS 有效性的研究。ITS 通常旨在复制证明的一对一个性化辅导的好处，在这种情况下，学生可以从一位教师那里获得一对多的指导（例如，课堂讲课），或者根本没有教师（例如，在线作业）。ITS 的设计目标通常是为每一位学生提供高质量的教育。

1. 早期的机械系统

智能机器的可能性已经讨论了数百年。布莱斯·帕斯卡尔（Blaise Pascal）在 17 世纪创造了第一台具有数学功能的计算机，简称 Pascal's Calculator。此时，数学家和哲学家戈特弗里德·威廉·莱布尼兹（Gottfried Wilhelm Leibniz）设想了能够推理和应用逻辑规则解决争端的机器（Buchanan，2006）。这些早期工作为计算机的发展和未来的应用做出了贡献。

用于教学用途的智能机器的概念可以追溯到 1924 年，当时俄亥俄州立大学的 Sidney Pressey 创造了一种机械教学机器来指导没有人类老师的学生。他的机器非常类似于打字机，带有几个键和一个向学习者提供问题的窗口，允许用户输入并通过在柜台上记录他们的分数来提供即时反馈。

Pressey 受到 19 世纪末 20 世纪初哥伦比亚大学教师学院的学习理论家和教育心理学家 Edward L. Thorndike 的影响。桑代克制定了最大化学习的法律，桑代克的法律包括了效果律、在运动的规律和新旧程度的法律。遵循更高的标准，Pressey 的教学和测试机器被认为是智能的，因为它是机械运行的，并且一次基于一个问题和答案，但它为未来的项目树立了先例。到 20 世纪 50 年代和 60 年代，关于学习的新观点正在出现。Burrhus Frederic "BF" Skinner 在哈佛大学不同意 Thorndike 的连接主义学习理论或 Pressey 的教学机器。相反，斯金纳是一个行为主义者，他认为学习者应该构建答案，而不是依靠认可。他使用增量机械系统构造了一种教学机器，该机器将奖励学生对问题的正确回答（见图 5-4-1）。

2. 早期的电子系统

在第二次世界大战之后，机械二进制系统被基于二进制的电子机器所取代。与机械对手相比，这些机器被认为是智能的，

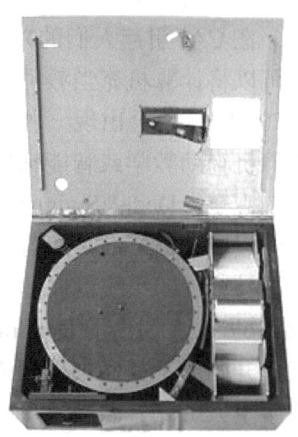

图 5-4-1　斯金纳教学机

因为它们具有做出合理决策的能力。但是，定义和识别机器智能的研究仍处于起步阶段。

数学家、逻辑学家和计算机科学家 Alan Turing（图灵）将计算系统与思维联系在一起。他最著名的论文之一概述了一种假设的测试，以评估机器的智能，这被称为图灵测试。本质上，该测试将使一个人与另外两个代理进行通信，一个人和一台计算机分别向两个接收者询问问题。如果计算机能够以提出问题人员无法区分其他人员和计算机的方式做出响应，则计算机通过了测试。图灵测试用作当前 ITS 开发的模型已有二十多年了。ITS 系统的主要理想是有效通信。早在 20 世纪 50 年代，出现了显示智能功能的程序。图灵的工作以及艾伦·纽厄尔（Allen Newell）、克利福德·肖（Clifford Shaw）和赫伯·西蒙（Herb Simon）等研究人员后来的项目，都展示了能够创建逻辑证明和定理的程序。他们的程序"逻辑理论家"展示了复杂的符号操作，甚至在没有直接人工控制的情况下生成了新信息，并且被某些人认为是第一个 AI 程序。这种突破激发了约翰·麦卡锡（John McCarthy）于 1956 年在达特茅斯会议上正式命名人工智能新领域。这次会议是专门针对 AI 领域的科学家和研究的会议。

20 世纪 60 年代和 70 年代后期，许多新的 CAI（计算机辅助教学）项目都建立在计算机科学的进步基础上。1958 年，ALGOL 编程语言的创建使许多学校和大学开始开发计算机辅助教学（CAI）程序。美国主要的计算机供应商和联邦机构（如 IBM、HP 和国家科学基金会）为这些项目的开发提供了资金。早期的教育实施重点是程序化指令（PI），一种基于计算机输入输出系统的结构。尽管许多人支持这种形式的指导，但很少有证据支持这种指导。编程语言 Logo 由 Wally Feurzeig、Cynthia Solomon 和 Seymour Papert 于 1967 年创建，旨在简化教育语言。20 世纪 70 年代初期，伊利诺伊大学的唐纳德·比策尔（Donald Bitzer）开发了 PLATO（见图 5-4-2），这是一个具有显示、动画和触摸控制功能的教育终端，可以存储和交付大量课程材料。随后，在美国、英国和加拿大等许多国家启动了许多其他 CAI 项目。

图 5-4-2　1981 年的 PLATO V CAI 终端

在 CAI 引起人们的兴趣的同时，Jaime Carbonell 建议可以将计算机充当教师，而不仅仅是工具（Carbonell，1970 年）。将会出现一种新的观点，即专注于使用计算机智能地指导学生的方法，称为智能计算机辅助教学或智能辅导系统（ITS）。CAI 在基于 Skinner 的理论的学习中采用了行为主义的观点（Dede&Swigger，1988），ITS 是从认知心理学、计算机科学尤其是人工智能的工作中汲取的。目前，随着系统从前十年的逻辑焦点转移到基于知识的系统，人工智能研究发生了转变，即系统可以基于先验知识做出明智的决策（Buchanan，2006）。Seymour Papert 和 Ira Goldstein 创建了 Dendral 系统，该系统可以根据现有数据预测可能的化学结构。进一步的工作开始展示类比推理和语言处理。这些以知识为重点的变化对如何在教学中使用计算机产生了重大影响。然而，事实证明，ITS 的技术要求比 CAI 系统更高、更复杂，而 ITS 系统在此时只能获得有限的成功。

在 20 世纪 70 年代后期，人们对 CAI 技术的兴趣开始减弱。计算机仍然很昂贵，而且没有预期的可用。开发人员和讲师对开发 CAI 程序的高成本、讲师培训的准备不足及资源不足有负面反应。

3. 微型计算机和智能系统

20 世纪 70 年代末和 80 年代初的微型计算机革命帮助复兴了 CAI 的开发并迅速启动了 ITS 系统的开发。苹果 2、Commodore PET 和 TRS-80 等个人计算机减少了拥有计算机所需的资源，到 1981 年，美国 50%的学校都在使用计算机（Chambers 和 Sprecher，1983）。几个 CAI 项目利用 Apple 2 作为系统，在高中和大学中提供 CAI 程序，包括 1981 年的不列颠哥伦比亚省项目和加利福尼亚州立大学项目。

20 世纪 80 年代初，智能计算机辅助教学（ICAI）和 ITS 的目标也从 CAI 的根源中脱颖而出。随着 CAI 越来越专注于与针对特定兴趣领域创建的内容进行更深入的交互，ITS 寻求创建着重于任务知识和以非特定方式概括该知识的能力的系统（Larkin&Chabay，1992）。为 ITS 设定的主要目标是能够教导和执行任务，以动态适应其情况。在从 CAI 到 ICAI 系统的过渡中，计算机不仅必须区分正确响应和错误响应，还必须区分错误响应的类型以调整指令类型。人工智能与研究认知心理学推动了 ITS 的新原理。心理学家考虑了计算机如何解决问题并执行"智能"活动。ITS 程序必须能够表示、存储和检索知识，甚至必须搜索自己的数据库以得出自己的新知识，从而响应学习者的问题。基本上，ITS 或 ICAI 的早期规范要求其"根据诊断错误并制订补救措施"（Shute & Psotka，1994，第 9 页）。如今，在对 ITS 进行编程时，诊断和补救的想法仍在使用。

ITS 研究的一个重要突破是创建了 LISPITS，该计划以实用的方式实施 ITS 原理并显示出可喜的效果，可提高学生的表现。LISPITS 于 1983 年作为 ITS 的系统得以开发和研究，用于向学生教授 LISP 编程语言（Corbett & Anderson，1992）。LISPITS 可以识别错误并在学生进行练习时向他们提供建设性的反馈意见。可以发现，该系统减少了完成练习所需的时间，同时提高了学生的考试成绩（Corbett & Anderson，1992）。在此前后还开发了一些其他的 ITS 系统，包括由 Logica 在 1984 年创建的作为通用教学工具的 TUTOR，以及他于 1989 年在卡内基梅隆大学创立的 PARNASSUS，使用这些工具从事语言教学。

4. 现代 ITS

最初的 ITS 实施后，更多的研究人员为不同的学生创建了许多 ITS。20 世纪末，拜占庭计划开发了智能辅导工具（ITT），涉及六所大学。ITT 是通用补习系统的构建者，许多机构在使用它们时都获得了积极的反馈（Kinshuk，1996）。这个构建者 ITT 将为不同的主题领域生成一个智能辅导小程序（ITA）。不同的老师创建了 ITA，并建立了大量的知识库存，其他人可以通过网络访问这些知识。创建 ITS 后，教师可以对其进行复制和修改，以供将来使用。该系统既高效又灵活。但是，金舒克和帕特尔认为，智能交通系统不是从教育的角度设计的，也不是根据学生和教师的实际需求而开发的（金舒克和帕特尔，1997）。最近的工作采用了人种学和设计研究方法来研究学生和教师实际使用 ITS 的方式。在各种情况下，通常会揭示它们满足或未能满足，甚至在某些情况下创造的意料之外的需求。

当今的 ITS 通常会尝试复制教师或助教的角色，并逐渐实现诸如问题生成、问题选择和反馈生成等教学功能的自动化。但是，鉴于当前向混合学习模型的转变，关于 ITS 的最新工作已开始关注这些系统如何有效地利用教师或同伴，以及以人为本的教学的互补优势。

有 3 个基于对话而运行的 ITS 项目：AutoTutor、Atlas（Freedman，1999）和 Why2。这

些项目背后的想法是：由于学生可以通过自己构建知识来学习得更好，所以该程序将从针对学生的主要问题开始，并作为最后的手段给出答案。AutoTutor 的学生专注于回答有关计算机技术的问题，Atlas 的学生专注于解决定量问题，而 Why2 的学生则专注于定性地解释物理系统。(Graesser，VanLehn 等人，2001) 其他类似的补习系统，例如 Andes 系统 (Gertner, Conati and VanLehn, 1998)，当学生难以回答问题时，往往会为他们提供提示和即时反馈。他们可能会猜测答案并获得正确答案，而无须深入了解这些概念。分别对使用 Atlas 和 Andes 的一小部分学生进行了研究，结果表明，与使用 Andes 的学生相比，使用 Atlas 的学生有了显著的进步。但是，由于上述系统需要分析学生的对话，因此尚待改进，以便可以管理更复杂的对话。

5.4.2 智能教学系统的结构

现代 ITS 创作系统的发展使得教育工作者可以快速开发任何类型主题的 ITS 内容。在正规教育和专业环境中使用 ITS 的例子很多，已经证明了它们的能力和局限性。智能辅导系统（ITSs）由基于研究人员普遍共识的以下四个基本部分组成（见图 5-4-3）。

领域模型；
学生模型；
导师模型；
用户界面模型。

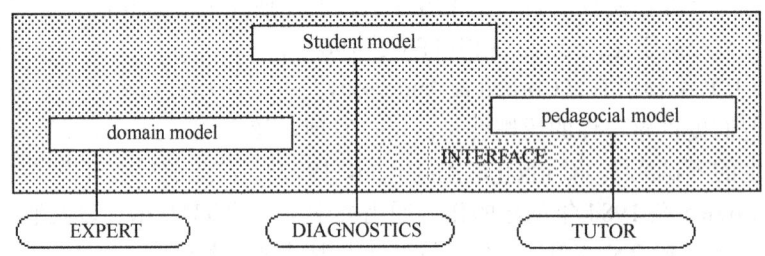

图 5-4-3 智能辅导系统（ITSs）的基本组成部分

总的来说，领域模型应该能够解决辅导模块提交给学生的问题。学生模型反映了机器可以推断出学生的认知状态。导师模型基于其教学知识以及学生模型和领域知识之间的比较来控制与学生的交互。

领域模型（也称认知模型或专家知识模型）是建立在学习理论（如 ACT-R，它试图考虑所有解决问题所需的可能的步骤）上的理论。更具体地说，这个模型包含了要学习的领域的概念、规则和问题解决策略。它可以履行多种角色：作为专家知识的来源、评估学生表现或检测错误的标准等。开发领域模型的另一种方法是基于 Stellan Ohlsson 的性能误差学习理论，称为基于约束的建模（CBM）。在这种情况下，域模型表示为对正确解决方案的一组约束。

学生模型可以被看作域模型的叠加。它被认为是 ITS 的核心组成部分，特别关注学生的认知和情感状态及其随着学习过程的进步和发展。当学生逐步完成问题解决过程时，ITS 会参与一个称为模型追踪的过程。只要学生模型偏离域模型，系统就会识别或标记错误。另外，在基于约束的辅导中，学生模型被表示为约束集上的叠加。基于约束的导师根据约束集评估学生的解决方案，并识别满意和违反的约束。如果存在任何违反的约束，则判定学生的解决方案不正确，ITS 会提供有关这些约束的反馈，基于约束的导师负责提供负面反馈（错误反馈）和积极反馈。

导师模型从领域模型和学生模型中接收信息，进行有关的辅导策略。在问题解决过程中的任何时刻，学习者可以基于他们在模型中的当前位置请求关于下一步做什么的指导。此外，系统识别学习者何时偏离模型的生产规则并为学习者提供及时反馈，从而缩短熟练掌握目标技能的时间。导师模型可能包含数百个生产规则，可以说存在于两种状态之一，学习或未学习。每当学生成功地将规则应用于问题时，系统就更新学生已经学习该规则的概率估计。系统继续向学生进行需要有效应用规则的练习，直到学习规则的可能性达到至少 95%。

用户界面集成了需要进行交流的三个类型的信息。
① 关于解释的模式（了解扬声器）和行动（产生话语）对话中的知识；
② 需要沟通的内容领域知识；
③ 所需要的知识传达意图。

5.4.3 智能教学系统的设计与开发

除了 ITS 体系结构之间的差异（每个体系结构都强调不同的要素）外，ITS 的开发与任何教学设计过程都是相同的。Corbett 等（1997）将 ITS 的设计和开发总结为四个迭代阶段：需求评估、认知任务分析、初始导师实施和评估。

①需求评估的第一阶段是所有教学设计过程（尤其是软件开发）所共有的。这涉及学习者分析，以及与主题专家或讲师协商。第一步是专家/知识和学生领域发展的一部分。目的是指定学习目标并概述课程的总体计划；当务之急是不要将传统概念计算机化，而应通过总体定义任务并理解学习者处理任务的可能行为以及在较小程度上指导教师行为的方式来开发新的课程结构。为此，需要处理三个关键方面：学生能够解决问题的可能性、达到此成绩水平所需的时间及学生将来会积极使用此知识的概率。需要分析的另一个重要方面是接口的成本效益。②认知任务分析，是专家系统编程的详细方法，目的是开发所需问题解决知识的有效计算模型。开发域模型的主要方法包括采访域专家、与域专家进行"大声思考"协议研究、与新手进行"大声思考"研究，以及观察教与学行为。尽管最常用的是第一种方法，但专家通常无法报告认知成分。要求专家大声报告自己在解决典型问题时的想法的"大声思考"方法可以避免此问题。观察教师与学生之间的实际在线互动，可以提供与解决问题的过程有关的信息，这对于在对话系统中建立对话或互动性非常有用。③初始导师实施，包括建立一个问题解决环境，以实现并支持真实的学习过程。在此阶段之后，将进行的一系列评估活动作为最后阶段，这又与所有软件开发项目相似。④评估包括初步研究以确定基本的可用性和教育影响、对正在开发的系统的形成性评估、检查系统功能有效性的参数研究，以及对最终导师的效果的总结性评估：学习率和渐近成就水平。

安德森等（1987）概述了智能导师设计的八个原则，Corbett 等（1997）后来详细阐述了那些强调包罗万象的原则，他们认为该原则支配着智能导师的设计，他们将这一原则称为原则 0，即智能导师系统应使学生能够成功解决问题。
① 将学生的能力表示为生产集。
② 交流解决问题的目标结构。

③ 在解决问题的上下文中提供指导。
④ 促进对解决问题的知识的抽象理解。
⑤ 最小化工作内存负载。
⑥ 提供有关错误的即时反馈。
⑦ 通过学习调整指导的力度。
⑧ 促进对目标技能的逐渐逼近。

5.4.4 智能教学系统的实践应用

即使创建了创作工具来减轻任务负担,还是有大量的工作。这意味着,仅在以下情况下才可以选择构建智能交通系统:尽管其开发成本相对较高,但仍通过减少对人工教练的需求或充分提高整体生产率来降低总体成本。当需要同时辅导大型团体或需要大量重复的辅导工作时,就会发生这种情况。典型的案例是技术培训情况,例如对新兵的培训和高中数学。一种特定类型的智能辅导系统——认知导师,已被纳入美国许多高中的数学课程中,通过期末考试和标准化考试提高了学生的学习效果。构建了智能辅导系统,以帮助学生学习地理、电路、医学诊断、计算机编程、数学、物理学、遗传学、化学等。使用智能语言辅导系统(ILTS)可以自然授课,是面向第一语言或第二语言学习者的语言。ILTS需要专门的自然语言处理工具,例如具有可接受覆盖范围的大型词典及词法和语法分析器。

1. 应用程序

在网络热潮迅速扩展的过程中,新的计算机辅助教学范式,例如电子学习和分布式学习,为ITS构想提供了极好的平台。使用ITS的领域包括自然语言处理、机器学习、计划、多智能体系统、本体、语义Web以及社交和情感计算。另外,诸如多媒体、面向对象系统、建模、仿真和统计之类的其他技术也已与ITS连接或结合。ITS的成功也影响到了历史上的非技术领域,例如教育科学和心理学。

近年来,ITS已经开始从基于搜索的领域转移到一系列实际应用中。ITS已经扩展到许多关键和复杂的认知领域,其结果已达到深远的意义。ITS系统巩固了正规教育中的一席之地,这些系统已在公司培训和组织学习领域找到了家。ITS为学习者提供了一些便利,例如个性化学习,及时的反馈以及时空的灵活性。

尽管智能补习系统是从认知心理学和人工智能研究发展而来的,但现在在教育和组织中发现了许多应用。智能补习系统可以在在线环境中或在传统的计算机实验室中找到,并在K-12教室和大学中使用。有许多针对数学的程序却可以在健康科学、语言习得和其他形式化学习领域中找到应用。

关于学生的理解力、敬业度、态度、动机和学业成绩的提高的报告都促使人们对这些系统的投资和研究产生了持续的兴趣。智能辅导系统的个性化性质为教育工作者提供了创建个性化课程的机会。有很多智能补习系统没有详尽的清单,下面列出了一些更具影响力的计划。

2. 教育

卡内基梅隆大学匹兹堡高级认知导师中心开发的"代数导师PAT"(PUMP代数导师或实用代数导师)使学生参与固定学习问题,并使用现代代数工具使学生参与解决问题和分享他们的成果。PAT 的目的是利用学生的数学先验知识和日常经验促进成长。从统计（学生成绩）和情感（学生和教师反馈）的角度来看，PAT 的成功都有据可查（例如，迈阿密-戴德县公立学校评估与研究办公室）。

SQL-Tutor 是新西兰坎特伯雷大学的智能计算机辅导小组（ICTG）开发的第一个基于约束的辅导。SQL-Tutor 教学生如何使用 SQL SELECT 语句从数据库检索数据。

EER-Tutor 是基于约束的导师（由 ICTG 开发），它使用实体关系模型教授概念数据库的设计。EER-Tutor 的早期版本是 KERMIT，它是用于 ER 建模的独立导师，经证明，经过一个小时的教学，其显著提高了学生的知识水平（效果等级为 0.6）。

COLLECT-UML 是基于约束的导师，支持成对的学生在 UML 类图上进行协作。导师提供域级别以及协作方面的反馈。

数学老师（Beal，Beck&Woolf，1998）帮助学生使用分数、小数和百分比来解决单词问题。辅导员记录学生处理问题时的成功率，同时为学生提供后续的、适合问题的方法以供他们处理。选择的后续问题是基于学生的能力，并且估计了学生解决问题所需的时间。

eTeacher（Schiaffino 等人，2008）是一种智能代理或教学代理，支持个性化的电子学习帮助。它可以建立学生资料，同时观察在线课程中的学生表现。然后，eTeacher 使用来自学生表现的信息来建议个性化的行动方案，以帮助他们的学习过程。

ZOSMAT 旨在满足真实教室的所有需求。它遵循并指导学生学习过程的不同阶段。这是一个以学生为中心的 ITS，它通过记录学生的学习进度以及基于学生的努力而改变学生课程的方式来做到这一点。ZOSMAT 既可以用于个人学习，也可以在真正的课堂环境中由人工指导。

REALP 旨在通过提供特定于读者的词汇练习并通过从网上收集的有用、真实的阅读材料来提供个性化练习，从而帮助学生提高阅读理解能力。系统会根据学生的表现自动建立用户模型。阅读后，将根据阅读中的目标词汇对学生进行一系列练习。

CIRCSIM-Tutor 是一种智能补习系统，可供伊利诺伊理工学院的一年级医学生使用。它使用基于自然对话的苏格拉底语言来帮助学生学习调节血压。

Why2-Atlas 是一款 ITS，用于分析学生对物理学原理的解释。学生以段落形式输入他们的作品，然后程序会根据其解释对学生的信念进行假设，从而将其单词转换为证明。这样做会突出误解和不完整的解释。然后，系统通过与学生的对话解决这些问题，并要求学生更正其论文。在该过程完成之前，可能会发生许多迭代。

香港大学（HKU）开发了 SmartTutor 以支持继续教育学生的需求。个性化学习被认为是香港大学成人教育中的关键需求，SmartTutor 旨在满足这一需求。SmartTutor 通过结合互联网技术、教育研究和人工智能为学生提供支持。

AutoTutor 通过模拟人类导师的话语模式和教学策略，帮助大学生在计算机基础知识入门课程中学习计算机硬件、操作系统和 Internet。AutoTutor 尝试通过键盘了解学习者的输入内容，然后制订带有反馈、提示、更正的对话框。

ActiveMath 是用于数学的基于 Web 的自适应学习环境。该系统致力于改善远程学习，补充传统的课堂教学，并支持个人学习和终身学习。

印度坎普尔印度理工学院开发了 ESC101-ITS，这是一种针对入门编程问题的智能辅导系统。

3. 企业培训和行业

通用智能辅导框架（GIFT）是一种教育软件，旨在创建基于计算机的辅导系统。GIFT 由美国陆军研究实验室于 2009 年至 2011 年开发，于 2012 年 5 月发布，用于商业用途。GIFT 是开源和领域独立的，可以免费在线下载。该软件允许讲师设计一个辅导计划，该课程可以通过调整现有课程来涵盖各个学科。它包括供研究人员、教学设计师、讲师和学生使用的课程工具。GIFT 与其他教学材料兼容，例如 PowerPoint 演示文稿，可以将其集成到程序中。

SHERLOCK 用于训练空军技术人员以诊断 F-15 喷气式飞机的电气系统中的问题。ITS 创建了错误的系统示意图，供受训者定位和诊断。ITS 提供诊断读数，使受训人员可以确定故障是出在测试的电路中还是系统中的其他地方。反馈和指导由系统提供，如果需要，可以提供帮助。

心脏导师的目的是为医务人员提供先进的心脏支持技术。导师提出心脏问题，并且学生必须使用各种步骤来选择各种干预措施。心脏导师提供线索、口头建议和反馈，以实现个性化和优化学习。每次模拟，无论学生是否能够成功地帮助患者，都会生成一份详细报告，然后由学生进行审查。

CODES 合作音乐原型设计是用于合作音乐原型制作的基于 Web 的环境。它旨在支持用户（尤其那些不是音乐专家的用户）以原型方式创作音乐作品。可以反复测试、演奏和修改音乐示例（原型）。CODES 的主要方面之一是音乐创作者及其合作伙伴之间的互动与合作。

参 考 文 献

[1] 师书恩. 计算机辅助教育[M]. 北京：高等教育出版社，2001.
[2] 计算机辅助教育的发展阶段[EB/OL]. http://course.gznu.cn/jsj/ebook/1.1.html.
[3] 邵瑞珍. 教育心理学[M]. 上海：上海教育出版社，1997.
[4] 尹俊华. 教育技术学导论[M]. 北京：高等教育出版社，1996.
[5] 李运林，李克东. 电化教育导论[M]. 北京：高等教育出版社，1986.
[6] 张诗亚. 教育的生机——论崛起的教育技术学[M]. 成都：四川教育出版社，1988.
[7] 南国农. 电化教育学[M]. 北京：高等教育出版社，1985.
[8] 张剑平. 现代教育技术——理论与应用[M]. 北京：高等教育出版社，2006.
[9] 普莱西，斯金纳，克劳德. 程序教学与教学机器[M]. 北京：人民教育出版社，1964.
[10] 廉师友. 人工智能原理与应用基础教程[M]. 昆明：云南科技出版社，1998.
[11] 张诗亚，周谊著. 震荡与变革——20 世纪的教育技术[M]. 济南：山东教育出版社. 1995.
[12] 何克抗. 建构主义——革新传统教学的理论基础（上）[J]. 电化教育研究，1997（3）.
[13] 高文. 建构主义学习的特征[J]. 外国教育资料，1999（1）.
[14] 彭绍东. 积件思想的形成与理论基础[J]. 中国电化教育，1998（1）.
[15] 谢康. 校园网在学校教育中的应用[J]. 现代远程教育研究，2004（2）.
[16] 王保江. 基于多级访问控制的在线考试系统设计[D]. 武汉：华中科技大学，2006.
[17] 张琴珠. 计算机辅助教育[M]. 北京：高等教育出版社，2003.
[18] 探索教学模式设计案例[EB/OL]. http://wenkis. Com/view/c47cf4ff0242a8956bece45d. hemL.
[19] Nkambou, Roger; Bourdeau, Jacqueline; Mizoguchi, Riichiro, eds. (2010). Advances in Intelligent Tutoring Systems. Springer. ISBN 978-3-642-14362-5.
[20] Beverly Park (2009). Building Intelligent Interactive Tutors. Morgan Kaufmann. ISBN 978-0-12-373594-2.

[21] Evens, Martha; Michael, Joel (2005). One-on-one Tutoring by Humans and Computers. Routledge. ISBN 978-0-8058-4360-6.

[22] Polson, Martha C.; Richardson, J. Jeffrey, eds. (1988). Foundations of Intelligent Tutoring Systems. Lawrence Erlbaum. ISBN 978-0-8058-0053-1.

[23] Psotka, Joseph; Massey, L. Dan; Mutter, Sharon, eds. (1988). Intelligent Tutoring Systems: Lessons Learned. Lawrence Erlbaum. ISBN 978-0-8058-0023-4.

第 6 章　网络教学

随着计算机技术和网络技术的日益成熟和发展，人类社会进入了一个高度发达、高度文明的信息时代，这为教育教学改革带来了新的契机，网络教学逐渐成为信息时代教育模式改革与发展的方向；网络与教育教学的深度融合，创新了教育教学的形态、模式和生态，基于网络创生的"互联网+"教育已经成为网络教学的新范式。

6.1　网络教学概述

21 世纪是信息化的时代，而网络是信息化社会的重要物质基础，人类的活动将在很大程度上依赖于网络，新世纪的教育也离不开网络，基于网络的教育模式必将成为新世纪的主流教育模式。作为一种全新的教育模式，网络教学将成为构筑 21 世纪终身学习体系的重要手段，成为实现教育平等的有效途径，它是教育适应未来信息社会、培养高素质人才的必然选择。

6.1.1　网络教学的基本概念

关于网络教学，目前还没有十分统一的定义，在各种文献中都可以见到许多描述现代教育模式的术语，如远程教育（Distance Education）、远程培训（Distance Training）、远程学习（Distance Learning）、开放大学（Open University）、开放学习（Open Learning）、虚拟大学（Virtual University）、虚拟教室（Virtual Classroom）、电子化学习（E-Learning）、异步学习（Asynchronous Learning）、基于网络的教学（Network Based Education，NBE）、在线教育（Online Education）、赛博教育（Cyber Education）等，都是指某种形式的网络教学。

关于网络教学，我们至少可以从以下两个维度来进行定义。

① 从提取现有人们称为"网络教学"的这类活动的共性出发。
② 从"网络教学"区别于其他教学活动的独特性出发。

柳栋先生在"网络教学的定义"一文中曾深入探讨过"网络教学"的概念："从广义上讲，但凡在过程中运用了网络技术的教学活动都是网络教学。"这是从提取人们称为"网络教学"这类活动的共性出发得出的定义。通过网页简单地发布教学内容、通过电子邮件与学生交流、通过网络传递视频信息、将一堂讲授型的课分享给另外一个课堂（类似电视直播）、完全基于网络信息资源的 Web Quest，以及基于网络应用的探究型课程等都属于"网络教学"。

从其特殊性来讲，网络教学是依据先进理念，运用网络资源，在教师指导下，促进学生积极自主学习，加强师生交流与协作研讨，以优化教学过程。主要包括以下几方面的内容：

① 网络教学是通过网络进行的教学法，在这一过程中，网络既可作为知识与信息的载体，也可作为书籍、视听、媒介等教育媒体的自然延伸；不但可代替传统教育媒介而存在，

而且功能与效率方面也更强。Perya.D（1993）采用了自足媒体（Self-Media）的概念来论述网络的本质。所谓自足媒体，是能够促进人与人之间及人与社会之间交流的媒体。它既是信息的生成者，又是信息的接收者，学习者通过使用超文本将信息输入和信息输出的活动集成到一个单独的过程中。Oliver 及 Omari（1998）认为："网络的最大优点是用于传输课程内容的各个信息资源站点之间无缝的链接，以及允许学习者之间在学习时进行交流与合作"。

② 网络教学是开发和利用网络知识与信息资源的过程，在此意义上，网络成为学习资源，网络教学则是对此资源的开发、利用与再生。由于网络上有大量的信息资源供学习者学习，通过获取、分析和生成信息，培养学习者的信息能力，因而资源观强调利用网络上的信息资源，通过学习者的探索来支持自主学习。网络学习环境中包括了真实世界中的数据和信息，使得学习者在不同背景中的学习成为可能，也为通过探索进行主动学习提供了条件。

③ 认知工具是支持、指引、扩充使用者思维过程的心智模式和设备，它包括内部认知工具（如认知策略、元认知策略等）和外部认知工具两种。网络属于外部认知工具，在学习环境中注重网络作为认知工具的设计，这些工具通常包括信息搜索工具、字处理工具、交流工具、专家帮助系统、网上写作工具、小工具（字典、计算器、作图）等。在这种网络环境中，学习者就是利用这些工具来学习的。

④ 网络教学还意味着把网络作为教学的一种环境，它已经超越了时空的界限，能覆盖全球，没有教师与学生之分，没有区域与时间的判别。网络为学习者提供了一个资源丰富和更加有意义的学习环境。将网络看作一种学习环境，能够更好地包容网络在支持教与学过程中的多种属性。网络学习环境所支持的教与学的形式和特点包括这些方面：学习形式的多样性；教学情境的多样性；教师在教与学的过程中扮演多种角色；多种教学组织形式，不一定以特定课程为中心；面向各种类型的学习者；通过多种技术支持教与学；采用多种教学策略和学习策略。

网络的学习环境更准确地反映了"以学为中心"的教与学活动的内涵。学习环境是人造的目的性工具，其目的是促进有效学习的发生。

在网络教学模式下，教师像以往一样准备讲课稿（Word、PPT、pdf 等文件格式），像以往一样按照约定的时间上课。与以往不同的是，上课的地点不再是集中的固定的物理地点，如培训中心的固定班级，而是网络平台上开设的固定班级，如一个网络班级。上课的内容仍然是教师准备好的内容，只需要将讲课稿文件"打开"，放到讲课板上，整个网络班级的学生都能实时看到内容，当然前提是学生在规定的时间登录到了该网络班级。

在网络教学模式下，学习者完全可以在家里报读单位开设的课程，免去了路途奔波，节省了时间和精力，极大地增加了学习的便利性，同时不乏现场教学中的互动和交流。

6.1.2 网络教学的发展因素

1. 社会基础

网络教学所具有的种种优势顺应了信息社会人才培养的需求。

1）培养具有创新能力的人才

信息化社会对教育提出了更高的要求。首先需要培养具有发散性思维、批判性思维和创造性思维，即具备高度创新能力的创造型人才，而不应当是只接受知识、只会记忆和背诵前人经验、不善于创新也不敢于创新的知识型人才。创新是所有时代、所有国度、所有民族进步的灵魂，在信息时代，由于竞争的激烈，对人才创新素质的要求显得尤为迫切。

2）培养具有信息能力的人才

信息能力是信息社会所需人才的最重要的知识结构和能力素质。信息社会知识多、更新快，学习者必须"有选择地学、不断地学"，想从教师那里学点知识便"一劳永逸"已经不可能了。"授之以鱼，不如授之以渔"，明智的选择是让学生学会如何学习，学会如何在信息的海洋中寻觅到自己需要的知识，如何利用各种认知手段不断获得新知，使自己与时代同步。

3）具备完善的终身教育体系

信息化社会不仅要求对劳动者进行职前教育与培训，而且要求对其进行终身教育与培训。信息的高速更新，一方面需要学习者学会认知，另一方面需要社会构建完善、便利的终身教育体系，使人们可以不受时空限制，自由地接受教育、更新知识。

4）大幅度地提高教学质量和教学效益

信息社会爆炸式的知识增长要求大幅度提高教学质量和教学效率。由于信息之多、更新之快、人才竞争之激烈，对教育除了有人才素质结构的要求以外，还要求其内容科学、方法优化，使学习者可以优质、高效地接受教育。

2．技术基础

当前以多媒体和网络为标志的信息技术革命，正以惊人的速度改变着人们的生产方式、工作方式、学习方式和生活方式。这不仅是信息技术发展的里程碑，同时也会引起教育领域的深刻变革，使教育体制与教学模式产生新的飞跃。

3．理论基础

由于多媒体计算机和基于网络的通信技术所具有的多种特性特别适合实现建构主义学习环境，所以建构主义作为网络教学的理论基础能很快为众多研究者所接受。随着网络教学应用的快速发展，建构主义学习理论正显示出其强大的生命力。

4．网络教学的意义

开展网络教学是学校教育在信息时代的必然选择，网络教学是信息时代的产物。所以对教育除了有人才素质结构的要求外，还要求其内容科学、方法优化，使学习者可以高效地接受优质教育。计算机和网络为信息时代的教育提供了强有力的支撑，推进了开放式和协作学习式的教学新方式，真正突出了以学生为主体的理念，它是一种高效率的教学。

1）网络教学是一种超越时空的教学

网络教学由于覆盖面广，可以实现更大范围的信息资源共享，使人类第一次实现了世界范围内的学习自由，名牌大学与一般大学的距离在缩短，学生接受教育的机会增多，它突破了以教室为中心形成的"同一时间和地点内教与学"时空的限制，构建了无围墙、无时空的"虚拟教室"和"虚拟学校"，学习不再是接受某一学校、某种单一方式的教学，而是可以接受多种形式的教学。

2）网络教学是一种真正突出学生主体地位的教学

网络教学改变了教师的教学方式与学生的学习方式，教学焦点从教师逐渐转移到学生，实现了真正意义上的"交互学习"和"发现学习"，教学过程中，教学重点不是教师怎样讲，而是学生怎样学习。

3）网络教学是一种以信息为基础的教学

网络教学是信息时代最为有效的全民教育和终身教育方式。它将通过已有的和不断完善的功能，把人类积累起来的基本知识最有效地转化到下一代个体的认知结构中。在有限的学习时间内，使个体认知水平达到社会的要求，而且有利于培养学生利用网络获取、分析及加工信息的能力，让学生终身受益。

6.1.3 网络教学的发展现状

1. 国外网络教学的发展现状

在国外开展远程网络教学的学校中，最具有代表性的是英国的开放大学。1998年，该大学注册学生23万名，其中有4万多名学生通过网络进行学习。开放大学在很多情况下通过网络技术和网络资源对学生进行教育，其教育质量一直排在英国前10名。

美国在1996年8月由加利福尼亚、得克萨斯等10个州共同创建了各州认可的、各高等院校承认课程学分的虚拟大学，学生在电子课堂中上课、考试，并获得学位证书，从而正式拉开了网络远程教育的序幕。目前，美国有80所大学可通过网络修得学位，网上虚拟大学开设的课程已覆盖了各个主要的学科领域。另外，加拿大、澳大利亚等国也在大力开展网络远程教育工作，其网络教学也发展得如火如荼。

2. 国内网络教育的发展现状

我国的网络教育始于1994年实施的"中国教育科研网示范工程"，目前已经有了一定的成效。在高等教育领域，1998年，教育部批准以清华大学为代表的6所高等院校开展网络教育试点工作，现在已有45所高等院校被获准开展网上远程教育，进行专科和本科学位的学历教育。教育部已将大力推进网络教学列为高校工作的重点，在网络教育应用的开发上，准备用两年的时间开设200门左右网络课程，包括网上学习、师生交流、辅导答疑、网上作业和网上测试等。

在基础教育领域，教育部在《关于加快中小学信息技术课程建设的指导意见》中提出，要在10年的时间内全面普及信息技术必修课；要用5~10年的时间，使全国90%左右的独立建制的中小学校能够联网，使每一名中小学师生都能享受网上教育资源。目前发展比较迅速的是中小学网校，它们以提供学校课程同步教育和中小学生课外补习课程为主，这类网校能使普通学校的学生接受名校优秀教师的辅导，因而受到普遍欢迎。

6.1.4 网络教学的教学特点

1. 网络教学过程的交互性

师生之间的交互可以获得教师的指导，学生之间的交互可以进行协作学习，这种双向交互活动不仅使学生通过视、听手段获取教学信息，而且能激发学生前所未有的学习兴趣。在课堂学习的过程中，学生通过交互能及时地了解自己的进步与不足，并按要求调整学习，从而极大地提高了学习的质量与效率。

2. 网络教学资源的共享性

网上资源丰富多彩、图文并茂、形声兼备，学习者可轻松自如地在知识海洋中冲浪。取之不尽、用之不竭的信息资源，神奇的网络环境，对教育个性化的形成，学生创造性思维的培养，实现教学过程中要素关系的转变，以及促进应试教育向素质教育转轨都将产生重大而深远的影响。

3. 多媒体信息的综合性

多媒体网络集超媒体和超文本于一体，集图形、图像、图表、声音、文字于一体，有利于学生使用多种感官参与认知，促进学生对知识的建构，有利于激发学生的兴趣，培养学生的情感，以及素质教育的实施。

4. 教学方式的先进性

传统教学的中心是教师的教，而网络教学的中心是学生的学，在网络教学中，教学不再是满堂灌，学生应在教师的指导下根据自己的需要进行学习，学生之间也应是自由的，教师的主要作用是组织、调控，并以评价作业的方式帮助学生，至于学习的步调、方式、进度、内容的数量和难易程度等，则由学生本人决定。

5. 教学目标的多样性

学生的个体差异，如学生的学习方法、学习风格等，决定了教学目标的多样性，在传统的"教学流水线"上难以实现因材施教，而网络教学克服了这些弊端。

6.2 网络教学基本形式

6.2.1 教学模式的概念及分类

1. 教学模式的概念

教学模式是在一定的教学思想指导下，围绕教学活动中的某一主题，形成相对稳定、系统化和理论化的教学范式。

按照李秉德教授的观点，教学模式包含以下几个要素：①指导思想：它是建立各个教学模式的理论基础，任何一种教学模式都是在一定的教学思想和理论（教学理论、学习理论等）指导下提出来的。②主题：是教学活动进行的线索，主导着教学模式的形成。③教学程序：是完成教学活动的具体过程，使教学模式具有一定的可操作性。④目标：任何教学活动都具有一定的目标，它使主题具体化，也是主题或教学活动前进的方向。⑤策略：不同的教学模式会采取不同的手段和方法，从而更好地完成教学任务。⑥内容：各种教学模式都有适合自己的课程设计方法。⑦评价：不同的教学模式因其主题、目标、程序等因素的不同，而具有不同的评价方法和标准。

教学过程中多个因素相互联系、相互制约，完整地构成了一定的教学模式。至于模式中各因素的具体内容，则因教学模式的不同而有所差异。

2. 教学模式的分类

教学模式的分类方法有很多，根据学生的学习目的和内容，可分为信息加工模式、个性模式、社会交换模式和行为模式等；根据与不同学科的联系，可分为哲学模式、心理学模式、社会学模式、管理学模式、教育学模式等。

教学模式的种类很多,许多教学模式对当代教育教学产生了深刻影响,如布卢姆的掌握学习教学模式、皮亚杰的认知发展教学模式、斯金纳的程序教学模式、瓦根舍因等人的范例教学模式、马塞拉斯和考克斯等人的社会调查教学模式、罗杰斯的非指导性教学模式、加涅的信息加工教学模式、塔巴的归纳教学模式、奥苏贝尔的先行组织者教学模式、布鲁纳等人的探索发现式教学模式、巴班斯基的最优化教学模式、约翰逊兄弟的合作教学模式等。

6.2.2 网络教学模式的特点

1. 网络教学模式的基本形式

现代建构主义理论认为情景、协作、会话和意义建构是学习环境中的四大要素。在建构主义学习环境中,课堂教学中心从教师转向学习者,核心在于学习者主动将新的信息和经验与其原有的知识基础相融合的过程,因此,网络教学为实践建构主义理论提供了一条有效途径。根据网络环境中教学过程的教学组织形式,网络教学模式大致可分为三类:以教师讲授为主的网络教学模式、以学习者自主学习为主的网络教学模式、以小组学习为主的网络教学模式。

1)以教师讲授为主的网络教学模式

以教师讲授为主的网络教学模式实际上是传统教学模式在网络教学中的延伸,一方面对传统课堂产生了很大的影响,极大地丰富了教学资源,增强了学习者学习时交互的深度和广度。另一方面在网络上进行讲授,突破了传统课堂中人数及地点的限制。它又可分为两种模式:实时讲授教学模式和非实时教学模式。

(1)实时讲授教学模式。

实时讲授教学又称直播式教学。教师讲授与学生学习在空间上分离,但在时间上同步,可以进行一定程度的交互。它是利用多媒体网络,对教学信息(图像、语音、文字)进行编码、压缩、传送,实现一对一、一对多的远程交互式教学。教师与学生借助多媒体互视,并可进行交流。学生在各地的多媒体教室听课,教师在某个多媒体教室授课,学生可通过网络向教师提问,教师通过网络向学生解答。该形式以教师的口头授课为主,以插入图片、视听资料等形式辅助教学。

在技术简单和条件有限的情况下,这种教学模式仅需普通电话线路也能实现。在教学过程中,教师事先准备好讲授的材料(包括文本、图形、动画、多媒体课件、音频素材、视频素材),以超文本的方式组织并存储在 Web 服务器上。教师通过多媒体计算机和 Web 服务器呈现教学内容,通过电话对这些内容进行讲解,并使学习者在浏览这些内容时达到同步。另外,在这些教学内容的 Web 页面中都嵌有一个表单(Form),供学习者输入问题及反馈信息给教师,教师根据学习者的反馈信息做进一步的解释和应答,其基本结构如图 6-2-1 所示。

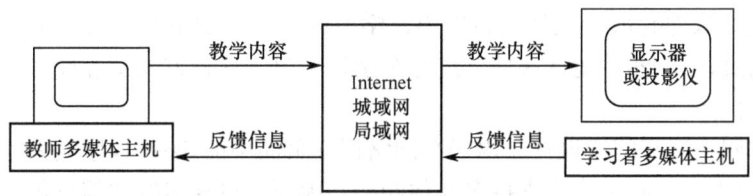

图 6-2-1 简单的同步讲授教学模式结构

优点：可以延续传统教学模式，对教师要求比较低，而且课堂学习氛围较好，比较适合目前的学习习惯。

缺点：缺乏实质性交互，学习群体复杂，很难将学习者集中在一个时间一个地点进行学习。

（2）非实时教学模式。

非实时教学模式又称点播教学。学生利用多媒体网络可以自主调用存储的教材进行学习，可以自主地控制播出状态，并可以辅以图像、声音、文字集成的电子课件以及授课辅导材料进行学习，教师在网上（网上多媒体教室）辅导答疑，接受学生的提问，为学导式教学方式。本形式以播放制作好的电视教材为主，辅以远程答疑辅导。

以WWW模式为主的自主式远程教学模式是一种完全非实时教学模式。教学内容是以超文本文档和互动式网络课件形式呈现的，存储在网络中心服务器中，学生不仅在教室，在家中也能接受教育，学生通过多媒体通信网络随时调用。这些课程网页是根据教学内容设计的，将图像、声音、文字加以集成，以一种生动的形式呈现的电子课件。学生可以利用互动式网络课件进行教学训练，巩固已学的教学内容。学生可以利用多媒体通信网发送电子邮件提交答疑问题，教师将以电子邮件形式解答。

优点：学习活动可以24小时进行，学习时间、内容、进度由学习者自行确定，可随时下载学习内容或向教师请教。

缺点：缺乏实时的交互，对学习者的学习自觉性和主动性要求较高。

使用非实时教学模式，教师或网校在提供知识的同时，应积极组织"网上沙龙"，让学习者互相交流学习体会，进行网上讨论或网上协作，并为学习者提供集体活动的机会、促进学习者之间、师生之间的情感交流，保证学习者完整人格的形成。

随着网络技术的发展和网络环境的改善，具有更强交互功能的虚拟教室成为以教师讲授为主的网络教学模式的发展方向。虚拟教室是指在计算机网络基础上利用多媒体技术构筑成的教与学的环境，可使身处异地的教师和学习者互相听得见、看得见。学习者只要将自己的计算机连接到装有虚拟教室支持的软件的主机上，进行简单的敲键盘和读屏幕的操作就可进入"教室"。而且在任何时间任何地点通过可靠的通信系统就可进入，不必保持同步。虚拟教室不但可以实现同步的教学活动，还能利用其异步通信系统实现异步辅导和异步讨论交流。

2）以学习者自主学习为主的网络教学模式

（1）个别指导模式。

个别指导模式指在学习者的个别化学习情境中，教师仅在学习者遇到问题时，给予及时的辅导和帮助。教师通过"教学课件"实施教学，并通过网络与学生进行通信，实现对学生的个别辅导。学习者使用网络课件进行自主学习有以下两种方式。

① 各种网络课件存放在软件资料库中，学习者可以自由下载使用。学习者将网络课件下载到本地计算机上，然后运行课件，进行个别化学习。这种方式交互性差，但学习时间由学习者自己安排。

② 直接在网上运行网络课件。内嵌在网络课件页面中的Java程序大大增强了教学材料的交互性和实时性。同时由于它支持多媒体功能，因而可以将多媒体信息集成到课件中，并结合相应的个别指导教学策略，真正营造一个基于网络的个别化学习系统。这种方式的最大

优点在于它有很高的性价比，同一个网络课件可以在所有平台运行，成千上万的学习者几乎可以同时使用该课件进行学习。

个别指导可以在学习者和教师之间通过 E-mail 异步非实时实现，也可以通过在线交谈的方式实时实现。学习者通过第一种方式可以随时向教师请教，但不能马上得到辅导；学习者通过第二种方式可以得到教师的即时讲解，但它要求学习者和教师必须同时上网。对于远距离教师和学习者来说，这种时间同步性的要求往往难以满足。

（2）探索性学习模式。

探索性学习是指从学科领域或现实社会生活中选择和确定探索学习的主题，通过主动发现问题、收集与处理信息、实验与交流等探索活动，在掌握科学内容的同时，体验、理解和应用科学研究方法，形成创新精神和实践能力的一种学习方式。探索学习模式从本质上来说就是一种利用已有的资源系统进行主动探索学习、发现并解决问题的方式。学习者可以根据自己的兴趣和研究主题的需要，利用各种信息工具，通过收集信息、归纳、推理等活动，解答预设问题。

通过网络向学生发布一些适合特定对象解决的问题，要求学生通过自己的主动探索予以解答，同时提供大量与问题相关的信息资源供学生在解决问题的过程中随时查阅。另外，还有教师或专家对学生学习进行答疑和提供帮助。这种模式改变了传统教学过程中学生作为被动接受者的状态，使学生处于积极主动的地位，有助于学生学习积极性的提高和创新意识的培养，是一种比较理想的学习模式。探索性学习模式可分为以下两种类型。

① 基于资源的探索性学习模式。要求学习者利用各类教育资源进行学习。基于资源的学习以信息运用为主线，强调学习者在查询、分析和处理信息的基础上去发现问题、解决问题。这种教学模式除了要求学习者掌握一定的计算机和网络技术，还要求教学系统设置较强的导航功能，以避免学习者在学习过程中发生迷航和认知超载。

② 基于问题的探索性学习模式。它是一种自主性更强的学习模式。学习者通过一系列活动去探索、了解和发现问题，提出假设，制订解决问题的策略，收集资料，通过实践或实验进行验证、修正。其显著特点是容易激发学生的内部动机和热情。

探索性学习模式在网络上覆盖的范围很广，从简单的电子邮件、邮件列表，到大型、复杂的学习系统都有体现。该模式一般都有某个教育机构（如中学、大学或研究机构）设立一些适合由特定的学习对象来解决的问题，通过网络向学习者发布，要求学习者解答。同时提供大量的、与问题相关的信息资源供学习者在解决问题的过程中查阅，并有专家负责对学习者学习过程中的疑难问题提供帮助。探索性学习模式可分为以下六个阶段：

① 教师提出问题；
② 对教师所拟问题进行分析；
③ 收集有关问题解决的信息；
④ 对所获得信息进行综合分析；
⑤ 抽象提炼，上升理论；
⑥ 对结论进行反思。

网络环境下的主题探索性学习模式的典型应用是 Web Quest 的应用。Web Quest 的特点如下：

① 在网络环境下，以主题为中心，由教师引导，以任务来驱动学生进行自主探究学习；
② 教师依据一定的框架建立自己的 Web Quest 课程网页，并将其应用在课堂教学中；

③ Web Quest 具有相对稳定的内容结构；

④ Web Quest 重视过程的评价和学习结构的展示；

⑤ 案例。

将 Web Quest 设计成网页形式，可分为以下六大模块。

① 情境模块：导言（创设情境）。

② 任务模块：任务；分小组进行合作研究（或个人独立研究）；分析任务，发现和提出问题。

③ 资源模块：教师围绕任务，预设资源。

④ 过程模块：学生自主探究，形成初步成果。

⑤ 评价模块：自我评价与互相评价，实现交流与共享。

⑥ 总结模块：学生进行反思，教师进行总结。

探索性学习模式有四个基本要素：问题、资料、提示和反馈。将这四个要素组织和衔接好，便能在简单的技术背景下达到良好的教学效果。探索性学习模式能有效地促进学习者的积极性、主动性和创造性，所以有着广阔的应用前景。

3）以小组学习为主的网络学习模式

（1）讨论学习模式。

讨论学习模式是指在教师的指导和讨论支持系统的帮助下，学习者围绕某一主题或中心内容，积极主动地发表观点、互相讨论来进行学习的一种教学模式。一般是由某个学科领域的专家或教师在网上建立并主持专门的学科论坛（BBS），学生可以在特定的栏目内发言，并针对别人的意见进行讨论，每个人的发言和讨论都能及时地被所有参与者看到。这个过程中以学生讨论为主，教师起指导的作用。它有在线讨论与异步讨论两种形式。

① 在线讨论。讨论开始前，由教师或讨论小组的组长来提供讨论的主题或问题。在讨论过程中，教师要通过网络来"倾听"学习者的发言，及时对讨论的话题进行正确引导。讨论结束后，由教师或学习者自己对整个讨论过程做总结，对讨论组中不同成员的表现进行点评。

② 异步讨论。首先，由学科教师或学科专家围绕主题设计初始问题，建立相应的学科讨论组。教师还要设计能将讨论引向深入的手续问题。其次，在讨论过程中，教师切忌直接告诉学生答案。教师既可以作为学习伙伴参与讨论，也可以通过提问来引导讨论。最后，对于学生在讨论过程中的内容和表现，教师要适当做出相应的评价。此外，讨论应有一个期限，便于过程管理和总结评价。

（2）协作学习模式。

协作学习是一种为了促进学习、由某些学习者协作完成某个给定学习目标的学习方法。基于网络的协作学习是指利用计算机网络以及多媒体等相关技术，由多个学习者针对同一学习内容彼此交互和合作，以达到对教学内容比较深刻的理解与掌握的过程。在基于网络的协作学习过程中，有四种基本的协作学习模式：竞争模式、协同模式、伙伴模式与角色扮演。

① 竞争模式：是指两个或多个学习者针对同一学习内容或学习情景，通过网络进行竞争性学习，看谁能够首先达到教学目标的要求。基于竞争模式的网络协作学习，一般是由学习系统先提出一个问题，并提供学习者解决该问题的相关信息。开始时，学习者从在线学习者名单中选择一位竞争对手（也可选择计算机为竞争对手），并协商好竞争协议，然后开始

各自独立解决学习问题。学习过程中，学习者可根据自己和对方的状态调整自己的学习策略。

② 协同模式：是指多个学习者共同完成某个学习任务，在共同完成任务的过程中，学习者发挥各自的认知特点，相互争论、相互帮助、相互提示或进行分工合作。学习者对学习内容的深刻理解和领悟就在这种和同伴紧密沟通与协调合作的过程中逐渐形成。基于互联网的协同学习系统，可让多个学习者通过网络来解答系统所呈现的同一问题，他们之间的交流和协作通过公共的工作区来实现，一般都要进行紧密的合作或分工才有可能解决问题。在开始之前，每个学习者都必须与其他学习者进行讨论，交换彼此的观点并共享集体的智慧，最终在学习者之间达成一致的行动方案。

③ 伙伴模式：指学习者之间为了完成某项学习任务而结成的伙伴关系。伙伴之间可以对共同关心的问题展开讨论与协商，并从对方那里获得解决问题的思路与灵感。

协作学习伙伴可以是其他学习者，学习者通常先选择自己所学习的内容，并通过网络查找正在学习同一内容的学习者，经双方同意结为学习伙伴。当其中一方遇到问题时，双方便相互讨论，从不同角度交换对同一问题的看法，相互帮助和提醒，直至问题解决。

协作学习伙伴也可以由计算机充当。由计算机充当的学习伙伴需要人工智能的支持，即根据一定的策略，由计算机模拟的学习伙伴对学习者的学习状态进行判断，对学习者提出问题或为问题提供答案。智能化程度高的协作学习系统可以具有多种不同类型的虚拟学习伙伴，学习者可以自由选择或由计算机根据学习者的特征确定学习伙伴。

④ 角色扮演：是让不同的学习者分别扮演学习者和指导者的角色，学习者负责解答问题，指导者则负责检查学习者在解题过程中是否有错误。当学习者在解题过程中遇到困难时，指导者帮助学习者解决疑难问题。情景角色扮演要求若干学习者在与当前学习主题密切相关的情景中分别扮演其中的角色，以便营造一种身临其境的气氛，使学习者能设身处地体验、理解学习内容和学习主题的要求，从而更好地实施意义建构的教学策略。

学生在学习过程中为了完成某一学习任务，通过网络等技术手段实现交互和协作，以达到深刻理解并掌握教学内容的目的。在该模式下，学生在交流、协商、讨论、配合中达到学习目的，有利于培养他们的团队合作精神。

2. 网络教学模式与传统教学模式比较

网络教学模式往往体现了"以学生为中心，以教师为主导"的建构主义思想，是一种学教并重的教学模式。与传统教学模式相比，网络教学模式具有更多的积极因素。

1）传统教学模式的特点

传统教学模式是以行为主义学习理论为指导建立起来的，它以教师为中心，教学过程中强调教师的主导作用和支配作用。教师通过系统的讲解方式向学生传授教学信息，学生被动接受外界环境的刺激，教学信息是教师向学生单方面传递的内容，而教学手段则是教师的讲授方法与技巧。它属于单一的"逻辑-演绎"型的教学模式，这种教学模式体现出片面的知识传授观和片面的思维逻辑观。

2）网络教学模式的特点

从目前已经开展的一些网络教学实践看，其教学模式大多数是以认知学习理论（或建构主义学习理论）为指导建立起来的。在这种教学模式中，教学活动以学生为中心，学生是教学过程中的认知主体，他们对网络上的教学信息进行感知、筛选、归类、概括、收集、重组等一系列心理活动，通过交互学习活动进行加工与融合，形成自身的知识结构；网络承载的教学信息是学生接收与加工的对象，它不是教师直接系统地讲授的内容，而是学生主动探索的认知客体；网络既是教学信息传递的载体，同时又为学生进行个别化学习和协作学习创造合适的环境，特别是基于网络的 BBS、Java 语言和虚拟现实模型语言（VRML）的运用，更为学生掌握知识提供了多种选择的认知工具，扩大了学生学习上的自由度；教师是教学过程的组织者，是学生对所学内容进行意义建构的指导者与促进者，教师应尽力对学生的学习过程提供支持与服务，而不是进行干涉与控制。

可以看出，在这种教学模式下，学生是在自觉学习的前提下获得知识的，并且在学习过程中有效地培养了自己协同工作的能力及探索知识、获取知识的能力。这对于激发学生的思维与创造能力是十分有利的，也充分体现出当前素质教育的思想。

6.2.3 信息技术教学网络化协作探究教学模式的构建

网络作为一种开放的信息环境，比传统教学环境更能支持灵活开放的探究活动，支持师生之间、学生之间以及学校与社区之间的多向互动，有利于"协作-探究"学习的实现，为新型教学模式的构建奠定了坚实的物质基础；同时，建构主义、人本主义理论的发展为建构起一种既能发挥教师的主导作用又能充分体现学生主体作用的新型教学模式奠定了坚实的理论基础。

1. 网络化"协作-探究"教学模式的理论基础

1）建构主义学习理论

建构主义（Constructivism）学习理论认为，知识不是通过教师传授获得的，而是学习者在一定的情景即社会文化背景下，借助其他人（包括教师和学习伙伴）的帮助，利用必要的学习资料，通过意义建构的方式而获得的。建构主义提倡教师指导下的以学习者为中心的学习，既强调学习者的认知主体作用，又不忽视教师的指导作用，教师是意义建构的帮助者、促进者，而不是知识的传授者与灌输者。学生是信息加工的主体、是意义的主动建构者，而不是外部刺激的被动接受者和被灌输的对象。

建构主义学习理论为基于网络的探究性学习提供了坚实的理论基础，特别是建构主义的教学模式，如支架式教学模式、抛锚式教学模式、随机进入教学模式，对于构建校园网环境下的"协作-探究"教学模式具有重要的指导意义。

2）人本主义学习理论

人本主义学习理论认为，教学的最终目标是实现学生的个性发展，使其成为有主见、适应性强、具有鲜明个性的人。并指出发展学生个性的途径：应该让学生在学习过程中发挥自己的选择和创新能力，亲自体验各种学习经历，形成正确的自我观念和独立自主的个性。

人本主义学习理论强调以学生自我为主体，充分发挥学生的自主性、创造性和独立性，这就要求在网络协作教学过程中，发挥教师主导作用的同时，教师应该创设学习情景，使学生更能发挥其主体性，使学生的学习过程成为一种教师指导下的自我激发、自我促进、自我评价的过程。

2. 网络化"协作-探究"教学模式的构建

网络化"协作-探究"教学模式就是在建构主义学习理论、人本主义学习理论的指导下，在现代多媒体网络环境下，教师为了完成一定的信息技术教学任务，根据教材的知识结构和学生对象的特点，确定主题，制订计划，并对学生进行分组，紧紧围绕学生这个主体，以主题为核心，积极利用网络化信息资源对学生进行情景构建、指导反馈，让学生积极地利用网络和网络化资源进行主动思考、主动探究、合作探索、共同讨论，积极地进行信息技术知识的主动建构，以实现意义学习这样一种稳定的教学组织结构，其具体框架如图6-2-2所示。

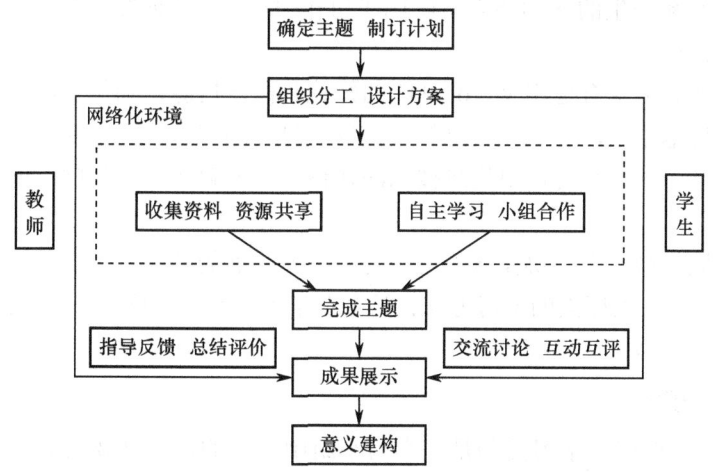

图 6-2-2　网络化"协作-探究"教学模式框架

这种教学模式以学生为学习主体，以具有一定主题的网上信息、数据库等为学习资源，以校园网络学习平台下的师生交互、生生交互的民主氛围为学习环境。教师的作用主要是学习资源的开发与建设及课堂学习的组织与引导。学生借助信息技术网络工具，自动查找、分析、交流、处理信息，完成意义建构；同时，通过分工合作，利用小组中学生不同的知识结构、不同的思维方式和不同的学习风格，相互交流、相互启发、相互帮助，使学生在活动中深刻认识到与他人协同作业的重要性，培养了学生的合作精神，提高了其综合素质。

6.2.4　信息技术网络化"协作-探究"教学模式的实施

在进行实践教学的过程中，为了将课堂教学和网络教学两种模式有机地结合起来，既发挥教师的主导作用，又体现学生的主体作用，有效地整合两者的教学优势，应该做好网络化"协作-探究"教学的信息化教学设计工作，保证教学模式的顺利实施。该教学模式的实施流程如图6-2-3所示。

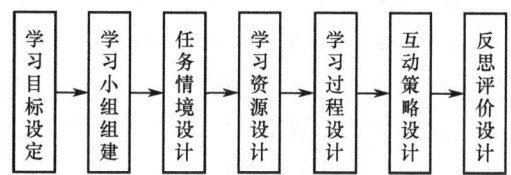

图 6-2-3　网络化"协作-探究"教学模式的实施流程

这里我们以初中信息技术课程"制作一份电子报"的教学活动为例，应用上述教学模式进行教学实践。

1. 学习目标设定

网络化"协作-探究"学习的一条重要原则是要有恰当而确定的学习目标，以保证"协作-探究"活动不只是形式上的"热闹",而能够达到实质性的学习效果。为此,一定要保证学生进行有意义的问题解决活动,即带着理解去解决问题,不要为做而做。探究学习活动要有恰当的学习目标定向,将探究活动与基本原理、概念、方法等联系起来,把学生引导到对其中基本关系的理解上,而不只是盲目尝试。在进行学习目标的分析和设计时,必须结合信息技术学科内容和初中生的认知特点,明确"协作-探究"活动的目的,达到知识、情感、技能三大领域的目标。

(1) 知识领域。能综合运用 Word 2003 的知识和操作技能,制作一份电子报;学会设计电子报;学会评价电子报,能利用信息技术获取信息、加工整理及呈现交流信息。

(2) 情感领域。学会综合运用信息技术的知识与技能解决实际问题,增强学习信息技术学科的兴趣。

(3) 技能发展领域。掌握协作学习的技巧,培养强烈的社会责任心;学会与他人合作沟通,学会自主发现、自主探索的学习方法;学会在学习中反思、总结,调整自己的学习目标,在更高水平上获得发展。

2. 学习小组组建

网络化"协作-探究"学习活动是在学习小组中进行的,教师要采取有效的措施创建基于网络的活跃的学习小组。让他们彼此之间在学习过程中经常进行沟通与交流,分享各种信息化学习资源,以共同完成一定的学习任务,从而在小组成员之间形成相互影响、相互促进的人际关系。为了组建基于网络的学习小组,教师需要根据"制作一份电子报"的课程知识、情感、技能领域的教学目标确定学习范围,构建学习共同体。要使学习者意识到自己是在一个团体中进行学习,并且能感受到团体的意义;要鼓励学习者在学习过程中相互求助和提供帮助,而不只是把问题发给教师,这样更能使学习者感受到共同体的价值。根据信息技术课程的学习任务及学习者的特点,通过建立 QQ 群、MSN 组、网络日志、局域网等构建学习小组。参照学生的能力水平,将每 4～6 人划分为一个学习小组。小组内各人要明确分工,谁负责上网查资料、谁负责写发言稿、谁负责制作电子作品、谁代表小组发言等都要明确,以做到各尽所能,充分调动每个学生的积极性和学习潜能。并为每个小组安排一个组长,加强组织管理,形成学习共同体。

3. 任务情境设计

"协作-探究"学习以问题或课题作为起点,必须根据学习目标和学习小组成员的特点设计适当的任务情境,以引发他们的探究活动。在描述一个任务情境时,应该以具有吸引力的方式提供问题的背景信息。具体来说,本节课程内容可以用网络上已有的成功电子报样例、录像、录音剪辑等方式来呈现问题情境,提供与制作电子报有关的课程背景信息,说明电子报的结构、电子报制作任务的具体要求,激发学生的学习兴趣。通过网络化多媒体课堂的情景设计,学习任务比传统课堂上的学习任务更清晰、更简洁。不是仅仅聆听教师关于这种经验的介绍和讲解,而是让学生到真实情境中去感受、去体验,调动他们全部的感受力和经验去探讨与发现问题,积极进行意义建构。在"制作一份电子报"学习总体目标的框架上,把总目标细分成学生已有经验的 Word 2003 文字操作、电子表格插入、图片动画插入、栏目布局设定等一个个的小目标,并把每一个学习模块的内容细化为一个个容易掌握的"任务",通过这些小"任务"的完成来实现总的学习目标。

4. 学习资源设计

围绕所确定的探究任务,教师需要设计相应的学习资源,以促进学习者在相关领域知识的基础上展开探究,突出探究活动的意义性、理解性和反思性。学习资源包括讲授性的课程材料、相关文献资料库、相关案例库、数据库、学生作品集以及离线的学习资源等,还可以将从本地性资源中收集的资料、获取的数据、积累的成果、反思性日记等上传到网站或数据库中,使学习资源能够在探究进程中不断丰富和更新,实现有效共享。教师需要利用网络设计好与电子报制作任务相关的本地和远程学习资源。

(1) 本地(局域网)资源:教师事先从互联网、VCD 光盘中收集大量有关"电子报"主题的文字、图片、影像资料等,分类别压缩,上传服务器并发布到局域网中。授课过程中,告知学生服务器地址,学生就可以从服务器上获取有关信息。

(2) 远程资源:将本地的局域网连接到 Internet,学生通过上网检索可以直接找到需要的资料。

5. 学习过程设计

在"协作-探究"学习的过程中,学习者要明确和分析所探究的问题,制订探究方案,然后从多种渠道收集多种信息,对信息进行分析、综合和评价,得出适当的结论,最后用多种形式呈现自己的作品,交流探究结果。这种学习过程具有较大的自主性和开放性,教师必须对学习过程进行必要的设计,发挥教师的主导作用。具体来说,在"制作一份电子报"的教学中,让学生通过链接或网络的"关键字"搜索功能从设计好的学习资源中自主查找 Word 2003 的操作、电子报概况、电子报的作用、电子报设计方法、制作过程等内容;搜索形式有图片、视频、文字介绍资源等。学生积极进行查询,并主动进行内化。学生在运用信息技术获取、识别、加工、处理、传递、创造电子报的学习过程中手、脑并用,符合初中生的认知特点,这有利于学生信息素质的培养。网络信息环境下学习成果的即刻可视化,成为激励学生不断获取新知识的巨大动力,同时也为学生创造力的发挥提供了广阔的发展空间。学生在网络世界里大胆尝试,努力探究,不断发现,积极协作,分组讨论,形成"学以致用、用而促学"的良性循环。

6. 互动策略设计

要明确在何种环节或活动上采用什么形式的合作交流,有何具体要求,包括学生相互之间的互动、师生互动等。这种协作互动既可以借助网络和其他通信工具来完成,也可以采用面对面的方式,如讨论、采访、咨询等。值得注意的是,并不是只要提供了网上交流工具就可以实现有效的合作交流活动。实验表明,在完成探究活动的过程中,学生往往倾向于进行积极的个人学习,如资料的收集、整理、分析和加工等,但小组内的合作讨论以及小组间的互动却相对不够充分。充分的互动有赖于网上沟通工具的改进以及完善的互动策略设计,本节课中通过积极构建 QQ 群、MSN 组、网络日志、局域网等学习交流工具,小组内学员、小组间学员、教师和学生的双向交流与合作贯穿全程;通过情景、协商、会话促进学生知识的意义构建。

7. 反思评价设计

在实施"协作-探究"学习活动时,需要根据活动的目标、任务和过程来设计适当的学习评价方式。要对所设计的探究任务及其目标进行分析,确定其中涉及的具体层面和因素,以及评价学习结果的标准。一般应在活动开始时就将评价方式明确告知学生，使他们明确活动的预期结果和努力方向。评价设计应注意外部评价与自我反思评价相结合，强调自我反思评价。为了促进学习者的自我反思，可以设计反思评价表，以问题提示的形式督促学习者反思。例如，本节课程结束后，要求各小组汇报探究结果，上交学习成果；教师、同学质疑，各小组答辩；教师总结评价、个人评价与小组评价相结合，提供反思的步骤、方法，引导学生反思自己在探究过程中的行为。经过反思评价阶段，学生可以发现自己的薄弱环节，重新审视所学内容，加深对重点难点的领悟，进一步补充、完善知识结构，达到意义建构的目的。

作为一门知识性和技能性相结合的课程，信息技术的飞速发展决定了信息技术课程的内容不可能是一成不变的。在新的教育教学理念的指导下，以及网络信息技术的推动下，信息技术课程的教学模式也必将呈现出多元化的发展趋势。网络化"协作–探究"教学模式有效地融合了课堂教学与网络教学的优势，既发挥了教师的主导作用，又突出了学生的主体地位。在"协作–探究"教学过程中，培养了学生的创新精神、团队精神和集体观念；在小组学习、讨论、交流的过程中，变知识为能力，变"学会"为"会学"，提升了信息技术课程的教学质量，促进了信息技术课程教学的发展。

6.3 "互联网+教学"

2018年，教育部印发的《教育信息化2.0行动计划》中提出，到2022年基本建成"互联网+教育"大平台。根据数据统计，截至2019年年底，我国在线教育用户规模达2.61亿人，预计2020年将达3.09亿人[1]。"互联网+教育"已然成为社会各界的重要共识。大力发展"互联网+教育"，不仅顺应经济社会的发展趋势，更是教育现代化的重要内容，是建设"人人皆学、处处能学、时时可学"的学习型社会，满足每一个人终生而全面个性发展的必然要求。

6.3.1 "互联网+教学"概述

"互联网+教学"是利用信息技术、通信技术和互联网平台技术，让互联网与传统教育行业进行深度交汇融合，变革教育教学的模式、形式和范式。"互联网+教育"的本质是坚持以学生发展为中心，充分运用跨界、创新、开放、平等、自由的互联网思维和互联网、云计算、大数据、人工智能等技术，通过业务流程再造、数据资源共享等推动教育理念、教与学方式、教育供给方式、人才培养模式等方面的变革，从而倒逼教育体制机制的变革，逐步构建起符合教育规律和学生身心发展规律，适应信息时代的灵活、开放、多元、互动、个性、终生的教育新生态。[2]

全面推进"互联网+教育"的核心要义在于通过运用互联网、物联网、大数据、人工智能等技术手段，实现教育流程再造、教育数据共享，倒逼教育理念、教育评价、教学方式、教育组织、教育体制机制等方面的深刻变革，激发教育部门、学校师生、社会教育力量的活力，实现优质教育资源共建共享，构建起以学习者为中心的新时代"互联网+教育"的新生态，积极汇聚政府、学校、互联网教育企业等多方力量，全力推进"互联网+教育"。

---

[1] 艾媒报告. 2019—2020年中国在线教育行业发展研究报告[EB/OL]. https://www.iimedia.cn/c400/68955.html.
[2] 王会军. "互联网+教育"的演进及发展策略研究报告[R]. 2020.

6.3.2 "互联网+教学"的形态

（1）城乡同步课堂。利用互联网技术，由优质学校部分学科的授课教师同时对本校学生和结对帮扶学校学生开展视频直播互动教学。使结对的学校学生实现同步上课、同步作业、同步接受辅导，结对的学校教师共同备课、共同上课、共同批改作业和辅导学生，共同进行教学质量检测，让乡村学校的学生同步享受到城镇的优质教学资源。

（2）远程专递课堂。依托优质教育资源广场，由优质学校针对薄弱学校的薄弱学科，系统地提供以视频点播为主的网络课程。

（3）教师网络研修。教师基于网络平台开展集体备课、教学诊断和主题研修活动，促进教师专业发展，提升城乡教师教学的整体水平。

（4）名师网络课堂。组织优质学校的名师开发、提供优秀教学课例及微课，重点面向结对学校开放服务，充分发挥优质学校名师示范引领作用，促进优质资源建设。

6.3.3 "互联网+教学"的意义

（1）推动新型学习空间建设。随着信息技术的发展，多媒体教室、录播教室、创新实验室、学科教室、未来教室、智慧教室等应运而生，推动了"互联网+"背景下的新型学习空间建设。基于现代教育技术，构建开放、灵动的智慧学习空间，实现支持教师讲课、学生自主学习、合作学习、项目学习、远程学习、移动学习、跨学科学习、社交情绪学习、技术设计的学习等多种学习方式。

（2）优化教育资源呈现与传播。与传统课堂教学相比，"互联网+"教学的知识组织、呈现方式发生了很大变化，教育资源开发部门重视在线教育平台的管理，优化在线课程中的知识呈现和组织方式，提高优化知识可视化呈现和传播效能；教师注重教学内容的可视化呈现，基于信息技术增加在线教育中对知识的图像或图解表达，便于学生理解，增强知识的传播效能。

（3）促进个性化教学实践。为每个学生提供可选择的个性化优质教育服务成为可能。互联网+教育重视发展在线教育资源公共服务平台，教育资源公共服务平台提供的课程、资源以及辅导服务以满足学生个性化需求为核心。学生可以根据自己的兴趣爱好、学习能力、个人特长等实际情况自主选择教育资源公共服务平台的优质教育课程、优质教育资源及优质的教师辅导服务。

（4）提升教育教学治理能力。大数据思维就是基于大数据的数据量大、多维度和完备性的特征，以数据之间的相关关系取代原来的因果关系，以消除不确定性的新方法。互联网+教育中积累了大量教育教学数据，为教育大数据学习分析和数据挖掘奠定了基础，大数据意识、大数据思维在教育领域中的广泛应用，提高了教育教学的精准性、及时性和有效性，提升了教育教学的治理能力和水平。

参 考 文 献

[1] 网络教学的定义. 中国教育[EB/OL]. http://www.edu.cn/20020513/3025923.shtml.
[2] 网络环境下教学模式探索. 中国远程教育网[EB/OL].http://www.edu.cn/20020513/3025923.shtml.

[3] 武法提. 网络教育研究中的基本问题[J]. 北京师范大学学报（社会科学版），2006（2）.
[4] 武法提. 国外网络教育的研究与发展[M]. 北京：北京师范大学出版社，2002.
[5] 网络教育应用[EB/OL]. http://dmt.gnnu.cn/wljyyy/zjx13/chapter1/section1/section1.htm.
[6] 论关于网络教学若干问题[EB/OL]. http://www.lunwentianxia.com/product.free.10005152.1/.
[7] 浅析基于网络的远程教学模式[EB/OL]. http://www.etc.edu.cn/articledigest15/qianxi.htm.
[8] 季俊杰，袁磊. 远程教育中应用协作学习的探讨[J]. 成人教育，2004（6）.
[9] 建构主义理论[EB/OL]. http://baike.baidu.com/view/1662295.htm.
[10] 网络协作探究学习的设计[EB/OL]. http://www.tzsy.cn/ja/it/gz/2009/0529/298286.html.
[11] 现代教育技术网络课程[EB/OL]. http://xdjyjs.host.hstc.edu.cn/web/content/c_chapter05-1-2.htm.
[12] 现代远程教育[EB/OL]. http://jjx.sasu.cn/jyjx/wlxt/lykls/jyjs/1/7.htm.
[13] 张杨. 浅谈基于局域网的网络教学系统[J]. 科技信息，2010（36）.
[14] 武法提. 网络教育应用[M]. 北京：高等教育出版社，2003.
[15] 孙启美. 计算机辅助教育[M]. 北京：科学出版社，2006.
[16] 基于Web的网络教学系统的教学模式建设[EB/OL]. http://info.edu.hc360.com/2008/10/060914154333-4.shtml.
[17] 网络教育应用[EB/OL]. http://courseware.ecnudec.com/zsb/zjx/zjx13/course.htm.
[18] 基于Internet的学习模式[EB/OL]. http://www.etc.edu.cn/academist/ysq/base-on-learning.htm.
[19] 网络环境下的教学模式思考[EB/OL]. http://gujiande.blog.163.com/blog/static/3688306520076162044270/.
[20] 王会军. "互联网+教育"的演进及发展策略研究报告[R]. 2020.

第三部分

发 展 篇

第 7 章 慕课 MOOCs

自 2012 年以来，MOOCs 在高等教育领域的应用引起了各方的关注，作为一种面向所有人开放的免费教育资源，MOOCs 的出现是开放教育资源、高等教育大众化、网络在线学习、终身教育等多个领域交叉融合的结果，掀起了一股在线开放教育的浪潮，对教育教学产生了深远的影响。

7.1 慕课概述

MOOCs，即 Massive Open Online Courses，可直译为"大规模在线开放课程"，也可译为"慕课"。2013 年，慕课正式进入中国，同年 5 月，清华大学和北京大学宣布加入在线教育平台 edX，同年 7 月，上海交通大学和复旦大学相继宣布加入 Coursera，不久，上海交通大学宣布将与北京大学、清华大学等 C9 高校及同济大学、大连理工大学、重庆大学共建中国"慕课"。MOOCs 教育的兴起和发展，为教育打开了创新之门，为学习型社会构建和终身学习奠定了基础，教育成为人们基本的权利，终身学习成为可能。

7.1.1 慕课的发展

与传统网络课程不同的是，MOOCs 除了提供视频资源、文本材料和在线答疑外，还为学习者提供各种用户交互性社区，建立交互参与机制。[①]由世界上精英大学首先开创的以致力于学习变革为宗旨的非营利性高深知识传播载体，实现为世界各地不同学习人群提供优良的教育与学习资源。首先，它不同于传统的基于电视广播、互联网、函授等形式的远程教育，也不完全等同于近期兴起的教学视频网络共享公开课，更不同于基于网络的学习软件或在线应用。就目前看到的"大规模、开放式在线课程"（包括 Coursera、edX、Udacity 等）而言，可以发现，在慕课模式下，学校的课程、课堂教学、学生学习进程、学生的学习体验、师生互动过程等被完整地、系统地在线记录。慕课的发展演变如图 7-1-1 所示。

"由于 MOOCs 是在线互动课程，并有着完整的学习服务和管理系统，学生不仅能依托网络学习平台和教授在线交流，而且能进入网络学习社区和千千万万的学习者进行交流讨论。MOOCs 为学习者提供了能随时随地聆听名师讲课的课程资源，不仅体现了教学相长、教与学相互促进的教育理念；也体现了亦学亦师、三人行必有我师、学习者相互学习的思想，这些特征与教育创新不谋而合。MOOCs 利用信息与网络技术实现了教育变革，将为世界范围内有意向的学习者提供个性化的学习环境与学习机会，为人们提供崭新的教育途径。"[②]

---

① 王颖，张金磊，张宝辉. 大规模网络开放课程（MOOC）典型项目特征分析及启示[J]. 远程教育杂志，2013.
② 徐倩. MOOCs 慕课，引领学习模式新变革——C9 高校共享在线开放课程[J]. 上海教育，2013.

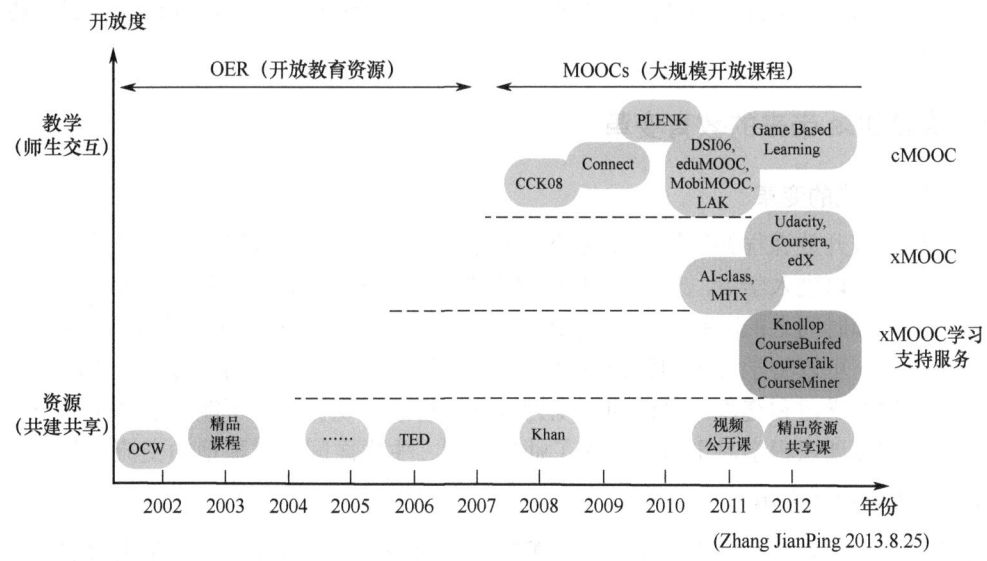

图 7-1-1　慕课的发展演变

7.1.2　MOOCs 的实施原则[①]

1. 汇聚

大部分内容是动态汇集的，学习者应根据兴趣选择要学习的内容。MOOC 课程的核心与要点在于提供一个在不同地方在线开发的海量学习内容的起点，这些学习内容随后被聚集在一起，成为一种简报或者一个网页，从而使得参与者可以定期访问、浏览。这是它与传统课程之间的重要区别。在传统课程中，学习内容是由教师提前准备好的。而在 MOOC 课程中，大部分内容是动态汇集的。课程为分布在互联网各处的海量内容提供了一个集合点，这些内容会通过网页或课程通信等形式聚合，以提供给课程的使用者，学习内容是无止境的，学习者很可能不能读完所有的内容，他们会根据自己的兴趣选择要学习的内容。

2. 混合

学习过程中学习者将课内外内容混合，相互连接、相互引用与联系，将自己的资源和课程资源混合，重新组织在一起，为学习所用。例如，通过撰写博客、记录社会性书签和分享新资源、参与论坛讨论、发表简短的意见等。

3. 转用

根据学习目标转用聚合的课程资源以及混合后的资源。鼓励学习者编撰新的内容。根据学习者自己的目标，重新量身定做适合的课程资源，转用聚合的课程资源以及混合后的资源进行学习。课程的目标不是让学习者重复课程已有的内容，而是鼓励他们在此基础上有所创新。学习者可以基于课程已有知识，根据自己的理解和想法编撰新的学习内容。

4. 分享

学习者积极与他人分享自己创作、混合或转用的创意和内容，获得更多的回应和评论。

[①] 吴淑苹. MOOC 课程模式下云学习环境研究[J]. 软件导刊, 2013（3）.

分享的内容可以是新资源、新观点、新见解等。这些内容中有价值的部分也会被课程协调人聚合到课程中。

7.1.3 MOOCs 带来的教育变革[①]

1. 学习方式的变革

大规模在线开放课程的发展促使传统学习方式做出变革。慕课课程的学习者数量不受限制，任何人都可以进入学习，只需通过网络终端就可以按自己的需要和兴趣进行学习，这样就打破了空间和时间上的限制。在当前的中小学教育改革中，信息技术一直发挥着重要作用，通过网络平台，可以将学习延伸到课堂之外，让家长积极参与孩子的学习与成长，让孩子能够随时随地进行学习和交流。慕课的出现为这一理想的实现提供了可能，通过建立一个虚拟的学习社区和慕课课程学习平台，实现了师生之间、生生之间随时随地的交流与互动。

2. 评价方式的变革

学生评价一直以来都是中小学教育改革的热点问题。如何关注每一位学生的发展，实现差异化教学不仅是困扰教师的难题，也是当前教师负担过重的基本原因。而慕课的大数据分析功能可以轻松实现对学生学习状况的分析与评价，全面跟踪和掌握学生的个性特点、学习行为，进行有针对性的教学，不断提升学生的学习效率与质量；家长也可以通过慕课平台亲身参与到这一过程中，实现对孩子学习及成长状况的随时随地的了解。

3. 教育观念的变革

慕课推动了教师教育观念的转变，为教学质量评估提供了一种新思路。慕课课程的出现使得教师有了危机感，因为当学生能够在慕课平台找到内容相同的课程，开展更加灵活的学习时，教师的教学水平就成了学生选择的重要指标。大量优秀的在线课程的引入和共享，将迫使一线教师不得不认真备课，精心准备每一次教学。那些敷衍了事、照本宣科的课程和教师将不受学生欢迎，最终必将被淘汰。这对于学校教育和学生来说，无疑是一次非常有利的教育教学变革。不仅是一场教育观念的变革，更是一场教育的革命。

4. 教学方式的变革

慕课为教学方式的多样化提供了新途径。在线开放课程与课堂教学相结合，有利于个性化学习的实现，能够显著提升教学质量和学习效率。依托慕课学习平台，学习者可以按照自己的进度和方式实现随时随地的学习，而把更多的时间用于课堂上师生之间的深度互动，如讨论和疑难解答。一方面，慕课课程的程序性教学测试和即时反馈有助于学生学习的循序渐进；另一方面，翻转课堂教学模式有利于教师角色的转变，实现从一个讲授者、讲解者，真正变为学习的激励者、启发者。

7.2 MOOCs 的类型及其遵循的学习理论

MOOCs 秉承了开放教育资源"开放、共享"的理念，实现了优质教育资源在全球的共享，推动了在线开放教育的蓬勃发展。

[①] 杜华. MOOC，一场教育风暴的来临[J]. 教学仪器与实验，2013（10）.

7.2.1 MOOCs 的分类

不同的意识形态驱动 MOOCs 呈现不同的课程设计倾向，MOOCs 在探索中出现了多种教学模式。按不同的教学模式，MOOCs 可以分为 cMOOC、tMOOC 及 xMOOC 三种类型。

cMOOC 则以联通主义理论为指导，属于知识建构型。主要通过让学习者运用各种社交媒体软件，围绕某个专题的知识点开展研讨，一般每 1~2 周探究一个学习专题，师生在学习交互中共同贡献思想、分享经验。

tMOOC 以建构主义理论为指导，在教育过程中主要采取基于任务的学习方式。例如，在新媒体传播课程教学实践中，首先要求学习者利用网络工具单独设计与制作一些数字媒体故事，然后通过网络平台提交作品，教师在教学中主要起到指导者的作用。

xMOOC 的理论基础是行为主义教学理论，本质上是一般的网络远程教学课程，属于知识复制型。以斯坦福大学的《人工智能》MOOC 课程为例，学生主要通过观看教学视频来学习课程内容，并辅以在线测评、同伴互助及编程练习来支持课程的学习。这三种分类具体如表 7-1 所示。

表 7-1 MOOCs 的三种分类[①]

特征 \ 类型	cMOOC（基于网络的 MOOC）	tMOOC（基于任务的 MOOC）	xMOOC（基于内容的 MOOC）
方面	在对话、社交中建构知识	在完成多种任务中重技能获取	在传统授课方式中进行知识获取
理论基础	联通主义	建构主义	行为主义
课程组织	侧重于自组织、内容动态生成	侧重于自组织、内容动态生成	侧重于他组织、内容动态生成
评价方式	用传统方式评价较难	用传统方式评价较难	机器评价
典型项目	西蒙斯：Plenk"关联主义和关联知识"	格鲁姆：DS106 莱恩：POT cert	edX：Coursera:Udacity

7.2.2 遵循的学习原理

1. cMOOCs：联通主义（Connectivism）学习观

为了直面互联网时代学习的问题与挑战，联通主义学习理论应运而生。在网络时代，知识量变得极其丰富，信息资源的匮乏将不复存在；知识生成速度变得越来越快，知识"存活"周期越来越短；每一个人既是信息和资源的消费者，也是信息和资源的生产者，知识往往以一种复杂的、混沌的和非线性的方式呈现。然而，人们的认知方式和认知能力并没有随之大幅度地增强，因为每个人的精力、注意力都有限，往往就可能导致认知负荷加重、信息过载和理解不完全等问题的发生。信息时代上述学习问题的有效解决需要新的学习理论的指导，而联通主义就是其中比较有效的一种学习理论。

联通主义学习理论的主要观点可以概括为以下几点："信息"是节点（node），"知识"

---

① 王颖，张金磊，张宝辉. 大规模网络开放课程（MOOC）典型项目特征分析及启示[J]. 远程教育杂志，2013.

是连接（connection），"理解"是网络的突现特性（an emergment property of a network）；学习者通过"路径寻找"（way finding）和"意义建构"（sense making）对知识领域进行探索和协商，其中路径寻找涉及信息导航的各类线索，意义建构是创建连接的过程；学习者通过人工制品来表现自己对知识的理解。[①]其主要特征如下：[②]

（1）基于社交网络进行互动式学习。联通主义 MOOC 不仅集成了社交网络的互联、专家的辅导和各种免费访问的在线资源，而且能够采纳几乎所有类型的社交网络，学习者依托社交网络媒体开展学习交流和协作活动，从而实现知识的分享和意义的构建。

（2）非结构化的课程内容。联通主义 MOOC 没有标准化的教学内容，学习者面对的往往是一些非结构化的、不确定的和处于演变中的课程内容。联通主义 MOOC 一般每周设置一个主题，以周为时间段安排教学内容。组织者为每个主题列出推荐阅读资料，这些资料多为网络上的相关文章或报告；每周还会安排领域专家进行同步交流，交流的实况录制后供未能同步参与的学习者浏览；参与者通过网页分享工具分享网络上更多的相关资料，也会通过博客来创建自己的资源。

（3）注重学习通道的建立。联通主义 MOOC 希望学习者通过"路径寻找"和"意义建构"构建自己的学习与知识网络，形成自己的学习通道。学习通道不仅包括学习者和其他参与者之间的交流通道，也包括学习者与各类资源的交互通道。学习者与其他参与者和各类资源建立连接的过程也是进行意义建构的过程，其结果体现在学习者"内部知识网络和外部生态网络"的形成。

（4）学习者高度自主。联通主义 MOOC 学习具有高度自主性。主要表现在以下几个方面：首先，联通主义 MOOC 没有明确的学习预期，学习者可以自设学习目标；其次，虽然有特定的学习主题供参考，但在什么时间、地点学习，阅读多少资料，投入多少精力，进行何种形式和程度的交互等都由学习者自己决定；最后，没有正式的课程考核（需获取学分的在校学生除外），学习者根据自己的学习预期对自己的学习收获进行评判。因此，联通主义 MOOC 几乎完全依赖于学习者的自我调控。

（5）学习具有自发性。在联通主义 MOOC 学习环境中，没有固定的教学安排，没有班级，学习者主要基于对课程的兴趣而自发地聚集在一起，他们自组织地参与、分享、交流和协作，学习行为具有自发性和非正式性。

2．xMOOCs：行为主义（Behaviorism）学习观

"行为主义者认为学习是刺激反应的联结，行为之所以发生变化就是因为强化作用，其代表人物斯金纳提出了程序教学。而程序教学强调积极反应、小步子呈现、及时反馈、自定步调等原则。xMOOCs 遵循程序教学的一般原则，学习者主要根据自身的兴趣选择课程进行学习，具体实施中，课程视频被分割成一个个微课程，每个微课程都配有随堂测验，好比游戏里的关卡设置，学习进程中学习者要积极地参与答题，答对后才有机会进入下一阶段的学习。学习过程充满挑战性，让学习者不由自主地爱上学习。由于人工智能技术实现了及时的学习反馈，及时引导学习者积极思考与互动，从而实现了有意义学习的发生。"[③]

"相比 cMOOCs 来说，xMOOCs 结构化的课程体系和系统化的平台支持服务更容易被学

---

① 樊文强. 基于关联主义的大规模网络开放课程（MOOC）及其学习支持[J].远程教育杂志，2012（3）.
② 樊文强. 基于关联主义的大规模网络开放课程（MOOC）及其学习支持[J].远程教育杂志，2012（3）.
③ 王晓彤，解继丽. 从 OER 到 MOOC：单纯的资源到以人为本课堂的转变[J].楚雄师范学院学报，2013（11）.

习者所接受,并与以学位教育为主的主流正规高等教育课程接轨。虽然 xMOOCs 具有传统课堂教学的一些特征,但更是在先进技术的支持下实现的课程模式的突破和创新。它具有不同于传统课程教学和传统网络教学的特征。"[①]

(1) 完整的课程结构:与传统网络课程相比,xMOOCs 除了提供视频资源、文本材料和在线答疑外,还为学习者提供各种用户交互性社区,注重对学生的学习支持服务,关注学生的学习体验。完成课程的学生还可获得证书,选择特定课程的学生可获得额外的学分。

(2) 重视学习路径导航:在课程开始前,授课教师以邮件的方式告知课程开始时间和相应的学习准备,并发布在平台公告栏。课程材料发布以周为单位向前推进,学习资源以学习过程的纵向需求进行分布,学习者很容易就能找到本单元学习所需要的学习材料、测试内容、讨论资料等。为了方便学习者及时获悉课程动态,授课老师会将课程的所有动态以邮件和公告两种途径通知学习者。

(3) 及时的学习过程反馈:xMOOCs 的测试方式有两种,分别是基于视频的嵌入式测试和单元测试,测试题以客观题为主。xMOOCs 利用机器测评的方式及时反馈测评结果,学生可以及时地了解自己的学习成果。教师根据学生的测试结果分析学生的掌握程度,并给予个性化的学习反馈和学习资源推荐。

7.3 慕课的教育应用

传统的教学注重知识的传授,主要采用讲授形式的课堂教学模式,慕课课堂带来了课堂教学模式的变革,为新型课堂教学模式的构建提供了新思路。慕课应关注教育的本质——学习,通过网络互动、视频观看、慕课下载、协作交流等形式进行课堂教学知识的意义建构。

7.3.1 基于联通主义的学习交互

基于关联主义学习理论的 MOOC 具有不同于传统教学的特征和结构,它将学习者置身于真实的网络环境之中,让他们自发地交流、协作,建立连接、构建学习网络,即进行学习的自组织;同时,课程组织者设定学习主题、安排专家互动、推荐学习资源、促进分享和协作,承担大量幕后支持工作,即进行学习的他组织。[②]

在 MOOCs 中,学生成为学习的主导者和控制者,一切教学资源都以学生为中心进行聚集,从而真正实现了"学习自由"。由于大量的课程内容分散在各种网络上,学习参与者使用多种平台进行资源分享和话题讨论,这就要求独立、自主的学习必须包含对学生智力、学习技巧和意识的培养。慕课背景下,以计算机为媒介的通信为建立与社会深度整合的学习共同体创造了条件,学习者通过论坛和虚拟社区进行广泛的交流与互动,打破了学校内部交往与外部交往之间的严格界限,实现了集体知识的建构。具体可以建构如图 7-3-1 所示的基于联通主义的 MOOC 学习。

如图 7-3-1 所示,关联主义 MOOC 的一般结构主要包括以下组成要素:①学习者。学习者处于中心地位,数量众多,且在年龄、学识、背景等方面具有很大异质性;②课程网站。一般有一个集中的课程网站,用于发布课程的基本信息、内容介绍等,用来支持学习者注册

[①] 王颖, 张金磊, 张宝辉. 大规模网络开放课程(MOOC)典型项目特征分析及启示[J]. 远程教育杂志, 2013.
[②] 樊文强. 基于关联主义的大规模网络开放课程(MOOC)及其学习支持[J]. 远程教育杂志, 2012 (3).

课程；③社交网媒。参与者通过社交网媒与其他参与者分享资源、协作交流，没有社交网媒的支持，就难以实现大规模的在线互动学习；④群组。具有相同兴趣的学习者在社交网媒中相遇、了解、熟识，自发形成多个群组；⑤RSS聚合工具。RSS聚合工具将参与者在博客、微博等社交网媒中的信息聚集到一起，以方便学习者浏览；⑥教师。相关专家、学者经常被邀请与学习者进行实时交流和互动。[①]基于联通主义的MOOC学习在具体实施过程中，具有一定的操作步骤：①确定自己的学习目标；②在博客、微博等社交网媒空间充分展示自己，最好还能附上照片，让别人可以找到；③形成参与交互的习惯，如确定固定时间段用来交互；④积极进行评论、分享、连接，构建起自己的网络；⑤考虑如何管理你的课程资源，包括重要的文章、以后可能会引用的文章等；⑥创造和分享，积极撰写博客、创建概念图、制作视频短片等；⑦发现课程中的问题和不足，积极解决和弥补；⑧管理好你的期望，不要在意别人是否关注你的博客、微博等；⑨努力坚持参与。[②]

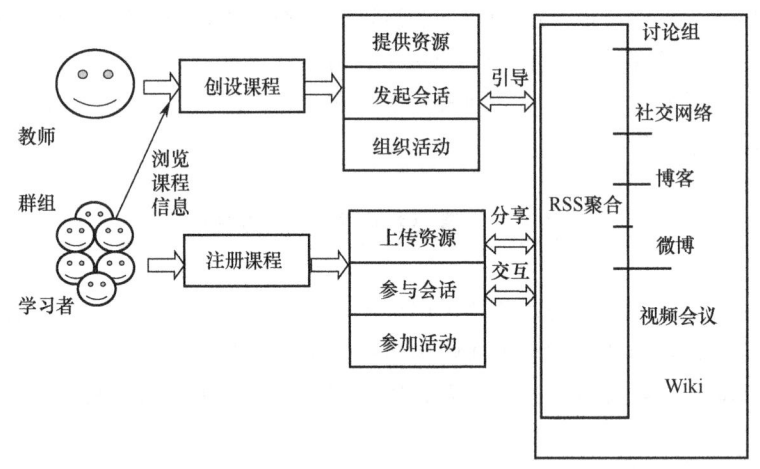

图 7-3-1 基于联通主义的 MOOC 学习

联通主义 MOOC 的学习具有互联的特征，不再是个人孤立的内化活动。在 MOOC 课程中，提供在线交流论坛，鼓励学习者通过 Wiki、博客、社交网站等进行学习交互，这种教与学、学与学的交互不但是网状进行的，而且是即时的。通过学习者不同认知的交互，建立新的认知结构。

7.3.2 基于行为主义的学习反馈

基于行为主义的 MOOC 遵循程序教学的一般原则，即学习者选择自己感兴趣的课程进行学习，视频被切割成微课程，每一小节微课程结束后都配有随堂测验，好比游戏里的关卡设置，学生积极地参与答题，答对后才有机会进行下一小节的学习，整个过程充满挑战性。基于行为主义理论的 xMOOC 则是在传统高等教育体制内对教学模式的延伸性突破，网络课程从固化的课程资源向动态生成式网络学堂转变，学生从消极的知识消费者向知识的生产者转变，形成一种超循环的新型学习文化。[③]

---

① 樊文强. 基于关联主义的大规模网络开放课程（MOOC）及其学习支持[J]. 远程教育杂志，2012（3）.
② 樊文强. 基于关联主义的大规模网络开放课程（MOOC）及其学习支持[J]. 远程教育杂志，2012（3）.
③ 王颖张，金磊，张宝辉. 大规模网络开放课程（MOOC）典型项目特征分析及启示[J]. 远程教育杂志，2013（8）.

基于行为主义理论的 xMOOC 课程已经成为正规课堂之外的另一种学习途径，每一门课程都以学习者的学习路径为出发点进行设计，学生注册、课表安排、随堂测验、结课考试及证书认证等环节的设计都伴随着学生的整个学习周期。基于行为主义的 MOOC 学习如图 7-3-2 所示。

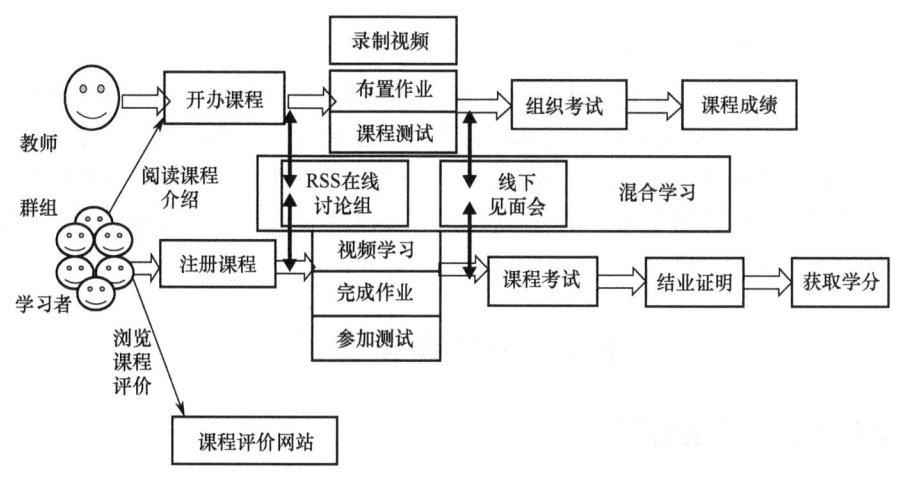

图 7-3-2　基于行为主义的 MOOC 学习

从图 7-3-2 可以看出，基于行为主义的 MOOC 学习不仅是学习内容和学习者的聚集，更是一种通过共同课程的学习将教师和学习者连接起来的方式。每门课程以学习者的学习路径为核心进行设计，给予了学习者明确的学习导向；课程具有明确的课程目标，协调人、话题、时间安排、作业、测试等，并按照主题之间的逻辑关系合理地组织和编排课程内容，每个主题单元均包括课程视频、学习材料、测试练习、讨论版等；学生学习的途径可以通过在线谈论组和线下见面会相结合的混合学习模式进行，这有利于解决单一的在线课程在情感交流、面对面指导方面的不足，提升课程学习的质量与效果。

参 考 文 献

[1] 王颖,张金磊,张宝辉. 大规模网络开放课程（MOOC）典型项目特征分析及启示[J].远程教育杂志,2013.
[2] 徐倩.MOOCs 慕课,引领学习模式新变革——C9 高校共享在线开放课程[J]. 上海教育.
[3] 吴淑苹. MOOC 课程模式下云学习环境研究[J]. 软件导刊，2013（3）.
[4] 杜华. MOOC，一场教育风暴的来临[J]. 教学仪器与实验，2013（10）.
[5] 樊文强. 基于关联主义的大规模网络开放课程（MOOC）及其学习支持[J]. 远程教育杂志，2012（3）.
[6] 王晓彤,解继丽. 从 OER 到 MOOC:单纯的资源到以人为本课堂的转变[J]. 楚雄师范学院学报,2013（11）.

第 8 章　微课与翻转课堂

随着信息技术与教育的不断发展和深度融合，微课开始受到人们的关注。微课作为"互联网+教育"的产物，不受时间与空间限制，并且具备时间短、选题小、设计精、功能强的重要特点，可以满足个性化学习、移动学习、混合式学习等需求。微课以音视频的形式展现教学内容，能够为学生提供移动学习或在线学习的服务和支持，促进了翻转课堂教学模式的改革与实践，实现了个性化、碎片化教学。

8.1　翻转课堂概述

8.1.1　翻转课堂的发展背景

翻转课堂（The Flipped Classroom）理念来源于美国科罗拉多州落基山的"林地公园"高中。2007 年春，该校的两位化学老师乔纳森·伯尔曼（Jon Bergmann）和亚伦·萨姆斯（Aaron Sams）在考虑如何给因病无法出席课堂学习的学生补课时，利用录屏软件录制 PowerPoint 演示文稿及教师讲课音频，并将制作好的视频放置到网站上以供缺课的学生使用。未缺席的学生也使用在线材料，主要用于复习和强化课堂教学内容。

2011 年，翻转课堂成为研究热点，逐渐为众多教师所熟知，并成为全球教育界关注的新型教学模式，这些归功于孟加拉裔美国人萨尔曼·可汗（麻省理工数学学士，计算机、电机工程和公司管理三个硕士学位），他利用电脑制作出了数千门教学视频供学习者在线学习，并创立了一家教育性非营利组织——可汗学院。美国部分学校让学生回家观看可汗学院的视频代替上课，上学则是做练习，由老师或已学会的学生去教导未掌握的学生。

我国重庆聚奎中学、深圳南山实验学校引进该教学模式，结合本校特色开始进行翻转课堂的教学实践，但仅作为教学改革试点。国内进行相关实践的学校还有南京九龙中学、广州市第五中学等。

这场变革的核心是教学模式的创新，具体表现为基于班级授课制，强调知识传递、以教定学的知识传授模式，逐步让位于基于信息化环境的强调问题中心、以学为主的整合探究模式。

8.1.2　翻转课堂及其理论基础

1. 概念与特征

所谓翻转课堂，就是在信息化环境中，教师提供以教学视频为主要形式的学习资源，学生在课前完成对教学视频等学习资源的观看和学习，师生在课堂上一起完成作业答疑、协作探究和互动交流等活动的一种新型的教学模式。

翻转课堂的内涵：对于教师来说，这种教学模式不仅是按照教学安排制作视频，更重要的是怎样对学生进行个别化的需求分析，探究他们在理解教学内容上的误区，实现学生的个性化教育。对于学生来说，不仅要观看视频，还要在观看教学视频的过程中发现疑惑，并带着问题与同伴在线交流或者在课堂上参与讨论，强调的是自主建构知识体系。

与传统的教学模式进行比较（见图8-1-1），翻转课堂具有如下特征。

① 从教学流程的角度看，翻转课堂颠覆了"教师讲授+学生作业"的教学过程。

② 从教学模式的角度看，翻转课堂有助于真正实现以学生为中心的因材施教和自主学习。

③ 从教学资源的角度看，短小精悍的教学视频（也称"微课"）是翻转课堂教学资源最为重要的组成部分。

④ 从教学环境的角度看，翻转课堂通过功能全面的学习管理系统（LMS）整合线下课堂与网络空间。

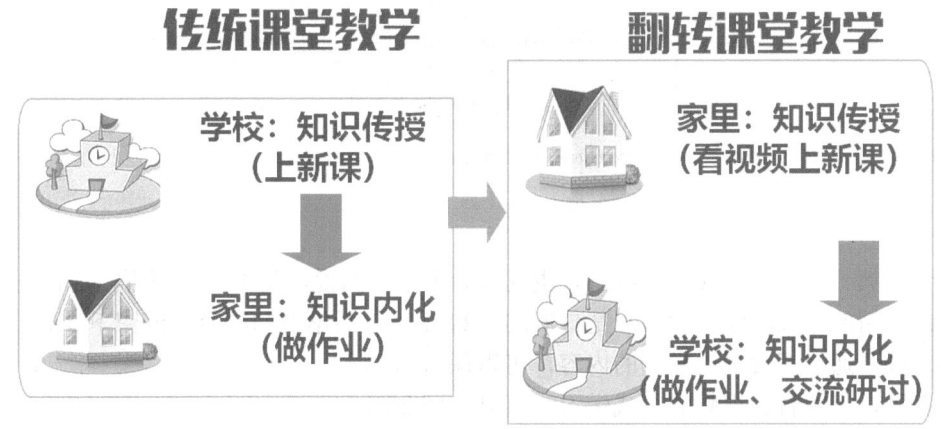

图 8-1-1 传统课堂与翻转课堂

2. 翻转课堂理论基础

1）建构主义理论

进入 21 世纪，在新一代信息技术、建构主义和社会教育系统理论以及国际开放教育资源运动的影响下，翻转课堂、混合学习（Blending Learning 或 Blended Learning）、适时教学（Just in Time Teaching，JiTT）等成为教学设计领域新的热门议题，其特点是强调以学习者的学习活动为中心，除了在教育系统内部组织教学资源外，还要利用信息化环境中优质的资源与服务支持学习者的线上、线下学习和课内、课外活动。

建构主义倡导创设问题情境、支持协作探究、开展会话交流和促进意义建构。翻转课堂教学模式中，课堂活动是一个知识内化的过程。由于知识的习得已经在课前自主学习环节完成，那么在课堂上，教师则从传统的讲台上走下来，深入到学生中间，组织学生进行协作探究、小组讨论、知识竞赛、完成课后作业等活动，并参与到这些活动中来，为学生提供有针对性的指导。

2）学习金字塔理论

学习金字塔（Cone of Learning）是由美国学者埃德加·戴尔（Edgar Dale）于 1946 年率先提出的，也有人将其翻译成"经验之塔"。美国缅因州的国家训练实验室做过类似的研究，并提出了学习金字塔（Learning Pyramid）理论，结论跟戴尔差不多，只是把阅读和听讲交换了次序，认为阅读比聆听记住的东西更多，这个结论与我们的经验更加贴近一些。图 8-1-2 是美国缅因州国家训练实验室提出的学习金字塔（Learning Pyramid）。

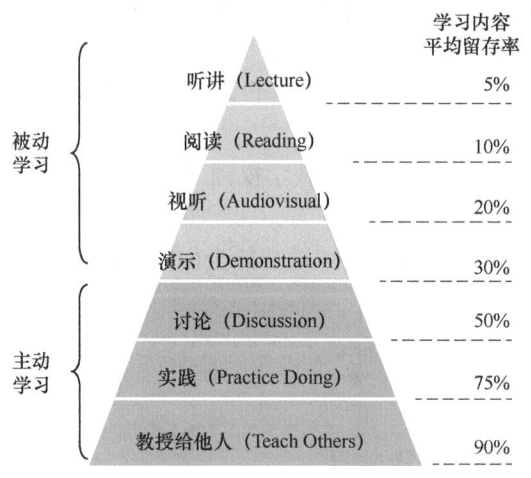

图 8-1-2　学习金字塔

塔尖是第一种学习方式——听讲，也就是教师在上面说，学生在下面听，这种是我们最熟悉、最常用的方式，学习效率却是最低的，24 小时以后学习的内容只能留下 5%。

第二种，通过阅读方式学到的内容，可以保留 10%。

第三种，用声音、视频的方式学习，可以达到 20%。

第四种，演示，采用这种学习方式，可以记住 30%。

第五种，小组讨论，可以记住 50%的内容。

第六种，做中学或实际演练，可以达到 75%。

最后一种在金字塔基座位置的学习方式，是"教别人"或者"马上应用"，可以记住 90%的学习内容。

学习效率在 30%以下的几种传统方式，都是个人学习或被动学习；而学习效率在 50%以上的，都是团队学习、主动学习和参与式学习。

8.1.3　翻转课堂的意义和价值

1. 翻转课堂有利于教育人性化

在翻转课堂中，学生是主体，在家观看教学视频的时间和节奏完全由自己掌握，可以选择在某个时间段去观看教学视频，可以对教学视频进行快进或倒退，自己掌握学习进度；对于不懂的内容可以反复看，对于已掌握的内容可以粗略看，自己掌握学习深度；可以通过聊天室、留言板等社交媒体与同伴进行互动交流，探讨在视频观看过程中与针对性练习过程中遇到的疑惑，互相解答。对于同伴之间解决不了的问题可以远程反馈给教师，教师帮助学生解决有困难的问题。翻转课堂是一种使课堂人性化的学习策略，教师在课堂中给学生进行一对一的指导，有机会与每个学生交谈并评估每个学生的进步情况，成为与学生互动交流的伙伴，有效改善学生的学习效果。同时，学生会感到学习的重要性并找到存在感。

2．翻转课堂有利于重构和谐的师生关系

在翻转课堂中，教师运用新的教学策略进行教学活动设计，促进学生的成长和发展。首先，教师让学生根据自己的兴趣自主选择探究题目，指导学生通过真实的任务来建构知识体系，真正做到"以学生为中心"；其次，教师根据学生的特点进行异质分组，并分配探究题目，用于组织该小组的探究活动，小组中的每个成员都积极地参与探究活动。学生拥有课堂话语权，可以随时提出自己的观点和想法，小组成员通过交流、协作共同完成学习任务。在此过程中教师随时捕捉各小组的探究动态并及时给予指导。在翻转课堂中，教师逐渐成为与学生互动、交流的亲切伙伴，有利于建构和谐的师生关系，并更加了解学生。

3．翻转课堂有利于提升家长的监督参与度

在传统的教学模式中，家长和老师交流的重点在于学生的课堂表现，如在课堂上是否认真听讲，课下作业情况是否良好等。由于教师精力有限及学生数目众多，教师不可能对每位学生在每节课中的表现都做出详细的描述。在翻转课堂中，这些不再是重要的问题，真正的问题是：学生是否在认真学习，家长能通过什么途径来督促他们学习？翻转课堂的实施不但翻转了教师与家长交流的内容，而且改变了以往家长在学生学习过程中的被动角色。当学生在家里通过视频进行学习时，家长的监督作用就变得显著，能够清晰地看到学生的学习情况，并配合教师采取一定的干预措施，这一点有利于形成"学生-家长-教师"三者之间的互动，从而有效地促进学生的学习。

8.2　微课及其设计[①]

微课是以音频或视频的形式展现的，能够为学生提供移动学习或在线学习的服务和支持。微课是系统学科课程的精简版，包括课程目标、教学过程、学习评价等一系列的子模块。

8.2.1　微课的定义

微课，首先在美国被提出，并得到发展，然后传播到全球。学者们普遍认为，"60秒有机化学课程"是微课最早的雏形。这一课程是由美国北爱荷华大学LeRoy A.McGrew教授于1993年提出的，旨在以最短时间让非专业人士了解专业的化学知识。之后，微课的发展又经过了One Minute Lecture（一分钟演讲）的演变，逐渐开始以微视频的形式发展。可汗学院的建成标志着微视频开始作为一种学习资源供学生学习与使用。而微课程概念最早于2008年由美国新墨西哥州圣胡安的高级教学设计师、学院在线服务经理David Penrose（戴维·彭罗斯）提出。戴维·彭罗斯认为，微课既可以作为一种进行知识挖掘的工具，也可以作为知识脉冲。

目前，国外由印度裔美国年轻人Salman Khan创立的可汗学院及TED在YouTube上推出的新频道TEDED，在微课程领域做得较有特色及影响力。

[①] 胡水星. 教师大数据应用学习[M]. 杭州：浙江教育出版社，2016.

在我国，广东省佛山市教育局胡铁生基于现有教育信息资源利用率低的现状，率先提出了以微视频为中心的新型教学资源——微课。他认为，微课程是指按照新课程标准及教学实践要求，以教学视频为主要载体，反映教师在课堂教学过程中针对某个知识点或教学环节而开展教与学活动的各种教学资源的有机组合。

在这个定义里，我们可以看出："微课"的核心内容是课堂教学视频（课例片段），同时还包含与该教学主题相关的教学设计、素材课件、教学反思、练习测试及学生反馈、教师点评等教学支持资源，它们以一定的结构关系和呈现方式共同营造了一个半结构化、主题突出的资源单元应用"生态环境"。因此，"微课"既有别于传统单一的教学课例、教学课件、教学设计、教学反思等资源类型，又是在其基础上继承和发展起来的一种新型教学资源。

8.2.2 微课教学设计

教学视频采用声音加板书的形式，每段教学视频的时间应控制在 10 分钟之内，因为学生的视觉驻留时间一般为 5~8 分钟，这样能使学生的注意力更集中；教师在自行创建教学视频时应考虑如何引导学生积极地参与到教学视频的学习中，这就涉及教学视频的视觉效果、主题要点强调互动性等元素的设计。

1. 重视微课程的整体设计策略

在微课程设计的策略上，强调运用系统观和整合的思想，认真研究课程标准和教材，对所要讲授的知识进行全面的分析，并选择合适的微视频制作工具与网络发布平台及技术。

2. 重视微课程单元教学设计

要认识到微课程与传统课堂讲授的不同。在录制教学视频时，一方面，传统的优质课、精品课长度一般为 40~45 分钟，而翻转课堂中的视频是 10~15 分钟，这就要求教师必须在这段时间内将最核心的内容讲完；另一方面，教学视频中不存在师生互动，只有教师的单向传授，这需要教师考虑视觉效果，避免死板、单调的讲述，突出和强调主题、重点与要点，录制情感丰富、内容生动活泼的教学视频。

3. 重视微课程单元的检测设计

通过对微课程的学习，学生是否掌握了学习内容，是否可以进入下一阶段的学习，需要对学生进行相应的检测。教师在进行微课程设计时，应针对教学内容合理设计检测习题，在每一阶段微课程后对学生进行检测，并将检测结果通过网络平台进行汇总，以便教师及时掌握学生的学习状况。

8.2.3 微课的开发流程

完整的微课开发环节应该包括微课的选题、微课的设计、微课的制作、微课的教学应用和反馈与完善等环节，而微课教学应用后的反馈反思能够进一步促进微课的再设计与完善。各个环节之间的关系如图 8-2-1 所示。

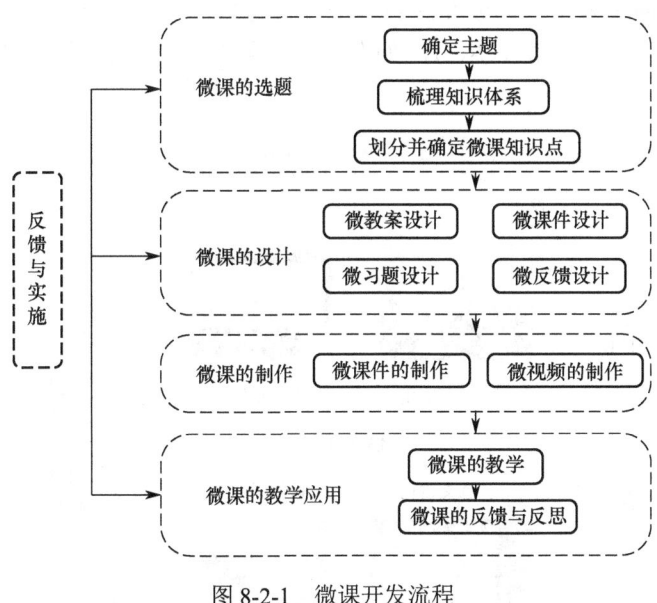

图 8-2-1 微课开发流程

8.3 翻转课堂的教学模式

翻转课堂是一个较为理想化的教学模式，在实施过程中存在许多不确定的影响因素。除了教师的教学活动设计外，学生课前自主学习的有效性也是翻转课堂教学模式能否成功的关键。翻转课堂将知识的传授迁移到了课外，给课上提供了深入交互和思想碰撞的时空。翻转课堂教学模式有多种，但是也不能完全照搬，而应该进行本土化的实践应用和探索，根据学校的实际教学问题，研究出适合本校特色的翻转模式。

8.3.1 四阶段模型

杰姬·格斯丁（Gerstein，2011）构建的一个环形的翻转课堂四阶段模型（见图 8-3-1）。可以看出，翻转课堂被分为体验参与（Experiential Engagement）、概念探索（Concept Exploration）、意义建构（Meaning Making）和展示应用（Demonstration & Application）四个阶段。翻转课堂通常从参与式学习活动开始，例如，同步小组的手工实践、游戏、实验和艺术活动等；然后，学生自己通过观看教学视频、播客课程、教学网站和参与在线讨论等方式探索相关的概念意义；接着，学生通过完成测试、撰写博客、制作反思性的播客及视频播客来完成意义的建构；最后，通过小组有创意的、个性化的项目和演讲，对学习成果进行展示和应用。

第一，"经验融入"是教学开始的第一步，即通过问题、现象、游戏或实验等方式将学生已有经验融入特定教学主题的过程。这一阶段教师主要对学生课下"概念探究"和"意义建构"两个阶段的学习做出指导和要求，并提供事先制作的教学视频材料，一般占少许课上教学时间。

第二，概念作为学科结构和知识体系的基本要素，在课堂教学中居于核心位置，也是课程学习的基础。而在翻转课堂中，由学生在教师的预先指导下，在课下根据自身的学习进度和学习风格,通过教学视频或在线教学资源进行自主学习,容易的内容可以一看而过,复杂的概念可以反复学习、深入思考。如有疑问,就在"探讨运用"阶段与教师或同学一起讨论解决。

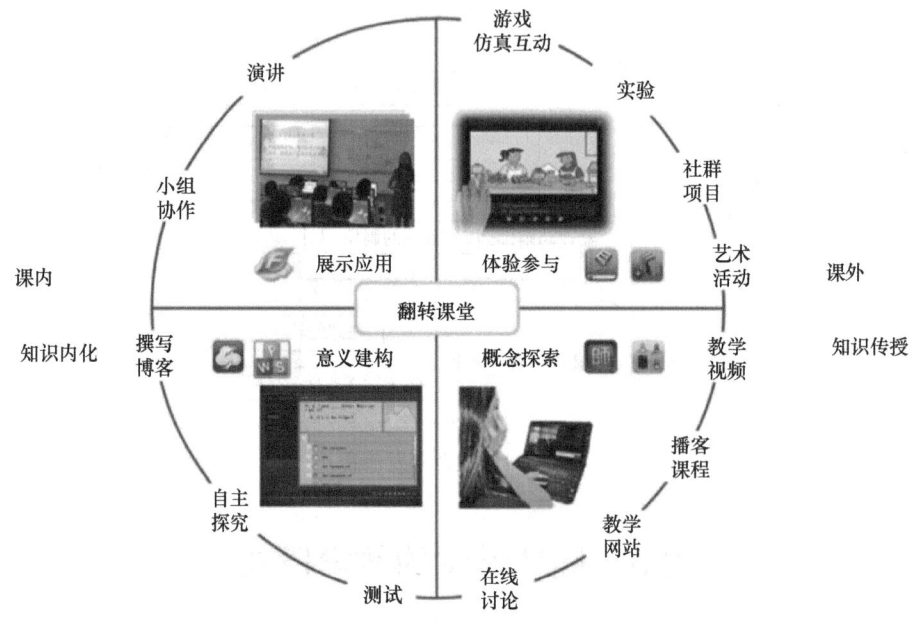

图 8-3-1 翻转课堂四阶段模型

第三,"意义建构"是指学生在概念探究过程中理解相关概念及知识,并能对其进行应用评价的过程。在翻转课堂中,意义建构由学生在课下自主进行,教师可以要求学生在概念探究过程中撰写学习日志,强化对知识的理解。一方面,学生在课下有较为充足的时间进行意义建构;另一方面,即使在意义建构过程中遇到困难,也可以暂时搁置,等到课上再探讨解决。

第四,"探讨运用"阶段与学生的知识迁移、运用、创新及问题解决等高阶能力密切相关,同时也是培养学生合作意识和沟通能力的重要环节。对于个别学生的疑问,既可以通过同学之间的深入讨论加以消除,也可以直接与教师对话解决;而对于全体学生的共性问题,教师可以进行针对性的讲解。这一阶段,学生可以做作业、做实验,或开展项目实践,综合运用课下所学知识,而教师则在一旁"待命",随时解答学生疑问,或及时发现问题,并予以纠正。

8.3.2 课前、课中、课后三阶段模式

以网络课程平台为依托,开展《现代教育技术》课堂教学改革与实践。充分利用专业教师的多媒体网络与教育大数据优势,在课堂教学实践中开展"线上线下"相结合、传统课堂与翻转课堂相补充的混合学习,构建"知识传递、知识内化、知识巩固"的翻转课堂教学模式,具体如图 8-3-2 所示,为高等院校师范生教育技术能力培养提供新范式。根据翻转课堂的内涵以及建构主义学习、系统化教学设计理论,同时结合"现代教育技术"的课程特点,依托精品课程网络平台构建翻转课堂教学模式。

一是课前准备阶段:教师根据教学安排的需要,收集学习资源,完成微课的教学设计。

并通过网络平台上传微视频等学习资源包,搭建在线答疑、在线讨论等信息化学习环境。

二是课前传递阶段:学生通过观看微视频,参与在线答疑,完成课前练习等环节,实现知识传递;教师分析在线答疑和讨论,发现学生学习存在的问题。

三是课上内化阶段:根据从课前传递阶段问题的类型可以组织探究式课堂或者小组协作式课堂;根据任务难易程度进行自主探究或小组协作学习,教师给予适当的支持,指导学生完成任务,形成学习作品,实现知识的建构和内化。

四是课后巩固阶段:学生把优秀的作品上传到网络教学平台上;学生可以学习拓展学习资源和挑战拓展任务,并进行反思与提升,实现对知识的巩固和拓展。

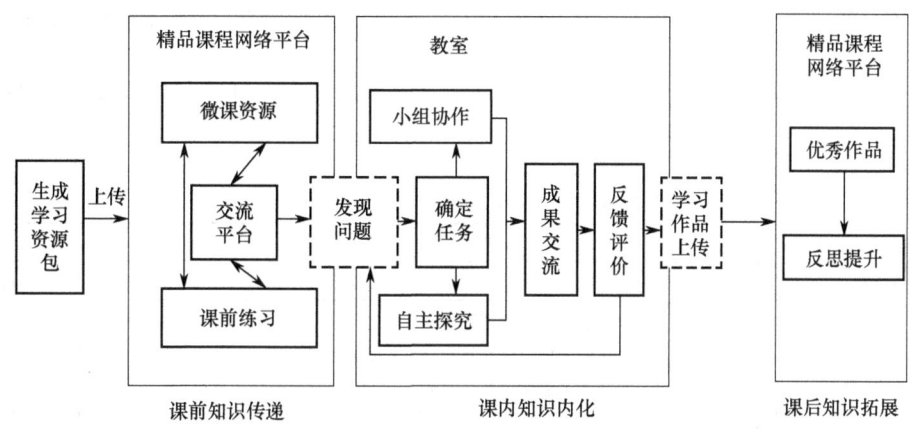

图 8-3-2 翻转课堂三阶段模式

8.4 微课的翻转课堂教学应用案例

本节以知识点"形状补间动画"为例,对基于微课的翻转课堂教学模式进行具体的实施。该模式下的课堂教学活动主要分为教学实施准备阶段、教学实施过程和教学实施效果评价三个环节。

8.4.1 教学实施准备

微课的翻转课堂教学实施准备阶段的主要任务是对教学内容进行设计,主要包括课前微课的设计和课堂教学内容的设计。微课可以由教师自行设计或者从网上下载,需要符合教学目标。课堂教学内容的设计应该从教学目标分析、学习者特征分析、课前任务设计、课上任务设计和教学设计反思几个部分考虑。

微课的教学设计在上一节进行了详细的论述,本次案例中的微课为教师自行设计,内容为 Flash 形状补间动画,具体内容如表 8-1 所示。根据教学设计制作 PPT 课件"Flash 形状补间动画",最后利用 Camtasia Studio 2019 软件录制微课"Flash 形状补间动画"。

表 8-1 微课的教学设计

课题	Flash 形状补间动画	设计者	
知识点来源	《现代教育技术》	设计时间	
录制方式	录屏式	适用对象	本科生

(续表)

教学环节类型	新课导入类			
教学目标	1. 理解形状补间概念 2. 掌握形状补间制作动画			
教学内容	形状补间动画 1. 定义 形状补间是 Flash 中补间形状的一种，形状补间动画是矢量图形由一种形状逐渐变为另一种形状的动画，即补间两端为形状，只有当两端都为形状时才可创建形状补间。 2. 功能 实现两个图形之间的变化，或一个矢量图形的大小、位置、颜色、速度等效果的变化。 3. 步骤 在第一个关键帧上绘制一个形状，如果是文字、图片、组合类对象或者元件，必须先分离，可使用快捷键"Ctrl+B"； 在第二个关键帧上绘制另一个形状； 在第一个关键帧上单击右键，选择"形状补间"			
教学过程设计				
环节	时间	内容		画面
片头	1分钟	1. 显示课题：形状补间动画 2. 提出问题：什么是形状补间动画？ 3. 展示案例1：正方形变圆形（从矢量图形到矢量图形）		
正文	8分钟	1. 定义 　　形状补间动画是矢量图形由一种形状逐渐变为另一种形状的动画。 2. 功能 　　实现两个图形之间的变化，或一个矢量图形的大小、位置、颜色、速度等效果的变化。 3. 一般步骤 在初始处插入关键帧； 在结束处插入关键帧； 在中间部分插入形状补间。 4. 演示操作案例1 具体步骤： 新建文件； 插入图层； 建立初始帧，打出正方形； 建立结束帧，打圆形，改变颜色，大小和位置； 插入补间形状； 保存。 5. 展示案例2：生日贺卡（文字到矢量图形） 6. 矢量图形提示 矢量图使用直线和曲线来描述图形，这些图形的元素是一些点、线、矩形、多边形、圆和弧线等，它们都是通过数学公式计算获得的。		

(续表)

教学过程设计				
环节	时间	内容		画面
正文	8 分钟	最大的优点是无论放大、缩小或旋转等都不会失真；最大的缺点是难以表现色彩层次丰富的逼真图像效果。 文字不是矢量图形，我们要将其变为矢量图形，就需要进行打散，使用快捷键"Ctrl+B"。 7. 演示操作案例 2 具体步骤： 新建文件； 插入图层； 建立初始帧，打出文字 happy birthday； 建立结束帧，把图形（Ctrl+B）拖曳到舞台； 插入补间形状； 插入代码层［stop（）；//控制停止］； 保存		
结尾	1 分钟	小结： 1. 定义：形状补间动画是矢量图形由一种形状逐渐变为另一种形状的动画。 2. 功能：实现两个矢量图形之间的变化，或一个矢量图形的大小、位置、颜色等的变化。 3. 形状补间操作 建立初始帧； 建立结束帧； 插入补间形状（是否需要打散）		
评价与反思				

基于"Flash 形状补间动画"微课，采取翻转课堂的教学模式，开展课堂教学，课堂内容的教学设计如表 8-2 所示。

表 8-2 基于微课的翻转课堂教学设计

课题	Flash 形状补间	设计者	
知识点来源	《现代教育技术》	设计时间	
课的类型	新授课	适用对象	本科生
教学目标	1. 知识目标：理解形状补间概念； 2. 能力目标：掌握形状补间动画制作； 3. 情感目标：培养良好的道德情感		
学习者特征分析	本次授课对象为大学生，具备良好的学习能力和接受能力，能够通过视频中的知识完成具体的实践操作，并且在教师的指导下进行创新		
课前任务设计	1. 观看微课"Flash 形状补间"； 2. 练习微课中的案例，记录操作中的问题； 3. 自选主题，准备贺卡的素材		
课上任务设计	1. 解决学生提出的问题； 2. 组织学生进行自选主题贺卡的练习； 3. 进行作品展示； 4. 归纳并总结形状补间动画制作的要点		
教学设计反思	1. 选择案例时需要考虑是否适用于学生，并且是否具有实用性； 2. 考虑学生是否能够完成课前任务，所以课前任务不宜过难过多		

8.4.2 教学实施过程

1．提出本次课程学习的主题，并且进行定义

教师提问：是否完成了"Flash 形状补间动画"的学习？以此导入本次课程的主题，并且对形状补间动画进行强调。

2．解决学生提出的问题

学生向教师反馈在案例练习中遇到的问题，教师将问题记录在黑板上并且进行归类。教师对学生的问题进行解答，在电脑上演示操作案例，强化学生的印象。

3．组织学生进行自选主题贺卡的练习

教师组织学生利用提前准备的素材，制作特色主题贺卡，同时教师在学生遇到问题时答疑解惑，帮助学生掌握该课知识点的同时，巩固之前所学习的其他知识点。

4．进行作品展示

完成主题贺卡的学生将作品上传，教师将学生作品整理后放在班级群里展示。其余学生继续完成主题贺卡的制作。学生相互观摩作品后，在班级群里交流心得，说明作品的优势和不足，帮助自己和其他同学进一步完善作品。

5．归纳并且总结形状补间动画制作的要点

教师对学生的作品进行点评，表扬完成得较好的学生，鼓励完成得稍逊的学生，对作品中加入其他动画效果的学生重点表扬。教师最后归纳并总结形状补间动画制作的要点，对课程内容适当深化。

8.4.3 教学实施效果评价

在本次课堂教学完成之后，教师收集学生的课堂作业进行记录和评价，组织学生完成关于本次学习情况的问卷调查，如表 8-3 所示。

表 8-3 学生学习情况调查问卷结果

调查内容	非常满意	满意	一般
教师的课堂组织	66.7%	28.9%	4.4%
与学生互动	80.0%	11.1%	8.9%
课堂气氛	88.9%	8.9%	2.2%
启发学生思维	86.7%	11.1%	2.2%
教学效果	75.6%	8.9%	15.5%
对学生综合能力的培养	84.4%	4.4%	11.2%
总体评价	本次课堂教学完成以后，与学生互动效果良好，班级课堂氛围活跃，大部分学生能够得教学目标所要求的学习内容。相较于传统的讲授型课堂，基于微课的翻转型课堂在课堂教学中能给予学生更多的创作空间，更能够激发学生的创造性思维。但是，教师需要安排教学活动，组织学生有效、规范地完成练习和展示，不然容易造成课堂混乱，降低学生的学习积极性		

上述结果表明，单从学生课堂作业的完成度来看，翻转课堂的教学效果优于一般的传统

课堂。通过调查问卷进一步了解学生的主观感受,发现学生对于教学活动、师生互动、课堂气氛、启发学生思维及教学效果方面的感受良好。对学生综合能力的培养方面,学生反馈:通过翻转课堂教学,对于自主学习能力、表达交流能力、团队合作能力、发现问题及解决问题能力等都得到了锻炼和提高。

翻转课堂作为一种新的教学模式,正在被全球的教育学者关注。在本节中,编者结合具体的教学内容,对基于微课的翻转课堂教学模式进行实践应用,旨在展现其一般的教学环节并且验证该模式的有效性。该模式下的课堂教学活动主要分为教学实施准备阶段、教学实施过程和教学实施效果评价三个环节。依据学生调查问卷的结果,基于微课的翻转课堂能够促进学生学习,激发学生的创造性思维。

参 考 文 献

[1] 翻转课堂与微课程教学应用过程[EB/OL]. http://t.30edu.com/053813138/Article.do?ID=5aaac302-cc6e-4972-939d-c3bc3c2db719.
[2] 郑艳敏. 国内外翻转课堂教学实践案例分析[J]. 中小学信息技术教育,2014(2).
[3] 张金磊,王颖,张宝辉. 翻转课堂教学模式研究[J]. 远程教育杂志,2012(4).
[4] 钟晓流,宋述强,焦丽珍. 信息化环境中基于翻转课堂理念的教学设计研究[J]. 开放教育研究,2013.
[5] 关于翻转课堂——我们的教育是否需要翻转课堂[EB/OL]. http://blog.sina.com.cn/s/blog_6d3018dd01015o7m.html.
[6] MOOC、微课、翻转课堂的差别[EB/OL]. http://www.jxteacher.com/xjez/column78111/36a900e8-be58-4616-996f-e354edb5c473.html.

第 9 章 STEM 创客教育

随着全球化背景下世界经济的快速发展，培养创造性人才以适应未来社会的挑战，已成为各国重要的人才发展目标。STEM 和创客教育是当前两种热门的创新人才培养理念及策略。这两种形式的创新人才培养方式强调培养学生综合应用多学科知识、解决真实情境中问题的能力，并在这个过程中发展学生的实践能力、创造能力及创新精神。

9.1 STEM 教育概述

STEM 是科学（Science）、技术（Technology）、工程（Engineer）和数学（Mathsmatics）四个英文单词首字母的缩写，而 STEM 教育则是指以一种整合的方式向学生传授科学、技术、工程及数学这四个特定学科的知识，并发展他/她们综合地应用这些知识去解决现实生活中问题的能力的一种教育理念及方式。

9.1.1 STEM 教育的发展历史

一般认为，STEM 教育起源于 20 世纪美苏冷战时期。1957 年 10 月 4 日，苏联成功发射了人类第一颗人造卫星"伴侣号"（Sputnik），这极大地唤醒了美国人民的危机意识。为了强化美国在科学、技术、工程及数学领域的领导地位，美国政府开始重视这些学科的教育，并在 1958 年创立了国家航空航天局（National Aeronautics and Space Administration，NASA），负责制订、实施美国的太空计划，开展航空科学相关的研究。NASA 的创立也极大地激发了全美国人民对科学的兴趣和热情。在之后的 70 年代和 80 年代，美国政府持续推动科学教育的发展，设立了许多全国性的科学项目。同时，里根总统的全国教育卓越委员会（Reagan Administration's National Commission on Excellence in Education）于 1983 年出版了《国家在危机中》（*A Nation at Risk*），这本书引发了空前的社会反响，推动了美国联邦政府、州政府、教育组织和民间组织等开展相应的教育改革活动。这些改革举措强调学校教育不应是机械地记忆事实性知识，而要发展学生的批判思维及问题解决能力。上述这些努力取得了令人瞩目的成绩，例如，移动电话、个人计算机问世，让普通大众的工作、生活更加便利、高效；世界上第一架航天飞机在美国顺利升空。

到了 20 世纪 90 年代，一些协会组织，如全美科学教育标准（NSES）协会、全国数学教师协会（NCTM），推出了相关的标准及指导方针，用来帮助在中小学校（K-12）建立与发展 STEM 相关课程。同一时期，科技爆炸性发展并日益渗透到人们的日常生活当中，于是技术课程受到重视。1993 年，美国国家科学基金会（National Science Foundation，NSF）首次明确提出 STEM 这一概念，强调发展与提升美国的科学、数学、工程及技术教育质量的重要性和必要性。

进入 20 世纪初，美国发布了几个关键的报告，呼吁要给学生提供更多的 STEM 学习及训练的机会。这些报告引导、推动着科学、技术、工程及数学学科进行更加深入的整合。尤其在 2005 年，美国国家科学院发布了名为《站在暴风之上》(*Rising Above the Gathering Storm*) 的报告，指出美国学生的 STEM 能力落后于其他国家的学生，并强调国家的兴旺与繁荣依赖于科学与技术的知识密集型工作及持续不断的创新。这份报告导致了当时的美国总统布什 (George Walker Bush) 在发表第五次国情咨文中推出 1360 亿美元的《美国竞争力计划》，旨在培养创新人才，加强及保持美国在引领世界经济发展上的竞争力。2009 年，奥巴马总统宣布启动"教育创新行动"(Educate to Innovate initiative)，计划在下一个十年中将美国学生的科学、数学成绩提升到世界前列。为了达成这个目标，这项行动计划包括增加联邦政府在 STEM 领域的投入，截至 2021 年，培养十万名 STEM 新教师等重要措施。2015 年，奥巴马总统签署面向基础教育的重要法案——"每个学生都成功法"(Every Student Succeeds Act)，推出一揽子支持 STEM 教师专业发展的拨款计划。同时，签署 STEM 教育法案（STEM Education Act of 2015），将计算机科学添加到 STEM 中，明确提出 STEM 是指包括计算机科学在内的科学、技术、工程和数学学科的教育。2017 年，特朗普总统签署《激励妇女法案》(INSPIRE Women Act)，鼓励女性学习科学、技术、工程及数学等学科知识，并积极参与所有与航空、航天领域有关的 STEM 工作。

近年来，出现了一种新的 STEM 概念，即 STEAM，其中 A 指的是艺术（Art），然而此处的艺术并不局限于美学学科，还包括语言艺术、社会学科、体育、美术等众多人文学科。STEAM 运动的发起人——美国罗德岛设计学院（Rhode Island School of Design）前校长前田·约翰（John Maeda）指出，设计思维和创造力是创新的基本因素。STEAM 旨在通过提升批判思考能力而强化学生对科学、技术、工程和数学等学科的理解与应用，并帮助他们认识实践艺术、科学、技术、工程和数学这些学科间的交叉与融合。

9.1.2 STEM 教育的目标

创新是民族进步、国家发展的重要推动力，STEM 教育是各国培养创新人才的重要应对策略。2015 年，我国教育部发布了《关于"十三五"期间全面深入推进教育信息化工作的指导意见（征求意见稿）》，指出要探索 STEAM 教育、创客教育等新教育模式，着力提升学生的信息素养、创新意识和创新能力，促进学生的全面发展。具体来说，STEM 教育活动中经常被提到的有以下几个目标。

1. 培养学生的 STEM 素养

STEM 素养是指能够鉴别、应用和整合科学、技术、工程和数学领域的概念，并用来理解、创造性地解决复杂问题的能力，它包括科学素养、技术素养、工程素养和数学素养等部分。

科学是探索与理解自然界的知识体系。科学素养是指拥有基本的科学知识，理解科学的本质，掌握应用科学知识和方法参与改造自然界的能力，并树立崇尚科学的态度和精神。

技术是指用于改造自然界从而满足人们需要的知识与经验的总称。技术素养是指具备在一定的情境下正确选择、应用、监控和评价恰当的技术的知识和能力。

工程是为了满足人们的需求，应用数学及自然科学知识从而经济地利用自然物质、力量的一种专业知识及技能。工程素养是指系统、创造性地应用科学和数学知识、原理及方法于实践活动或产品的能力。

数学是研究现实世界中的模式与关系的科学。数学素养是指能够阅读、倾听和创造性思考，以及能够围绕问题情境、数学表征和方案进行交流，从而发展及加深对数学的理解能力。

在 STEM 教育活动中，学生综合地应用科学、技术、工程和数学领域的概念和知识，创造性地解决真实情景中的复杂问题。在这个过程中，他们的科学、技术、工程及数学素养将会得到发展和提高。

2．发展学生的问题解决能力

在传统的课堂中，学生通常只是被动地接受知识，而且，这些知识大部分是脱离了真实情境的抽象知识，使得他/她们难以将所学知识应用在实际生活中。STEM 教育则倡导以实际问题为学习的出发点，将学生置身于真实的情境中，综合应用科学、技术、工程及数学等领域的知识，构思、协商、修正与实施问题的解决方案，从而更好地解决问题。在这个过程中，不但增强了学生对学科知识的理解与掌握，更重要的是，他们学会了鉴别真实情境中的问题，找到解决问题的优化方案，并成功地执行该方案，达到预期的效果。因此，他们解决实际问题的能力得到了真正的锻炼和提升。

3．发展多元思维、创新精神以及创造力

世界是复杂多变的，要想解决这个复杂世界中的真实问题，只从一个方向或一个维度进行思考是难以实现的，必须从多个方向或维度思考，才有可能接近问题的本质，从而更好地解决它们。多元思维是指使用跨学科的知识，从不同的角度来观察、分析问题的一种思维方式。作为一种整合科学、技术、工程和数学等多个学科的教育方式，STEM 教育旨在发展学生在这些学科上的知识和技能，并鼓励他们综合地应用这些学科特有的思路及处理问题的方法，在解决真实问题的过程中，产生多种思维观念，并将这些不同方向的思维连接起来，从而发展他们的多元思维及能力。

创新是推动人类向前发展的重要动力之一。人类必须解决一个又一个现实问题，才能向前发展，而科学、技术、工程和数学是解决这个世界大部分问题的最基础且最重要的工具。在 STEM 教育活动中，学生被引导、鼓励综合应用这些学科的知识、技能及思维方式，在多元的视角和思维方式的帮助下，以一种不同寻常的方式来解决实际问题。在这个过程中，学生们的创新意识得到发展，创新能力得到锻炼，创新精神得到培育。在一轮又一轮的创新实践活动中，他们的创造力将逐渐得到有效提升。

此外，STEM 教育还强调发展学生的合作精神、沟通能力，以及批判思考能力。在 STEM 教育或教学活动中，学生通常协作地解决问题，这将有助于发展、培养他们的合作精神及沟通能力。同时，学生在与同伴合作学习的过程中，会认真地考虑同伴的观点，进而反思自己的想法和计划，因而，他们的批判思维能力也会得到锻炼与提升。

9.1.3 STEM 教育的特征

STEM 教育融合了多个重要学科的内容，以整合的方式来帮助学生学习与应用这些跨学科知识，并发展解决真实情境中问题的能力，从而提升他/她们未来进入竞争社会所必需的核心素养与能力。这种教育活动具有以下鲜明的特征。

1．跨学科的教学内容

随着对客观世界的深入探索，人类积累的知识总量日益庞大与繁杂，为了便于知识的传递与发展，人们编织了许多界限分明的学科，使得我们能够各司其职，在各自的专业领域下专注、精确地进一步探索已知及未知世界。近几个世纪以来，学校教育普遍采用这种分科教学法，为人类探索客观世界、发展与积累知识做出了巨大的贡献。然而，将原本庞大、复杂的知识人为地划分到千百个独立学科中，虽然有助于知识的传承，但并不反映客观世界的真实性与趣味性。

STEM教育则打破了学科之间的人为壁垒，强调跨学科之间的交叉与融合。在客观世界中，绝大部分的现象或问题都蕴含了科学、数学及工程等学科的理论或知识，要解决这些真实情境中的问题，仅凭单一学科的知识与技能是不够的，需要我们应用多个学科的知识与技能，以及跨学科的思维和方法。

2. 情境性的学习环境

根据情境学习理论，学习不仅仅是个体内部的心理建构过程，更是一个社会性的参与过程，知识产生于情境或与情境的交互过程中。在传统课堂教学中，知识通常是抽象的、脱离生活实际的，而 STEM 教育强调创设一个真实的情境，帮助学生在一个充满真实、复杂问题的环境中探索知识，构建自己对知识的理解。

3. 基于问题的学习导向

在 STEM 教育中，问题是学习的起点，解决问题是学习的一个临时终点。真实生活中的问题通常包含了众多学科的原理及知识，在解决这些问题的过程中，学生可以理解与掌握这些原理及知识在实际生活中的应用，从而构建自己的知识体系。

4. 体验性的学习经历

传统课堂教学由于过于重视学习结果而忽视对学习过程及体验的关注。STEM 教育倡导学习的体验性，学生在解决实际问题的过程中，讨论、修改、执行以及反思问题解决方案，重视学生在所有环节全身心地参与和投入，包括对问题及问题背后所潜藏的原理、知识的深入互动，与教师及学习同伴进行协商与交流，以及对自己、对问题的理解、对计划和行动进行反思。

5. 协作性的学习方式

STEM 教育以解决真实情境中的问题为目标，要求学生具备科学、技术、工程和数学等多个学科的知识和技能，还要求他们创造性地应用这些知识去解决问题，学生通常无法独立地完成这个任务。因此，STEM 教育或教学活动经常以小组合作的方式展开，每个小组成员根据自己的特点，贡献自己的力量，因而可以优势互补，最大限度地提升小组的学习效率和效果。

9.2 创客教育

创客教育（Maker Education）是近年来涌现的一种新兴的教育形式，它以皮亚杰的建构主义及西蒙·派珀特（Seymour Papert）的搭建主义为理论基础，倡导在互动、开放的环境中发展学生的设计兴趣、思维及动手能力，从而使他们成为自发的、以改造现有世界及造福未来社会为追求目标的设计者。

9.2.1 创客教育发展简介

创客文化源于 20 世纪 60 年代的反文化、反权威思潮，直到 21 世纪初，创客行动（Maker Movement）开始兴起，它的核心是"自己动手做"（Do It Yourself，DIY），鼓励人们使用身边的废旧材料及现有的技术，设计与制作出新的东西来。创客运动倡导每个人都是周围环境的主人，应通过设计有意识地去改变它，使得它更人性化，让我们的生活更加美好。2012 年，创客行动的发起人之一克里斯·安德森（Chris Anderson）在《创客：新工业革命》一书中首次提出"创客"这一概念，指出创客是一群热衷创意设计、动手制作及社区分享的人，互联网文化及合作与创新精神深入到他们 DIY 与分享的整个过程中。

自 2005 年开始，创客行动开始进入世界上一些国家的学校教育中，创客教育正式出现在人们的视野中。创客行动的推动者认为创客教育有助于将更多的女性带入到 STEM 领域，消除性别鸿沟。同时，他们也认为创客教育能够增强教育公平，甚至有可能推动教育及社会的变迁。在美国，奥巴马政府积极地支持创客教育的发展，目的在于增强美国学生在 STEM 领域的全球竞争力。2014 年 6 月，奥巴马政府在白宫举办首届创客嘉年华活动，提出美国要成为一个"创客国家"的想法。之后，奥巴马政府推出一系列支持创客教育的措施，例如，在来自全国 50 个州、覆盖一百万名学生的 1400 所中小学校建立创客空间，指定创客空间品牌，公开展示学生的创客项目等。

在我国，"创客"一词由李克强总理在 2015 年 1 月考察深圳柴火创客空间而迅速被人们所知晓。同月，国务院提出要"健全创业辅导指导制度，支持举办创业训练营、创业创新大赛等活动，培育创客文化，让创业创新蔚然成风"。之后，在国家的支持下，各类创客型的创业项目发展迅猛。同时，一些中小学校也开始创建创客空间，开展创客教育，发展学生的创意设计及动手实践的能力，培育他们的创新、创业意识与能力。

在全世界范围内，随着开源硬件（如 Arduino 微控制器）、新兴技术（3D 打印、机器人、智能材料等）以及一些开源软件的快速发展，普通人也有条件进行创意设计与制作。同时，借助于互联网，各种线上创客社区也如雨后春笋般涌现出来，DIY、合作及共享的创客文化得到广泛的传播。

9.2.2 创客教育的特征

创客教育与 STEM 教育作为当前两种热门的教育方式，它们具有许多共同之处。在教育理念方面，两者都强调以学生为中心，尊重及鼓励学生发挥能动性；在教育目标方面，都旨在发展学生的科学素养、问题解决能力以及创造力；在教学方式方面，两者都重视基于问题或项目的学习，提倡学生在发现问题、分析问题和解决问题的过程中发展知识、锻炼能力，以及培养创造力。

然而，作为一种创客文化的体现，创客教育仍然有其鲜明的特征，包括以下几个方面。

1. 人人都是创客的理念

创客文化起源于民间，一般认为，创客文化与美国的车库文化紧密联系在一起。美国的普通家庭一般都会选择自己维修、保养甚至改造家中的电器、汽车和房屋等。因此，美国车库文化的本质是创造与创新，它是人们对改造未知世界的一种反映。创客就是这群在车库文化下长大的人，他们出于各种兴趣和爱好，利用手头上的材料和工具，在车库、地下室改造的家庭制作车间，将他们脑袋中的创意努力转换为有形物品。创客文化倡导自由、平等，认为人人都是外在世界的管理者和设计者，身边所有的工具和材料都可以用来设计与制作创意作品，让生活变得更美好。

因此，每个人都具备成为一名创客的可能性。

2. 合作、交流与共享的社区精神

与 STEM 教育一样，创客教育也强调创意、创新与动手操作，然而，它还有一个更为显著的特征，即合作、交流与共享的社区精神。创客教育不仅要共同设计与制作某一产品，还要将众多志趣相投的人们聚集在一起，激荡与发挥他/她们的好奇心与创造力，共同提出新奇的创意与想法，并利用各自拥有的知识、技能及特长，设计与创作出让我们的生活更美好的产品。同时，这个过程也是开放的，任何感兴趣的人都可以随时加入进来，贡献他/她的创意与才能；并将他/她们的创意、想法与作品分享到更多、更大的社区中，获得其他创客们的意见与评价，以更好地改善与提升作品。

3. 一种创新与进取的文化

创客教育的另外一个显著特征在于其追求培养一种创新与进取的文化。创客教育不仅要发掘创客个体的创意、智慧与才干，更加追求教育、引导与帮助创客群体重新定义未来的工作方式与内涵。当前，在国内外，创客已经成为一种非常瞩目的创新与创业文化，成为一种大众创造与社会创新的重要力量。

9.3 STEM 创客教育案例

9.3.1 STEM 教育案例：太空中的 Pi——致命的尘埃

为了将学生带入神奇的太空中，在有趣的任务中学习与锻炼科学、技术、工程和数学等学科的知识与能力，美国宇航局（NASA）设计了一系列 STEM 教育活动，"太空中的 Pi——致命的尘埃"就是其中一项。

1. 活动简介

在这个 STEM 学习活动中，学生们将学会使用 Pi（圆周率）来计算火星上沙尘暴的大小。
① 科目：科学、数学；
② 学习对象：6~12 年级；
③ 主要主题：数与计算；
④ 其他主题：几何、测量、卫星与航天器及问题解决；
⑤ 所需时间：30~60 分钟。

该活动的教学目标涵盖了下一代科学标准（Next Generation Science Standards）中的"了解一些技术设备如何使用波行为及交互原理传输与获取信息及能量"。同时也涵盖了数学学科共同核心州立标准（Common Core State Standards for Mathematics）中的诸多学生发展目标，如解决真实世界中有关面积、表面积及体积的数学问题，在模型的情境中应用基于面积及体积的密度概念等。

2. 背景及问题

在 2018 年晚春时期，火星上掀起一股沙尘暴，几乎将整个火星笼罩在一片沙尘之中。黑暗降临在火星表面，阻挡了用来给太阳能驱动的"机遇号"火星探测器充电的阳光。高高涌起的沙尘几乎淹没了奥林帕斯山（Olympus Mons）这座太阳系中最大火山的顶峰。在这个致命的尘埃挑战问题中，学生们必须使用 Pi 计算出这股沙尘暴覆盖红色星球表面的百分比。

3. 学习材料

如图 9-3-1 所示，火星上的一股沙尘暴使得围绕这个红色星球运转了 14.5 年的"机遇号"火星探测器由于失去太阳光的照射，再也不能复苏了，它的探测之旅走到了尽头。这场巨大的沙尘暴几乎将火星湮灭，只剩下奥林帕斯山上一个直径大约为 70 千米的火山口耸立在沙尘暴之上。请问，在那个时候，火星表面被淹没在沙尘暴中的比例是多少？（答案是 99.997%。同学们，你们知道是如何计算出来的吗？）

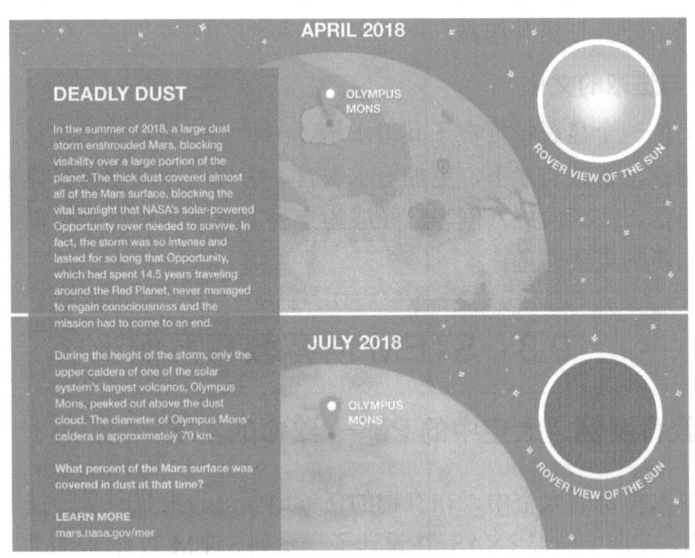

图 9-3-1　计算火星上的尘埃覆盖比例

4. 案例评价

这是一个典型的基于现实问题的学习任务，涵盖了 STEM 中的科学及数学两个学科的知识，体现了 STEM 教育的跨学科性和基于问题的学习理念。而且，天空探索一直是学生们最喜欢的主题之一，很适合用来激发学生的学习兴趣。在这个学习活动中，首先，学生们被引入到一个真实情境中，即 2018 年发生在火星上的沙尘暴致使工作 14 年之久的"机遇号"火星探测器失去工作的能力；之后，得到一份学习材料（见图 9-3-1），他/她们可以获取到部分学习信息，还需要自己去查找更多的信息（如球体表面积的计算公式），或通过与学习同伴的讨论获取这些信息，才有可能解决这个问题。在这个过程中，锻炼了学生的信息查找、判断及评价能力，以及与学习同伴的交流及合作能力。他/她们也学会了更好地理解、应用数学概念及公式来解决真实、有趣的现实问题。

9.3.2　创客教育案例：有趣的纸电路

创客的核心理念是"自己动手做"（DIY），鼓励人们充分利用生活中唾手可得的材料进行创意设计与制作。纸是日常生活中最为常见的材料,不少人用它制作出一些富有创意的小作品,点亮了生活的色彩,让生活更加有趣和美丽。纸电路就是其中的一个例子,将一些简单或复杂的电子线路安装在一张扁平的纸上,可以设计与制作出形式众多的作品,如点亮的圣诞树(见图9-3-2)、生日蛋糕(见图9-3-3)等。

图9-3-2 点亮的圣诞树

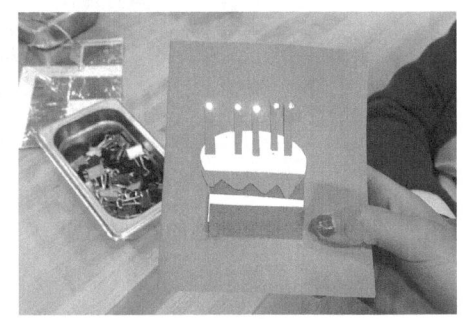

图9-3-3 闪烁的生日蛋糕

1. 活动简介

在这个创客教育活动中,学生们利用身边的材料(如纸、铜线或带等)设计与制作鼻子会发光的雪人。

① 科目:物理、美术及美学;
② 学习对象:3~12年级;
③ 主要主题:电路、折纸、美术;
④ 所需时间:30~60分钟。

2. 所需材料

① 彩色纸若干张;
② 5mm铜带2条;
③ 彩色LED灯1个;
④ 纽扣电池1个;
⑤ 彩色水笔。

3. 制作过程

① 沿着彩色纸的一个角画出一条折线,并在折线的两边画上纽扣电池的安装位置(见图9-3-4)。

② 将2条铜带贴在纸面上,其中一条的起始点为纽扣电池的正极圆圈,另外一条的起始点为纽扣电池的负极圆圈(见图9-3-5)。

③ 将LED灯较长的角(正极角)粘连到起始点为正极圆圈的铜带上,较短的角(负极角)粘连到起始点为负极圆圈的铜带上;并将纽扣电池的背面粘贴在纸面上负极圆圈内(见图9-3-6)。

④ 沿着折线合上纸角,即可发现LED灯亮起来了;否则,LED灯熄灭(见图9-3-7)。

⑤ 用彩色水笔在纸张的反面绘制出雪人,并注意将LED灯安装在鼻子的位置。最后,鼻子会发光的雪人制作完成(见图9-3-8)。

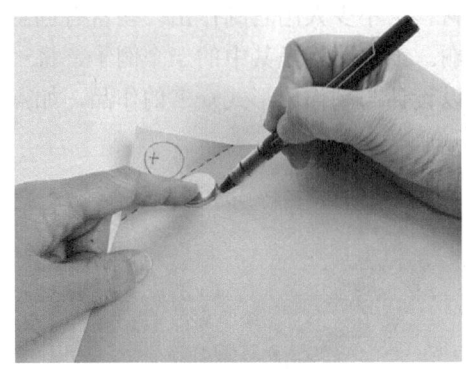
图 9-3-4　画出电池的安装位置

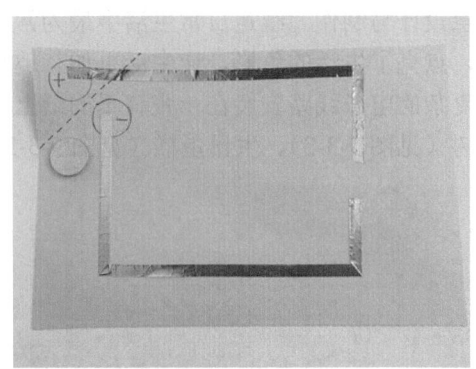
图 9-3-5　贴上铜带

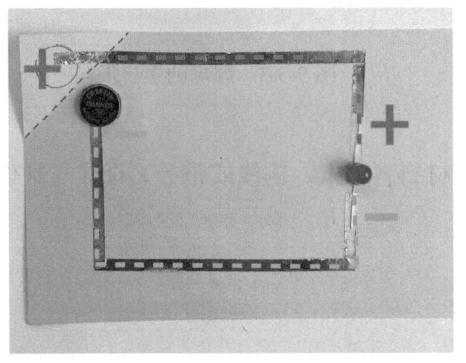
图 9-3-6　粘贴 LED 灯和纽扣电池

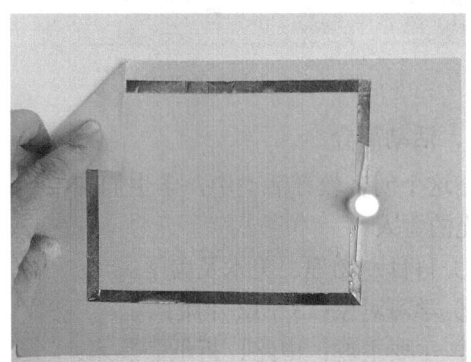
图 9-3-7　测试电路

图 9-3-8　绘制雪人

4．案例评价

这是简易但有趣的创客小制作，选取了生活中容易得到的材料开展创意制作，制作过程也比较简单，基本上人人都可以完成，很好地展示了创客运动或文化所推崇的"人人都是创客"的理念。

参 考 文 献

[1] 黄志红. STEM 和创客教育：共通性大于差异性 [J]. 中国民族教育，2018（8）.
[2] A History of STEM Education [EB/OL]. https://www.sutori.com/story/a-history-of-stem-education.
[3] Alpaslan Sahin. A Practice-based Model of STEM Teaching STEM Students on the Stage（SOS）^{TM}[M]. Rotterdam: Sense Publishers，2015.
[4] White，D. W. What is STEM education and why is it important [J]. Florida Association of Teacher Educators Journal，2014，1（14）：1-9.
[5] 钱松岭，董玉琦. 美国中小学计算机科学课程发展新动向及启示[J]. 中国电化教育，2016（10）：83-89.
[6] The Evolution of STEM and STEAM in the[EB/OL]. https://education.cu-portland.edu/blog/classroom-resources/evolution-of-stem-and-steam-in-the-united-states/.
[7] National Research Council. Successful K-12 STEM education: Identifying effective approaches in science，technology，engineering，and mathematics[M]. National Academies Press，2011.
[8] 王林. 从"分科"到"融合"：STEM 课程整合的困境与创新路径[J]. 上海教育科研，2018（12）:71-75.
[9] Carter V R . Defining Characteristics of an Integrated STEM Curriculum in K-12 Education[J]. Dissertations & Theses - Gradworks，2013.
[10] 王玉峰. 基于 STEM 教育理念的创客教育多元评价系统研究[D]. 宁夏大学，2018.
[11] 李彤彤. 创客式教学：面向核心素养培养的 STEAM 课程教学新范式[J]. 中国电化教育，2018，380（9）：40-47.
[12] STEM 素养与 STEM 教育[EB/OL]. http://blog.sina.com.cn/s/blog_602d7b240102wu3y.html.
[13] Zollman A. Learning for STEM literacy: STEM literacy for learning[J]. School Science and Mathematics，2012，112（1）：12-19.
[14] Lave J，Wenger E. Situated learning: Legitimate peripheral participation[M]. Cambridge university press，1991.
[15] 杨晓哲. STEM 与创客教育相关的概念溯源[J]. 中小学信息技术教育，2015（11）.
[16] 周利平，谭明杰. 论 STEM 教育与创客教育的关系[J]. 广东广播电视大学学报，2018（4）.
[17] Pi in the Sky 6 [EB/OL]. https://www.jpl.nasa.gov/edu/teach/activity/pi-in-the-sky-6/.
[18] Paper Circuits [EB/OL]. https://www.exploratorium.edu/tinkering/projects/paper-circuits.

第 10 章 教育大数据

大数据技术在教育领域的广泛应用引起了教育变革，推动了教育发展。学习分析实现了教育的探索性分析，数据挖掘为教育管理部门提供了决策支持。学习分析和数据挖掘这两大大数据关键技术在教育领域的深入应用，为教育教学带来了前所未有的新机遇。通过对教育大数据的获取、存储、管理和分析，可以构建学习行为模型，对未来学习行为、学习需要进行科学预测，将给教育带来革命性的变化，掀起新的教育革命。①

10.1 大数据概述②

10.1.1 大数据的特征

随着互联网的飞速发展，以及各种数据采集和感知设备在教育教学场景中的应用，教育行为数据呈爆炸式增长，人类已经不知不觉地进入了大数据时代。麦肯锡曾预测数据已经进入我们的各行各业，成为最重要的生产因素；全球知名 IT 研究与咨询公司 Gartner 这样描述大数据：大数据是一种多样性的、海量的且增长率高的信息资产，其基于新的处理模式，产生强大的决策力、洞察力以及流程优化能力。哈佛大学定量社会研究所主任盖瑞·金认为：大数据技术完全是一场数据革命，这场革命对政府管理、学术研究及商业模式带来了很多颠覆性的变革，"大数据技术将触及任何一个领域"，"大数据"时代将会引爆一场"哥白尼式革命"：它改变的不仅仅是信息生产力，更是信息生产关系。

2012 年，联合国发布了大数据白皮书《大数据促进发展：机遇与挑战》，明确提出大数据时代已经到来。大数据具有 4V 特性，即海量的数据规模（Volume）、快速的数据流转（Velocity）、多样的数据类型（Variety）和巨大的数据价值（Value），经过综合处理后，具有很高的应用价值。

10.1.2 大数据促进思维转变

大数据作为信息技术发展的新趋势，是一种价值观、方法论，是一场思维的大变革，已经渗透到各行各业，成为重要的驱动因素，并掀起行业变革的巨浪。通过对海量数据的挖掘与分析，以一种前所未有的方式获得巨大的产品服务、深刻的真知灼见，为我们理解生活以及认识世界提供了一种全新的思维方式，实现思维的三大转变：一是不再依赖于小样本数据和随机样本，而是与现象相关的全体数据；二是不再热衷于追求微观层面的精确，而是宏观层面的洞察力和混杂性；三是从传统的因果关系追求中解脱出来，关注相关关系的发现和应用。大数据借助传感设备和计算能力，对现实世界、虚拟世界以及虚实融合世界的复杂网络

---

① 李芒. 现代教育技术[M]. 北京：北京师范大学出版社，2015.
② 胡水星. 大数据及其关键技术的教育应用实证分析[J]. 远程教育杂志，2015（5）.

数据进行解析和挖掘,实现行为判断和决策。教育大数据时代已经悄然来临。大数据使得教育信息成为可捕捉、可量化、可传递的数字,大数据使得教育过程性考察成为可能,更能透过真实的数据发现教与学的关系,教育正悄悄地发生着一场革命。

10.2 学习分析和数据挖掘

近年来,随着大数据的推进与发展,教育大数据处理与分析已经成为推动教育改革与发展的驱动力,引起了各国政府和教育行政部门的高度重视。2012 年 10 月,美国教育部发布了《通过教育数据挖掘和学习分析促进教与学》(*Enhancing Teaching and Learning through Educational Data Mining and Learning Analytics*)报告,力图通过教育大数据的分析与挖掘,促进"大数据"教育应用,从而为教育发展抢得先机。

大数据为海量教育数据的存取提供了技术基础,但原始的教育数据只是教育大数据的基础,只有通过对采集到的各种数据进行教育数据挖掘,构建学习分析模型,发现教育变量之间的关系,并赋予数据相关意义,才能将数据转变为信息;信息经过进一步分析和综合,形成知识;最后通过实践运用,知识才上升到智慧层次(见图 10-2-1)。因此,教育数据挖掘和学习分析技术是教育大数据的关键技术。

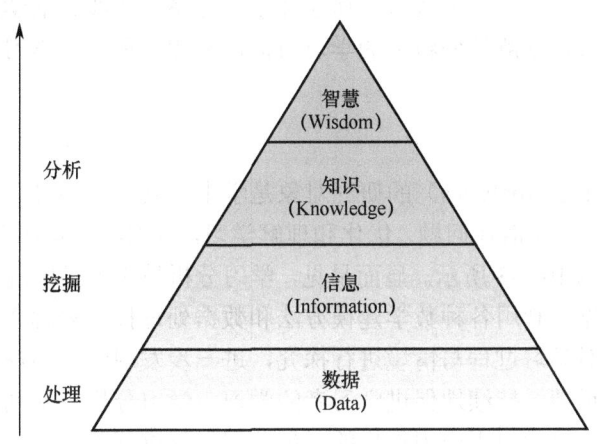

图 10-2-1 数据演变过程

正如罗素·艾可夫在《从数据到智慧》一文中阐述的那样,数据如果不经过深入的分析和加工,即使收集的数据量再大,也毫无价值;数据的价值在于形成信息,变成知识,乃至升华为智慧。大数据分析范围从已知拓展到未知,从过去走向未来,这是大数据真正的生命力和灵魂所在。

10.2.1 教育数据挖掘

教育数据挖掘(Education Data Mining)是综合运用数理统计、人工智能、机器学习和数据挖掘等技术与方法,对教育原始数据进行分析与处理,通过构建数据模型,对学习者的学习结果、学习内容、学习资源和学习行为等变量进行相关关系分析,从而有效地预测学习者未来的学习趋势。并为教育工作者、学习者、学生家长、教育教学研究者以及教学软件开发者提供支持,实现教育系统中教育资源的良性互动,最终达到改进学习的目的。教育数据挖掘流程如图 10-2-2 所示。

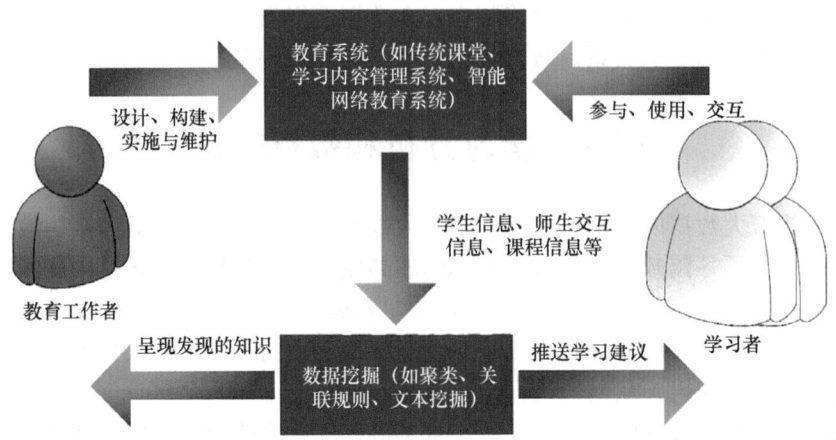

图 10-2-2　教育数据挖掘流程

教育数据挖掘能为学习者推荐课程和提供建议。数据驱动教育大有可为，数据驱动能够更加有效地实施教学。在教育领域，大数据在学习过程分析、知识表征与学习、结果预测等方面大有可为，基于大数据构建在线教育适应性学习体系，在线评估学生过去的学习习惯，并且通过评估所得的数据预测他们将来的学习习惯，来优化和帮助学习者学习。

10.2.2　学习分析

学习分析（Learning Analytics）的研究对象是学生及其学习环境，目的是通过对教育海量数据的分析和建模，发现潜在问题，优化和理解学习，预测学习者在学习中的进步和表现。学习分析过程模式如图 10-2-3 所示。显而易见，学习分析技术就是围绕着学习者在学习过程中产生的各种信息数据，利用各种数学建模方法和数据处理技术来解释这些数据，并根据结果数据与分析信息，对学习过程与情境进行探究，进一步发现学习的规律，为进一步优化和完善教学提供相应的反馈，持续地促进学习者的学习。学习分析技术利用数据挖掘、数据解释与数据建模的优势，对学习平台中积累的大量数据信息进行采集、存储、分析和表示，并根据分析测量结果对学习者的学习行为进行评估、预测和干预，为个别学生量身定制更有效的教育，进而改善和提升教与学的质量与效能，实现改善教学和促进学习的目的。

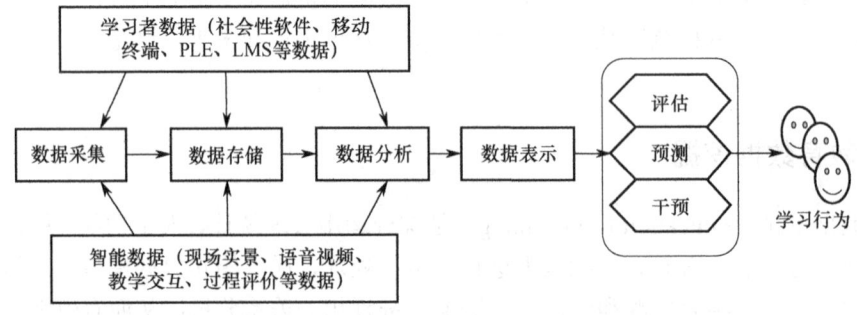

图 10-2-3　学习分析过程模式

除了学习分析和数据挖掘这两大教育大数据关键技术，近年来慕课、微课、翻转课堂、社会网络软件、云计算、Moodle 等网络学习开源平台、Web2.0 技术都可以纳入教育大数据的技术范畴。

10.2.3 学习分析与数据挖掘的教育意义

一是推进教育大数据治理。有效的教育大数据治理能够产生高质量的数据，增加数据的可信度，降低成本，促进大数据服务创新和价值创造。教育大数据的核心就是持续不断地开发出大数据服务创新，为教育教学创造社会价值。基于教育教学领域，从教学策略、实施过程、组织结构、职责分工等构建教育大数据治理框架，不断提升教育组织的大数据管理和决策水平。通过数据分析和挖掘，培养教育研究者的大数据思维，提升其逻辑思维和研究能力，使大数据成为推动教育改革的重要驱动力。

二是促进个性化学习构建。在当今的信息时代，云技术、物联网和基于二者的大数据技术正推动教育发生变革。在线教育更容易收集到每个学生的背景特征、知识基础、学习过程和学习效果。在线教育突破了线下教育的时空限制，可以随时与学生进行一对一的视频授课与在线答题测试，个性化的学习数据和一对一的教学渠道有利于跟踪教学效果，提升学习能力，向学生提供个性化的学习服务。未来教育在互联网等技术的作用下变得越来越个性化，大数据技术的应用将有利于个性化教育，标准化的学习内容由学生自行组织学习，学校和教师更多地关注学生的个性化培养，教师由教学者逐渐转变为助学者。大数据的到来，恰恰能从技术层面让体验者的感受得以量化和显现。通过记录、分类、挖掘和运用学生学习过程中产生的大量非结构化数据，揭示出学生的学习模式；通过监测、跟踪、分析和应用学生在整个学习过程中形成的数据档案，为个性化学习环境构建提供支持。

10.3 大数据时代的教育新图景[①]

大数据技术在教学领域的应用革新了教育思维方式、重构了教学评价方式、颠覆了传统教学模式、实现了个性化教育，教育大数据背景下教学的规训与教化在撤退，支持和服务在推进。在大数据时代，我们应当把关注点由教育成果（Outcome）转移到教育过程（Process），从而为教育系统带来变革。变革的关键不在于技术，而是要实现教育本质的变革。[②]大数据给了我们更全面、更精确的视角，来看待世界的复杂性和我们身处的位置，从而使我们可以在全面而坚实的经验基础上改善决策的质量。大数据改善了学习的三大核心要素：反馈、个性化和概率预测，促进了教育和技术的结合，激发了教育变革与教学活力，教育大数据代表着教育领域未来发展的方向。

10.3.1 数据挖掘与学习分析有助于教学决策和评价

教育大数据记录了教学的过程，发现了新的知识，创造了更大的教育价值，促进和优化了教学策略和评价。每个学生的智力特点和吸收水平都是不一样的，有了移动互联网，就不

[①] 胡水星. 大数据及其关键技术的教育应用实证分析[J]. 远程教育杂志，2015（5）.
[②] 孟志远，卢潇，胡凡刚. 大数据驱动教育变革的理论路径与应用思考——首届中国教育大数据发展论坛探析[J]. 远程教育杂志，2017（1）.

再是所有人在统一的课堂上、在规定的 45 分钟内听相同的教学内容。新兴的教育技术与资源使得教育更加以学习者为中心，使教育从批量到个性的实现成为可能，教师的教育思维也从宏观的群体教育向微观的个体教育方式转变，促进了以学习者为中心的个性化教育的实施，进一步使得因材施教成为可能。从技术层面来说，学习者在互联网等媒体上留下的任何数据痕迹，都可以进行分析，可以发现数据背后隐藏的学习者相关学习特征、兴趣爱好、行为倾向，与教育教学相关的状态信息都将一览无余。从这个意义上来说，未来的教育发展方向就是应用学习分析和数据挖掘等大数据技术实现精准的个性化教育，大数据对教育教学中海量数据的整合分析，结合态度、行为和行为背景因素，就可以发现学生思想、行为和心态的变化，分析每个学生的特点，结合总体学生的表现和其他因素的分布，就可以对学生进行准确的评价，从而实现对每个学生的教学都可以建立在对过去行为数据分析的基础上。真正打破传统技术背景下"对于学生，我们知道的太少"的窘境。大数据技术有利于我们对教师课堂教学计划、课堂教学评价、课堂视频资源中的各种数据进行提取和分析，从而为预测、处理教学行为、学习心理提供了重要依据，为教学评价提供了较为全面和完整的信息，克服了评估主观性强的缺憾，教学评价不再是经验式的，而是在大数据基础上的"归纳"，更具说服力和公信力，实现了教学评价的客观公正与科学准确，增强了教学决策的针对性与时效性。

10.3.2 微课与翻转课堂教学有利于个性化学习模式重构

在大数据技术的支持下未来教育变得越来越个性化，慕课、微课与翻转课堂的教学应用有利于个性化学习环境的构建，数字化课程资源的标准化定制实现了学生的自组织学习，在线学习使得学校教育和教师更多地转向学生个体，关注学生的个性化培养，教师实现了从教学者到助学者角色的转变，更多地承担学习的支持服务和协作交流。个性化学习模式更多地关注师生之间、生生之间、学生与教育媒体之间的交往互动、个性化服务和灵活的教学范式。微课实现了知识从固化到碎片，移动互联网给了我们这样的机会，可以充分利用碎片化时间。不仅如此，我们每一次对碎片化时间的利用都可以是非常高效的，因为学习系统了解你的学习情况，知道怎么让你更高效地学习；翻转课堂实现了教学模式从封闭到开放。传统教育是大家在一个封闭的教室里，规定每节课 45 分钟，而现在移动互联网可以让学生和全世界各个地方的学习者交流。做到线下进行知识传授，线上进行知识传递，完全颠倒传统的教学结构，使强调知识传递、以教定学的知识传授模式逐步让位于强调问题中心、以学为主的整合探究模式，实现教育模式转变，构建新的教学范式。利用微课和翻转课堂进行基于技术的课堂教学案例欣赏，积极开展分析、讨论和教学反思活动，在学习活动中实现对技术、学科和教学法之间的深层次理解。在这种模式下，一方面充分调动了学生的积极主动性，学习者在课堂上进行深入交互和思想碰撞，而不再是被动的教学模式接受者；另一方面可以进一步加深对整合技术的学科教学知识的理解，培养教师将技术和学科教学法整合于课堂中的能力，实现将知识的传授迁移到课外。

10.3.3 在线视频与大规模开放课程有利于教学知识呈现

开放存取已经成为帮助所有人进行学习的关键因素之一，"技术支持了信息的开放存取，实现了知识共享的无处不在"，这也是 21 世纪由新的学习技术所带来的张力和机会，学科内容的音频、视频等多媒体的融入与呈现，营造了更为丰富的交流互动和学生体验参与，促进了学习者情感领域的认知与发展，并进一步帮助我们所有人学习；现有的视频动画、网络多媒体、甚至 3D 的教学内容，生动逼真地呈现在学习者面前，使学习突破了传统的学校围墙的限制，未来的师生关系应该是从传道授业变成解惑的角色，传道授业由互联网上高质量的视频资源来替代；在线视频分享为每一位学习者打开了一扇从其他机构那里学习的大门，学习和培训从单中心到多中心，各种大规模开放在线课程使学习方式越来越丰富。通过向学习者提供观看、参与和反思的教学视频资源，实现了跨界学习交互和教学应用示范。这种交互和示范不仅能够展示技术、学科内容知识和学科教学知识之间的关系，更能够展示如何为学科内容领域的教学制订与技术有关的有效决策。促进学习者自主建构知识体系，实现教学知识的呈现与内化。

10.3.4 学习管理系统和 Web2.0 技术有助于教学管理和情境参与

利用 Web2.0 技术，用户可以在其中创建视频群组，订阅特定频道和成员的视频，上传视频，给视频贴标签。在世界范围内分享视频、创建播放列表、与拥有共同兴趣的人保持联系等。这些工具赋予了学习者在教育过程中的话语权，支持参与式学习。大数据促进教育发展的第三大宏观趋势是建构一种协同、协商和共享知识与信息的文化创造，即一种参与式学习文化。正如约翰·赛利·布朗所指出的那样，在这种新型的参与式教育环境中，学习者开始参与到一种建构、改进、学习、分享的文化中。各种免费的教育资源随处可见、各种支持学习者参与的社会性工具软件层出不穷，资源和工具的结合能使学习者自由添加、实时评论和独立创建全新资源，这时我们需要重新审视和界定学习究竟是什么——学习不再是消费和吸收，而是变成了生成和参与。由于有了 Moodle、Sakai、Blackboard 等学习管理系统和 Web2.0 技术对学习参与的支持，实现了以学习需求和学习者为中心的转变，出现了动态的教与学关系，通过挖掘知识、寻求联系、总结规律，每个教师和学习者都能发挥自己最大的教育潜能。

随着我国教育信息化水平的不断提升，教育领域各种学习管理系统、课程管理系统、网络互动平台的广泛应用，各种学习行为、学习状态等教育数据化的学习信息和学生信息逐渐增多，教育数据的海量增长，导致在教育管理、教育服务、教学研究、教育评价等领域也面临大数据问题，教育大数据时代已经悄然来临。"教育信息量的爆炸式增长以及相关数据处理技术的创新发展成为人们新的视野焦点，如何利用与分析这些数据信息，不仅影响着信息交流、知识传递和学习效果，更在一定程度上影响着教学决策的制定和学习模式的优化，已经成为目前教育工作者和学习者一致关注的问题。"在数据分析驱动教育，变革教学的大数据时代，教育领域同样蕴藏着具有广泛应用价值的海量数据，利用教育数据挖掘和学习分析技术，构建教育领域的相关模型，探索教育变量之间的相关关系，为教育教学决策提供有效的支持将成为未来教育的发展趋势。

参 考 文 献

[1] 胡水星. 大数据及其关键技术的教育应用实证分析[J]. 远程教育杂志, 2015（5）.
[2] 周馨. 大数据时代教育数据价值挖掘[J]. 信息与电脑（理论版），2013（8）：15.
[3] 徐鹏，王以宁，刘艳华，等. 大数据视角分析学习变革——美国《通过教育数据挖掘和学习分析促进教与学》报告解读及启示[J]. 远程教育杂志, 2013（12）：1.

[4] 张杰夫. 大数据·大视野·大教育[J]. 中小学信息技术教育, 2013（10）: 13.
[5] 维克托·迈尔-舍恩伯格, 肯尼思·库克耶著. 盛杨燕, 周涛译. 大数据时代[M]. 杭州: 浙江人民出版社, 2013.
[6] 魏忠. 教育正悄悄发生一场革命[M]. 武汉: 华东师范大学出版社, 2014.
[7] 马婧, 韩锡斌, 周潜, 等. 基于学习分析的高校师生在线教学群体行为的实证研究[J]. 电化教育研究, 2014（2）.

第 11 章 人工智能与智慧教育

自从 20 世纪 50 年代麦卡锡（Joseph Raymond McCarthy）提出"人工智能"这一概念以来，当前，人工智能已经成为改变世界最为重要的技术之一。在教育领域，从早期的专家系统、适应性学习系统、智能教学系统，到最近的智慧学习环境，以及新近提出的智慧教育这一崭新的教育理念，人工智能正在越来越深入地影响着我们的教育，并试图促进教育进行革命性的改变。

11.1 人工智能教育概述

11.1.1 人工智能的发展历史

早在远古时期，一些具有智力或意识的人工生物就出现在各种神话故事和传说中。例如，在古希腊神话中，赫菲斯托斯用黏土制作了一个邪恶的女机器人潘多拉（Pandora）。而在中国，我们的祖先也早就有"机器人梦"，并尝试着制造自动机械装备来代替人类的劳动。例如，《列子·汤问》篇中的"偃师献计"反映了我国劳动人民大约在公元前 9 世纪就具有人工智能的古朴思想了。《墨子·鲁问》篇记载了鲁班的"木鹊"在空中飞翔达三天之久。而宋代沈括之《梦溪笔谈》卷七中则有使用机器人来捕捉老鼠的记载。

同时，自公元前 1000 年起，中国、印度和希腊的哲学家们开始探索机械（或形式）推理的结构化方法，试图解决模拟人类思维过程的问题。而人工智能的基本假设就是人类的思考过程可以机械化。古希腊哲学家亚里士多德对三段论进行了完整的分析，为形式逻辑奠定了基础。大约公元前 300 年，欧几里得的《几何原本》以亚里士多德的形式逻辑为方法，建立了一套从公理、定义出发，论证命题得到定理的几何学论证方法。西班牙哲学家雷蒙·卢尔（Ramon Llull）开发了逻辑机器，试图通过逻辑方法产生知识。卢尔认为这些机器能够将基本的、无可否认的真理通过机械手段使用简单的逻辑操作组合起来，从而生产所有可能的知识。后来，德国数学家及哲学家莱布尼茨（Gottfried Wilhelm Leibniz）继承并发展了雷蒙·卢尔的思想，认为可以将人类思想编码，通过逻辑推演的方式组合出新的知识。

到了 17 世纪，莱布尼茨、托马斯·霍布斯，以及笛卡尔探索理性思考可以像代数或几何那样系统化的可能性。霍布斯在《Leviathan》中提出"推理即是计算"。莱布尼茨设想通过一种通用的语言形式来进行推理，减少争辩，从而将更多的精力花费在计算上。这些哲学家们开始明确提出物理符号系统的假设，认为知识的基本元素是符号，智能的基础则依赖于知识，这一假设成为未来人工智能研究的信念指引。

19 到 20 世纪初，布尔的《思维的定律》（The Laws of Thought）以及弗雷格的《概念文字》（Begriffsschrift）等著作奠定了数理逻辑的基础，有关数理逻辑的研究使人工智能成为现实取得突破性的可能。基于弗雷格关于逻辑规律的公理系统，罗素和怀海特在 1913 年出版了他们的著作《数学原理》，向人们展示了全部数学都可以从基本的逻辑概念和逻辑规则推导出来。受到这一伟大成就的激励，希尔伯特向20世纪20年代和30年代的数学家们提出了一个基础性的问题："能否将所有的数学推理形式化？"图灵等人证明了数理逻辑具有局限性，但是，在这些限制条件下，任何形式的数学推理都存在机械化的可能。并且，邱奇-图灵论题（The Church-Turing thesis）暗示，一台仅能处理0和1简单二元符号的机械设备能够模拟任何数学推理过程。图灵机这一思想奠定了现代计算机的理论基础，而现代计算机的出现则推动了人工智能的快速发展。同时，图灵在他的著作《计算机器与智能》中提出了著名的图灵测试，并指出当计算机在智力行为上表现得几乎无法和人区分时，可以说这台机器是具有智能的。图灵测试为人工智能的发展树立了一个标杆，同时，也标志着人工智能发展正式开始。

20世纪40至50年代，许多来自数学、心理学、工程学、经济学和政治科学等领域的科学家开始讨论制作人工电脑的可能性。直到1956年，美国斯坦福大学计算机科学系麦卡锡教授首次提出"人工智能"这一概念，他认为人工智能是制造智能机器特别是智能计算机程序的科学及工程，人工智能的主要任务是利用计算机来理解人类的智能。从此，人工智能成为计算机科学的一个重要分支。

20世纪50年代后期到70年代初期，人工智能进入黄金发展时期。人工智能在解代数文字题、几何定理证明及英文口语等方面有令人惊讶的表现，使得人们乐观地估计可以在20年内制造出具备完全智能的机器。美国政府也投入了大量的金钱到人工智能领域。这一时期的主要成果有搜索推理、自然语言处理以及微观世界处理等。

20世纪70年代中期到后期，人工智能进入第一次寒冬期。人工智能由于遭遇到一些难以解决的困难而受到批评，政府和企业界也缩减了资金投入。这些困难包括：有限的计算能力，没有足够的资源去解决有用的实际问题；即使简单的问题，也需要指数级的处理时间去寻找最优解；理解一个概念需要大量的常识性信息，而常识几乎不可能通过推理来生成；莫拉维克悖论（Moravec's Paradox），即和传统的假设不同，人类的高阶能力（如推理能力）只需要少量的计算能力，但是感觉运动技能则需要大量的计算资源，因此，人工智能容易证明数学定理，却难以识别一张普通人的面孔。

20世纪80年代，人工智能再次进入快速发展时期。基于1977年费根鲍姆提出的"知识工程"这一概念，知识成了人工智能领域的主要关注点。此后，各类专家系统在商业机构中得到应用与发展，产生了巨大的经济效益。日本政府甚至雄心勃勃地将大量资金投入到人工智能领域，以促进其提出的第5代计算机工程的发展。

人工智能的第二次寒冬期发生在1987—1993年。随着计算机技术的发展，Apple和IBM公司生产的台式机性能不断提升，而智能专家系统维护费用居高不下，且仅能应用在特定的情境中，使得商业市场对人工智能产品的需求和兴趣都大大降低了。尽管如此，这个领域的研究仍在不断进行。研究者们开始反思过于重视基于符号系统的抽象推理的传统，认为真正的智能机器必须具有躯体，需要感知、移动与生存，并与外在世界进行交互。

自1993年至今，随着计算机、网络、深度学习，以及大数据等技术的快速发展，人工智能已经取得了很大的进步，衍生了许多不同的研究方向，例如，自然语言处理、智能搜索、推理与规划、模糊控制、图像识别、无人驾驶、机器学习、模式识别等，这些研究广泛地应用在各个领域，极大地推动着各国的经济、文化与社会的快速发展。

11.1.2 人工智能在教育中的作用

随着人工智能技术的发展，对学习本质的认识越来越深入，以及人们对利用人工智能技术提升学习效率与效果的不断尝试、反思与改进，人工智能在教育中的应用越来越广，对教育的影响也越来越大。总的来说，人工智能对教育的促进作用主要体现在以下三个方面。

1．构建智能化的教学环境

根据维果茨基为代表的社会建构主义学派的观点，知识是人与社会文化与环境互动的结果，可以看出，学习环境对于发展人类知识的重要性。自从计算机应用于教育以来，创设数字化的学习环境就成为教育信息化的一个重要内容。这样的数字化学习环境通常用来向学生提供大量的信息及一些认知工具，同时跨越时空的限制，将现实生活中的问题引入教学情境中，来支持、促进学生的内部认知及外部互动活动的开展，进而构建与发展自己的知识体系。

传统形式的数字学习环境强调单方向地向学习者传递教学支持资源，无法感知学习者个体的学习风格、需求及学习状态等个性化信息，因而也就无法为学习者提供个性化的学习支持服务，在一定程度上阻碍了教学效率、效果的提升，以及学生的个性化发展。人工智能中的建模技术可以建立包括学习风格、学习能力、先前知识、学习需求、学习过程等信息的学习者模型，经过智能算法的处理与运行，向学生提供个性化的学习资源、引导及评价等信息，从而在一定程度上实现"因材施教"的教育理念。同时，感知技术可以获取学习者的一些特殊信息及所处的环境信息，例如，地理位置、学习情绪等，从而提供更加智能化、个性化的学习导引信息。例如，当一群学生参观某个历史博物馆的时候，智能教学系统能够根据学生当前的学习状态（如已获取到的学习资源、已完成的练习、当前遭遇的困难等）和地理位置，指引学生到博物馆某个点进一步参观，从而实现个性化的课外学习。虚拟仿真现实等技术则能够让学生置身于真实与虚拟交融的学习情境中，学生可以"身临其境"地访问到那些目前无法涉足的，甚至远古的、未来的资讯，极大扩充了学生的信息获取渠道，增强了学生获取信息的能力。此外，大数据与学习分析技术可以全面、全程地记录、跟踪学生的学习历程，从而给学生更细致、更个性化的学习指导和帮助。

2．创新教育教学方式

传统的教学中，教师通常占据主导地位，学生只能被动地接收知识。而根据认知主义及建构主义学习理论的观点，学生是认知活动的主体，知识是学习者积极、主动建构的结果。因此，传统的教育教学方式通常会抑制学生的学习自主性，阻碍他们进行有意义的知识建构。

人工智能的介入则能有效地解决上述这个问题。具体来说，模拟人的思维过程的人工智能产品具有认知智能，能够充当学习者的学习伙伴，帮助学生理解与构建相关概念的知识，因此，教师可以利用这类人工智能产品引导学生开展一些自主学习活动，发展学生的自主学习能力。整合了无线网络、传感，以及智能代理技术的教学系统，能够帮助学生开展情境感知的泛在学习（Context-aware Ubiquitous Learning）。例如，在学生手持智能终端设备在植物园观察植物的教学情境时，由于系统端存储了学习资源、学习者信息（学习风格、先前知识等）、学习导引策略、学习者位置等各类信息，该智能教学系统能够给每个学生制定最优化的学习路径，引导学生在植物园中观察植物、获取与学习相关的学习资源、练习知识，以及开展学习反思等。

此外，由于人工智能在提供个性化资源、学习建议和反馈，教学监控及连通课堂外真实世界等方面起着十分重要的作用，教师便可以从准备资源、监控教学进程、分发及批改作业等繁重的任务中解脱出来，将更多的时间用在实施各种主动学习策略（如同伴评价、基于问题的学习、小组讨论、合作学习等）、师生交流、个别化辅导上。总的来说，人工智能改变了一对多、单向被动的传统授课模式，支持诸如自主学习、个性化教学、情境教学、泛在学习等新型教学策略或模式的开展，极大地革新了传统教育教学方法和模式，能够有效地提升教学效果及效率。

3. 变革教育理念

传统教育重视发展学生的知识与基本能力，机械记忆及脱离生活实际的做题是学生获取知识及发展能力的主要方式。然而，随着社会经济的快速发展，发展具有创新思维、创造能力的个性化人才成为现代教育的重要教育理念。人工智能具有在教育领域中促进与实现这些现代教育理念的潜能。如前所述，智能化的教学环境及基于这个环境的新型教学策略使学生的学习主体地位得到加强，创新精神和创造力发展得到重视，个性化发展得以实现。具体来说，在人工智能支持的教学环境中，学习者的个性特点、学习需求、学习目标，以及学习历程得到全方位的关注，学习者的学习自主性和个体差异得到尊重，很好地体现了以人为本的教育理念。同时，由于人工智能技术的介入，教师有了更多的时间实施师生互动及学生之间的互动，这种互动有助于激发学生的学习热情，激荡他们的思想火花，培养他们的批判性思维和思考能力，从而发展他们的创新精神和创造力。人工智能将课堂外的真实世界连接到课堂教学活动中，拓宽了学生的视野，培育了学生开放、进取的精神，培养了学生解决实际问题的能力，最终提高了他们创造性地应对未来工作及生活的挑战的能力。

随着人工智能技术以及越来越多的新兴技术，例如，大数据、学习分析、智能云服务、5G 技术等的进一步发展，这些现代教育理念将能够被越来越好地付诸实践。

11.1.3 人工智能在教育中的典型应用

人工智能在教育中的典型应用有如下几种情况。

1. 智能教学系统

在 20 世纪 70 年代末期至 80 年代中期，计算机开始进入教育领域，开启了计算机辅助教学（Computer-Aided Instruction，CAI）时代。与此同时，为了尝试使用机器人来代替人进行教学，人们提出了智能教学系统（Intelligent Tutoring System，ITS），它主要由学生模型、领域知识模型及教学法模型组成。学生模型主要包括学生的认知状态；领域知识模型则包含某个领域的知识；而教学法模型包含了一系列的教学策略知识。智能教学系统通过比较领域知识模型和学生模型之间的差异，选择合适的教学策略，向学生传递相应的知识。专家系统（Expert System，ES）是一种典型的智能教学系统，它应用特定领域的专家知识和经验，并采用知识推理技术来求解通常由专家才能解决的各种复杂问题。20 世纪 90 年代，由于设计与发展一个智能教学系统需要花费大量的人力和物力，同时，一些批评者认为机器的作用并不是取代专家或教师，而应是一种认知辅助工具，用来促进学生高阶思维能力的发展，智能教学系统发展一度跌入低潮。进入 21 世纪，随着大数据、学习分析及神经网络等新兴技术的发展，精确地检测学生的学习难点并给出相应的学习建议越来越成为可能，智能教学系统再次引起人们的关注。

2. 智能批改

批改学生的作业是一项非常耗费时间和精力的工作,而将人工智能应用于作业批改,能够将教师从这项工作中解脱出来,将宝贵的时间和精力运用在其他更有意义的教学活动中。对于客观题(如选择题、判断正误题等),人工智能一直有着很高的批改精度。近年来,随着大数据和学习分析技术的发展,人工智能在评价主观作业(如问答题、写作等)上的精度也越来越高,给学生的学习建议也越来越有针对性。

3. 智能语音识别

语音识别技术在我们的日常工作与生活中应用得越来越普遍,它同样在教育领域发挥着巨大的作用。在英文教学中,语音识别尤其具有特别重要的价值,例如,它能帮助学习者练习口语,发现并纠正学习者在发音方面的问题。通过这种方式,反复练习,提升学习者发音的准确度和流畅度,最终能够帮助学习者有效地提升口语水平。同时,针对一些特殊群体的学习者,例如,盲人,语音识别技术能将其说的话转换为文本,计算机对这些文本进行处理后,以语音的方式反馈给这些学习者。通过这种语音识别技术,盲人也能够使用计算机及网络上海量的学习资源,充分体现了以人为本的现代教育理念。

4. 智能化的教育管理

教育是一个复杂的社会现象,有效率的教育管理是确保教育教学顺利开展的重要条件。在大数据、云服务、学习分析、传感等新兴技术的支持下,人工智能能够对学校运行过程中产生的广泛的、大量的数据进行收集、检测、处理和预测,从而获取学校教育教学运行的细节及全貌,为优化教育教学活动提出实质性的依据。例如,传统的教学评价主要通过"听课"和"评课"来完成,依靠的是评价者的主观认识和感受。当人工智能引入教学评价过程中,系统会自动地采集与分析每个学生的学习成长数据,同时,图像识别及深度学习技术对课堂上教师及学生的情感及行为表现进行智能分析,最终得到全面、真实的教学效果画像,为教师及相关管理部门进一步调整和优化教育教学活动提供科学的决策依据。

11.2 智慧教育

11.2.1 智慧教育定义

21世纪进入知识经济时代,各国开始重视发展具有自主学习能力、沟通与合作能力、创造能力、问题解决能力,以及具有全球公民意识与责任的人才。同时,随着技术的飞速发展,我们的工作、学习与生活也开始迈入智能化时代,时代对人们的信息素养与能力提出了更高的要求。这些翻天覆地的变化要求革新我们的教育理念、模式与方法,以适应信息化的知识经济时代对人才培养提出的新的、更高的要求。智慧教育这一教育新概念正是对这种教育革新要求的一种积极回应。

智慧这个词最早出现在我国先秦《墨子·尚贤》一书中:"若此之使治国家,则此使不智慧者治国家也,国家之乱,既可得而知已。"也就是聪明才智之意,与当前语境下的意义相当,指的是"能迅速、灵活、正确地理解事物和解决问题的能力"。

对于什么是智慧教育,目前尚没有统一的定义。我国学者祝智庭和贺斌认为,智慧教育是以智慧学习环境为基础，应用各种教学法，帮助学生更加智慧地学习，发展学生的高阶思维能力、创造力，以及运用技术创造性地参与实践活动以求灵巧地改造周围环境的能力。何克抗指出智慧教育是一种在智慧教室中开展智能决策、实施和评价活动的教学方式。台湾学者黄国祯认为智慧教育是以智慧学习环境为支持，根据学习者的行为、表现和所处的情境，适时地提供教学支持与指引的一种教学方式。Spector 则认为智慧教育是利用创新性、适应性的技术，帮助学习者更投入地学习，并取得更有效率且更好的学习效果。

我们认为，智慧教育是一种崭新的教育理念，它强调"以人为本"的教育思想、学生学习的主体地位，以及学生的个性化发展为最高目标。智慧教育也是一种教育方式，它强调利用技术实施个别化教学。最后，智慧教育也是一个发展中的、开放的概念。也就是说，它的教育理念、教学手段和使用的技术都是开放的，随着人们对学习本质的不断认识与反思、技术发展及人们对技术支持教育的持续认识与探索，以及教学手段的不断更新，人们对智慧教育的认识也越来越深刻。

11.2.2 智慧教育的内涵与特征

近年来，随着物联网、云计算、大数据、泛在网络等新一代信息技术在教育领域的应用与推广。智慧教育被赋予新的内涵和特征，教育技术领域的研究者纷纷从信息化视角对智慧教育的概念进行了阐述。祝智庭教授在《智慧教育：教育信息化的新境界》一文中分析了信息时代智慧教育的基本内涵：通过构建智慧学习环境（Smart Learning Environments），运用智慧教学法（Smart Pedagogy），促进学习者进行智慧学习（Smart Learning），从而提升成才期望，即培养具有高智能（High-Intelligence）和创造力（Productivity）的人，利用适当的技术智慧地参与各种实践活动并不断地创造价值，实现对学习环境、生活环境和工作环境灵巧机敏的适应、塑造和选择。

智慧教育基于智慧教学环境，具有情境感知（Testing）、内容呈现（Showing）、环境管理（Manageable）、资源获取（Accessible）、及时互动（Real-time Interactive）等特点，实现教学情境感知、学习资源推送、课堂全向交互。

（1）情境感知

情境感知是智慧教育最基础的功能特征，依据情境感知数据自适应地为用户提供推送式服务。能感知学习情境，识别学习者特征，提供合适的学习资源与便利的互动工具，自动记录学习过程，测评学习成果，实现物理环境与虚拟环境的融合，更好地提供适应学习者个性特征的学习支持和服务，以促进学习者的有效学习。

（2）全向互动

教与学活动的本质是交互，智慧教育系统支持全方位的交互，包括人与人之间的交互，以及人与物之间的交互。全向互动是智慧课堂的核心特征之一，智慧课堂是一个高互动学习空间，在智慧课堂中存在人、技术、环境和资源等维度之间的多种互动形式，但人与人之间的互动仍是课堂教学中最主要的互动形式。把课堂教学过程看作一个动态发展的、教与学过程相统一的交互影响和交互活动的过程，同时也把课堂教学过程看作师生进行一种生命与生命的交往、沟通。

（3）按需推送

智慧教育要达成"人人教、人人学"的美好愿望，教育资源可以按需获取和使用，教与学可以按需开展和实践。根据用户的学习偏好和学习需求,个性化推送学习资源;根据用户所处的学习状态和需求,适时推送学习服务,以解决疑问,提供指导。

11.3 人工智能促进智慧教育应用

11.3.1 幼儿教育中的智慧观察

在幼儿教育中,信息技术的应用通常局限在让幼儿使用 App 做练习以及玩游戏,而很少将它应用在教学管理和教学活动中。然而,在恰当的情境中应用合适的信息技术,将极大地提升管理及教学效率与效果。况且,对于成长在技术娱乐时代的孩子们来说,将信息技术应用在教育中有助于提升孩子的学习兴趣和参与热情。

"智慧教育在学校"(Smart Education @ Schools)是比利时弗兰德地区政府资助的一个计划,目的是鼓励及支持中小学及大学的一线教师创造性地将技术应用到教学中,从而自下而上地对弗兰德地区教育系统产生积极的影响。"幼儿教育中的智慧观察"是其中的一个项目,用来观察和记录幼儿的活动,从而减轻教师的工作负荷,以及帮助教师更好地设计教学活动。在这个项目中,幼儿戴着智能手环,做着各种学习或游戏活动,幼儿的位置和时间信息通过智能手环传送到系统端,系统可以分析出每个孩子的活动偏好和活动发展过程。这不但减轻了教师管理幼儿活动的工作负荷,也让教师能够更细致地洞察每个孩子的成长过程与特点,便于为幼儿更好地设计相应的教学活动,以适应幼儿差异化成长的需要。

11.3.2 智慧教室

智慧教室是一种非常典型的智能化学习环境,已开始越来越多地应用于大中小学校;它是由物联网、智能云服务、数据挖掘和学习分析等技术构建起来的新型教室。智慧教室由物理教室和线上云空间组成,一般都具有情境感知、学习资源支持、教学记录、互动空间,以及评价与反馈等功能,用来提供物理及虚拟的教学资源、个别化的学习指导、智能化的教学管理、跨越时空的合作与交流,以促进个性化学习、开放式学习及无处不在的学习。

在烟台市珠玑小学智慧教室,主要的模块包括智能化教学、智慧黑板、课堂互动、常态化录播、教研支持、大数据采集和应用及统一管理。

智能化教学模块支持教学全过程的开展,包括课前备课、课中教学、课后反馈,以及随堂测评结果分析、板书录制和课堂录播。其中,课中教学包含身份确认、定向推送、教学互动、学生互动、班级互动、随堂测评、作业分发等多个功能。可以看出,智能教学模块能够增强教师课堂准备、教学实施、教学评价的能力。同时,不但促进了课堂内的互动,而且将互动拓展到班级之外,有效地提升了课堂教学的互动性、开放性和共享性。

智慧黑板是由触摸式液晶屏幕和智能黑板软件构成,可以实现板书、存储及再现板书内容等功能。相对于传统黑板,智慧黑板可以提升教师板书的效率,将更多的课堂教学时间用在与学生的互动上。同时,多媒体化的教学内容更加形象、生动,有利于提升学生的注意力和学习投入,从而促进学生对知识的理解。

有效的课堂互动是良好的教学效果的必备条件之一。该智慧教室案例包含了诸如校际互动、班班互动、师生互动、分组互动、生生互动等互动,有助于开展多种形式的教育教学合作活动。

常态化录播是指把讲课、板书、答疑、互动等日常教学过程录制下来，以便于之后的再次学习与反思。日常教学活动是一个高度认知参与的过程，也是用来评价教学效果的一个重要依据，因此，将日常教学过程录制下来有助于学生随时随地学习，并反思自己的学习历程。同时，也有助于教师根据实际教学效果去反思教学过程中存在的问题，以进一步改善之后的教学工作。此外，一些优秀的教学案例也可以共享给其他学校，尤其是中西部教育资源欠发达地区的学校，达到优质教育资源共享的目的，以改善我国教育中出现的地区不平衡现象，促进教育公平。

教研支持是指录播后的课程教学资源可以通过云平台，向校内外专家或教师们公开，从而支持在云平台上开展诸如教师个人微教研、专家课堂诊断等形式的教研活动，以提升教学与研究水平。

在大数据采集和应用模块中，课前备课、课中教学及课后反馈等过程会产生众多的数据，这些数据反映了教学过程的真实情况。通过学习分析技术，可以产生学生学习行为、互动行为及教师教学行为等信息，从而为个性化教学、教学方法改善提供科学的参考依据。

最后，统一管理是指通过物联网技术，识别及管理各种物理及应用层设备，例如，对教室灯光、温度等的智能控制管理。

从上面两个案例可以看出，随着人工智能技术的发展以及人们对人工智能应用于教育的不断认识及探索，我们的教育可以变得越来越智慧。然而，仅仅引入人工智能技术还是不够的，还需要我们具有一颗智慧的头脑，不断去思考、探索和总结智慧教育的内涵、意义和作用。

参 考 文 献

[1] 邹蕾，张先锋. 人工智能及其发展应用 [J]. 信息网络安全，2012（2）：11-13.
[2] Baker, M. J. The roles of models in Artificial Intelligence and Education research: a prospective view [J]. Journal of Artifcial Intelligence and Education, 2000, 11: 122-143.
[3] McCarthy, J. What is artificial intelligence [EB/OL]. http://jmc.stanford.edu/articles/whatisai/whatisai.pdf.
[4] Buchanan, B. G. A (very) brief History of Artificial Intelligence [J]. Ai Magazine, 2005, 26(4): 53-60.
[5] Reynoso, R. A Complete History of Artificial Intelligence [EB/OL]. https://learn.g2.com/history-of-artificial-intelligence.
[6] 张朝阳.《列子》寓言与古代机器人[J]. 黑龙江教育学院学报，2005（6）：86-87.
[7] 陆敬严. 中国古代机器人[J]. 同济大学学报：社会科学版，1998（3）：14-17.
[8] History of Artificial Intelligence [EB/OL]. https://en.wikipedia.org/wiki/History_of_artificial_intelligence.
[9] 张妮，徐文尚，王文文. 人工智能技术发展及应用研究综述[J]. 煤矿机械，2009（2）：9-12.
[10] 杨欣. 人工智能"智化"教育的内涵、途径和策略——人工智能何以让教育变得更聪明[J]. 中国电化教育，2020（3）：25-31.
[11] 郭炯，郝建江. 人工智能环境下的学习发生机制[J]. 现代远程教育研究，2019，31（5）：32-38.
[12] Intelligent tutoring system [EB/OL]. http://edutechwiki.unige.ch/en/intelligent_tutoring_system.
[13] 中国社会科学院语言研究所.新华字典（第 11 版）[M]. 北京：商务印书馆，2011.
[14] 祝智庭，贺斌. 智慧教育：教育信息化的新境界[J]. 电化教育研究，2012（12）：5-13.
[15] 何克抗. 智慧教室+课堂教学结构变革——实现教育信息化宏伟目标的根本途径[J]. 教育研究，2015（11）：76-81，90.

［16］Shoikova, Elena, Roumen Nikolov, and Eugenia Kovatcheva. Conceptualizing of Smart Education[J]. Electrotechnica & Electronica (E+ E), 2017, 52: 3-4.

［17］Hwang, Gwo-Jen. Definition, framework and research issues of smart learning environments - a context-aware ubiquitous learning perspective[J]. Smart Learning Environments, 2014, 1(1):1-14.

［18］Spector, Jonathan Michael. Conceptualizing the emerging field of smart learning environments[J]. Smart Learning Environments, 2014, 1(1):2.

［19］杨现民.信息时代智慧教育的内涵与特征[J].中国电化教育，2014（1）：29-33.

［20］Smart Education @ Schools [EB/OL]. https://eetn.eu/dam/jcr:b4e421c5-0266-4579-9e3e-44348353787a/Smart%20Education%20@%20Schools.pdf.

［21］李昕原.烟台市珠玑小学智慧教室应用案例[J].中国现代教育装备，2015（18）：12-13.

第四部分

实践篇

第 12 章 微课的设计与开发

微课的设计与开发能力是现代教育技术实践能力的一个重要方面,也是师范生信息技术素养的一个重要体现。本章节在综合微课教学设计、微课教学理论和具体制作软件的基础上,重点以初中数学和语文具体教学中的相关知识点为案例,详细阐述微课的设计与开发流程。

12.1 微课制作流程

微课制作的一般流程为选题、设计脚本、准备工作、制作、后期处理五个部分。

12.1.1 选题

选题是整个微课制作的第一步,一个好的课题是成功的必要条件。必要时还得进行"查新",避免与其他单位的作品雷同。一般来说,微课选题的原则包括以下几点。

(1)价值性:课题应选择学科中较为重要的内容或急需的内容,以及较为抽象的重点和难点。

(2)主题单一性:课题内容尽量集中,涉及面不要太宽,可以聚焦在单个知识点。

(3)课题表现性:在选题上应选择用常规方法难以表现而又适合用计算机多媒体表现的课题。例如,一些图片多、动画多、具有形象性的教材,适合用计算机模拟,直观性强。

(4)面对学习对象:在选题上定位恰当,面向合适的学习对象,选择适宜该阶段学习对象学习的内容。

12.1.2 设计脚本

1. 微课脚本

微课脚本是微课录制的指南,简单理解就是将画面与解说词对应地写出来,即把要完成的事用文字写出来,细致描述每一个模块的实现过程,作为后期处理的依据。脚本应当非常详细,包括课题名称、设计者、知识点来源、设计时间、录制方式、适用对象、教学环节类型、教学目标、教学内容、教学过程设计(包括各个环节的录制时长、展示内容、如何面向学生操作演练等),以及评价与反思。

2. 微课脚本模板

微课脚本主要包括微课课题、设计者、知识点来源、录制方式、教学目标、教学内容、教学过程设计、评价与反思等要素。其中,教学过程设计的内容还应包括各个环节所需的时间、讲述的内容、展开方式、视频同步展示的画面情形。环节设置可以参照下列流程:片头→正文→结尾。

微课设计模板如表 12-1 所示。

表 12-1 微课设计模板

课题		设计者	
知识点来源		设计时间	
录制方式		适用对象	
教学环节类型			
教学目标			
教学内容			
教学过程设计			
环节	时间	内容	画面
片头			
正文			
结尾			
评价与反思			

12.1.3 准备工作

脚本完成后,需要准备相应的制作工具和素材。

1. 准备制作工具

1) 硬件准备

录屏类:配有话筒、音响、摄像头的多媒体计算机;合适的光源。
拍摄类:录播教室或便携式摄像设备;纸、笔、黑板、实验教具等;合适的光源。
软件合成类:计算机、手写板等。
混合类:上述三类硬件中的若干种。

2) 软件准备

常见的有 Camtasia Studio 等录屏软件、Powerpoint 等办公软件、Photoshop 等图像处理软件、Cool Edit 等音频处理软件、Flash 等动画制作软件,等等。

2. 准备制作素材

常见的多媒体素材类型有文本、图片(图形/图像)、动画、音频、视频等。除了网络、PowerPoint、Camtasia Studio 等提供的各种素材,制作者也可自行设计。

1) 文本素材

文本是以文字和各种专用符号表达的信息形式,它是现实生活中使用得最多的一种信息存储和传递方式。一般情况下,处理文本的软件主要有 Word、记事本、写字板、WPS 等,在这些软件中设置好文本之后导入课件设计软件,或者使用"复制""粘贴"命令,也可实现文本的导入。

2) 图片素材

图片的采集主要有 5 种途径:用软件创作,扫描仪扫描,数码相机拍摄,数字化仪器输入,以及从屏幕、动画、视频中捕捉。图像素材的采集大多通过扫描完成,高档扫描仪甚至能扫描照片底片,得到高精度的彩色图像。数码相机为图片采集带来了极大的方便,而且成本较低。

在常见的图形创作软件中，Windows"附件"中的画笔（Paintbrush）是一个功能全面的小型绘图程序，还有一些专用的图形创作软件，如 Auto CAD 等。

图形图像编辑软件多种多样，Photoshop 是公认的最优秀的专业图像编辑软件之一，它有众多的用户，但精通此软件并非易事。简单的图形图像编辑可以采用美图秀秀等软件。

常见的图片格式有 bmp、jpg、png、gif 等。bmp 即 Windows 位图，它支持 1 位到 24 位的颜色深度，与画笔（Paintbrush）等 Windows 程序兼容，但它不支持压缩，文件比较大；jpg 即 JPEG 格式，是最常用的图片格式，支持压缩。png 即便携式网络图形，常在截图的图片上看到，支持压缩。gif 即图形交换格式，是一种基于 LZW 算法的连续色调的无损压缩格式，支持多图像文件和动画文件。

3）动画素材

动画制作软件种类很丰富，如 Flash（二维动画）和 Unity 3D（三维动画）等。其中 Flash 动画在网页中应用广泛，用其制作的 SWF 动画文件可以嵌入 HTML 文件中，也可以单独成页。Unity 3D 则用来制作三维动画，富有立体感。

4）音频素材

微课中音频素材的采集和制作可采用以下方式。

最常见的音频格式是 MP3 格式。可用文字转换语音软件制作，再以 MP3 格式导出。也可利用一些软件或光盘中提供的声音文件。在一些声卡产品的配套光盘中往往也提供了许多 WAV 或 MIDI 格式的声音文件；还可通过计算机中的声卡，从麦克风中采集语音生成 WAV 文件，如制作课件中的解说语可采用这种方法。

5）视频素材

常见的视频格式有 MP4、AVI、MPEG、RM、RMVB、FLV 等。可用视频格式转换软件进行转换，如格式工厂等。

最常见的一种视频格式是 MP4 格式，其压缩比例较大，所占内存较小，兼容性好；AVI 格式，即 Audio Video Interleaved（音视频交错）格式，由微软公司研发，多数操作系统都兼容，且图像质量高，但体积过大，压缩标准不统一；MPEG 格式，即 Moving Picture Expert Group（动态图像专家组），兼容性好，压缩效率高，所占体积较小，音、视频的质量也高；RM 格式由 RealNetworks 公司开发，不同于大多数视频格式先下载后播放的形式，它支持在数据传输过程中边下载边播放；而 RMVB 是在 RM 格式基础上升级而来的，比 RM 格式运动图像画面质量高，在图像质量和文件大小间达到微妙平衡；FLV 格式，即 Flash Video 格式，文件所占内存小，加载速度快，视频质量高，成为在线视频网站的主流视频格式。

视频素材的采集途径有很多，可用专业设备采集，如用专业摄像机录制视频，也可用像素较高、拍摄清晰的手机进行采集，还可通过 Camtasia Stuido 等录屏软件对屏幕进行录制，用 Primiere 等视频剪辑软件截取视频片段。

12.1.4 录制

微课类型不同，所选用的制作工具就不同，录制方式也不同。

1. 录屏类

借助 Camtasia Studio 等录屏类软件，录制电脑屏幕上的课件或其他画面，并使用麦克风等实时录制声音,最后合成,并进行视频编辑,操作较为简单。

2. 拍摄类

通过录播教室将授课教师的画面、多媒体课件等完整录制,生成可播放的多媒体视频文件,经过后期处理,最终形成微课。

3. 软件合成类

使用软件对素材进行加工,最终合成微课视频。

4. 混合类

包含上述 3 种录制方式的微课视频。

12.1.5 后期处理

后期处理,即对录制完成的微课视频进行编辑与处理,主要包括添加片头、片尾,以及添加注释、剪辑不需要的片段、添加旁白等。片头主要包括课题、作者等信息,也可加上学习对象、知识点所属学科、采用的教材版本等;片尾主要包括制作单位、制作人员、鸣谢等。注释、剪辑、旁白等具体操作可见本书第 12 章。在微课的后期处理中,通常需要遵循如下技术规范。

1. 文本信息

字号:主标题可以为黑体三号;副标题略小,为小三号;正文为宋体小四号。

字体:建议使用黑体、宋体等字体。

字数:每页不超过 35 字。

2. 背景

微课背景要与字体有鲜明对比,方便阅读,常用白体黑字。建议界面不要过于花哨、以简洁明了为好。

3. 布局

图文比例适当,可以控制在 8∶2 左右,注意留白。

4. 时间

微课时长以 10 分钟左右为宜,学习对象若为低龄儿童,可再减少时长。

5. 音频

微课音频的音量也要注意,太小或太大都应进行适当修改。

6. 画面大小

视频的画面大小建议为 640×480,视频格式建议为 MP4 格式,音频格式建议为 MP3 格式。

7. 督导环节

针对采用电脑或手机等移动设备进行学习的学习对象,为提高其参与度,可添加督导环节,例如,添加鲜明的提示性画面等,吸引学生的注意力。

12.2 微课的制作

Camtasia Studio 是 TechSmith 公司出品的、专业的屏幕录制和编辑软件,该软件提供了强大的屏幕录像(Camtasia Recorder)、视频剪辑和编辑(Camtasia Studio)、视频菜单制作(Camtasia MenuMaker)、视频剧场(Camtasia Theater)和视频播放(Camtasia Player)等功能。使用 Camtasia Studio 可以方便地进行屏幕录制和配音、视频的剪辑、动画转场设置、字幕和水印的添加、视频封面和菜单的制作、视频的压缩和播放。本章将以 Camtasia Studio 2019 为例,介绍微课的设计与开发过程。

安装好 Camtasia Studio 2019 后,在 Windows 系统"开始"菜单中可以找到"Camtasia Studio 2019"和"Camtasia Recorder 2019"命令。使用 Camtasia Recorder 2019 可以单独录像,并保存录像,而使用 Camtasia Studio 2019 可以对 Camtasia Recorder 2019 录像生成的文件进行处理,并最终输出通用视频格式。

12.2.1 Camtasia Studio 的工作界面

下面一起来认识 Camtasia Studio 2019 的工作界面及其相关功能。

1. 了解工作界面的组成

Camtasia Studio 的工作界面包含标题栏、菜单栏、编辑区、时间轴、视频预览窗口,如图 12-2-1 所示。

图 12-2-1　Camtasia Studio 工作界面

（1）标题栏：显示文件名称。

（2）菜单栏：菜单中包含可以执行的各种命令。单击菜单名称即可打开相应的菜单。

（3）编辑区：存放导入的媒体文件，以及视频编辑时会用到的很多工具。

（4）时间轴：时间轴是编辑视频时必不可少的工具，在处理视频时，大量的工作都将在时间轴上进行，所以了解时间轴的使用方法是很有必要的。

（5）视频预览窗口：可以随时查看视频编辑后的效果。

2．了解时间轴面板

时间轴上有"工具栏""时间刻度""媒体轨道"等选区，如图12-2-2所示。

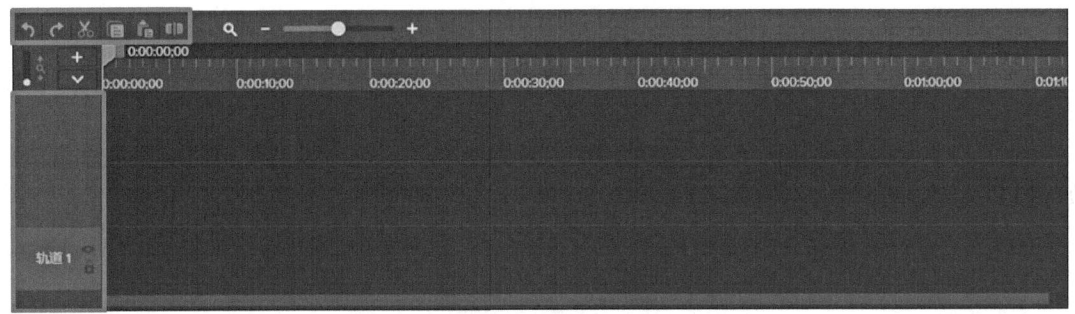

图12-2-2　时间轴面板

媒体轨道：将媒体拖入时间轴后，媒体将显示在轨道中，可以在轨道中对想要编辑的媒体进行一系列的操作。

"撤销"按钮，如果所做的操作不合适，单击此按钮可以取消上一步的操作，返回到前一个状态。

"恢复"按钮，单击此按钮可以恢复使用"撤销"按钮取消的操作。

"剪切"按钮，单击此按钮可以从时间轴剪切媒体，并复制到剪贴板。

"复制"按钮，单击此按钮可以在播放头位置添加剪贴板的内容。

"分割"按钮，单击此按钮可以在播放头位置拆分所选媒体。

使用滚动条可以调整轨道的高度。

此图中的符号由上到下的作用分别为"添加轨道"和"隐藏或显示轨道"。

12.2.2　Camtasia Recorder 的工作界面

通过单击 Camtasia Studio 2019 界面中的"录制屏幕"按钮可以打开 Camtasia Recorder 2019，也可以直接启动安装程序中的 Camtasia Recorder 2019。

1．工作界面组成

Camtasia Recorder 2019 的工作界面包含菜单栏、选择区域、录制输入和 rec 按钮，如图 12-2-3 所示。

（1）菜单栏：菜单中包含可以执行的各种命令。单击菜单名称即可打开相应的菜单。

（2）选择区域：录制区域的选择设置，即所录制视频的尺寸大小。

（3）录制输入：录制输入端相关属性设置，如摄像头是否打开、音频音量的高低等。

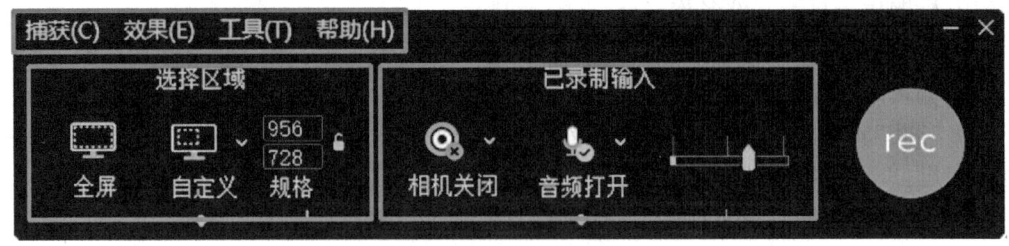

图 12-2-3　Camtasia Recorder 2019 的工作界面

（4）rec 按钮：录制开关。

2．选择区域

选择区域主要用于对将要录制的界面区域进行设置。主要包括以下两大类。

（1）全屏录制：录制的是全屏，即满屏。

（2）自定义区域：提供了下拉菜单，可以选择录制的区域，以及录制的应用程序窗口，如图 12-2-4 所示。

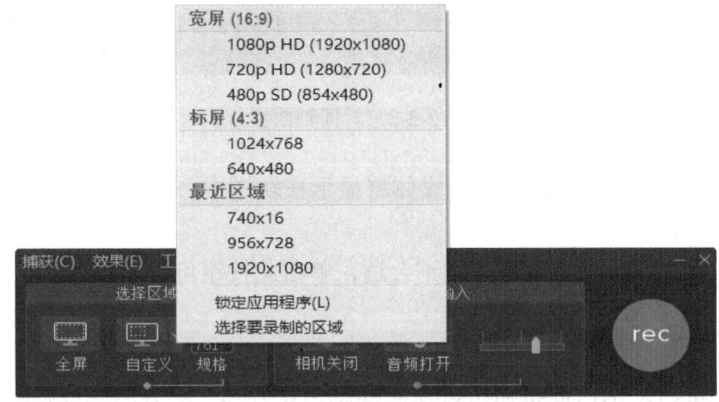

图 12-2-4　自定义区域

3．录制输入

录制输入窗口主要用于对录制输入的相关属性进行设置。

（1）摄像头：单击摄像头按钮，即可开/关摄像头。按照图 12-2-5 所示操作，单击摄像头按钮即可打开摄像头。

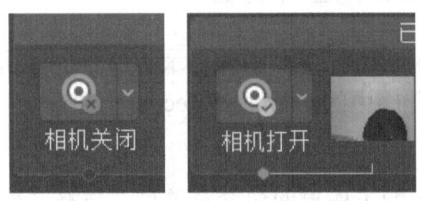

图 12-2-5　开/关摄像头

（2）音频：音频的设置包括三大类。

① 外部声音：按照图 12-2-6 所示进行操作，可录入外部声音。

② 系统声音：按照图 12-2-7 所示进行操作，可录入系统声音。

第 12 章　微课的设计与开发

图 12-2-6　外部声音　　　　　　　　　图 12-2-7　系统声音

③ 鼠标声音：按图 12-2-8 所示，单击"效果"菜单栏，然后单击"使用鼠标点击咔哒声"，接着单击"选项"进入选项页面，最后选择文件（注意：要先打开音频才能进行以上操作）。

4．开关按钮

"rec"按钮为录像的开始/结束按钮。要熟练地完成微课的录制，建议使用快捷键，其中 F9 键为开始录制，F10 键为停止录制。以上快捷键也可以通过设置进行改变。单击"工具"，再单击"选项"，然后按照图 12-2-9 所示设置相应的快捷键即可。

图 12-2-8　设置鼠标声音　　　　　　　图 12-2-9　快捷键的设置

5．预览界面

使用 Camtasia Recorder 2019 软件录制微课时，按 F10 键，结束微课的录制，进入预览界面，单击图 12-2-10 中的 ▶ 进行预览。

▶ "编辑"按钮，单击此按钮可以在画布上移动、调整和旋转媒体文件。

图 12-2-10　预览界面

☝"平移"按钮，单击此按钮可以来回拖动画布，但会保证原媒体的大小和位置不发生改变。

✂"裁剪"按钮，单击此按钮可以从媒体中修剪不需要的画面区域。

50%▼"调整"按钮，通过改变数值可以改变画布的大小。

6．知识库

1）Camtsia Studio 支持导入以下三类文件

图像文件：支持导入的图像文件类型有.bmp、.gif、.jpg、.jpeg、.png。

音频文件：支持导入的音频文件类型有.wav、.mp3、.m4a、.wma。

视频文件：支持导入的视频文件类型有.camrec、.trec、.avi、.mp4、.mpg、.mpge、.wmv、.mov、.mts、.m2ts、.swf。

2）Camtasia Studio 支持以下两种文件保存格式

camrec：camrec 只有在 Camatasia Studio 中才能打开。

avi：通用格式，基本上所有的软件都可以打开，但是视频时间较长时，保存过程中容易导致电脑死机。

12.2.3　Camtasia Studio 的简单应用

前面介绍微课制作流程时我们提到过，将准备工作完成后，就可以开始录制视频，再通过后期处理，制作出完整的微课视频。利用 Camtasia Studio 软件来录制微课视频，是简单而又常用的微课录制方式。根据不同学科的微课特点，选择多样化的方式来录制，掌握录制微课视频的方法，可以丰富微课的表现形式，提高微课视频的教学效果，提高学习者对微课教学的兴趣。

1．视频录制

在录制过程中，可以根据需要自行调节所要录制的内容，以及录制区域的大小。除此之外，还可以嵌入 PowerPoint 课件中进行录制，如有需要，还可以开启摄像头对讲课者进行录制。

1）录制屏幕

录制屏幕的默认状态是全屏录制，可以根据录制的需要自行调节录制的区域，避免后期进行大量的剪辑工作。

2）创建新项目

运行 Camtasia Studio 软件，单击"新建项目"，再单击"录制"，即可进入自定义区域，如图 12-2-11 所示。

3）参数设置

在录制视频前，需要对录制区域、音频属性、录像格式等参数进行设置。进入自定义区域后，先单击"工具"→"选项"，进入工具选项页面，如图 12-2-12 所示。单击"常规"选项卡，将视频录制为"trec"格式，选择将录制好的视频存放在相应的文件夹中。再单击"输入"选项卡，选择是否录制系统音频。

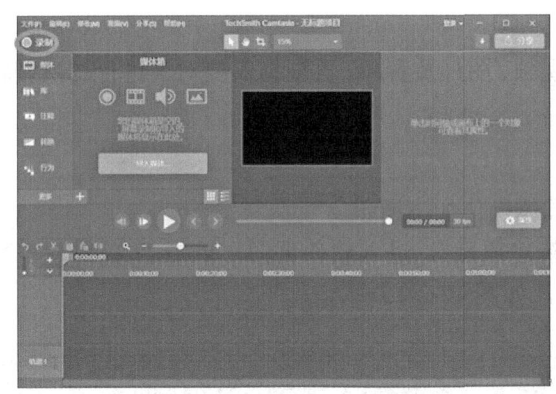

图 12-2-11　创建新项目

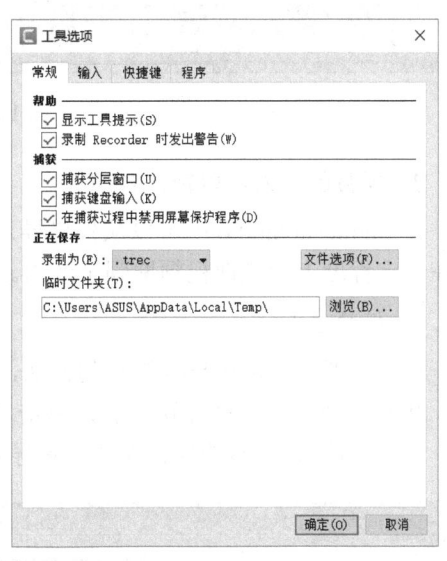

图 12-2-12　参数设置

4）录制屏幕

单击 rec 按钮即可开始录制绿色虚线框内的区域，但是倒计时三秒之后才开始录制，如图 12-2-13 所示。

图 12-2-13　屏幕录制

5）预览效果

按 F10 键停止录制后，如图 12-2-14 所示，预览视频的效果，对视频进行编辑与存储。

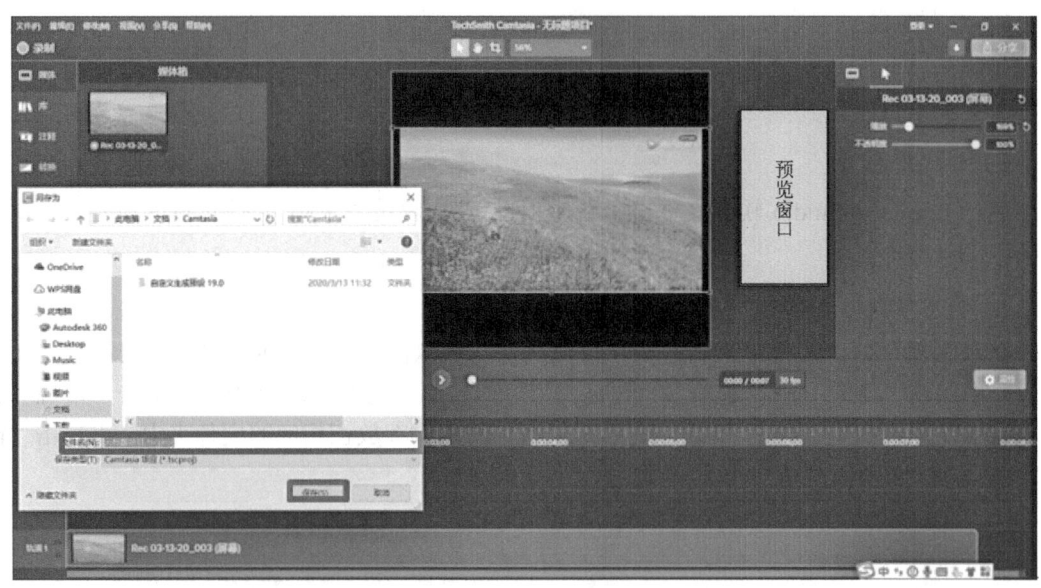

图 12-2-14　预览效果

2．视频的导入、剪辑、导出

在 Camtasia Studio 中可以从外界导入视频、图片及音频，再根据需要对其进行二次编辑，这在一定程度上为微课视频增强了效用。

1）视频导入

这里主要介绍两种导入视频的方法，具体操作如下所示。

从文件处导入：打开软件后，单击"新建项目"，进入软件页面，单击"文件"→"导入"→"媒体"，然后选择相应的视频导入，如图 12-2-15 所示。

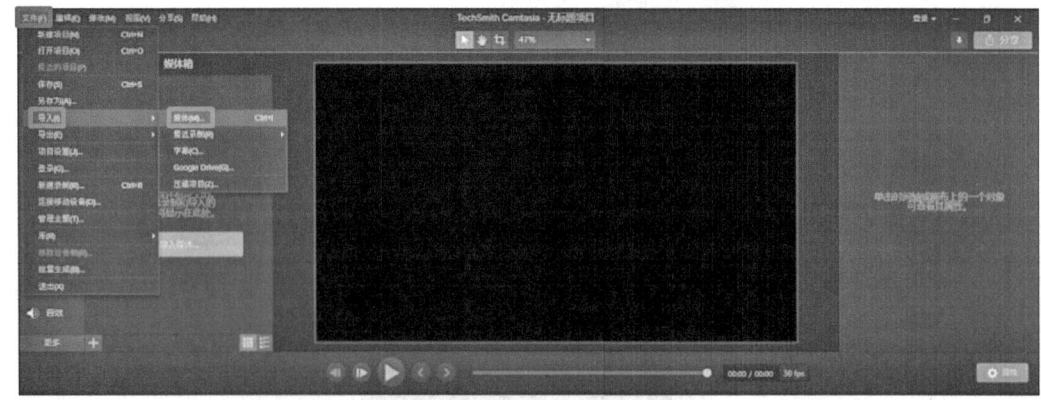

图 12-2-15　从文件处导入视频

从媒体箱处导入：从媒体箱处导入视频有三种方法，分别是在媒体箱处单击鼠标右键、单击添加，以及直接单击"导入媒体"按钮，具体操作如图 12-2-16 所示。

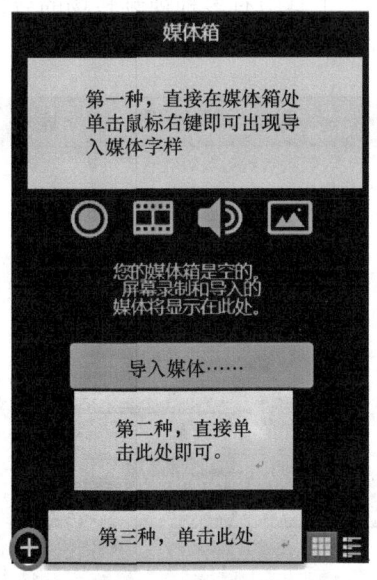

图 12-2-16　从媒体箱处导入视频

2）视频剪辑

使用 Camtasia Studio 软件可以对视频进行一系列的后续操作，包括改变原视频的音频、添加字幕和水印、转场视频、录制旁白、合成多个视频、加入视频片头等。这里我们主要学习如何分离视频和音频、如何进行视频转场，以及添加字幕。

分离视频和音频：将带有音频的视频导入 Camtasia Studio 后，单击右键出现"分开音频和视频"命令，单击该命令即可完成操作。如图 12-2-17 所示，在时间轴轨道 2 处名为"韭菜坪"的视频上单击右键，选择"分开音频和视频"命令即可完成操作。

图 12-2-17　分离视频和音频

视频转场：在微课制作的过程中会涉及几个视频之间的切换、转场，为了达到微课制作的要求和效果，熟练应用视频的转场效果是很有必要的。编辑区有专门用来进行视频转场的工具,即"转换"工具。"转换"工具中有多种视频转场的效果,共分为五大类:淡入淡出、移动、对象、风格化、擦拭,如图 12-2-18 所示。

图 12-2-18　转换工具

下面我们介绍具体的操作:将视频导入 Camtasia Studio 后,单击编辑区的"转换"按钮,选择需要的效果并拖到视频头或视频尾处,即可预览编辑好的效果,如图 12-2-19 所示。

图 12-2-19　视频转场

添加字幕:在微课制作中,字幕的添加能使微课的内容更清晰明了,还可以增强微课的趣味性,故添加字幕是十分必要的。这里我们主要学习添加"普通字幕"和"同步字幕"的方法。

普通字幕:打开 Camtasia Studio 软件,导入需要编辑的视频后单击编辑区的"字幕"按钮,选择字幕区出现的"添加字幕"命令,即可添加普通字幕,如图 12-2-20 所示。

图 12-2-20　添加普通字幕

添加完字幕后，可以改变字幕的样式、大小、字体、持续时间等，如图 12-2-21 所示。

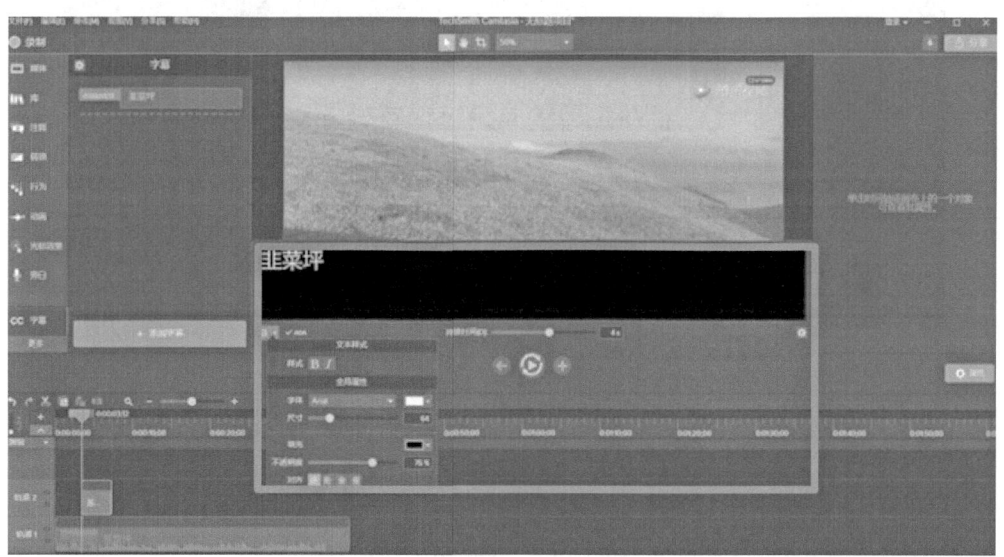

图 12-2-21　编辑普通字幕

同步字幕：导入需要编辑的视频后，添加普通字幕，再单击"字幕"按钮，选择字幕区的"脚本选项"，最后单击"同步字幕"，即可添加完成，如图 12-2-22 所示。

3）视频导出

视频剪辑完成后，可以根据自己的需求导出不同格式的视频，单击菜单栏的"分享"菜单，再单击下拉菜单的"本地文件"命令，选择"自定义预设"，依此操作即可完成操作，如图 12-2-23 所示。

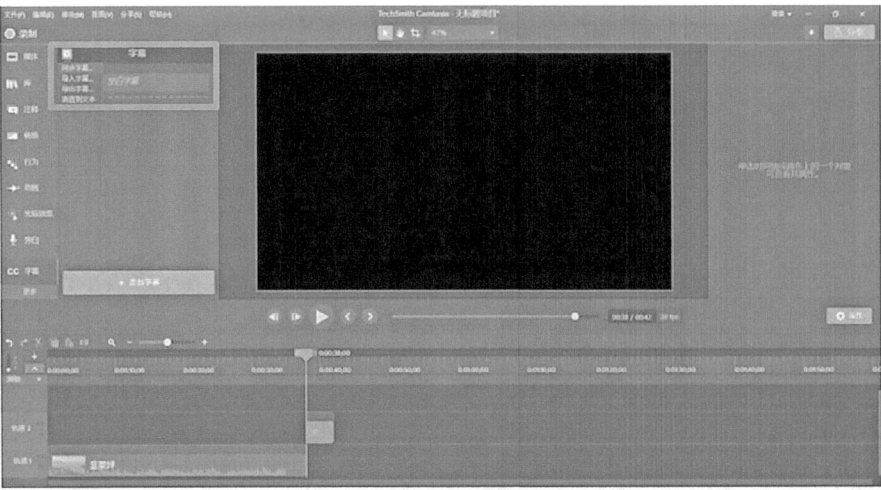

图 12-2-22　同步字幕的添加

① 单击分享

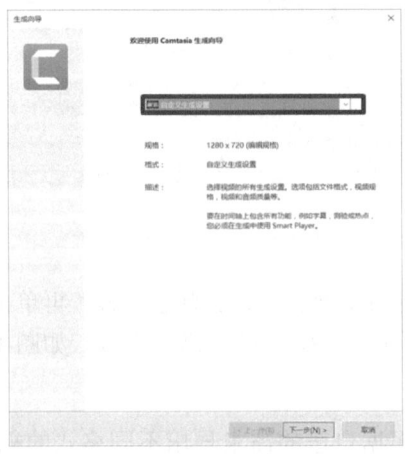

② 选择自定义生成设置

图 12-2-23　视频的导出

知识库：在编辑视频时，为了防止某条轨道上的媒体文件被破坏，可以在时间轴上锁定该轨道，单击该轨道上的"锁定轨道"按钮即可完成此操作，如图 12-2-24 所示。

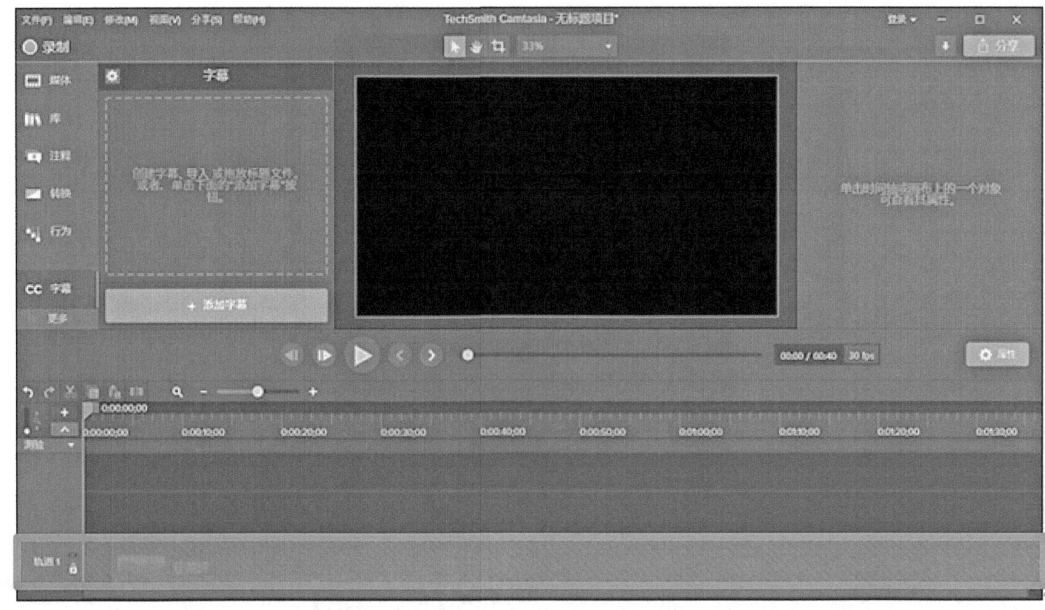

图 12-2-24　锁定轨道

12.2.4　Camtasia Studio 的高级应用

Camtasia Studio 的基础应用包括视频的导入、导出、字幕的添加等，但是要制作出更为精美的微课视频，还需要进一步学习 Camtasia Studio 的高级应用，下面我们从四个部分来介绍 Camtasia Studio 的高级应用。

1．库、注释、行为

在编辑微课视频时，为了满足微课视频的需要，可以更大程度地利用编辑区的"库""注释"和"行为"工具来为微课视频润色，"库"工具中有很多音乐、视频素材，可以随取随用，也可以将自己做好的作品导入库中使用。"注释"工具可以用来添加动态字幕，为微课视频添加活力。"行为"工具可以用来调节视频焦距，突出微课视频的重点内容。

1）库

"库"是编辑区的一个工具，使用者可以将自己的作品导入"库"中，也可以就地取材，直接选择"库"中的素材，运用到自己的作品中。单击编辑区的"库"，可以看到"库"中的素材共分为六类，分别是片尾、前奏、图标、下三分之一、音乐曲目、运动背景，如图 12-2-25 所示。选择自己想要的效果，单击前面的▶，能展开多种效果，将选择好的效果拖入时间轴即可完成操作。

2）行为

"行为"指的是动作，在微课视频制作过程中，需要动静结合，通过"行为"工具可以使用预设使文本和媒体变得生动起来，以实现独特效果。单击编辑区的"行为"按钮，选择需要的"行为",按住鼠标左键将其拖入画布中或者时间轴上,便可成功添加"行为",该媒体处会显示"已添加行为"字样,此时便可在预览区预览编辑后的效果,如图 12-2-26 所示。

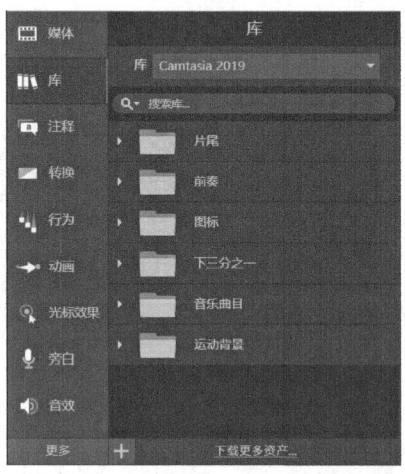

图 12-2-25 库的使用

图 12-2-26 添加"行为"

3)注释

在编辑微课时,有的内容需要配上文字解释,才能便于理解,"注释"可以达到和字幕一样的效果,还可以实现动态字幕的效果。除此之外,还可以给注释添加箭头、形状和高亮,以增强视频的呈现效果。

添加注释:单击编辑区的"注释"按钮,选择自己需要的样式,将其拖到时间轴上,双击鼠标左键,选中该字幕样式,便可在预览区的画布上编辑字幕的文字、大小和位置,如图 12-2-27 所示。

（小贴士：图 12-2-27 中黄色实线为画布二分之一均分线，使用它可以将画布均匀地分成两部分。）

图 12-2-27　添加注释

添加动态字幕：将注释添加完成后，单击"行为"工具，选择自己需要的"行为"样式，将其拖到时间轴上的字幕处，在预览区可预览视频效果，如图 12-2-28 所示。

图 12-2-28　添加动态字幕

2．动画、光标效果、旁白

编辑视频时，有的内容需要突出显示，有的需要添加语音旁白，可以通过"动画""光标效果""旁白"等功能来实现，下面我们学习如何使用它们。

1)动画

使用动画可以放大、缩小或平移媒体,添加旋转、倾斜、缩放等动作效果。单击编辑区的"动画"按钮,可以看到在展示区有"缩放与平移""动画"字样。

缩放与平移:单击"缩放与平移",在缩放处拖动滚动条进行放大或缩小,时间轴上的媒体处会出现一个蓝色箭头,双击该箭头可以进一步对效果进行编辑,如图 12-2-29 所示。

图 12-2-29　设置缩放与平移

动画:单击"动画"按钮,在动画区有多种动画种类,如"向左倾斜""向右倾斜""按比例放大""按比例缩小"等。选择需要的动画样式,将其拖到时间轴上的媒体处,媒体处会出现一个蓝色箭头,将蓝色箭头拉长便可增加该动画的持续时间,反之,则减少该动画的持续时间,如图 12-2-30 所示。这里我们选择的动画样式是向右倾斜,当播放到动画样式预设的地方时,媒体就会缓慢向右倾斜,直到动画样式结尾处。

图 12-2-30　设置动画

（小贴士：选中蓝色箭头进行编辑时，该箭头会变成黄色，取消选择后又恢复原来的蓝色。）

2）光标效果

使用光标效果可以增强视频录制中的光标效果，比如使用高亮、聚光灯、放大效果或添加咔哒声及其他效果。单击编辑区的"光标效果"按钮，选择自己想要的光标效果，将其拖到时间轴上的媒体处即可。

3）旁白

使用旁白可以更清楚明了地阐述微课视频的内容，增加微课视频的实用性。提前粘贴要录制的文本或脚本，以便在时间轴播放时录制声音。单击编辑区的"旁白"按钮，设置音量自动调平，勾选录制过程中的静音时间轴，粘贴要进行旁白的文本或脚本，单击"开始录音"，录音结束后编辑旁白的名称及存储位置，即可完成操作，如图 12-2-31 所示。

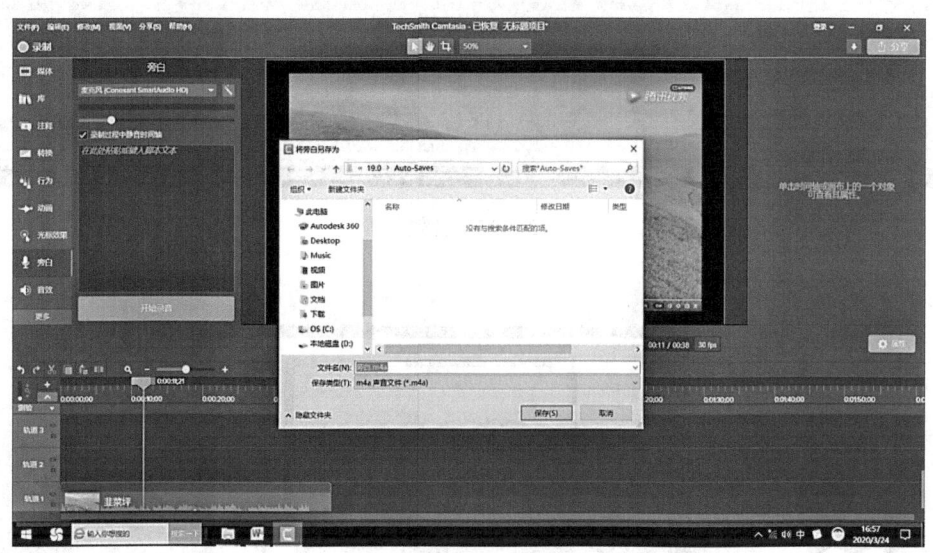

图 12-2-31 添加旁白

> "自动调平"按钮，可以根据语音和环境设置录制级别。

3. 音效、视觉效果

在视频录制过程中，由于环境嘈杂，可能会不小心录制到杂音，这时候就需要进行降噪处理。利用 Camtasia Studio 可以简单、方便地对音频进行编辑、添加动态音效、去除杂音等。除此之外，还需要对视频的画面效果进行编辑、添加颜色等，提升微课的美观性。

1）音效

使用音效功能可以增强和改进音频质量，使音量变均匀，消除背景噪声或调整剪辑速度。导入音频后，单击编辑区的"音效"工具，选择需要的音效处理效果，将其拖到时间轴上的音频处，即可完成操作，如图 12-2-32 所示。

2）视觉效果

使得视觉效果功能可以为视频添加效果，如移除颜色、绿色屏幕、阴影和剪辑效果。导入视频后，单击编辑区的"更多"按钮，单击"视觉效果"选项卡，可以看到移除颜色、阴影、边框、设备帧等效果。选择需要的视觉效果,将其拖到时间轴上的视频处,即可完成操作,如图 12-2-33 所示。

图 12-2-32　音效处理

图 12-2-33　效果设置

12.3　微课 PPT 的美化

PPT 美化大师是一款非常实用的 PPT 幻灯片美化插件,为用户提供了丰富的 PPT 模板。精美的图片、图示等资源,能完美地嵌套在微软 Office 软件中使用。该插件运行速度快,操作也非常简单,具有一键美化的特色,还提供了简洁、直观的方法来制作及美化 PPT。

12.3.1 PPT美化大师软件安装

① 在PPT美化大师的官方网站上下载好安装程序后,双击打开安装程序,单击"立即安装"按钮,即可自动完成插件的导入操作。安装之前请先关闭Office的所有产品(如Word、Excel、PPT等)。

② 安装完成后,打开PPT软件,就会发现PPT美化大师已集成到PowerPoint2016的操作界面中。在使用PPT美化大师的过程中,要使计算机保持联网状态——因为美化大师中的素材,都需要即时从网上下载。

12.3.2 PPT美化大师基本功能

1. 插入目录幻灯片

功能说明：插入目录幻灯片,即该类幻灯片中的内容是目录。单击"目录"按钮,选择其中一种目录幻灯片。

2. 插入幻灯片

① 单击"幻灯片"按钮,选择想要插入的幻灯片类型,再选择其中一种幻灯片插入即可。

② 单击某张幻灯片后,会弹出幻灯片预览窗口,选定后单击"手攻"按钮即可。

3. 制作画册

① 单击"画册"按钮,在弹出的对话框右侧选择想要插入的画册类型,然后选择其中一张画册打开设置窗口。

② 在设置窗口中选择其中一种类型,然后选择相应的照片插入,最后单击"完成并插入PPT"按钮即可。

4. 插入形状

单击"形状"按钮,在弹出的对话框右侧选择想要插入的形状类型,然后选择其中一种形状即可插入。

5. 插入图片

① 单击"图片"按钮,在弹出的对话框右侧选择想要插入的图片类型,然后选择其中一种,打开图片预览窗口。

如果要插入自己的图片,请单击"本地图片"按钮,然后选择所要插入的图片即可。

② 在图片预览窗口中,确定要插入某一图片后,单击"+"号,即可插入图片。

6. 更换PPT模板

单击"更换模板"按钮或"换装"按钮,会弹出"PPT模板"选择框,选择需要的模板即可。

7. 范文

① 单击"范文"按钮,在弹出的对话框右侧选择类别,再选择一种范文,将打开范文预览窗口。

② 在预览窗口可以预览范文，确定后单击"打开"按钮，即可打开范文。打开范文后，将重新创建一个 PPT 文件。我们对范文主要进行参考和修改。

8．内容规划

整体规划该 PPT 课件的目录结构。单击"内容规划"按钮即可打开规划窗口。

12.3.3　PPT 美化大师优化微课课件

下面通过制作一个 PPT 文档来介绍 PPT 美化大师的使用方法，制作 PPT 之前，将文稿内容整理如下。

封面标题：如何备课
1．认识备课
（1）含义
（2）理论基础
2．备课的策略
（1）资源借鉴策略
（2）系统备课策略
（3）备课策略使用注意事项
3．备课的形式和要求

第一步：新建幻灯片，进入"美化大师"选项卡，单击"内容规划"按钮，如图 12-3-1 所示。

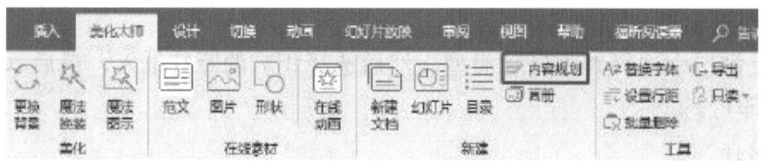

图 12-3-1　规划内容

第二步：在弹出的窗口中完成封面标题、章节内容、正文内容的输入，如图 12-3-2 所示。

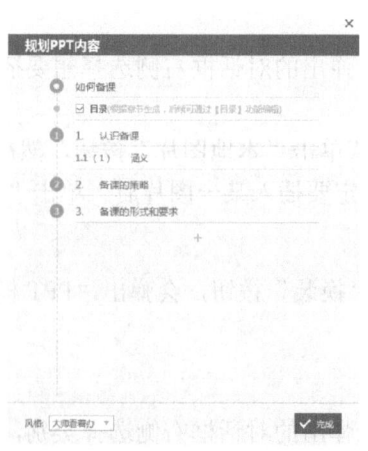

图 12-3-2　输入内容

可以根据需要增加或删除行，如图 12-3-3 和图 12-3-4 所示。

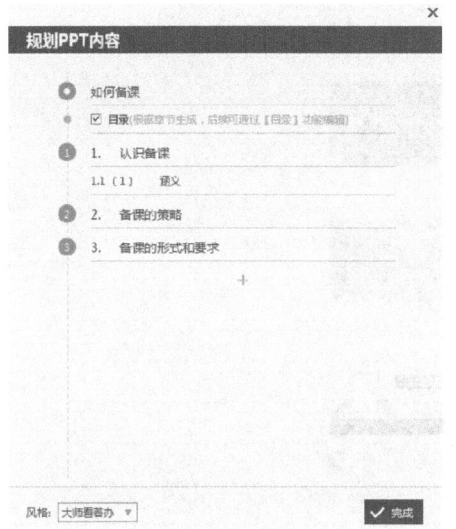 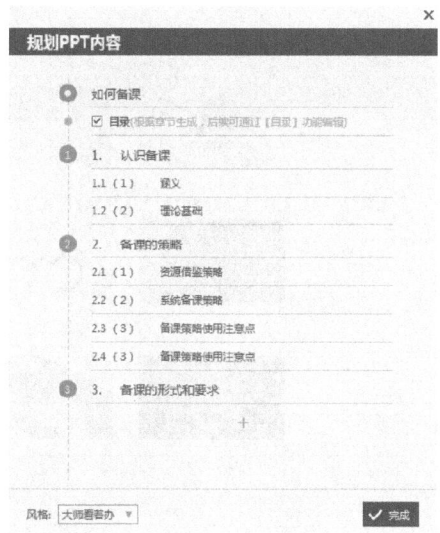

图 12-3-3　单击"+"增加行　　　　　　图 12-3-4　单击"🗑"删除行

第三步：选择想要的风格，最后单击"完成"按钮，如图 12-3-5 所示。

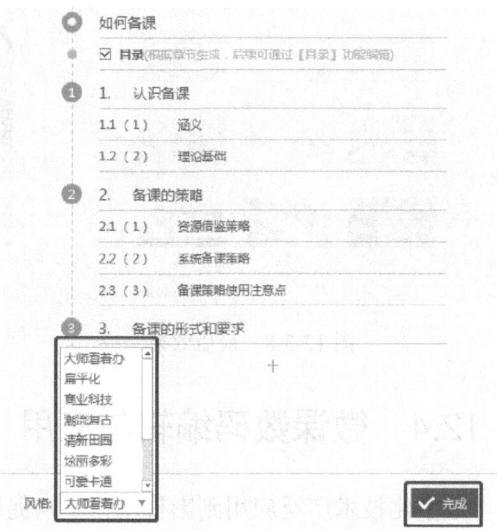

图 12-3-5　选择风格

第四步：切换风格，选择"更换背景"按钮，如图 12-3-6 所示。

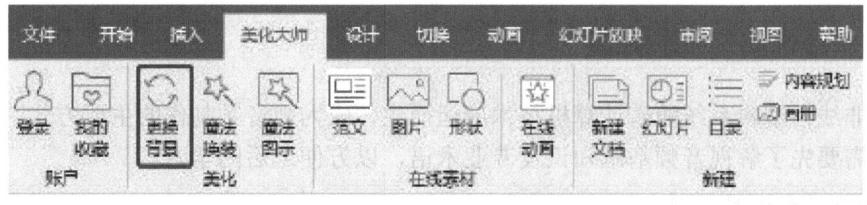

图 12-3-6　切换风格

第五步：选择喜欢的模板，并单击右下角"套用至当前文档"按钮即可，如图 12-3-7 所示。

图 12-3-7　套用至当前文档

接下来只要稍微调整一下字体颜色，即完成 PPT 的制作，最后的效果如图 12-3-8 所示。

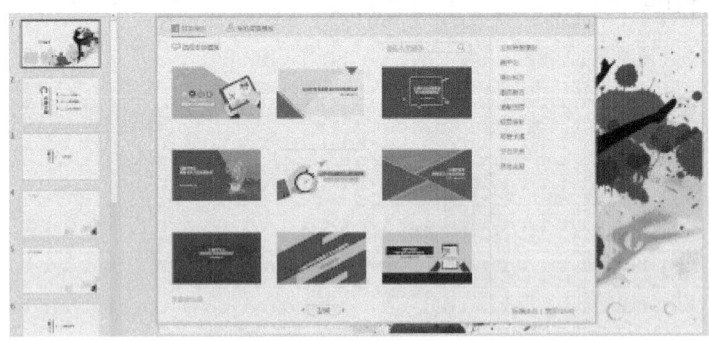

图 12-3-8　最后效果

12.4　微课数码编辑与应用

随着科学技术的发展，数字化技术广泛应用到影视制作中，促进了影视制作的变革和发展，另外，还作为强有力的技术手段应用到现代教育过程中，提高了教学效率。本节将简单介绍微课数码影视编辑的基础知识，并通过使用 Premiere Pro 视频编辑软件，进一步介绍微课视频编辑的具体操作。

12.4.1　非线性编辑基础知识

数字非线性编辑系统随着计算机技术应运而生，成为视音频制作的主要方式。在编辑视频之前，需要先了解视音频基础知识及专业术语，以方便之后的学习。

1．数字视频的基本概念

视频分为模拟视频和数字视频。模拟视频是指由连续的模拟信号组成的视频图像，数字视频就是把模拟视频中的模拟信号转变为数字信号。随着数字技术的飞速发展,数字视频正在取代模拟视频,成为新的视频应用标准。

1) 数字信号和模拟信号

模拟信号:由连续且不断变化的物理量表示信息,其电信号的幅度、频率或相位都会随着时间和数值的变化而连续变化,如电视的图像信号、广播的声音信号等,其波形图如图 12-4-1 所示。

数字信号:自变量和因变量都是离散的信号,自变量用整数表示,而因变量则用有限数字 0 和 1 中的一个数字表示,其信号波形图如图 12-4-2 所示。

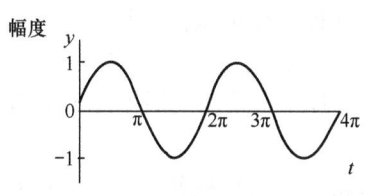
图 12-4-1 模拟信号波形图

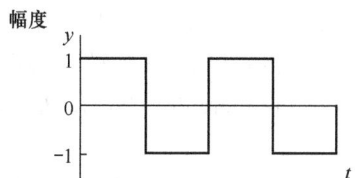
图 12-4-2 数字信号波形图

2) 帧速率和场

帧是构成视频的最小单位。视频是由一幅幅静态画面所组成的图像序列,组成视频的每一幅静态画面称为帧。静态图像在单位时间内的播放次数称为帧速,单位是 fps(帧/秒)。目前,电影画面帧速一般为 24 fps,电视画面帧速为 30fps 或 25fps。

在采用隔行扫描方式进行播放的显示设备中,每一帧画面被拆分显示,而拆分后得到的残缺画面称为场。这一过程中,一幅画面首先显示的场为上场,而紧随其后进行播放的、组成该画面的另一场则称为下场。

3) 分辨率和像素

分辨率和像素都是影响视频质量的重要因素,与视频播放效果有着密切的联系。在显示设备中,像素是组成图像的最小单位,每个像素由多个不同颜色的点组成。分辨率是指屏幕上像素的数量,通常用水平方向的像素数量×垂直方向的像素数量表示,如 1080×600。帧宽高比是指视频画面的长宽比例,目前电视帧宽高比为 4∶3,电影帧宽高比为 16∶9。像素宽高比指视频画面内每个像素的长宽比例,由视频标准来决定。

2. 蒙太奇与视频格式

蒙太奇是法文 montage 的音译,表示文学、音乐与美术的组合体。在电影创作过程中,这是导演向观众展示影片内容的一种叙事手法和表现手法。蒙太奇的作用主要体现在集中与概括,吸引观众的注意力,激发观众的联想,创造独特的画面时间,形成不同的节奏,表达寓意和创造意境几方面。

1) 视频格式

视频编码技术的不断发展,使得视频文件的格式越来越丰富,主要包括 MPEG/MPG/DAT、AVI、MOV、RM/RMVB、WMVV 和 ASF。MPEG 作为目前最常见的视频压缩方式,采用中间帧压缩技术,并且支持高分辨率和 CD 音质播放等功能,很多视频处理软件都支持该文件格式。

2)音频格式

在影视作品中,除了使用影视素材外,还需要使用大量的音频文件,常见的音频文件格式有 WAV、MP3、WMA、MIDI、AIF/AIFF 和 AU。WAV 作为最常见的音频文件格式,能记录各种单声道或立体声的声音信息,保证声音不失真。MP3 是最热门的音乐文件格式,能以较小的比特率和较大的压缩率达到 CD 音质。

12.4.2 Premiere Pro 视频编辑

1. 版本与功能

Premiere Pro 是一款用于视频组合和拼接的非线性视频编辑软件,具有较好的兼容性,可以与 Adobe 公司推出的其他软件协作使用。这款软件广泛用于广告制作和电视节目制作,常用版本包括 Premiere Pro CS6 和 Premiere Pro CC 系列,本书使用的版本是 Premiere Pro CC 2019。

Premiere Pro 作为一款应用较为广泛的视频编辑软件,具有从前期视频采集到后期素材编辑和效果制作等一系列功能。其中,最常用的功能包括剪辑与编辑素材、制作效果、为相邻素材添加过渡、创建和编辑字幕及影片输出。

2. 系统要求与界面布局

1)系统要求

Premiere Pro 的安装具有一定的系统要求,针对最新版本的 Premiere Pro CC,需要相对高端的系统配置。Premiere Pro CC 版本不仅支持 Windows 系统,而且支持 Mac OS 系统。

2)Premiere Pro CC 工作界面

当用户启动 Premiere Pro CC 时,会出现一个欢迎界面,帮助用户进行相应操作,包括打开最近项目、新建项目、了解、设置同步等操作。关闭欢迎界面或者在欢迎界面执行某项操作之后,可以进入工作界面,默认的工作界面如图 12-4-3 所示。

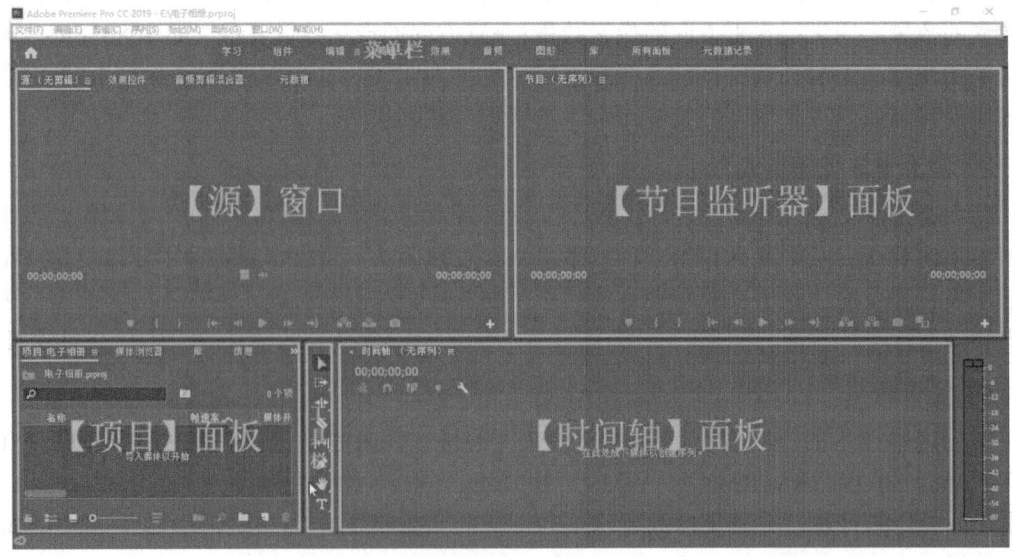

图 12-4-3 Premiere Pro CC 默认工作界面

默认情况下，工作界面由菜单栏、工具栏、"源"窗口、"时间轴"面板、"节目监听器"面板、"项目"面板及其他面板等组成。

3. 视频剪辑流程

1）前期准备

要制作一部完整的影片，首先要有一个优秀的创作构思，确定故事的大纲，随后根据故事大纲做好详细的细节描述，以此作为影片制作的参考指导。脚本编写完成之后，按照影片情节的需要准备素材。素材的准备工作是一个复杂的过程，一般需要使用摄像设备拍摄大量的视频素材，这需要音频和图片等素材。

2）新建项目并设置参数

启动 Premiere Pro CC 时，系统会自动弹出欢迎界面，用户只需要在"新建"项目组中，选择"新建项目"选项，即可创建一个新项目。在创建项目之后，会自动弹出一个"新建项目"对话框，以帮助用户对项目的配置信息进行一系列设置。

使用 Premiere CC 编辑一部影片时，应创建符合要求的项目文件，具体可以参考以下两种方式：在新建项目时设置项目参数或者单击"编辑"菜单，选择"首选项"命令来设置软件的工作参数。

3）导入素材

在使用 Premiere Pro 编辑影片之前，需要先导入外部素材及创建素材，达到创作影视和丰富影片题材的目的，包括视频、音频、图像和创建片头素材等。

导入单个素材：执行"文件"→"导入"命令，在弹出的"导入"对话框中选择需要导入的素材文件，单击"打开"按钮即可导入素材。

导入序列素材：当用户需要导入序列素材时，需要执行"文件"→"导入"命令，在弹出的"导入"对话框中，勾选"图像序列"复选框，单击"打开"按钮便可导入序列素材。

导入素材文件夹：当用户需要将某一文件夹中的所有素材全部导入项目内时，可执行"文件"→"导入"命令，在弹出的"导入"对话框中选择文件夹，并单击"导入文件夹"按钮即可。

4）编辑素材

导入素材之后，在时间线面板上可对素材进行编辑等操作，这是编辑影片的主要内容，基本过程包括选择、调整素材、剪切素材、组接素材。

剪切素材：将要剪切的音频和视频素材置于节目监听器面板中，通过单击节目监听器面板中的"播放/停止切换"按钮浏览素材。看到需要的素材片段起始位置时，单击"播放/停止切换"按钮，再单击"设置入点"按钮，给素材设置入点，继续播放素材，看到需要的素材片段结束位置时，单击"播放/停止切换"按钮，再单击"设置出点"按钮，给素材设置出点。

编辑素材：当设置好素材的入点和出点之后，单击"插入"按钮，将剪切好的素材依据分镜头稿本的顺序，依次添加到时间轴面板上的指定轨道。

5）视频特效应用

Premiere Pro CC 编辑软件中自带一些视频特效，在镜头素材之间应用这些特效，能够使视频达到更加理想的效果。

视频过渡：软件中的视频过渡效果主要涵盖 3D 运动、伸缩、划像、擦除、映射、溶解、滑动、特殊效果、缩放和页面剥落等。打开"效果"选项卡，单击"视频过渡"按钮，展开视频过渡的文件夹,选中其中某一项视频过渡效果,然后拖至时间轴面板序列中需要添加的相邻素材之间,素材交界处会出现相应的标识。

视频特效:软件中的视频特效主要包括变换、调整、控制、透视、通道、键控、颜色校正、风格化等,放置在效果面板的视频特效文件夹中。打开"效果"选项卡,单击"视频效果"按钮,展开该文件夹的特效类别,选择需要的视频特效,将其拖曳到素材上。选中素材,打开效果控件面板,对其参数进行设置。

制作字幕:在项目面板的空白处,单击右键"新建项目"→"字幕",弹出字幕设计窗口。在字幕设计窗口中,可以对字幕的大小、颜色及其他属性进行设置。

6)导出项目

项目编辑完成之后,可以在时间面板上,选择需要输出的序列。选择"文件"→"导出"→"媒体"命令,弹出"导出设置"对话框。根据视频需要,设置视频导出格式,一般为 AVI。在输出名称中,更改保存文件名及选择保存的路径。导出设置完毕后,单击"导出"按钮,开始自动合成影片。

12.4.3 视频编辑案例

下面将通过制作一个简单的电子相册,帮助同学们进一步巩固上一小节所学习的知识,具体操作步骤如下。

1. 新建项目

打开 Premiere Pro CC,弹出"主页"对话框,选择"新建项目"选项卡,设置项目参数,如图 12-45 所示。

2. 导入素材

选择项目面板,单击右键,选择"导入"命令,弹出"导入"对话框,选择需要导入的素材,单击"导入文件夹"命令。

3. 新建序列

在项目面板单击右键,选择"新建项目"→"序列",如图 12-4-4、图 12-4-5 所示。

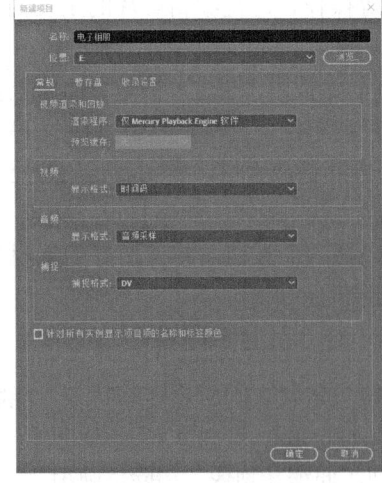

图 12-4-4 新建项目

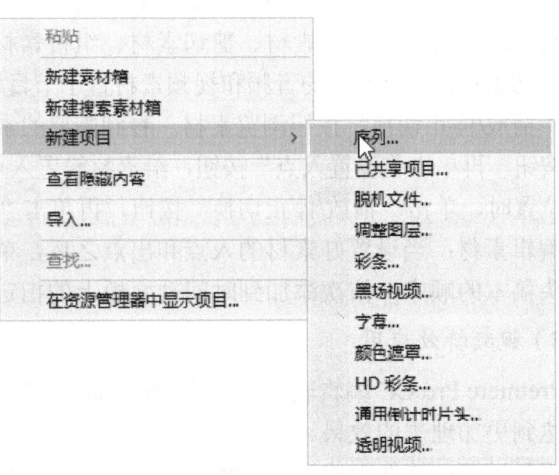

图 12-4-5 新建序列

第 12 章 微课的设计与开发

4. 剪辑素材

将素材拖入刚才新建的序列中,使用剃刀工具将多余的音频裁剪,单击右键,选择"清除"命令,如图 12-4-6 所示。

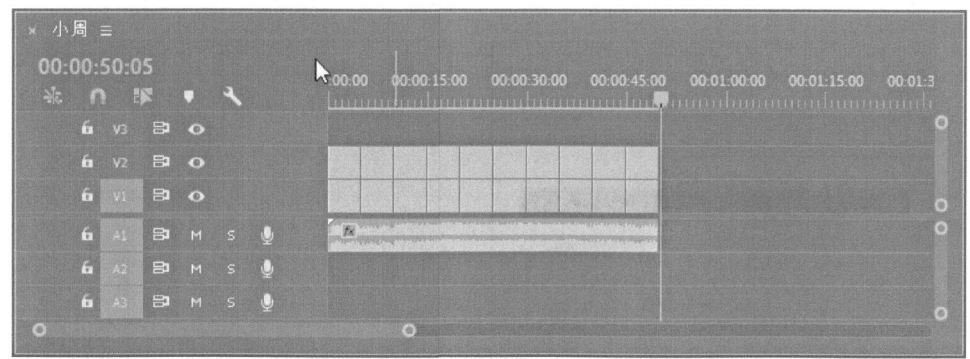

图 12-4-6 剪辑素材

5. 添加视频过渡

单击"窗口"菜单,调出"效果""效果控件"两个面板。在效果面板找到"交叉溶解",单击右键,将其设置为默认过渡,如图 12-4-7 所示。选择所有图片素材,使用快捷键"Ctrl+D"设置过渡。

6. 添加视频效果

全选图片素材,按住"Alt"键向上拖动可复制一层。选中上一层图片,给上层添加缩放效果,设置不透明度,如图 12-4-8 所示。选择添加视频效果的图片,单击右键,单击"复制"命令。选中所有图片素材,单击右键,单击"粘贴属性"命令。

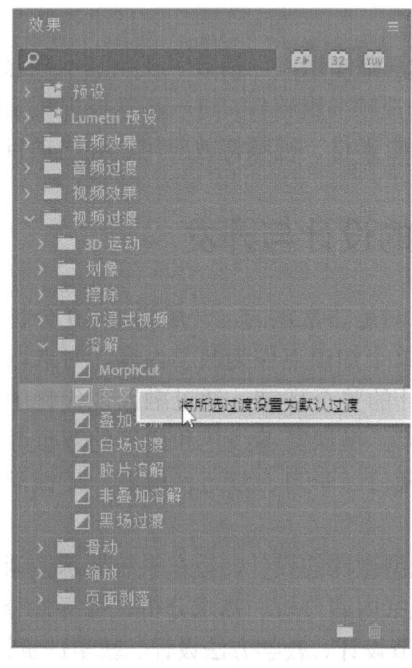

图 12-4-7 添加视频过渡

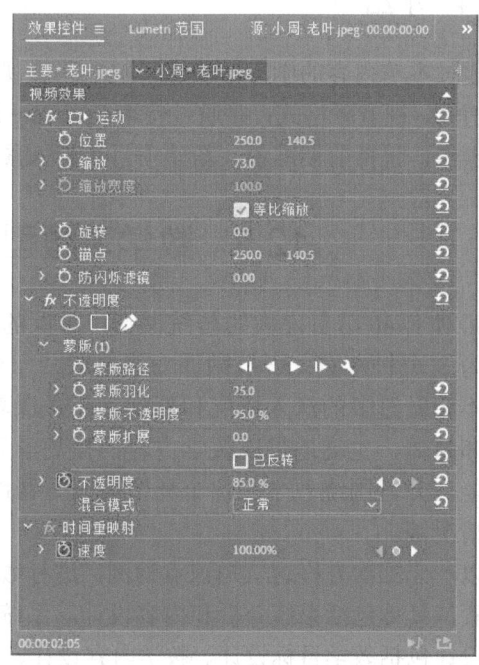

图 12-4-8 添加视频效果

7. 导出项目

项目编辑完成后，在时间面板上选择需要输出的序列。选择"文件"→"导出"→"媒体"命令。弹出"导出设置"对话框，设置保存路径，单击"导出"按钮，如图12-4-9所示。

图12-4-9 "导出设置"对话框

12.4.4 小结

通过本节内容的学习，能够了解数码影视编辑的基础知识，包括数字视频基本概念、蒙太奇剪辑、视音频格式；并通过使用 Premiere Pro CC 视频编辑软件，进一步掌握视频编辑的具体操作，包括前期准备、新建项目、导入素材、编辑素材、视频特效应用、导出项目。

12.5 数学习题型微课的设计与开发

相对于 40 分钟左右的传统课堂，微课的播放时间是非常短的，一般为 5~10 分钟，更短的为 3 分钟左右。一节微课一般选取某一章节的单个知识点作为教学内容，对选取的知识点不会做过多的深入拓展和外延。在微课教学设计的整个环节，通过融入现代化的教学手段和媒体，生动地呈现教学内容，提高学习的效率。微课具备线上和线下的双重教学辅助功能，并且围绕教学的各个环节展开，帮助学生预习、学习、复习、检测，反馈学生的学习情况等。

以一元二次方程这一知识点为例，进行数学习题型微课的设计，旨在系统展示微课设计的要素，具体包括系统分析和内容设计。系统分析包括内容分析、需求分析、可行性分析；内容设计包括教学目标设计、教学内容设计、教学环节设计、教学方法设计、教学评价设计、课件脚本和录屏脚本的设计。

12.5.1 系统分析

一元二次方程（组）这一章主要讲解一元二次方程的概念、内涵、解法和应用等相关问题。一元二次方程是指含有一个未知数并且未知数的最高次数为 2 的整式方程。重点考察学生的逻辑思维能力、数学计算能力和利用数学模型解决生活实际问题的能力，与数学学科核心素养中的逻辑推理、数字建模、计算能力等方面的要求相符合，也是教学需要突破的难点。

数学作为初中生较难攻克的学科，一直受到学校、家长、学生的重视，而一元二次方程作为重点章节，也是新课程标准要求掌握的重点和难点，不论是帮助学生掌握一元二次方程的知识，还是培养学生计算、数学应用等方面的能力。数学习题型微课作为教育信息化推进下的网络课程，能够帮助学生利用零碎时间进行学习，不受时间和空间的限制。利用现代信息技术激发学生的学习兴趣，强化学生的学习内容，培养学生的数学思维，提高学生的学习能力。

数学习题型微课的开发要求和开发难度并不高，能够满足教师的一般需求；同时，因为智能产品的普遍应用，一般中学生能够通过网络进行学习。

依据埃里克森人格发展八阶段理论，中学生处于认识自我与同一性混乱的时期，所以他们可能因为学习的压力、数学学习的困难，对学习产生厌倦，从而对自我产生怀疑。而数学习题型微课，由于其课时学习量少及设计精妙的特点，能够迅速吸引学生的眼球，帮助学生，掌握数学习题的核心解法使其获得成就感，进而提高学生对数学学习的热情。

12.5.2 内容设计

1. 教学目标

本课程依据布鲁姆的认知学习理论，将从认知领域、动作技能领域、情感领域三个方面设计教学目标。认知领域：理解一元二次方程的基本定义，与其他方程的区别，记忆一元二次方程的基本解法，解决关于该方程的基本问题。动作技能领域：掌握一般一元二次方程的解法，能够解决实际问题，从而提高数学学科的核心素养。情感领域：进一步提升学生学习数学的热情，培养学生日常生活中的逻辑推理能力和数学建模能力。

2. 教学内容

本课程以一道一元二次方程的生活例题导入，通过讲解一元二次方程的基本概念和四种经典解法，配合课后习题的练习与强化，帮助学生掌握该知识点。

只含有一个未知数，并且未知数项的最高次数是 2 的整式方程叫作一元二次方程。

公式法：先判断 $\Delta=b^2-4ac$，若 $\Delta<0$，则原方程无实根；若 $\Delta=0$，则原方程有两个相同的实根；若 $\Delta>0$，则原方程有两个不同的实根。

配方法：先把常数 c 移到方程右边得：$ax^2+bx=-c$；将二次项系数化为 1 得：$x^2+(b/a)x=-c/a$；方程两边分别加上 (b/a) 一半的平方得：$x^2+(b/a)x+(b/(2a))^2=-c/a+(b/(2a))^2$；方程化为：$(x+b/(2a))^2=-c/a+(b/(2a))^2$。

直接开平方法：形如 $(x-m)^2=n(n\geq 0)$ 的一元二次方程可以直接开平方求得解为 $x=m\pm\sqrt{n}$；直接开平方法与配方法类似，是其简化版。

因式分解法：将一元二次方程 $ax^2+bx+c=0$ 化为如 $(mx-n)(dx-e)=0$ 的形式，可以直接

求得解为 $x=n/m$，或 $x=e/d$。

3．教学环节

1）情境导入

某人是做服装销售生意的，她的服装店正在销售一批短裙，平均每天销售 30 件，每件赚 50 元。但是，她想扩大销售，减少库存量，于是，她决定打折降价。如果每降价 1 元，平均每天就可以多卖出 2 件。现在，她若想通过销售短裙每天赚 2100 元，请问她应该降价多少？

根据我们之前所学习的一元一次和二元一次方程，先设未知数，再列出方程：$(50-x)(30+2x)=2100$。

2）一元二次方程的基本概念

只含有一个未知数，并且未知数项的最高次数是 2 的整式方程叫作一元二次方程。一元二次方程的一般形式为：$ax^2+bx+c=0$，其中 2 为次数，即 x 的平方，$a\neq 0$。

同时，一元二次方程还有两种特殊的形式：顶点式 $y=a(x-h)^2+k$，交点式 $y=a(x-x_1)(x-x_2)$ $(a\neq 0)$。我们把它们转化为一般形式，具体方法就是因式分解，再合并同类项。例如，$x^2-35x+300=0$ 就是情境导入环节中方程 $(50-x)(30+2x)=2100$ 的一般形式。

3）一元二次方程的解法

（1）公式法。

在本例中，$a=1$，$b=-35$；$c=300$；$\Delta=25>0$；为第三种情况，所以 $x_1=20$，$x_2=15$。

（2）配方法。

在本例中，$x^2-35x+300=0$；$x^2-35x=-300$；$(x-35/2)^2=-300+(35/2)^2$；计算 $-300+(35/2)^2$ 是否适合开平方，$(x-35/2)^2=25/4$，$x-35/2=\pm 5/2$，$x_1=20$，$x_2=15$

（3）直接开平方法。

形如 $(x-m)^2=n$ $(n\geq 0)$ 的一元二次方程可以直接使用开平方法，求得解为 $x=m\pm\sqrt{n}$。

此方法与配方法类似，是其简化版。

在本题中，我们需要先配方，再开平方。

（4）因式分解法。

在本题中，$x^2-35x+300=0$，$(x-15)(x-20)=0$，$x_1=20$，$x_2=15$。

4）小结与课后练习

我们主要学习了一元二次方程及其解法，再对知识点进行归纳：有一间长为 20 米，宽为 15 米的会议室，在会议室中间铺一块地毯，地毯的面积是会议室面积的一半，四周未铺地毯的留空宽度相同，则留空宽度为多少米？

4．教学方法

1）讲授法

讲授法是一种比较常见的教学方法，它以语言为主，需要系统地向学生传授知识，包括讲述、讲解、讲读、讲演等具体形式。在本案例中，一元二次方程概念的讲解，主要采用讲述和讲读的方式。

2）问题探究教学法

教师通过创设情境，向学生提出问题，激发学生的学习热情，提高学生的学习兴趣，从而探究问题的答案，获取知识。

3）练习法

通过课内外的练习，使学生巩固所学习的知识，培养学生解决问题的能力。在本案例中，通过课堂讲解、课后练习，帮助学生掌握知识。

5. 教学评价

微课的教学评价，从学习兴趣、知识的掌握、任务的完成、与人的合作交流和自我评价五个方面进行。每个维度下设三个标准：十分满意、满意和不太满意。学生填写完课程信息之后，根据真实的学习情况，填写表格，并交由任课教师统计和分析数据，以此作为课程改进的依据。

6. 脚本

表 12-2 和表 12-3 所示分别为课件脚本和录屏脚本。

表 12-2 课件脚本

课件名称		适用年级		学科	
负责人		学院班级			
学习目标					
设计思路					
课件模块结构					
场景编号	页面布局	文字说明	功能注释	备注	

表 12-3 录屏脚本

课件名称			适用年级		
负责人		学院班级			
课程结构	时长		教学环节	备注	
片头			课件介绍		
导入			情境导入		
正文讲解			基本概念		
			应用练习		
小结			总结和布置作业		

12.5.3 数学习题型微课的开发

1. 开发思路

微课的实质是微型化的网络课程，而一门完整的网络课程也可以由众多与知识相关、紧密联系的系列微课构成。所以，微课的设计与制作可以在学习理论的指导下，像开发网络课程那样进行系统的设计、制作，具体可以分为以下几个步骤：①课件制作：本次课件主要使用 PowerPoint 软件，包括主页面、导航页、内容页、结束页几个主要的内容呈现页面；同时使用 Flash 软件制作情境导入动画；使用 Photoshop CS6 软件处理课件需要的图片素材。②视频制作：打开 Camtasia Studio 录屏软件，录制微课视频并保存；使用 Audition 软件处理音频，包括降噪、修音、去除过长的停顿；使用 Premiere 软件处理并合成视频。将制作完成的微课上传到微课之家网站，进入网站首页，登录账号，选择并上传视频。③评价：本次课程附有学习评价表，学习者在完成微课视频学习之后，根据自身的实际学习情况，填写学习评价表。④反馈：学习者能将自己的学习情况通过微课之家平台反馈给授课者，同时，也可以通过发邮件等方式直接与授课者交流。

2．开发技术模式

录屏式是利用视频录制软件，如 Camtasia Studio 等，录制课件的内容及授课者的声音，再对其进行后期处理，确保视频内容清晰，音频声音有效。录屏式的微课制作方式操作相对简单，制作的微课也比较精良，一般学科教师通过学习，能够开发相关学科的微课，满足部分学生的需求。

3．开发流程

1）创作准备阶段

在录制微课前，教师应该根据自己的教学目的确定好采用的微课类型，是否需要采用课件以及师生互动方式，以确定录制的方式及场所。

在本案例中，教师应该提前准备好教学设计和课件及相关的教具、录频设备和软件，以及后期处理的软件。

录制场所：相对安静的房间；

录制时间：9:00am；

录制设备：笔记本电脑，耳机；

录制软件：Camtasia Studio；

后期处理软件：Audition，Premiere。

2）视频录制阶段

提前打开课件和录制软件。打开我的电脑，新建文件，命名为微课录制视频；打开解一元二次方程课件；打开 Camtasia Studio 软件，选择录制屏幕；按照教学设计完成微课的讲授；单击 rec 按钮，开始录制；返回解一元二次方程课件页面，单击播放幻灯片，开始讲解；讲解完毕，关闭课件页面；按 F10 快捷键，停止录制；将视频保存到"论文"文件下的"微课录制视频"文件夹中。

3）后期处理阶段

利用 Audition 进行降噪处理、修复噪声和破音、删除气音。新建项目；导入素材，然后创建音频和视频轨道；剪辑视频和音频，将它们对应到相应的位置；合成视频和音频轨道，选择 H.264 格式，最后导出。

4．总结

本章节以一元二次方程课程为例，设计一节习题型微课。因此在设计与开发之前，首先应查阅众多相关文献和网络资料，分析和归纳现有研究存在的问题，以便在开发过程中进行改进；其次通过对学习者、课程、系统需求的分析，在对微课相关理论理解的基础上，开展信息化教学设计和微课制作脚本的编写；最后依据该设计开发一元二次方程微视频，期望能为相关微课的设计和开发提供启发和参考。

参 考 文 献

[1] 方其桂. Camtasia Studio 微课制作实例教程[M]. 北京：清华大学出版社，2017.
[2] 焦道利，张新贤，张胜利. 影视非线性编辑基础教程[M]. 北京：国防工业出版社，2016.
[3] 张慧，马海霞. Premiere Pro CC 2015 中文版标准教材[M]. 北京：清华大学出版社，2017.
[4] 文杰书院. Premiere Pro CC 视频编辑入门与应用[M]. 北京：清华大学出版社，2017.
[5] 麓山文化. Premiere Pro CS6 全视频微课标准教材[M]. 北京：人民邮电出版社，2019.
[6] LeRoy A. McGrew. A 60-Second Course in Organic Chemistry[J]. Journal of Chemical Education，1993，70（7）：543-544.
[7] Kee T P. The One Minute Lecture[J].Education in Chemistry，1995（32）：100-101.
[8] 关中客. 微课程[J]. 中国信息技术教育，2011（17）：14.
[9] 徐正涛. 基于 Moodle 的中小学微课建设模式设计和实践研究[D]. 重庆：西南大学，2014.
[10] 杜雪艳. 初中数学微课的设计与应用研究[D]. 南京：南京师范大学，2017.
[11] 覃彩连. 中学地理微课的发展现状与策略研究——以广西为例[D]. 桂林：广西师范大学，2015.
[12] 胡铁生. 区域性优质微课资源的开发与思考[J]. 中小学信息技术教育，2013（4）：19-22.
[13] 胡铁生，黄明燕，李民. 我国微课发展的三个阶段及其启示[J]. 远程教育志，2013，31（4）：36-42.
[14] 赵映红. 求一元二次方程整数根的几种方法[J]. 初中数学教与学，2011（19）：12-14.
[15] 王发明. 学生发展视角下初中数学学科核心素养及其培育[J]. 数学教学通讯，2018（11）：6-7.
[16] 许明泉. 初中数学习题课教学研究[J]. 中学数学，2018（22）：88-89.

第 13 章 现代教育技术教学实验

实验教学是现代教育技术课程的重要组成部分，有利于师范生对现代教育技术理论的理解和对相关软件的应用，提升师范生的现代教育技术实践能力。重点围绕现代教育技术理论基础、教学媒体和创新应用，结合信息时代师范生现代教育技术培养的目标要求，精心设置课程实验项目，构建能体现师范技能、媒体素养、发展趋势和创新能力相统一的现代教育技术实验教学体系。

13.1 数字扫描仪应用

13.1.1 实验目的

① 了解目前常用扫描仪的工作原理，熟悉扫描仪各部分的功能，掌握扫描仪的操作程序。

② 掌握使用扫描仪扫描图像的方法。

13.1.2 实验内容

① 扫描仪的安装和连接。
② 扫描仪的操作流程。
③ 数字图像的采集。

13.1.3 实验原理

扫描仪是一种获取影像的装置，可将获取的影像转换为计算机可以显示、编辑、存储和输出的数字格式的影像。这里所说的影像是指照片、文字页、图形和插画等，甚至如硬币和纺织品等三维物件都算是影像的一种。实际上，这意味着扫描仪可以完成以下工作：在文件中结合美术图形和照片；将印刷文字扫描输入到文字处理软件中，免去重新打字；将传真文件扫描到数据库或文字处理软件中储存；在多媒体中加入影像；在摘要中结合影像资料使其能更有效地表达主题。扫描仪可分为两种：平台式扫描仪，用来扫描照片和印刷品，它有一个玻璃面，用来摆放扫描稿件；透射式扫描仪，用来扫描幻灯片和底片。

扫描仪的类型有 5 种。①手持式扫描仪。传统的手持式扫描仪扫描幅面窄，难于操作和捕获精确图像，扫描效果也差，而近些年手持式扫描仪凭借其小巧轻便的设计及扫描分辨率的提高，颠覆了以往传统扫描仪移动困难，操作滞后的弊端。②馈纸式扫描仪。又称小滚筒式扫描仪，为满足 A4 幅面文件扫描需要而推出的产品，有彩色和灰度两种，彩色型号一般为 24 位彩色，也有极少数馈纸式扫描仪采用 CCD（Charge Coupled Device，电荷耦合器件）技术。③鼓式扫描仪。又称滚筒式扫描仪，是专业印刷排版领域应用最广泛的扫描仪，使用感光器件是光电倍增管。④平板式扫描仪。又称平台式扫描仪、台式扫描仪，是办公用扫描仪的主流。扫描幅面一般为 A4 或者 A3。⑤影印一体机，集传真、打印与复印、扫描等功能为一体的机器，是目前最为快捷和常用的办公工具。

扫描仪工作原理：对原稿进行光学扫描，然后将光学图像传送到光电转换器中，转换为模拟电信号，再将模拟电信号转换成数字电信号，最后通过计算机接口送至计算机中。

首先将待扫描的原稿正面朝下铺在扫描仪的玻璃板上，原稿可以是文字稿件或图纸照片；然后启动扫描仪驱动程序，安装在扫描仪内部的可移动光源开始扫描原稿。为了均匀照亮稿件，扫描仪光源为长条形，并沿 y 方向扫过整个原稿；照射到原稿上的光线经反射后穿过一个很窄的缝隙，形成沿 x 方向的光带，又经过一组反光镜，由光学透镜聚焦并进入分光镜，经过棱镜和红绿蓝三色滤色镜得到的 RGB 三条彩色光带，分别照到各自的 CCD 上，CCD 将 RGB 光带转换为模拟电信号，此信号又被 A/D 转换器转换为数字电信号。至此，反映原稿图像的光信号转换为计算机能够接受的二进制数字电信号，最后通过串行接口或并行接口送至计算机。扫描仪每扫一行就得到原稿 x 方向的图像信息，随着沿 y 方向的移动，在计算机内部逐步形成原稿的全图。

13.1.4 实验步骤

1. 安装扫描仪驱动程序

① 将扫描仪驱动程序安装光盘装入计算机光驱，运行并安装程序。
② 安装随扫描仪所附的图像编辑软件。
③ 重新启动计算机。

2. 连接电源

① 将稳压电源连接到扫描仪背板。
② 将稳压电源插在电源插座上，扫描仪前面板上的绿色指示灯随即点亮。

3. 连接缆线

① 将 USB 缆线的一端连接至扫描仪背板。
② 将 USB 缆线的另一端连接计算机的 USB 接口。
③ 部分机器可接入网线或 WiFi，在网络中实现共享扫描。

4. 图像扫描

1）利用 Windows 自带的扫描程序扫描

① 把扫描文件面朝下，放到扫描仪的玻璃面板上。由于扫描仪会生成一个倒立的图像，所以待扫描文件应倒放在玻璃面板上。

② 在电脑屏幕上，依次单击"开始"→"所有程序"→"Windows 传真和扫描"；在"Windows 传真和扫描"窗口中，单击"新扫描"按钮，然后在弹出的窗口中选择已经安装好的扫描仪。

根据需要将扫描仪的各项参数设置好，然后单击"扫描"按钮；扫描结束后，单击上端的"另存为"按钮，将扫描结果保存到自己常用的文件夹中。

2）利用 ScanWizard 5 扫描软件进行扫描

双击桌面上的 ScanWizard Easy 图标，或选择"开始"→"程序"→"ScanWinzard 5"命令，开始执行扫描程序。

图 13-1-1　扫描软件的默认界面

扫描软件的默认界面如图 13-1-1 所示。

预览：用户一开始进入标准控制模式，程序预设会自动预览用户的稿件。假如想取消此功能，可单击"属性"按钮，在弹出的对话框中取消此功能。

到 Web："扫描到"按钮可以切换为"到 Web"按钮，只要按住按钮两秒钟即出现下拉列表。

原稿：选择待扫描文件的材质。

扫描类型：输出的色彩位数。

输出目的：图片输出到何处，本实验选择输出到文件。

输出比例：选择影像输出尺寸的比例大小，包括 50%、75%、100%、150%和 200%等。

调整：调整对比度、锐度等。

属性：扫描仪的参数设定。

界面上各按钮的功能如表 13-1 所示。

表 13-1　界面上各按钮的功能

图　　标	功　　能
	移动
	缩放（放大/缩小）
	信息按钮
	改变窗口尺寸
	切换到高级模式
	扫描仪信息
	帮助说明
	最小化
	关闭程序

单击　按钮后，ScanWizard 切换到高级模式，界面如图 13-1-2 所示。

可根据具体扫描要求选择不同的扫描参数，选择参数时，应注意以下几点。

（1）对于照片，选择 300ppi 分辨率即可达到良好的效果，不必选择最高的 1200ppi，否则会使扫描出的图像文件过于庞大，甚至会达到上百兆的大小。

（2）对于较小的扫描文件，可以把缩放比设为大于100%，以使输出图像足够大。

（3）如果待扫描的文件非常多，单张面积又比较小，可以把多张待扫描文件一起放到玻璃面板上，摆放时，注意待扫描文件间留出一定的间距，以便后期裁切，一次性扫描输出，再使用图像处理软件进行裁切。例如，可以在玻璃面板上摆放多张照片，一次性扫描到一张图像上，然后进行裁切。

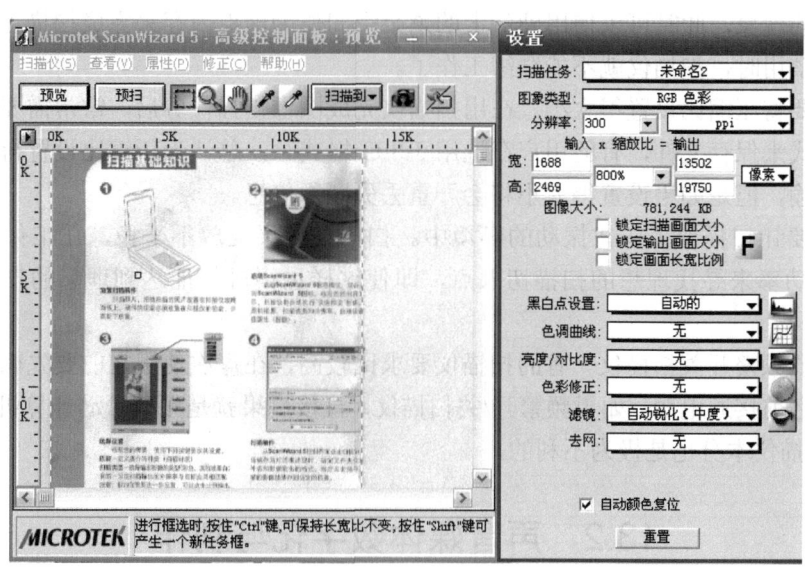

图 13-1-2　高级控制面板界面

（4）扫描文件

摆放文件时，尽量靠齐扫描玻璃的一个侧条，可确保文件放置端正。进入 ScanWizard 5 界面后，先预览文件，如果发现文件放置不端正，可打开盖板，重新把文件放正，再进行预览，直到摆放端正为止。

（5）储存文件

根据文件的材质类型，设定扫描参数。设定完毕后，单击"扫描到"按钮直接存档，或把影像传送到别的地方，如打印机、电子邮件等。

利用各品牌扫描仪自带的扫描软件进行扫描。目前各主流扫描仪产商均开发了适合其产品的扫描软件，可根据扫描仪的品牌型号自主安装使用。

13.1.5　实验注意事项

（1）实验开始前，请保证电脑、扫描仪及各种设备连接正确，电源工作正常。

（2）保证扫描仪驱动程序、扫描程序安装正常。

（3）不要带电接插扫描仪。在安装扫描仪，特别是采用 EPP 并口的扫描仪时，为了防止烧毁主板，接插时必须先关闭计算机。

（4）不要忽略扫描仪驱动程序的更新。许多用户平时只注重升级显卡等设备的驱动程序，却往往忽略了升级扫描仪的驱动程序，而驱动程序又直接影响扫描仪的性能，并涉及各种软、硬件系统的兼容性，为了让扫描仪更好地工作，应该经常到其生产厂商提供的网站下载更新的驱动程序。

（5）不要使用太高的分辨率。使用扫描仪工作时，不少用户把扫描仪的分辨率设置得很高，希望能够提高识别率，但事实上，扫描一般文件选择 300ppi 左右的分辨率就可以了，过高的分辨率反而可能降低识别率，这是因为过高的分辨率会更仔细地扫描印刷文字的细节，更容易识别出印刷文件的瑕疵、缺陷，进而导致识别率下降。

（6）不要关闭系统虚拟内存。如果在内存配置较低的计算机中扫描图像，常常会出现系统内存不足的现象，此时可以使用硬盘上的剩余空间作为虚拟内存来完成扫描工作，但是当虚拟内存被禁用时，扫描仪就不能继续工作了。

（7）不要将压缩比设置得太小。在用扫描仪完成图像扫描任务后，常常需要选择合适的图像保存格式来保存文件，有的用户在选用 JPEG 格式时，总认为压缩比设置得越小，越方便保存和传输，但是如果设置得太小将会严重丢失图像信息。

（8）不要让扫描仪工作在振动的环境中。扫描仪如果摆放不平稳，在工作过程中需要消耗额外的功率来寻找理想的扫描切入点，即使这样也很难保证达到理想的扫描仪垂直分辨率。

（9）不要频繁开关扫描仪。有的扫描仪要求比较高，在每次使用之前要先确保扫描仪在计算机打开之前接通电源。如果频繁开/关扫描仪，直接后果就是频繁启动计算机，而且频繁地开/关对扫描仪本身也是极为不利的。

13.2 声音媒体数字化与制作

13.2.1 实验目的

（1）掌握使用计算机进行数字录音的方法。
（2）理解不同数字化标准对声音质量和文件大小的影响。
（3）掌握运用 Cool Edit Pro 软件、音频解霸软件等对数字化声音进行处理的方法。

13.2.2 实验内容

（1）声音文件的录制与处理。
（2）Cool Edit Pro 2.1 软件的使用。

13.2.3 实验仪器设备

（1）硬件：计算机、声卡、光驱、话筒、音箱或耳机、音乐 CD、音频线。
（2）软件：Cool Edit Pro 2.1 软件、Windows 自带的录音机或其他音频处理软件、迅捷音频录制工具、声音播放软件。

13.2.4 实验原理

人耳的听觉特性涉及生理声学和心理声学两方面。人耳可听的声音频率范围为 20Hz～20kHz，但人耳对不同频段的声音敏感程度是不一样的，人耳对中频段（3k～5kHz）的声音最敏感，幅度很低的信号都能被人耳听到；人耳对低频段和高频段的声音不太敏感，能被人耳听到的信号幅度比中频段要高得多。

语音信号是典型的连续信号，不仅在时间上是连续的，在幅度上也是连续的。在时间上连续是指在一个指定的时间范围内，声音信号的幅值有无穷多个，在幅度上连续是指幅度的数值有无穷多个。在时间和幅度上都是连续的信号称为模拟信号。

声音数字化就是将模拟的（连续的）声音波形数字化（离散化），以便利用数字计算机进行处理，主要包括采样和量化两个阶段。数字化音频的质量取决于采样频率和量化位数这两个重要参数。

采样频率是每秒对声音波形进行采样的次数。人耳听觉的频率上限为 20kHz 左右，根据采样理论，为了保证声音不失真，采样频率应为 40kHz 左右。经常使用的采样频率有 11.025kHz、22.05kHz 和 44.1kHz 等。采样频率越高，声音失真度越小，音频数据量也越大。

量化数据位数（也称量化级）是用来表示每个采样点的数据范围的，经常采用的有 8 位、12 位和 16 位。例如，8 位量化级表示每个采样点可以表示成 256 个（0~255）不同的量化值，而 16 位量化级则是指每个采样点可表示成 65536 个不同的量化值。量化位数越高，表示声音的差别越细致，所以音质越好，数据量也越大，如图 13-2-1 所示。

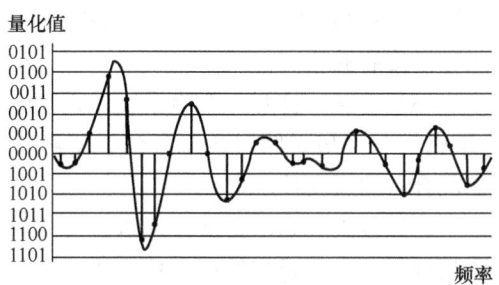

图 13-2-1　声音的采样与量化

对声音进行数字化要经过采样、量化和编码 3 个阶段：采样，以适当的时间间隔观测模拟信号波形幅值的过程；量化，将采样时刻的信号幅值归整（四舍五入）到与其最接近的整数标度的过程；编码，将量化后的整数用一个二进制数码序列来表示的过程。

影响数字化质量的 3 个因素为采样频率（11.025kHz；22.05kHz；44.1kHz）、量化位数（8bit；16bit；32bit）和声道数（分单声道和双声道或立体声），它们的关系如下：

声音数字化信息量= 采样频率（Hz/s）×量化位数（bit）×声道数

根据采样定理，当对连续变化的信号波形进行采样时，若采样频率高于该信号所含最高频率的两倍，那么可以由采样值通过插补技术正确地恢复原信号的波形，否则将会引起频谱混叠（Aliasing），产生混叠噪声（Aliasing Noise），而重叠的部分是不能恢复的。由于人耳可听音频信号频率的上限为 20kHz，故采样信号频率应大于 40kHz，考虑到 LPF 在 20kHz 处大约衰减 10%，为实现全频带高质量的还原，可以用 22kHz 的两倍频率作为音频信号的采样频率，但又为了能与电视信号同步，PAL 制场频为 50Hz，NTSC 制场频为 60Hz，所以取两者的整倍数，选用了 44.1kHz 作为 CD 声音的采样标准。

13.2.5　实验步骤

1. 录制声音并进行简单处理

1）录制声音的操作步骤

（1）用转录线将录音机和计算机的"Line In"接口连接，或者用转录线将话筒和计算机的"Mic In"接口连接。

（2）单击 开始→"程序"命令，在弹出的下级菜单中依次指向"附件"→"娱乐"命令,最后选择"录音机"命令,弹出"声音-录音机"对话框,确定声音属性。如果要录音,单击 ● 按钮。录音完毕,单击 ■ 按钮。如果要回放,单击 ▶ 按钮。

(3)选择"文件"→"另存为"命令,弹出"另存为"对话框。在该对话框中的"文件名"文本框中输入要录制的声音文件的名称,在"保存在"下拉列表中选择保存的位置,单击"确定"按钮即可。

2)声音文件的编辑

(1)剪切。在"声音-录音机"对话框中选择"文件"→"打开"命令,在打开的对话框中选择要编辑的声音文件。找到想要剪切声音的位置点后,暂停播放。选择"编辑"→"删除当前位置之后的内容"或"删除当前位置之前的内容"命令。最后,保存剪切后的新文件。

(2)拼接。打开一个声音文件,找到想要插入另一段声音的位置点后,暂停播放。选择"编辑"→"插入文件"命令,在随后打开的对话框中选择要插入拼接的声音文件。最后,保存拼接后的新文件。

(3)混合。打开一个声音文件,找到想要混合另一段声音的位置点后,暂停播放。选择"编辑"→"与文件混合"命令,在随后打开的对话框中选择要混合的声音文件。最后,保存混合后的新文件。

(4)效果。为声音文件加入特殊效果,如改变声音的大小、播放速度和加入回音等。方法是打开一个声音文件后,单击"效果"菜单,选择相应命令。

(5)长于 60s 的录音。打开一个较长的声音文件,在其中利用剪切和拼接的方法,先删除当前位置之后的一段内容,然后在该位置插入一段新录的内容,如此往复即可。

2. 利用迅捷录音软件录制声音

(1)在官网下载并安装迅捷录音软件。

(2)打开迅捷录音软件,选择"声音来源"选项,选择录制麦克风的声音还是系统中的声音。如图 13-2-2 所示。

图 13-2-2 声音来源

(3)设置"格式选项",选择录制声音保存的格式,可以选择"MP3"或者"WAV"格式,如图 13-2-3 所示。

第 13 章　现代教育技术教学实验

图 13-2-3　格式选项

（4）插上麦克风，单击"开始录制"按钮，在左边可以看到录制的时长，也可以随时暂停录制，单击"继续录制"即可接着继续录制，需要结束录制，单击后面的"停止"按钮即可，如图 13-2-4 所示。

图 13-2-4　开始录制

（5）录制完成后，音频文件就会自动保存在设置的文件夹中，单击"打开路径"就可以找到录制好的文件。

3．使用 Cool Edit Pro 声音数字化软件

Cool Edit Pro 软件是美国 Adobe Systems 公司开发的一款功能强大、效果出色的多轨录音和音频处理软件，具有非常出色的数字音乐编辑器和 MP3 制作软件。不少人把 Cool Edit 形容为音频"绘画"程序。用户可以用该软件来"绘"制音调、歌曲的一部分、声音、弦乐、颤音、噪音或调整静音，而且它还提供多种特效，为用户的作品增色，如放大、降低噪音、压缩、扩展、回声、失真、延迟等。用户可以同时处理多个文件，在几个文件中轻松地进行

剪切、粘贴、合并、重叠声音操作。使用该软件可以生成的声音有噪音、低音、静音、电话信号等。该软件还包含 CD 播放器。其他功能包括支持可选的插件、崩溃恢复、支持多文件、自动静音检测和删除、自动节拍查找、录制等。另外，使用它还可以将声音文件在 AIF、AU、MP3、Raw PCM、SAM、VOC、VOX、WAV 等格式之间进行转换，并且能够保存为 Real Audio 格式。

1）编辑界面与菜单命令

首先，启动 Cool Edit Pro 2.0 或者 2.1，单击左上角的 按钮，切换到波形编辑界面，如图 13-2-5 所示。对于初学者而言，使用波形界面进行编辑，既能感受到这个软件的强大功能，又不会被众多的功能弄得眼花缭乱。

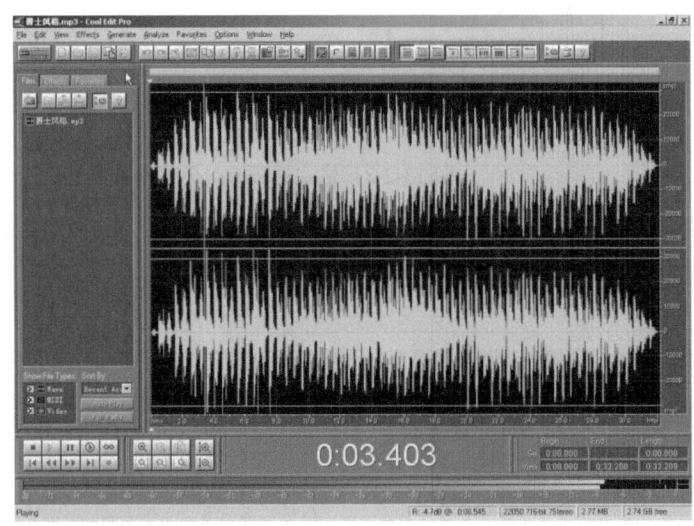

图 13-2-5　Cool Edit Pro 截面图

常用菜单命令的功能如下。

（1）文件：此菜单中包含了常用的新建、打开、关闭、存储、另存为、追加等命令。

（2）追加：用于将打开的音频文件接在已打开的文件尾部，两个音频文件便拼接成一个大的音频波形文件。适用于多个录音文件的拼接，注意拼接文件的格式要相同。

（3）临时空间设置：进行音频编辑时，会产生大量的临时文件，使计算机运行速度减慢，可以在这里清空它。

（4）编辑菜单：此菜单中包含一些常用的复制、粘贴、删除、格式、定位、提示、转换等命令。

（5）开启撤销/重做：可以撤销上一步的操作。

（6）重复上次操作：重复最后一次操作命令。

（7）设置当前剪贴板：可以选择当前使用的剪贴板。Cool Edit Pro 自带 5 个剪贴板，再加上 Windows 系统的 1 个，一共可以选择 6 个剪贴板，但一次只能选用 1 个。

（8）复制、裁剪和粘贴的功能

① 粘贴为新的：可以将剪贴板中的文件粘贴为新文件。

② 混缩粘贴：将剪贴板中的波形内容与当前波形文件混合。选择该命令，将弹出如图 13-2-6 所示的对话框。

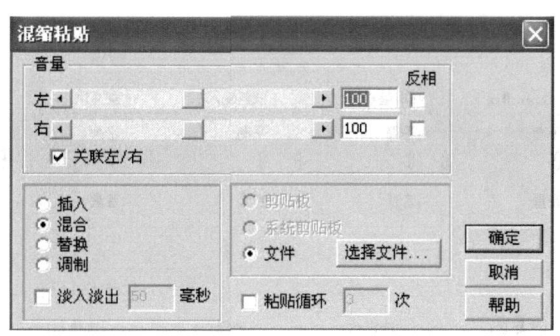

图 13-2-6 "混缩粘贴"对话框

在"混缩粘贴"对话框中可以选择混音的方式，如插入、混合、替换、调制等方式，还可以选择将要被混频的波形数据是来自剪贴板还是已建立的波形文件，以及设置淡入淡出方式的混合粘贴，甚至只混合到某一声道。

③ 复制为新的：将当前文件或当前文件被选中的部分复制成一个新波形文件，并在原文件名后加上"（2）"以示区别。

（9）插入多轨工程：将当前波形文件或当前文件被选中的部分在多轨窗口中插入，成为一个新轨。

（10）选择全部波形：选择整个波形文件，此操作也可以通过双击鼠标左键来完成。

（11）删除选取区域：删除当前文件被选中的部分。

（12）删除静音：选择相应的参数，删除接近无声的信号。此命令适用于快速删除网络录音文件中由于网络信号不稳定出现的录音断点，操作很方便，"删除静音"对话框如图 13-2-7 所示。

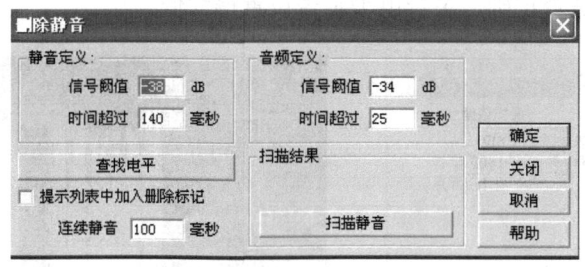

图 13-2-7 "删除静音"对话框

2）录音音源设置

使用 Cool Edit Pro 可以录入多种音源，包括话筒、录音机、CD 播放机等。将这些设备与声卡连接好，打开上方菜单中的选项，进入录制调音台，实际上就是打开了声卡的属性设置，此时出现如图 13-2-8 所示的界面。

（1）如果只是单独录制麦克风的声音，可以选中"麦克风"（mic）的"选择"复选框。

（2）如果是单纯录制外界音源（如来自音响、VCD、DVD、摄像机、录音机）的声音，就要选中"线路输入"（line in）的"选择"复选框。

（3）如果要同时录制麦克风、线路输入和计算机里播放的声音，就要选中"立体声混音"或者"您听到的声音"的"选择"复选框，对于英文界面的声卡，只要找到带有"mix"字样的单词，选中其前面的复选框即可。

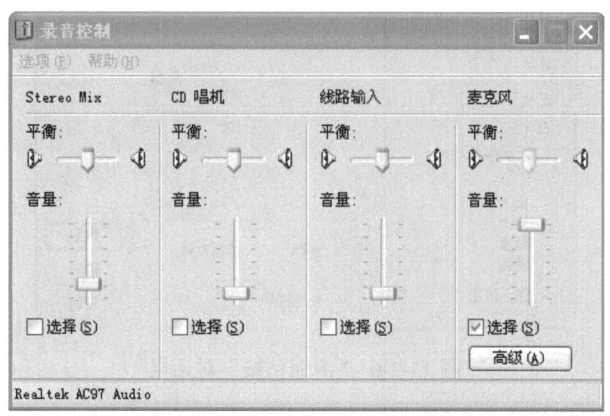

图 13-2-8 "录音控制"对话框

（4）注意：不用的音源不要选，以减少录制中的噪音。

3）制定波形录音标准

选择菜单"文件"→"新建"命令，或者直接单击下方的录音按钮，出现"新建波形"对话框，如图 13-2-9 所示，选择适当的采样率、声道和采样精度。一般使用 44100Hz、立体声、16 位，这是用于 CD 音质的设置，效果已经不错了。

开始录音后，可以看到波形在不断延伸，注意观察波形的幅度，保持波形的最高峰不要超过上下两条白线，但是波形幅度也不要过小，以波峰的峰值接触到上下两条白线为宜。如图 13-2-10 所示，波形左侧音量偏小，右侧音量偏大，中间部分的音量是合适的。特别要注意，这里的设置是影响录音质量的关键。如果波形不明显，放音时将没有声音或者声音很小，这时要检查音源选择是否正确，录音电平是否设置得太低。

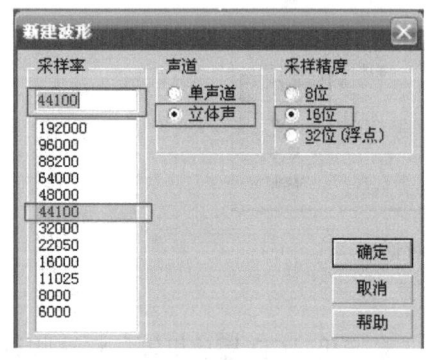

图 13-2-9 新建波形截面图

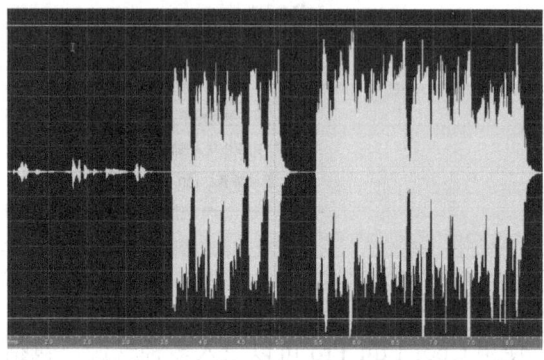

图 13-2-10 录音界面

完成录音后，单击 Cool Edit Pro 主界面左下方的"停止"按钮，再单击右侧的"播放"按钮，试听录制效果。如果要在播放音乐的同时录制自己的录音，使用单轨波形就可以了，这样的操作方法简便，适合初学者。但缺点是不能在录音结束后单独调整个人的声音和伴奏音乐的音量，所有的配乐伴奏音量控制都要在录音过程中进行。适用于对现场进行实时录音的场合。录音后期编辑的余地很小。如果要突出录音中人声的后期编辑与美化，就要使用软件的多轨方式录音功能了。

4）录音编辑

Cool Edit Pro 的常规编辑功能，如剪切、粘贴、移动等，都和通常的文本编辑一样，对波形的操作也支持删除、剪切、复制、粘贴等操作，且功能更全面。通过这些操作，用户就可以把整个声波处理得完美无瑕。在编辑窗口单击波形的任意位置，向左右拖动鼠标，鼠标拖过的地方就会变成白色，这就表示白色的部分是被选中的范围，随后进行的编辑处理都是针对被选中范围的。通过 Cool Edit Pro 对文件的编辑操作是非损伤性的，可以对文件进行各种编辑，在保存之前，不会对源文件有丝毫改变，不满意的话可以撤销操作，重新编辑。对于立体声文件，还可以单独选出左声道或右声道进行编辑。单独编辑左/右声道的功能大大方便了用户制作个人作品。像其他程序一样，Cool Edit Pro 提供了相当好用的剪贴板功能，通过主菜单中的"编辑"命令，可设置当前剪贴板，有 6 个剪贴板供用户使用。这在编辑文件时就方便多了，特别是重复使用的乐曲或声响循环，使用时，在相应的剪贴板提取就可以了。

5）美化声音

（1）美化编辑界面的切换。双击录音的轨道，进入单轨编辑模式，如果本身使用的就是单轨录音界面，可以省去这一步。必须选择要编辑的部分，如果不做选择的话，系统默认为全选。

（2）增加高音部分，减小声音的混浊度。

由于用户通过麦克风录制的声音比较混浊，鉴于每个人使用的麦克风和声卡的品质不同，浑浊程度也不同，这通常是由于缺少高音造成的，美化声音的第一步就是提高高音。具体步骤为选择菜单"效果"→"滤波器"→"图形均衡器"命令，弹出"图形均衡器"对话框，如图 13-2-11 和图 13-2-12 所示。

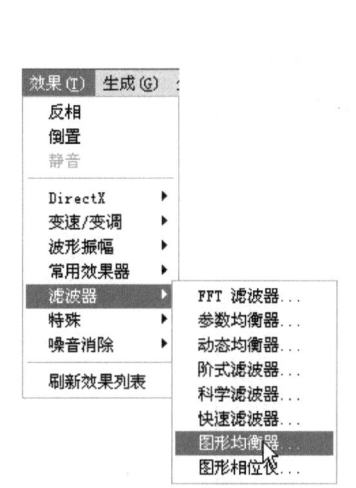

图 13-2-11　打开图形均衡器

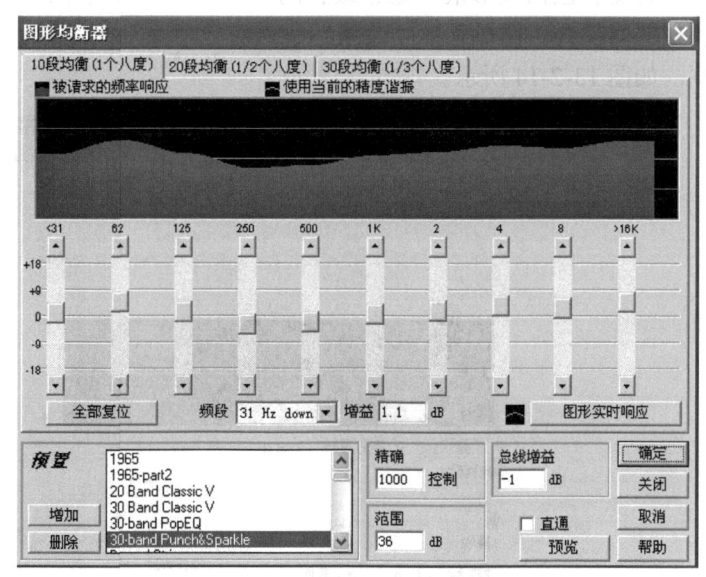

图 13-2-12　"图形均衡器"对话框

对于初学者而言，只要选择上方的 10 段均衡（1 个八度）或 20 段均衡（1/2 个八度）进行简单的调整即可，非常方便。单击下面的"预览"按钮试听效果，如果不满意可以继续手动调整，一般主要是将最右边的几个滑块向上调。边调边听效果，调到声音清晰为止。如果对声音比较敏感，可以对所有滑块进行全面调节，这样效果会更好，也可以将调好的效果添加到预置库中，调节完毕后单击"确定"按钮。

（3）降低噪音的方法。由于使用家用计算机进行录音，麦克风的品质、计算机主机、声卡的品质都会产生噪音，为此要对录音进行适当的降噪处理。降噪的方法也有很多种，这里介绍最简便的方法，包括"嘶声消除"和"采样降噪"，由于"滤波降噪"比较复杂，这里不作介绍。

① 降噪方法一：嘶声消除。

在单轨编辑模式下选择需要降噪的那部分波段，如果不进行选择的话，系统默认为全选。选择菜单"效果"→"噪音消除"→"嘶声消除"命令，如图 13-2-13 所示。然后进入嘶声消除处理界面，进行相应的设置。

② 降噪方法二：采样降噪。

更为准确有效的降噪方法是采样降噪。采样降噪就是将噪音信号先提取出来，然后在原信号中将符合该噪音特征的信号删除，这样就能得到一个几乎无噪音的音频信号了。要想取得好的降噪效果，首先录音者要在原音频的开头或末尾部分录制一段纯噪音区，也就是说，打开麦克风，开始录音10~20秒之后，再开始播放音乐。然后将这段噪音区选中，

图 13-2-13　打开嘶声消除

噪音区越长，采样越准确，消除的噪音就越完整。

操作方法是在单轨编辑模式下选择需要消除的噪音波段，把波段放大后，单击软件界面下方的+、-号可以对波段进行放大和缩小。放大波段有助于用户更准确地进行定位和选择。

将噪音区内波形最平稳且最长的一段选中（被选中的区域变成白色），一般为没有录音信号的间隔处。选择菜单"效果"→"噪音消除"→"降噪器"命令，进入"降噪器"对话框，如图 13-2-14 所示。

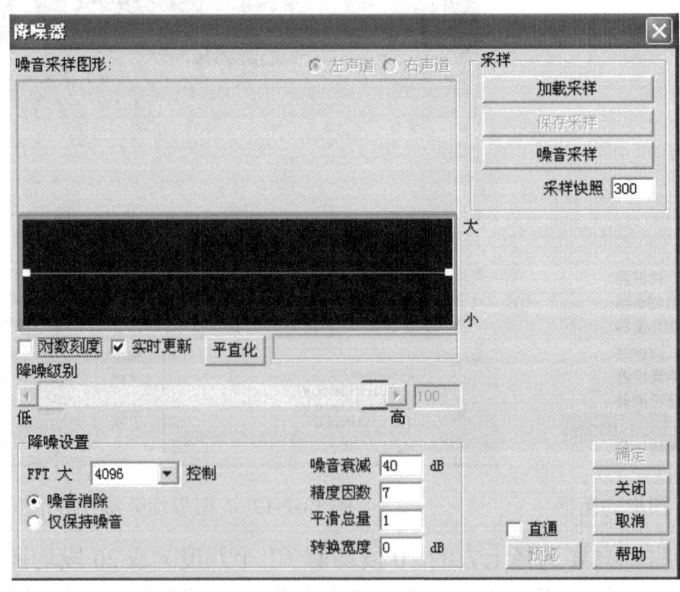

图 13-2-14　"降噪器"对话框

单击"噪音采样"按钮,几秒后出现噪音样本的图样,然后单击右下方的"关闭"按钮,即可返回波形编辑界面,选中需要降噪的波段,再次选择菜单"效果"→"噪音消除"→"降噪器"命令,进入"降噪器"处理界面。单击"确定"按钮,即可对选定的录音区域按照选好的噪音样本进行降噪。完成后单击"播放"按钮试听录音,噪音即消除,降噪过程大功告成。

如果想精益求精,可以继续打开"降噪器"对话框,将"采样快照"的默认参数"300"改为"800","FFT"控制的数值改为"8192",精度因数改成"10",设置好各参数后,单击"预览"按钮试听效果,不满意就再调试参数,因为录音设备与音源的差别,需要反复调试才能达到满意的效果。

(4)音量效果。当用户发现声音波形过小或太大时,就要使用音量控制效果器来进行调整,波形过小比较好处理,如果波形过大就会造成波形上下两边平齐,导致声音的失真,应尽量避免产生波形过大的情况。

改变录音音量大小的方法:先选取需要改变音量的波形,选择菜单"效果"→"波形振幅"→"音量标准化"命令,进入"音量标准化"对话框,如图13-2-15所示。

如果需要加大波形音量,把"音量标准化"的数值设置为大于100;如果需要减小波形音量,把该数值设置为小于100,单击"确定"按钮即可。

6)录音合成

多轨录音文件并不是通用的音频播放文件,用户要保存为通用的音频格式合成输出。在主菜单中依次选择"文件"→"混缩另存为"命令。"混缩另存为"的意思是无论保存为哪种音频格式,Cool Edit Pro 都把所有轨道转换为只具有左右声道,但包含经过编辑的所有声轨声音波形的一个文件。在图13-2-15所示的保存类型中,可以尝试选择多种保存格式,如WAV、MP3、SND 等。

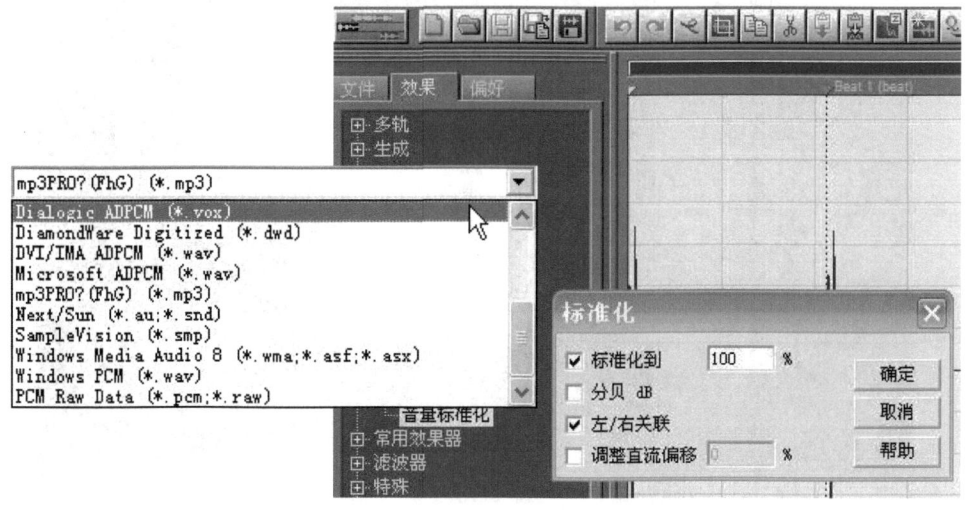

图13-2-15 音量标准化参数设置界面

7)Cool Edit Pro 2.1 软件的具体应用

(1)录制声音并给声音添加背景音乐。

打开软件进入多音轨界面,如图13-2-16所示。

图 13-2-16　多音轨编辑界面

右击音轨 1 空白处，插入要录制歌曲的伴奏文件（mp3/wma），如图 13-2-17 所示。

图 13-2-17　插入伴奏文件

选择将你的声音录在音轨 2，按下"R"按钮，然后按下左下方的红色录音键，跟随伴奏音乐开始演唱和录制，如图 13-2-18 所示。

图 13-2-18　录制声音

录制完毕，可单击左下方的播音键进行试听，看有无严重的差错，是否要重新录制。将录制的原始文件保存为 mp3 格式，如图 13-2-19 所示。

图 13-2-19　保存录音

（2）利用 Cool Edit Pro 对声音进行简单的采样降噪处理。

首先录制拟降噪的噪音环境下声音的一部分，作为噪音采样，如图 13-2-20 所示。

图 13-2-20 噪音采样 1

进入波形编辑界面，准备进行噪声采样，如图 13-2-21 所示。

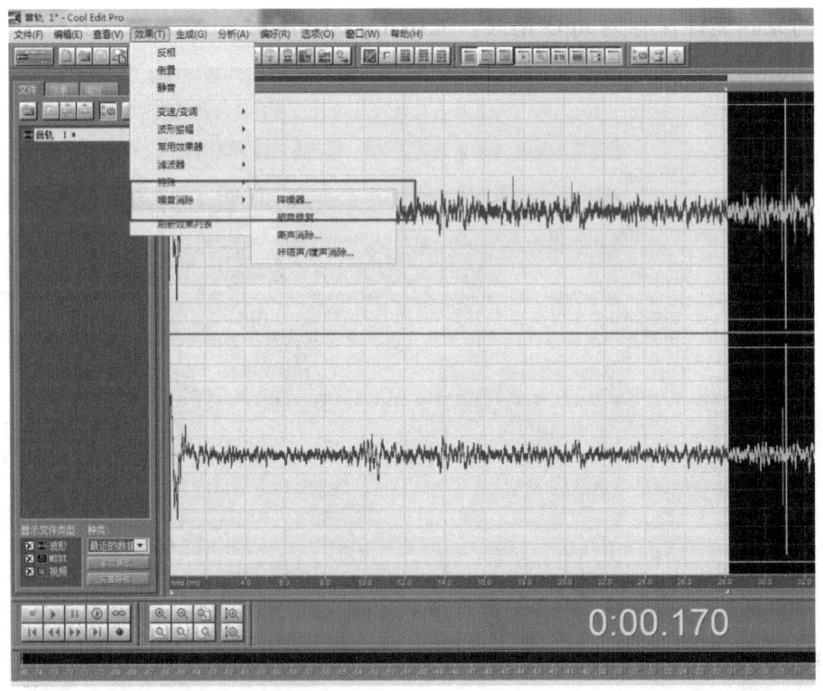

图 13-2-21 噪音采样 2

单击"噪音采样"按钮（见图 13-2-22），并保存采样结果（见图 13-2-23），降噪器中的参数按默认数值设置即可，随意更改可能会导致降噪后的人声产生较大失真。

回到多轨模式下，在音轨 1 中导入需要降噪的音频文件，如图 13-2-24 所示。

第 13 章 现代教育技术教学实验

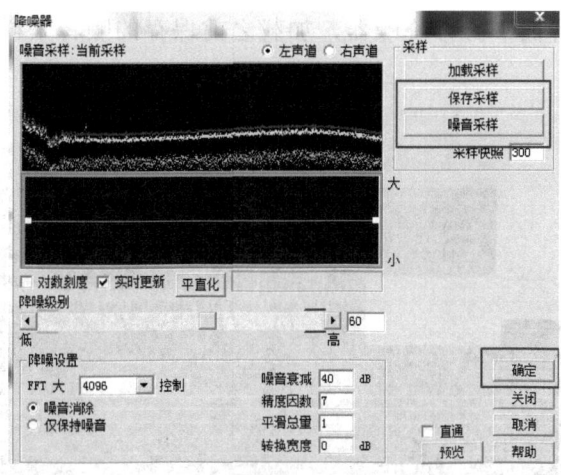

图 13-2-22 噪音采样 3

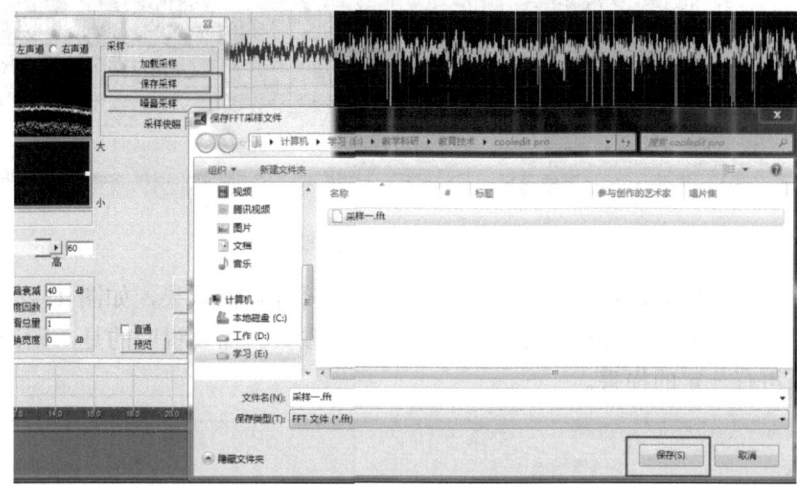

图 13-2-23 保存采样

图 13-2-24 导入待降噪音频文件

切换至波形编辑界面,打开降噪器,加载之前保存的噪音采样,进行降噪处理,如图 13-2-25 所示。

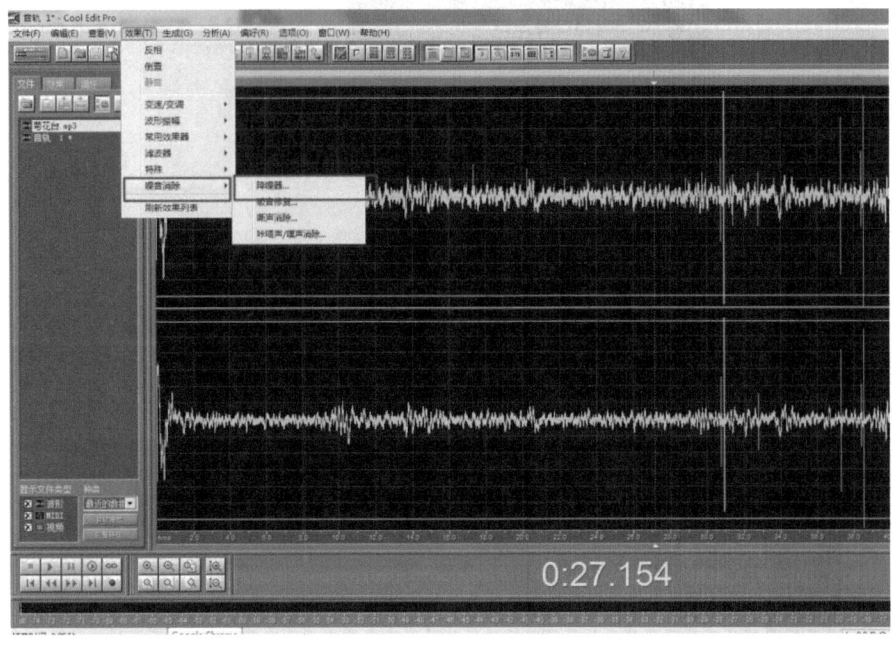

图 13-2-25　开始降噪

单击"确定"按钮前,可先单击预览,试听一下降噪后的效果,如图 13-2-26 所示。如失真太大,说明降噪采样不合适,需重新采样或调整参数。需要说明的是,无论何种方式的降噪都会对原声有一定的损害。

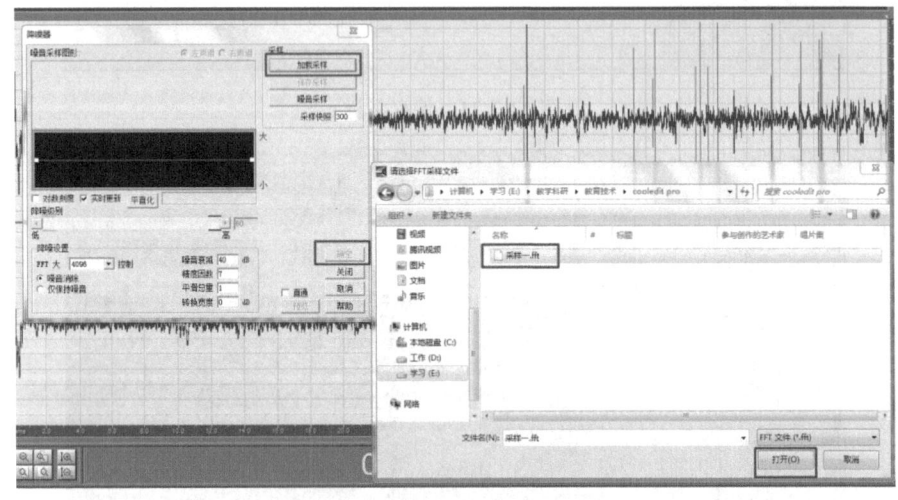

图 13-2-26　试听降噪效果

13.2.6　实验注意事项

(1)应在相对安静、干扰较少的环境中处理声音,避免不必要的噪音。

（2）录音时注意打开麦克风的录音功能，将外置设备连接好后，依次单击"开始→控制面板→声音和音频设备→音量→设备音量高级→选取项→属性→录音→麦克风前的方框→确定"按钮，勾选"麦克风"选项下的选择（S）前的复选框，再滑动调节条进行微调。

（3）防止过载，录音时，原始音量过大或后期制作时音量提升过高，致使电平值过大，超过了软件处理及听觉的理想负荷，因而造成音频上表现为"破"音的现象。

13.3 微课的制作

13.3.1 实验目的

（1）熟练掌握 Camtasia Studio 2019（下文简称 CS）的基本使用方法。
（2）熟悉微课课件的开发流程，掌握微课课件的初步设计、开发能力。
（3）培养创新意识和创新能力，提高合作意识和合作能力。

13.3.2 实验内容

依据本书 8.3 节的微课教学设计"Flash 形状补间动画"，自制"Flash 形状补间动画"PPT 课件（微课视频中使用的课件可以是教师自行设计或者从网上下载的，需要符合教学目标），运用 CS 中的视频录制、视频剪辑、添加注释、添加转场、添加行为、添加语音旁白、抠图、添加字幕等功能，制作相应的微课视频。

13.3.3 实验仪器设备

（1）硬件：配有话筒、音响、摄像头的多媒体计算机。
（2）软件：Camtasia Studio、PowerPoint 等教学软件。

13.3.4 实验原理

CS 是一款简单易用的屏幕录像和编辑软件。它集屏幕录像、视频剪辑和编辑、视频菜单制作、视频剧场和视频播放功能于一身，能让用户更轻松地进行视频制作。

13.3.5 实验步骤

1. 程序安装

安装 Camtasia Studio 2019（9.1.5.16）需要 1.02GB 的空间，具体安装步骤如下。

（1）运行"Camtasia Studio 9.1.5.16.exe"。勾选"I accept the License Terms"复选框，单击"Install"按钮。等待安装完成，如图 13-3-1 所示。安装完成，单击"finish"按钮，结束安装。

（2）运行"汉化补丁.exe"文件，依次单击"下一步"→"我接受"→"下一步"→"下一步"→"安装"→"完成"按钮，即可完成安装。Camtasia Studio 的初始界面如图 13-3-2 所示。

图 13-3-1　Camtasia Studio 安装界面

图 13-3-2　Camtasia Studio 初始界面

2．视频制作

1）新建项目

在初始界面单击"新建录制"按钮，单击"rec"按钮开始录制，录制工具栏如图 13-3-3 所示。

图 13-3-3　录制工具栏

录制完成后，按 F10 键停止录制，编辑软件会自动打开。

2）素材导入与管理

单击 ➕ 按钮，可导入所需视频、音乐、图片等文件。

3）视频剪辑

已录制的视频文件会自动进入视频编辑轨道，如图 13-3-4 所示。

图 13-3-4　视频编辑轨道

如果视频内容需要删减，可在轨道中选中该视频，将时间轴的指针拖放到想要剪辑的位置，单击 按钮，即可将不需要的部分分割。选中不需要的部分，按"Delete"键或右键即可删除。

4）添加注释

这里以添加"聚光灯"效果为例说明添加注释的方法。

单击 注释 按钮，选择 按钮，然后将第二个"聚光灯"按钮拖放到轨道，再将视频中的"聚光灯"调整到想要的位置，"聚光灯"在轨道上的持续时间也要进行修改，如图 13-3-5 所示。

图 13-3-5　添加"聚光灯"效果

5）添加转场效果

这里以添加"翻转"效果为例说明添加转场效果的方法。

单击 转场 按钮，选择"翻转"转场素材，将其拖放到两个视频连接处，拉长转场素材可增加转场时间，如图 13-3-6 所示。

图 13-3-6　添加转场效果

6）添加行为

这里以添加"褪色"效果为例说明添加行为的方法。

单击 行为 按钮，选择"褪色"行为素材，并拖放到轨道上，如图 13-3-7 所示。

图 13-3-7　添加"褪色"行为

7）添加语音旁白

在录制过程中，如果音频录制效果不好，还可以通过 CS 重新录制音频。

单击 语音 按钮，粘贴或输入脚本文件，单击"开始麦克风录制"按钮，即可开始录制，如图 13-3-8 所示。录制时，会实时播放视频。录制完毕后，单击"停止"按钮，即可结束录制。

图 13-3-8　录制语音

8）抠图

抠图是指把图片或影像的某一部分从原始图片或影像中分离出来成为单独的图层，这里以绿幕人像为例说明抠图的方法。

导入图片，将图片拖放到轨道上。单击"更多"按钮，选择"视觉"选项卡，将"删除颜色"视觉素材拖放到轨道上的图片所在位置。再单击"属性"按钮，颜色选择为绿色，图片持续时间可拉长，效果如图 13-3-9 所示。

图 13-3-9　抠图效果

9）添加字幕

单击"更多"按钮，选择"字幕"选项卡，单击"添加字幕"按钮。在右侧黑色输入框内输入字幕文字即可。还可以拖动轨道上的字幕素材，改变其位置，拉长字幕素材可增加持续时间，如图 13-3-10 所示。

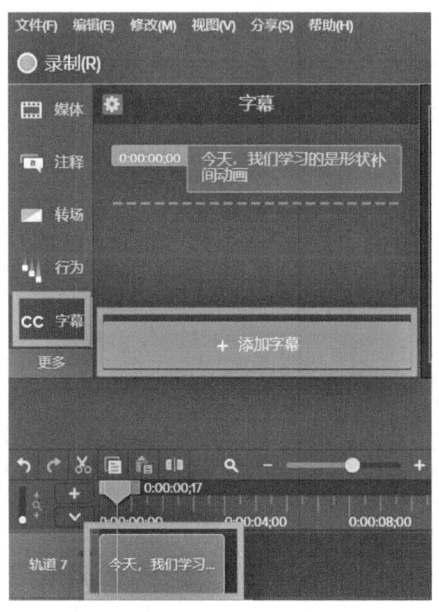

图 13-3-10　添加字幕

3．创建视频文件

微课视频制作完成后，单击"分享"按钮，然后单击"本地文件"按钮，选择适合的视频文件格式，如"仅 MP4（最大 1080p）"，单击"下一步"按钮，选择保存的路径，输入文件名，单击"完成"按钮。等待视频渲染完成后，再单击"完成"按钮即可。

13.3.6　实验注意事项

（1）整个微课的开发可以由个人或小组协作完成。如果是个人完成，可以选择内容相对少一点的单元。如果是小组协作完成，每个人必须有明确的任务，且每个人能完成至少一个单元的课程教学。

（2）课件要具有完整性，包括封面、导言、教学内容、课后习题、结束页。

（3）应合理使用文字、图片、声音、动画、视频等多媒体素材表现教学内容。

（4）任务完成后，上交文字脚本、制作脚本、课件。

13.4　交互式电子白板系统的使用

13.4.1　实验目的

（1）了解交互式电子白板系统的组成。

（2）掌握交互式电子白板系统的基本操作方法，体会其功能。

13.4.2 实验内容

（1）对交互式电子白板进行系统的初始化，对书写笔进行定位，尝试使用手指在交互式电子白板上直接进行书写、绘图等操作，新建黑板页、白板页、蓝板页、教学页等页面，尝试在不同的页面上书写、翻页，比较其差别。

（2）新建一个空白页，尝试插入一张图片，将其拖拽到不同的位置，改变图片大小，注明图片名称。

（3）在交互式电子白板前，切换到"桌面工具栏状态"，打开一个 PowerPoint 教学课件并播放，尝试对播放的 PowerPoint 课件进行翻页和批注。

13.4.3 实验仪器设备

多媒体计算机实验室、交互式电子白板。

13.4.4 实验原理

1．交互式电子白板系统的组成

交互式电子白板由电子感应白板（White Board）硬件和白板操作系统软件集成，它的核心组件由电子感应白板、感应笔、计算机和投影仪组成，如图 13-4-1 所示。电子感应白板是一块具有正常黑板尺寸，在计算机软硬件支持下工作的感应大屏幕，其作用相当于计算机显示器，并能代替传统的黑板。感应笔具有电子白板书写笔和计算机鼠标的双重功能，可代替传统的粉笔。教师或学生直接用感应笔在白板上操作（相当于传统教学中师生用粉笔在黑板上操作），写字或调用各种软件，然后通过电磁感应系统反馈到计算机中，并迅速通过投影仪投射到电子白板上。白板操作系统是存在于计算机中的一个软件平台，它不仅支撑人与白板、计算机、投影仪之间的信息交换，而且自带强大的学科素材库和资源制作工具库，是一个兼容各种操作软件的智能操作平台，教师可以在白板上随意调用各种素材或应用软件进行教学。白板集传统的黑板、计算机、投影仪等多种功能于一身，使用非常方便。

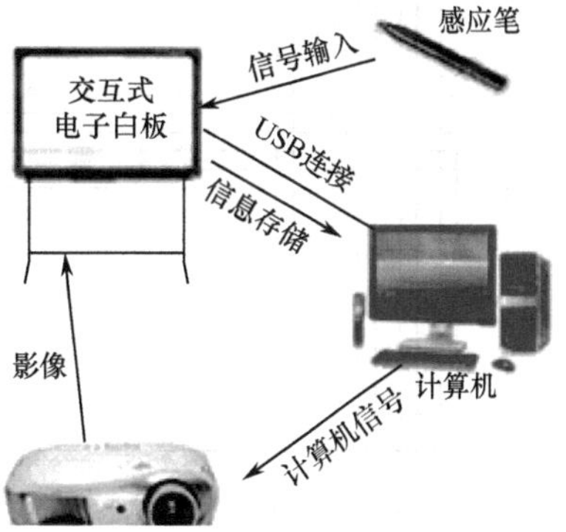

图 13-4-1　交互式电子白板的系统组成

2．交互式电子白板的技术原理

1）电阻膜技术

采用电阻膜技术的电子白板由多层膜组成，包括水平线电阻膜、绝缘网格、导电膜、绝缘网格、垂直电阻膜等，各层组合膜与使用区域大小相同，如图 13-4-2 所示。工作原理为：在电阻膜上加一个固定的电压。在没有外力作用下，导电膜不接触电阻膜，没有测得电压，不会有定位的信息反应。当用硬物压在电阻膜的某一点时，电流通过导电膜被测试电路读取，就像从一个电位器中测试到一个变动的电压，这个电压与触摸点的位置有关，根据从水平和垂直方向读取的电压，可以换算为触摸点 x、y 方向的位置。电阻式触摸屏是一种网格扫描实

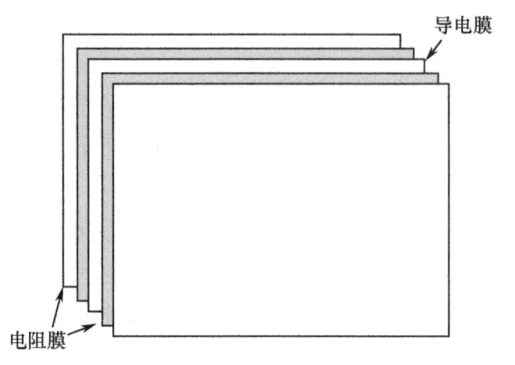

图 13-4-2　电阻膜技术电子白板结构图

现方式，特点是有物体压住膜的表面时，可以感应出物体压住的位置，其优势是定位相对准确，无须专用笔，可做触摸操作。不足之处是触摸需要一定的力度，难以实现超大面积的板面制作。

2）电磁感应技术

电磁波可以通过空气和绝缘体进行传播。电磁感应式白板主要由一支可以发射电磁波的笔，以及水平、垂直两个方向排列的接收线圈膜组成，膜的大小与显示区域相同，如图 13-4-3 所示。定位原理是发射电磁波的笔按间歇方式发射电磁波，当笔靠近接收线圈膜时，线圈上会感应到笔发射的电磁波。离笔最近的线圈组感应到的电动势越高，根据水平方向和垂直方向感应到的电动势，通过计算可以获得笔所在的 x、y 坐标位置。其优势是定位相对准确；书写过程中有压感，即根据书写力度的轻重不同，笔迹的粗细会不同；显示区域的均匀度较好。不足之处是必须使用专用笔，不能做触摸操作；反应速度不够快；难以实现超大面积的板面制作。

3）红外技术

采用红外技术的电子白板，由密布在显示区四周红外接收和发射对管组成水平和垂直方向的扫描平面网格，如图 13-4-4 所示。当有可以阻挡红外光的物体阻挡住网格中的某对水平和垂直红外扫描线时，就可以通过被阻挡的水平和垂直方向红外线的位置确定 x、y 坐标，实现坐标的定位。

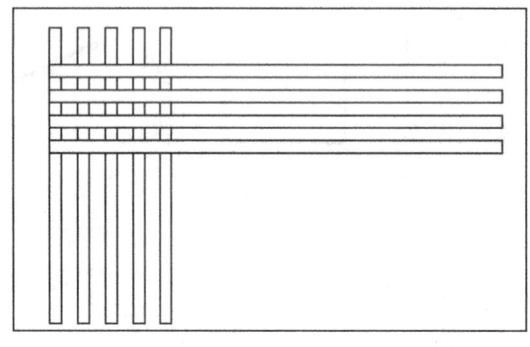

图 13-4-3　电磁感应式电子白板的接受线圈膜

图 13-4-4　红外技术电子白板外观图

其优势是定位准确、精度较高；无须专用笔，可用手指、教鞭等进行书写或触摸操作；使用寿命较长，反应速度较快，造价较低。不足之处是无压感反应，可能会受到强红外光的影响。

4）超声波技术

采用超声波技术的电子白板的工作原理是：利用超声波传输速度较慢的特性，根据超声波从发射到接收的时间计算出发射点到接收点的距离。在屏幕的一边放置两个按固定距离分布的超声波传感器，用于定位的笔是一个超声波发生器，当笔移动于屏幕的表面时，所发射的超声波沿屏幕表面被信号接收器检测到，由收到超声波的时间可以换算出笔与两个接收器的距离。采用三点定位的原理，即根据三角形已知三条边长可以确定笔所在顶点坐标的原理，计算出笔所在的位置坐标，如图 13-4-5 所示。这是一种测距定位模式。其优势是定位相对准确；适应性强，可在不同面积的设备上使用。不足之处是定位精度不均匀；受温度影响较大；需用专用笔书写。

5) CCD 光扫描技术

采用 CCD 光扫描技术的电子白板的工作原理是：在显示区域的一边设置两个固定距离的 CCD 线阵探测器和红外发射器，对准显示区域。在显示区域的另外三边设置可以反射光线的反射膜，在没有物体阻挡时，线阵 CCD 检测到的是一条完整的光带。当有物体在显示区域中挡住光线传播路径时，线阵 CCD 检测到的光带中会出现无反光区域，分布在两个角的 CCD 分别检测到的遮挡区域反映在线阵 CCD 的对应区域，根据对应的区域计算出物体在显示区域的位置，这是一种交叉点测试定位方式，如图 13-4-6 所示。此技术为较新的技术，尚未完全成熟，其最大的优点是可做多点同时触摸，除少数厂家在尝试性使用外，还未完全普及，可用资料不多。

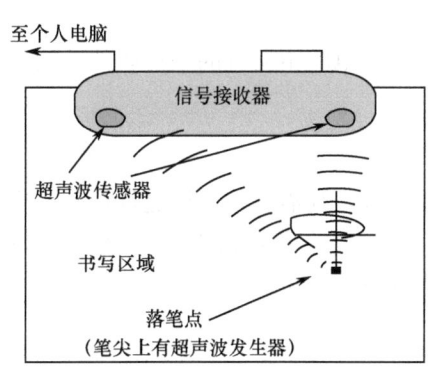

图 13-4-5　超声波技术电子白板工作原理图

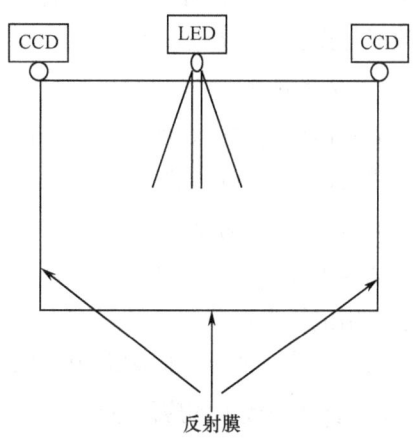

图 13-4-6　CCD 光扫描电子白板工作原理图

3. 交互式电子白板的主要功能

（1）板书：笔触、粗细、颜色可随意更改；在电子白板软件打开的前提下，可在计算机的任意界面上进行板书，如在打开的网站上随意书写，在 PPT、Word 等课件上书写。

（2）绘图：可随意绘制各种标准的和非标准的图形，颜色、粗细等均可调节。

（3）辅助教学工具：幕布、聚光灯、放大镜、照相机、图形编辑、电子词典、手写识别、测量工具等，这些教学工具完全是为了使课堂教学变得有趣和生动而制作的，可增强课堂教学的互动效果，也能使学生从被动学习向主动学习转变，当然，效果也是因人而异的。

（4）课堂录制：可以将课堂教学中的所有板书过程、内容和声音进行录制、保存、播放。

（5）页面回放：当板面已书写满了，可以新建一个页面再书写，之前书写的内容会自动临时保存，这样便于课堂上随时复习。

（6）教育资源库：包括图片素材、声音素材，以及全学科、全学段、全学时的教育资源网，教师可以利用电子白板软件制作课件，与传统的多媒体课件制作相比，既方便，还有趣，同时可操作性、可变化性、自主性等都有很大的提高，使课件制作不再复杂。

4. 交互式电子白板的主要应用领域

（1）教学：使学习富有趣味性，更具互动性。

（2）会议：对设计和方案进行现场修改和批注，更具实效性。
（3）培训：对培训内容的数据和图表现场演示，更具高效性。
（4）军队：实时模拟、控制战场，更具真实性。
（5）医疗：远程观看并指导现场，更具实时性。

13.4.5 实验步骤

1. 安装交互式电子白板（鸿合（HiteVision））

1）硬件连接

将预留的交互式电子白板（以下简称白板）的 USB 接头接入所用笔记本电脑的某个 USB 口；将预留的投影机 VGA 线与笔记本电脑连接好，将笔记本电脑画面切换到投影，投到白板上。安装 Win7 操作系统的笔记本电脑不需要切换。其他大部分电脑的切换方式为：在键盘上同时按 Fn 键和 F1 至 F10 中标有屏幕切换图标的按键进行切换，然后将电脑屏幕分辨率修改成与投影机分辨率一致。

2）安装软件

安装白板自带的功能软件，注意安装软件之前，需关闭电脑中所有的杀毒软件。软件安装完成后，必须重启电脑。

3）白板的初始化

第一次使用白板，若发现笔触的位置与光标位置不一致，则需要对白板进行定位。定位方法：用鼠标左键单击任务栏右下角的白板连接图标，在出现的菜单中选择"定位"选项，此时出现定位画面，按照画面中的提示依次在白板上进行点击即可。

2. 启动白板中的应用程序

单击白板上双侧快捷键中的任意一个，即可启动软件。在桌面上双击白板软件的快捷方式，也可启动软件。单击电脑"开始"菜单，选择"程序"命令，在下拉列表中选择鸿合交互式电子白板软件（HiteVision），启动软件。

白板两侧各提供 15 个快捷键，便于用户对常用功能进行操作，如表 13-2 所示。

表 13-2 HiteBoard 电子白板工具板

快捷键	功能	快捷键	功能
	资源库		选择
	保存		撤销
	页面颜色		橡皮擦
	新建页面		切换模式
	前翻页		文本框
	后翻页	K1	放大
	书写笔		清页
	设置笔的属性		

软件可以在未连接白板时脱机使用，用户可根据需要在电脑上运行白板软件进行备课。脱机使用软件与连接白板使用的区别：启动软件时，白板界面出现"HiteVision"字样的水印，

连接白板时，水印自动消失。注意：手写识别功能脱机不可用。

3. 使用白板——实例操作

启动白板软件后，切换至桌面模式，再打开需要的 PPT 文件，点击全屏播放。此时，直接点击 PPT 画面或白板双侧快捷键的上下翻页键，即可实现 PPT 翻页功能。如需对 PPT 进行批注，可直接在桌面的白板软件工具栏中选择笔工具，也可以点击白板双侧快捷键的书写按钮进行书写批注，书写笔的颜色、粗细可以在工具栏里进行修改。在 PPT 的批注状态下会出现一个 Office 模式工具栏，其中 为嵌入、保存批注内容到当前文件里，为前翻页按钮，为后翻页按钮，为结束放映按钮，为将当前书写笔操作状态由"笔状态"转换为"鼠标状态"。

实例 1：数学课堂上，张老师用交互式电子白板讲解"圆锥体体积"公式的推导过程，需要边推导，边书写，公式推导完成后，还要讲解两个例题，重点的地方用不同颜色标注出来。此时，需要进行哪些操作呢？

操作流程："新建页面"→"选择笔工具"→"设置画笔颜色、设置笔的粗细"→"书写"→"擦除"→"保存"。

实例 2：地理课堂上，胡老师讲解中国交通时，事先准备好了一张中国铁路空白图，教学中需要将这张图打开，让学生填写铁路线的名称，或者让学生在空白区域画出铁路线来。此时，需要进行哪些操作呢？

操作流程："插入图片"→"编辑图片"→"书写"。

实例 3：欧阳老师讲课时，先在白板上书写讲解，然后需要打开计算机，用 PPT 课件进行教学，播放课件的过程中，还想对一些重点内容进行批注。此时，需要进行哪些操作呢？

操作流程："书写"→切换"书写软件界面"到"桌面工具栏状态"→"打开课件"→"批注"。

实例 4：王老师在播放一段化学实验操作视频片段的过程中，想要对视频中重要的注意事项进行标注讲解，讲解完成后继续播放视频片段。此时，需要进行哪些操作呢？

操作流程："播放暂停"→"屏幕批注"→"结束批注"→"继续播放"。

13.4.6 实验注意事项

（1）禁止使用尖锐物品刻画或敲击白板表面。
（2）禁止用感应笔以外的笔在白板上书写（毛笔、水性笔等）。
（3）远离水源、果汁或化学用品等对白板有侵蚀作用的水质产品。
（4）如需要清洁板面，可先用不滴水的湿棉布擦拭，再用干棉布擦干。
（5）长时间不使用感应笔时，要把电池卸下来，避免消耗电池电量。

13.5 数字微格的应用

13.5.1 实验目的

（1）掌握数字微格教学系统的基本结构和原理。
（2）学会数字微格教学系统的正确使用方法。

（3）体验数字微格教学系统在教学技能训练中的作用。

13.5.2 实验内容

（1）观察数字微格教学系统的结构及连接。
（2）在教师指导下，初步学会使用数字微格教学系统控制室的各种设备。
（3）根据教师提供的教学内容，根据数字微格教学过程，进行某一教学技能的训练与评价。

13.5.3 实验仪器设备

（1）数字微格教室、微格教学系统一套。
（2）教学技能训练所需的素材。

13.5.4 实验原理

1. 数字微格系统介绍

微格教学法是美国斯坦福大学（Stanford University）教育系于1963年首创的。微格教学法是一种借助现代电教设备，如摄像机、录像机等，专门训练学生掌握某种技能的小规模教学活动。

数字微格系统是在新课程标准下利用先进手段而设计的多媒体数字互动教学系统，重点用于考察和培养年轻教师，提高教学质量。它以数字视频网络为基础，结合计算机视觉和网络通信技术于一体，提供双向影音实时同步传送、教师与学生全面实时互动的形态教学平台，最大限度地减轻教师的工作强度，充分调动学生的学习积极性，提高学习效率，增强教学效果等，是一种贴近教育学科师生的实用型教学设备系统。

2. 数字微格系统的组成

控制室，通过控制室内的电脑，即可以通过网络对各间微格教室进行全方位的管理操作。

示范观摩室，示范观摩室内装有大型显示设备，通过网络接收其他微格室的实时教学网络直播，即可实时同步播放教学实习的实况，实现多方位、多角度的教学观摩，供指导教师现场评述，让更多的学生参与观摩、分析。

数字化微型教室，数字化微型教室里装有计算机、音响系统和摄像系统，两台摄像系统用来拾取"模拟教师"的教学活动形象及"模拟学生"的学习反应情况。室内还设置有投影机或电子白板，用来模拟教学投影设备或重放已记录的教学过程录像，便于进行评价与分析。

3. 数字微格系统的特点

教学设施的高度整合，让学生在学习的过程中更熟悉信息化教学手段。

学生上课时，可通过中控系统启动整间微格教室的设备，如等离子、电脑、音响等设备。

控制人员可对教室内教师的教态、语态、板书及学生活动进行全方位拍摄和录像；并可通过网络对摄像机云台、多倍变焦镜头进行操作，对教师动作、学生回答、板书内容拍摄特写镜头（可升级教师图像跟踪系统或学生跟踪系统实现全自动跟踪拍摄）。

系统能够将教学过程中的音视频和计算机动态画面实时进行编码保存，形成流媒体文件，便于课后学生或教师进行点播复习或教学研究。由于系统专为教学活动设计，保存后的音视频不需要进行后期编辑即可直接使用。

教学活动的实时直播：能够通过网络同时让多个教室的学生及个人实时观看教学过程，给人一种身临其境的感觉。教学资源少、规模小的学校的学生，可以通过本系统来参加教学资源多、规模及教学水平高的学校的优质课。

13.5.5 实验步骤

1．利用数字微格软件进行本地录像

（1）打开方式：双击桌面右下角图标，或双击桌面录像软件。

（2）视频录制：按开始按钮即可录制（快捷键 F9），如图 13-5-1 所示。

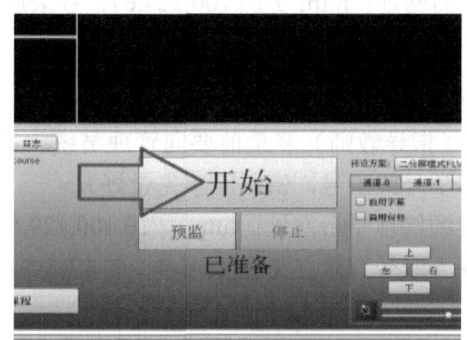

图 13-5-1　本地录像

录像文件会按照当前时间自动生成文件名。

（3）结束录制：按停止按钮停止录制（快捷键 F10），课件存储路径为桌面上的"已录制视频"文件夹。

（4）视频回放：双击桌面上的"已录制视频"文件夹。打开上课时间段的视频文件，如 course_140910-135654，选择其中的"channel-0.0"视频文件，打开即可播放（回放视频文件需要先停止录像）。

2．利用数字微格软件进行网络录像

可上传至网络并存档，但事先微格管理员要统一录入学生用户信息电子注册表并进行注册，事先设好密码。

（1）录制视频：打开网络录像后按登录按钮输入学号，如图 13-5-2 所示。

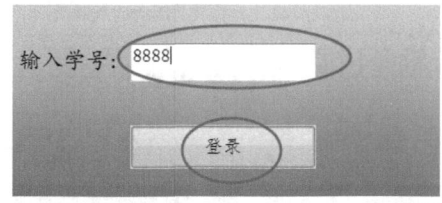

图 13-5-2　登录录像平台

输入学号后按登录按钮即可录制视频。

（2）结束录制：按 [停止] 按钮，弹出图片。

单击图 13-5-3 中的 [是(Y)] 按钮，系统会自动上传已录制的视频。

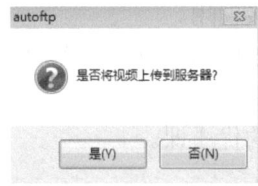

图 13-5-3　上传录制视频

（3）视频回放：打开"已录制视频"文件夹，打开上课时间段的视频文件，如 [course_140910-135654]，选中"channel-0.0"视频文件，打开即可播放。可以自己用 U 盘拷贝该文件夹，本机已安装还原系统，关机后不存档。

（4）资源管理平台的访问网址：http://10.100.129.67，登录后输入用户名（学号）、密码进入"我的空间"查看。

3．资源管理平台使用说明

讲课人（学生）、专家（指导教师）登录前要向管理员统一上交学生用户信息注册表，并进行注册（用户名账号即学号或工号，密码应事先设好）。

在浏览器地址栏输入资源管理平台网址：http://10.100.129.67。

（1）使用资源管理讲课人账号登录（见图 13-5-4、图 13-5-5）。

图 13-5-4　登录页面　　　　　　　　　图 13-5-5　登录窗口

（2）资源管理平台界面。

① 资源管理平台主页面如图 13-5-6 所示。

图 13-5-6　主页面

② 精品课程页面如图 13-5-7 所示。

图 13-5-7　精品课程

(3) 视频点播。

① 用户登录后可以在线观看、下载资源，如图 13-5-8 所示。

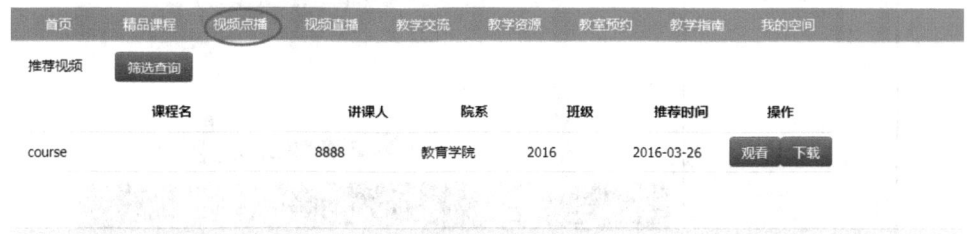

图 13-5-8　在线观看或下载资源

② 筛选与查询功能如图 13-5-9 所示。

图 13-5-9　筛选与查询功能

(4) 视频直播功能如图 13-5-10、图 13-5-11 所示。

图 13-5-10 视频直播功能 1

图 13-5-11 视频直播功能 2

(5) 教学交流页面如图 13-5-12 所示。

图 13-5-12 教学交流

(6) 教学资源页面如图 13-5-13 所示。

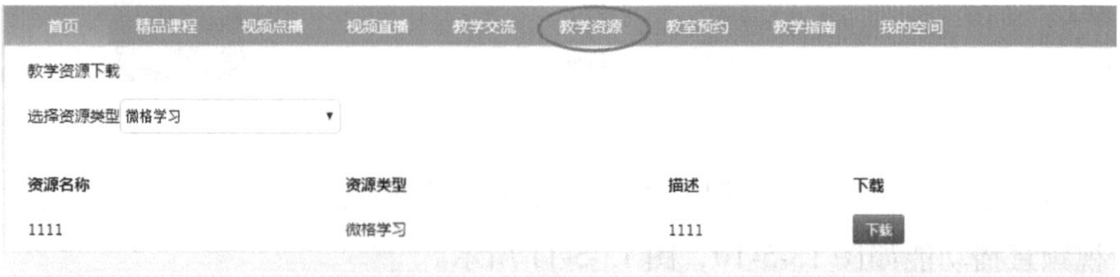

图 13-5-13 教学资源

(7) 将视频同步到服务器,如图 13-5-14 所示。

图 13-5-14　将视频同步到服务器

(8) 资源上传页面如图 13-5-15 所示。

图 13-5-15　上传资源

(9) 登录专家账号进行点评。

登录专家账号后,可以对视频文件进行点评,如图 13-5-16 所示。

图 13-5-16　专家登录页面

① 视频评课功能如图 13-5-17 所示。

图 13-5-17　视频评课功能

② 图像点评功能如图 13-5-18 所示。

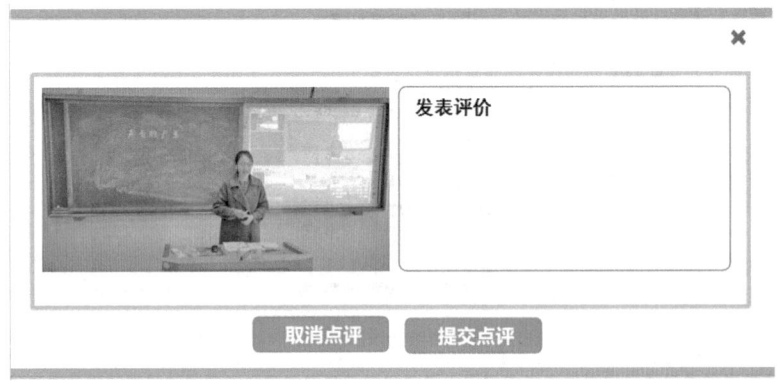

图 13-5-18　图像点评功能

③ 查看评论：可以使用删除评论、跳转到评论时间点功能，如图 13-5-19 所示。

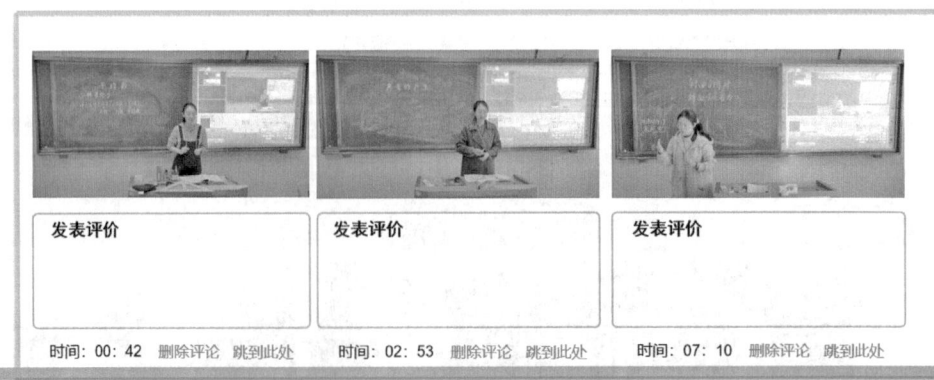

图 13-5-19　查看、删除、跳转评论

13.5.6 实验注意事项

（1）检查实验设备是否齐全。

（2）检查微格电源是否正常，电脑启动是否正常，为避免音响噪音，应将电脑音量调至最小。

（3）微格录像时注意保存，长时间录像应注意分段保存，以免出现存储遗漏或存储故障。

（4）录像结束后，请及时拷走录像视频。

（5）录像结束后，及时关闭所有设备，取出话筒等设备的电池。

13.6 虚拟演播室系统

13.6.1 实验目的

（1）理解虚拟演播室的工作原理。
（2）掌握虚拟演播室的基本组成。
（3）掌握虚拟演播室的蓝箱技术、灯光技术、色键技术。

13.6.2 实验内容

（1）虚拟演播室的工作原理。
（2）虚拟演播室的基本组成。
（3）虚拟演播室的蓝箱技术、灯光技术、色键技术。

13.6.3 实验仪器设备

（1）摄像机、摄像机跟踪系统、计算机图形工作站、色键合成器、视/音频切换台。
（2）非线性编辑软件。

13.6.4 实验原理

虚拟演播室是一种全新的电视节目制作工具，虚拟演播室技术包括摄像机跟踪技术、计算机虚拟场景设计、色键技术、灯光技术等。虚拟演播室技术是在传统色键抠像技术的基础上，充分利用计算机三维图形技术和视频合成技术，根据摄像机的位置与参数，使三维虚拟场景的透视关系与前景保持一致，经过色键合成后，使得前景中的主持人看起来完全浸于计算机所产生的三维虚拟场景中，如图 13-6-1 所示，并且能在其中运动，从而创造出逼真的、立体感较强的电视演播室效果。

将摄像机拍摄的以蓝色幕布为背景的画面作为前景。用超级实时图形计算机中的三维动画软件生成的三维动作图形作为虚拟场景，通过跟踪器系统将采集到的摄像机运动参数实时传送给计算机图形工作站，计算机图形工作站经大量运算后，产生与实际摄像机拍摄的实景画面相匹配的虚拟场景。再通过深度键和色键，将前景与虚拟场景合成一个图像输出，如图 13-6-2 所示。虚拟演播室与传统演播室的区别在于，虽然演员是站在一个简单的蓝幕前表演,但给人的感觉却是演员处在一个真实的、多姿多彩的场景中,且演员与虚拟场景之间具有正确的透视关系,可达到以假乱真的效果。

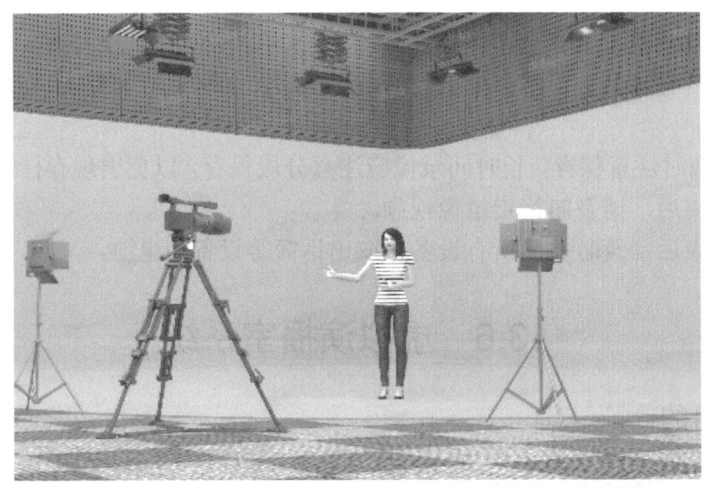

图 13-6-1　三维虚拟场景

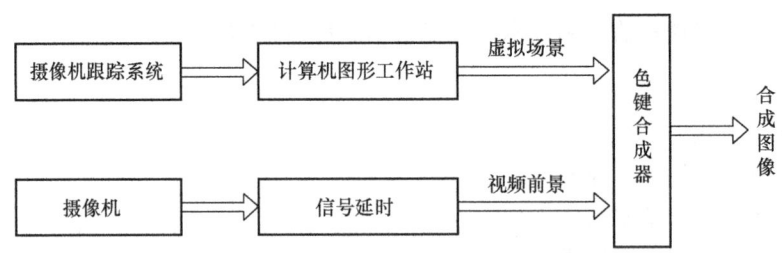

图 13-6-2　虚拟演播室工作原理示意图

13.6.5　实验步骤

1. 虚拟演播室系统的构成

典型的虚拟演播室系统由摄像设备、摄像机位置参数分析和控制系统、图形计算机、素材库和图像合成设备等组成,如图 13-6-3 所示。

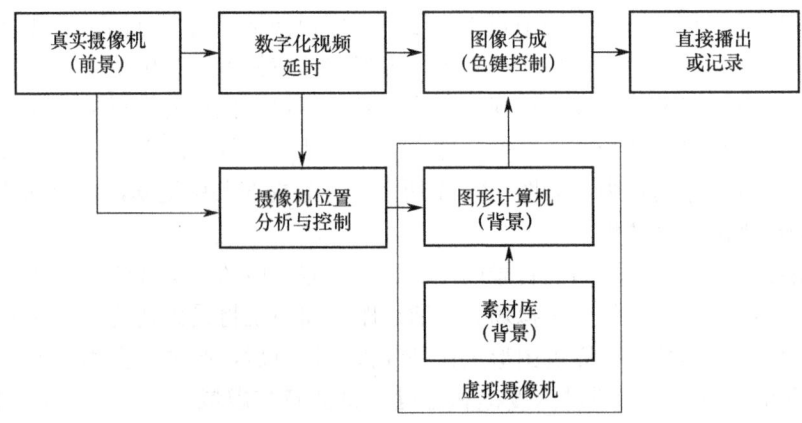

图 13-6-3　虚拟演播室系统构成图

虚拟演播室系统的组成如图 13-6-4 所示。

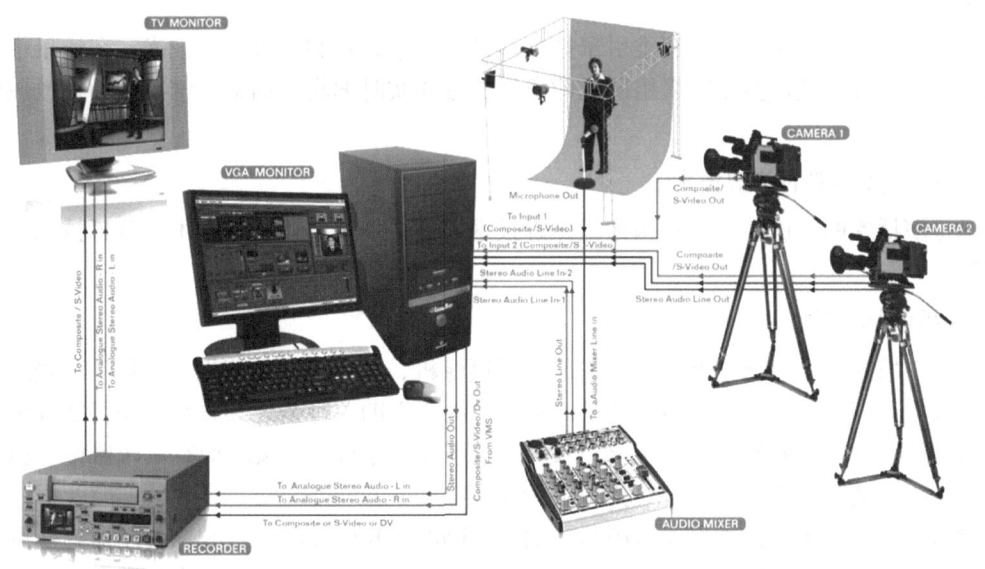

图 13-6-4　虚拟演播室系统的组成

在蓝幕背景中的主持人由前景摄像机（真实摄像机）拍摄，背景图像记录及生成系统称为虚拟摄像机。为了使真实的场景和虚拟的画面保持空间的对应关系，需要确定真实摄像机的位置参数，包括摄像机在演播室中的空间位置，摄像机的运动参数（倾斜、转动、翻转），摄像机镜头设置参数（变焦、聚焦、光圈）。所有这些数据都被送入计算机中进行分析，实时生成与前景图像保持正确空间透视关系的背景图像。然后，前景图像（包括主持人和真实场景、道具）与计算机生成的虚拟背景图像，通过色键控制器进行键控合成，由于图形计算机的运算需要几帧左右的时间，因此，摄像机拍摄的真实画面也必须有一个时间的延迟，这样才能确保真实场景与虚拟场景的吻合。最后输出的图像可以直接播出或记录在存储媒介上。

2．虚拟演播室功能模块

（1）素材库模块。素材库模块开发要考虑整个系统的共性，分层开发，便于管理和检索，区分对三维模型和纹理的管理，能够读取尽可能多的通用模型、动画文件及各种特效模式。

（2）编辑模块。采用通用四视图模块，以便于对三维虚拟物体的运动轨迹、运动属性、关键帧、出点/入点等特性进行编辑。

（3）播出模块。采用非编系统流行的基于时轨编辑播出的模式，在时间线上可以添加、删除、拖动、合并各种事件，可以编辑事件的播出属性及播出模式。

（4）跟踪模块。采集摄像机的平移、旋转和变焦全部的七个参数，要求高精度、高速度采集，并完成瞬间初始化定位。

（5）外设备控制模块。由主控机通过网线或串口控制切换器、色键器、数据采集卡、分频器等外部设备，需要考虑各模块的优先级、实时性和同步性等特点。

（6）色键器模块。通过调节色键器的参数完成系统的抠像和合成效果，以及真实物体和虚拟物体的穿越遮挡。

（7）三维渲染模块。基于 OpenGL 和 Direct3D 开发自主产权的三维渲染引擎，从而根据实际需求有选择地突出某些功能特点，同时结合显卡的特性，采用显卡编程技术，实现更复杂、更新颖的三维特技。

（8）三维特技模块。基于三维引擎技术，采用粒子系统和三维特效技术，在场景中可以加入丰富的三维特效，并能够采用所见即所得的方式实时编辑、调节三维特效的播放属性和运动轨迹。

3．虚拟演播室的关键技术

虚拟演播室的关键技术包括摄像机跟踪技术、虚拟场景与蓝背景技术、蓝幕技术和色键技术等。

1）摄像机跟踪技术

虚拟演播室中的一项关键技术是如何判断摄像机、主持人、计算机"虚拟"背景之间的相对位置关系，使之实现"同步"变换。实现"同步"的关键是连续跟踪以获得摄像机的运动参数。这些参数包括镜头运动参数（变焦、聚焦、光圈）、机头运动参数（摇移、俯仰）及空间位置参数（机位的 x、y 和高度 z 坐标）等。

目前，成熟的跟踪技术主要有图形识别法（Pattern Recognition）和以传感器为基础的机械传感法（Sensor based Camera Tracking System）两种方式，同时，这也是虚拟演播室两大类别的主要区别。

（1）图形识别法。图形识别法实际上是一种"运动估测算法"，它可以对运动画面进行精确计算，获得摄像机的各项运动参数。在实际应用中，一般采用有浅蓝色网格图案的深蓝色背景板，如图 13-6-5 所示。拍摄时，系统会对网格进行定位追踪，通过对所拍摄画面中网格的旋转和透视关系进行计算，得到有关摄像机的动作参数，以控制虚拟背景的生成。为了减少计算误差，可以选择一个基准帧，以此为基准对每幅画面进行计算。

图 13-6-5　画有特殊网格的蓝色背景幕布

（2）机械传感法。基于传感器的摄像机跟踪系统最精确，传感器安装的位置包括摄像机三脚架、基座，升降摇臂的摇摄轴、俯仰轴，镜头的变焦、聚焦环，以及滑轨、推车。它采集摄像机的位置和空间透视数据，编码量化后通过数据端口传送给计算机。图形计算机将根据数据产生与之同步的虚拟背景。

2）虚拟场景与蓝背景技术

虚拟演播室中除主持人外的场景、道具等，一般都由计算机产生。在常规演播室中不可能见到的复杂而庞大的背景，甚至许多现实生活中人们不可能见到的景观，都可以在虚拟演播室中得以实现。

虚拟演播室中的背景图像既可以是动态的，也可以是静止的。利用最多的是虚拟场景，也就是由计算机制作的二维或三维图形。在虚拟演播室中，首先要对场景中的所有物体进行计算机建模，也就是设计物体的外形和尺寸，这与计算机辅助设计很相似，在建立一个模型的同时，计算机将它们分解成许多个多边形，一般是三角形，然后定义一个轮廓；在每个多边形上施加材质，可以是简单的颜色，也可以是材料。再把图像或照片施加在多边形上，以产生更逼真的效果。在虚拟演播室中将模型定位，使用虚拟灯光产生所需要的效果，如阴影、高光、反射和折射。在此基础上，利用来自摄像机传感器的数据建立虚拟摄像机。一个三维虚拟场景需要大量的计算工作来处理运动和再生背景。三维虚拟场景可以由以下两种不同的方式产生。

（1）预生成三维方式。这种方式需先在三维建模工具中建立布景模型，预先生成每台虚拟摄像机的视图画面，作为各自对应的真实摄像机的虚拟背景。一旦场景模型建立，摄像机的位置也就确定了，不能再随意移动。这种方式可以产生比较真实的三维虚拟背景，也称为"二维半"。

（2）真三维方式。采用这种方式建立三维模型，模型中的虚拟摄像机与演播室中的摄像机互相对应，当真实摄像机的镜头或位置参数变化时，虚拟摄像机产生同样的变化，并实时生成视图作为虚拟背景。在真三维方式下，所有摄像机在演播室中都可以任意移动。在真三维的虚拟场景中，主持人可以来回走动，场景中的虚拟物体可以实时移动，主持人不仅能在虚拟物体的前面或后面，并且能隐藏在虚拟物体的里面。

3）蓝幕（蓝箱）技术

虚拟演播室与传统演播室大不相同，它以计算机三维动画"虚拟"出的场景取代道具实景。现场所有布景全部由单一的蓝色所取代，以作为将来抠像的基准色。图像的前景是不同机位的摄像机拍摄到的主持人的画面素材。主持人所在的实景现场的全部蓝色区域将被合成到计算机三维动画生成的虚拟场景中。

制作虚拟演播室的蓝背景要求背景平滑，有空间感，一般是两面或三面蓝色墙再加上地面（因此称为蓝箱）。为保证全景镜头的使用，照射在蓝背景上面的光线要均匀。为了保证色键抠像效果最好，要使用纯正的蓝色。蓝背景的空间大小，应该保证可容纳全部道具，并使主持人有足够的活动区域。需要注意的是，虚拟演播室用的实景现场虽然简化成了单一的蓝色，但绝不是任何东西都不需要了。如果节目中要表现主持人从楼梯上走下来，那么现场还必须设置一些涂成蓝色的几何块状物体作为"楼梯"，以便与计算机中生成的楼梯场景相配合。

4）色键（抠像）技术

色键质量对虚拟演播室节目质量的影响相当大，它除了与蓝背景、制作环境灯光和摄像机有一定关系之外，色键技术本身也是非常重要的。在三维虚拟场景中不仅有背景，还可能有前景，如桌子、讲台等，演员甚至可以进入到一个虚拟物体中。画面中真实物体与虚拟物体之间的关系比较复杂，要想实现完美自然的叠加，就需要具有特殊功能的高级色键技术。

例如，把前景图像中的阴影取出来并叠加到背景上，可以使合成的图像更加逼真。目前有一种被称为 Z 轴深度键的新技术，分为层次级深度键技术和像素级深度键技术。层次级深度键技术将物体分别归类到数目有限的深度层中去，所以，演员在虚拟场景中的位置不能连续变化。而像素级深度键技术把构成虚拟场景中的每一个像素都赋予相应的 Z 轴深度值。虚拟物体、真实物体和主持人可以动态地相互遮挡，从而增加虚拟场景的真实感。

虚拟演播室的色键技术还要关注的一个问题是"消蓝"。由于使用蓝幕背景，环境反光会造成前景物体和主持人身上有一些蓝色的干扰成分，对透明或半透明物体更易造成干扰。这时，就需要对前景图像进行非常复杂的消蓝控制，即遏制、削弱蓝色成分，同时，又不使前景图像产生颜色失真。

4．虚拟演播室对灯光的特殊要求

在虚拟演播室节目制作中灯光所起的作用是十分关键的。为了消除多余的阴影，保证色键的效果，灯光的布置相当重要。要合理调配灯光，使前景与虚拟背景的亮度及方向匹配。主持人及真实道具在蓝箱中投下的影子也要随主持人及道具一起进入虚拟空间。为了更好地提取阴影，灯光的设置应使阴影处的蓝色电平与背景蓝幕布的蓝色电平有较大的区别。影子的方向也要和虚拟空间中的光源方向一致，灯光应具有真实性。在虚拟演播室中，实际光源和虚拟合成光源之间的同步变化很重要。灯光控制要计算机化，使灯具的状态可以记忆并存取。

精品课件虚拟场景效果图如图 13-6-6 所示。

图 13-6-6 精品课件虚拟场景效果图

13.6.6 实验注意事项

（1）按照实验的要求一步一步地完成；

（2）在实验室中对虚拟演播室系统的基本组成进行了解、熟悉，要注意爱护实验设备，不要乱动、乱摸，若出现问题立即报告；

（3）在对虚拟演播室系统有了充分的了解后，可以进行一些有针对性的操作，但要注意不懂的不要乱动；

（4）操作完毕，分析自己对虚拟演播室系统的掌握情况。

13.7 智慧教室的应用

13.7.1 实验目的

（1）理解智慧教室的基本功能；
（2）掌握智慧教室的基本操作。

13.7.2 实验内容

（1）观察智慧教室的基本结构；
（2）在教师指导下，初步掌握智慧教室中各种设备的使用方法；
（3）结合课程教学目标，进行智慧教室教学演示。

13.7.3 实验仪器设备

（1）智慧教室与智慧教学体系；
（2）智慧教学演示素材。

13.7.4 实验原理

1．智慧教室组成

智慧教室通过构建交互式智能教学环境、互动教学软件、统一管理平台，来打造智慧教学新生态，如图 13-7-1 所示。它融合了先进的理念和技术，关注师生需求，集多屏显示、自然交互、智能调控、协作互动等特征，实现了虚拟教室与现实教室有效融合的课堂，推进信息技术与教育教学的深度融合。

图 13-7-1　智慧教室

基于智慧教室实施智慧教学已经成为教育教学改革的重要方向。智慧课堂以智慧教室为平台基础、以资源为支撑、以服务为导向、以课程为中心、以教师为主导、以学生为主体，以信息资源建设和信息应用系统建设为核心，集成网络教学、师生交流互动、答疑和管理等功能，包括以课程为主线，高度整合校内、校外的所有资源；以课程为中心，展开作业、考试、答疑、讨论、评价等互动教学活动，如图 13-7-2 所示。

图 13-7-2　智慧教室拓扑图

1）智能交互式触控大屏

智能交互式触控大屏如图 13-7-3 所示，具备抗暴、防水、防尘、耐用等特性，满足教学环境高粉尘、高使用频率、高安全防护的使用需求，纯平面、工业级的严谨设计，确保了整个产品的质感和品质，外观时尚、科技性强，与现代化教学场景融为一体。

图 13-7-3　智能交互式触控大屏

智能交互式触控大屏具有以下优势：一是把传统黑板模式进行了革新整合，增加了黑板的双向互动性与电教的丰富性；二是去掉传统投影仪的亮度低、维护率高、成本高的弱点，从根本上解决了以往教学模式中存在的问题和不足；三是包含了传统黑板的整体性，又具有液晶触控一体机的多媒体音视频应用功能，同时具有出色的人体交互特性、环保性，实现无尘教学；四是解决了智能控制中心的网络对接功能，既可通过教师的手写电脑进行控制，也可通过校园网实现远程控制，为未来教学提供拓展服务。

2）智能控制中心

智能控制中心如图 13-7-4 所示，作为智慧教室的控制总枢纽，采用一体化设计，整合授课电脑、交换机、中控、音视频切换矩阵、功放于一体，大大减少教学设备间的外部通信和线路连接，简化部署，高集成度，减少故障点，提升整体稳定性；结合桌面虚拟化技术，通过内置终端实现教室授课电脑的统一运维管理，支持一键部署系统与软件、一键还原解决终端故障，同时终端可以离线运行，确保教学不受网络影响。实现教室远程集中管理控制，降低教室管理维护工作量，提升管维效率。

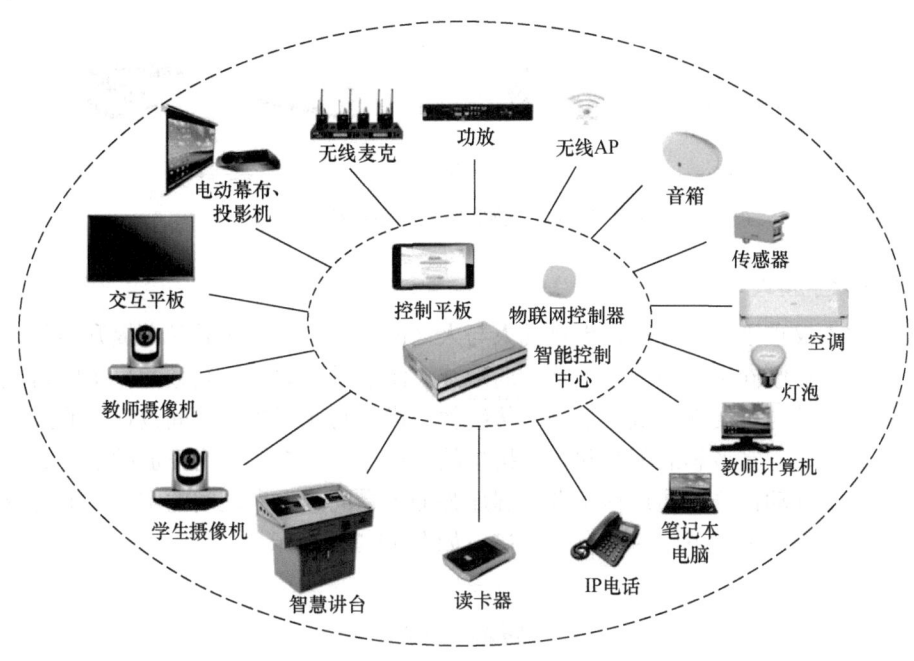

图 13-7-4　智能控制中心

3）互动教学软件

互动教学系统解决教学上多种形式的课堂即时互动、课堂表现记录、多形式教学资料引用、作业测试讲评、预习反馈、课堂实时反馈和考勤记录等即时性课堂互动和教学过程记录。解决教学上的作业布置、收集、查重、批改、分享和讲评的过程管理问题；解决教学上的在线话题讨论、师生私信等课堂时空延伸的即时交流问题，解决教学上的测试无纸化和智能批改问题。解决教学资料的信息量大、多样化、碎片化、结构化、学习进度管理问题，解决大班授课学生管理和助教协助的问题，解决成绩可过程化、可量化的成绩管理问题。

2. 智慧教室的主要功能

1）智能物联网功能

智慧教室里有许多智能化设备，如何解决不同类型教学要素的互联互通，是物联网技术应用在教学领域中一个非常重要的问题。物联网注重物与物、物与人之间的互联互通。在教学中，即表现为教学者、学习者、教学设施之间的互联互通问题。

智慧教室采用物联网连接，如图 13-7-5 所示，分布式架构，所有设备实现统一管理、权限管理，还可做任务计划。管理员可远程控制教室中的所有设备，教学管理人员、督导组教师可以在集控中心实时查看教室情况，大大提高管理效率。

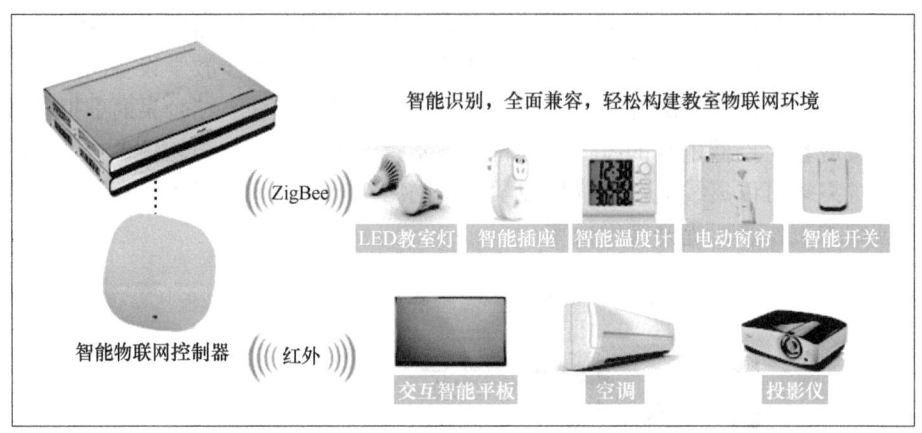

图 13-7-5　物联网控制系统拓扑

2）多种教学模式的支持

智慧教室不仅重视人机互动，更重视人与人之间的互动，聚焦教学，提升体验。智慧教室在环境布局上更倾向于教师与学生互动的形式，激发学生的学习兴趣和自主学习能力。强调空间的可重构性与延展性，致力于突破传统教室讲台与课桌椅的空间设计，通过灵活调整教室环境的布置、丰富多彩的配色和自由拼接的桌椅布局，支持更为开放的情境式、探究式教学，鼓励小组互动讨论；通过移动端投屏加强师生之间、生生之间的实时交流与反馈，实现以学生为中心的线上线下学习的有效衔接，如图 13-7-6 所示。

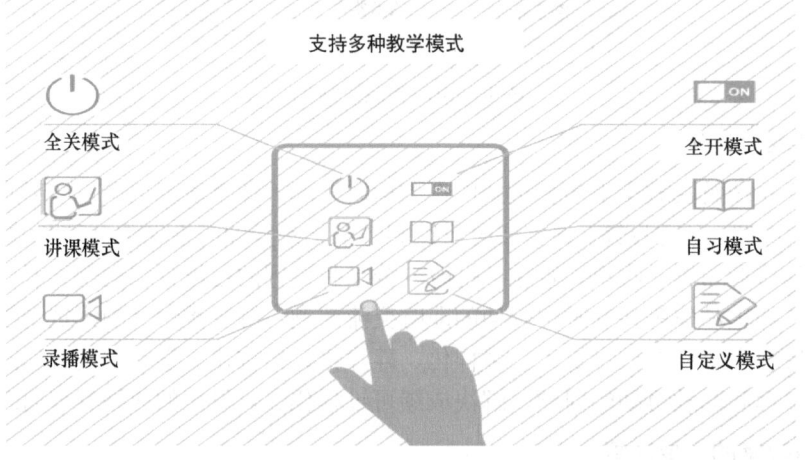

图 13-7-6　多种教学模式支持

智慧教室实现了信息技术与教学模式的深度融合，打造新型教学空间，全面支持与推动授课模式、录播模式、自习模式、小组讨论模式、小组展示模式等混合式学习和研讨型课堂等新型教学模式的开展，真正实现以学生为主体，以能力培养为目标的高教教学新生态。

13.7.5 实验步骤

基于智慧教室构建 5C 学习环境，实施多屏互动课堂教学演示，促进了知识的构建（Construction），加强了师生的互动交流（Communication），助力教学的顺畅联结（Connection），强化团队的积极协助（Collaboration），实现人生的价值创造（Creation）。以智慧教室为载体，为学生、教师、管理者搭建新型教学空间、混合式学习环境、智能教学设备、统一管理平台为一体的开放、互动、共享的智能教学新生态，为师生提供"教"与"学"创新的手段和环境，支持创新，引领创新，关注师生感受。让学生成为教学活动的主体，更加积极地参与到课堂中来，与教师之间形成良性互动关系，更好地进行师生互动、分组协作、激发灵感，创造价值；让使用者自由灵活操作，教师可以通过无线方式将教学内容投到任意终端，实现移动展示功能，轻松实现实时对比，多画面对比，也可以移动控制主讲屏幕，毫无束缚地离开讲台，放心与学生进行课堂交流，让课堂教学更活泼、更生动。

1. 主屏广播

一键下发主屏内容，各小组屏实时显示主屏内容，主屏内容广播到各讨论组画面，实现课堂教学信息全面、即时的分享。

2. 分屏广播

教师在讲台旁的面板上通过组号数字，可直接调用相应位置小组的屏幕内容，一键切换小组画面到主屏幕。教师可以非常方便地将小组讨论的结果或作业情况投到大屏幕，即时轻松实现学生之间学习成果的展示与分享。

3. 分屏互享

任意两个小组屏幕可以互投，屏幕内容实时互享，用于小组之间的互动。

4. 同屏对比

可以任意调取两组屏幕内容并行显示在主屏幕上，做直观对比、讲解。

5. 小组讨论投屏

学生可以通过 PAD 或自带终端在各自小组中进行协作讨论，讨论结果可投屏显示或分享给其他学生，界面直观，方便内容之间的切换，通过与学生的互动方式最大化提高学生的学习体验。使用批注对学生进行即时反馈；每个小组可以在自己小组的大屏上讨论、投票、演示；分组教学：系统支持随机分组、自选分组 4 种分组方法。小组 PAD 屏幕可以按照教师要求投到大屏幕上，各小组也能将每个小组的习题答案拍摄上传到大屏幕上，或实验教学视频实时投影到大屏幕上。各小组提交的主观答案，教师可以放大全屏展示单个小组的答案，也可选择多个小组答案进行对比教学。随堂测试提供分组讨论平台，方便各小组内部沟通，如指定提交给组长。支持学生用手机参与活动，整个教室仅一个网络，6 个小组，可通过 PAD 投屏大屏幕上，亦可投屏到自己的小组屏幕上。

6. 多种教学模式

为每个学生小组配备一台交互智能平板，基于智慧教学软件系统，与教师交互智能平板实现显示内容的一键调度与分享，教师根据授课场景可以实现显示模式的一键切换。

1）授课模式

所有屏幕显示教师授课内容，实现内容的有效传递，使朝向不同方向就座的学生、距离讲台远近不同的学生都可以清晰地看到教师的授课内容，提供舒适的学习环境和氛围，如图 13-7-7 所示。

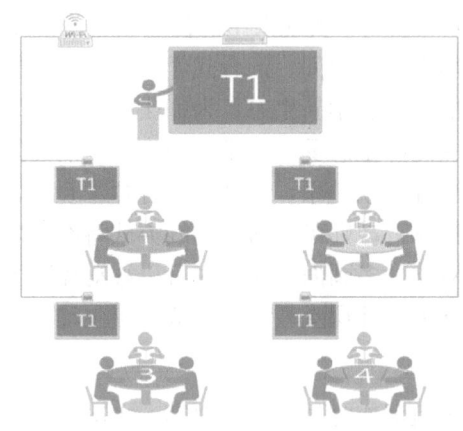

图 13-7-7 授课模式

2）小组讨论模式

屏幕用于组内分享，显示组内学生分享内容，学生可以使用小组 OPS 参与教学互动，也可以使用自带的笔记本电脑、手机、PAD 等终端通过无线投屏的方式参与教学活动，可以便捷地进行个人内容的展示、分享与讨论，如图 13-7-8 所示。

图 13-7-8 小组讨论模式

3）小组展示模式

小组成果的快速展示如图 13-7-9 所示，教师可以通过非常简单的操作将学生小组的讨论成果在屏幕上显示，实现基于小组成果的全班讨论与评价，让课堂内容的流动更加自由、便捷。

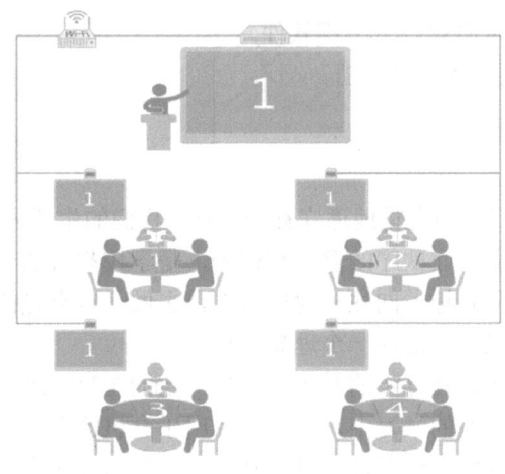

图 13-7-9　小组展示模式

13.7.6　实验注意事项

（1）按照实验的要求，首先要了解智慧教室的基本组成。

（2）认真研读智慧教室操作手册，掌握智慧教室硬件系统和软件平台的基本操作方法，注意爱护实验设备；要在实验管理教师的指导下，观摩和操作相关设备平台，若出现问题立即报告。

（3）基于智慧教室开展智慧教学实践，操作完毕，分析自己对智慧教室系统的掌握情况。

（4）完成本次实验报告，写出应用智慧教室的心得体会。

13.8　机器人创客教学

13.8.1　实验目的

（1）让学生在操作体验中学习相关的知识，发展技能，培养创新意识与创造能力。

（2）了解机器人的内部构造，认识乐高积木套装中的各种配件，培养学生解决问题的能力。

（3）通过教学发展学生的创新思维和能力，培养学生利用编程解决实际问题的能力。

13.8.2　实验内容

（1）认识乐高积木套装中的各种配件。

（2）学会利用乐高积木搭建一个结构稳固、动作灵活的行走机器人。

（3）学会编写程序控制机器人完成具体的任务（例如，沿着曲线行走、行走距离控制）。

13.8.3　实验仪器设备

（1）乐高 9797 机器人积木套装。

（2）乐高 9695 机器人配件套装（可选）。
（3）LEGO MINDSTORMS NXT 编程软件。
（4）乐高 9797 机器人积木套装手册。

13.8.4　实验原理

在日常生活中，大家都应当自觉地遵守社会秩序，我们的生活才会更加地安全、有效率、更加美好。培养青少年学生遵守秩序的意识和行为，是学校教育的一个重要内容。由于学生普遍对机器人充满好奇心和兴趣，向往搭建机器人，去做一些有趣的事情，因此，机器人创客教学是培养学生这些意识和规范的一个理想途径。

在生活中，人与人之间在外行走的时候要保持一定的距离，这既是安全的需要，也是个人良好礼仪的表现。在本主题的学习中，学生需要用乐高机器人积木搭建 2 个机器人，模仿行人在路上行走，当两个机器人距离过近时，其中一个机器人应当停下脚步；当两个机器人相隔在安全距离之外时，则可以行走。

13.8.5　实验步骤

（1）教师讲解乐高机器人的控制器原理、使用方法，带学生认识一些重要的积木块。
（2）分组与搭建：将 2~3 个学生分成一组，然后翻阅乐高 9797 机器人积木套装手册，让学生分组讨论各小组的搭建方案后，开始搭建行走机器人。
（3）教师讲解机器人走轨迹的原理，并讲解光电传感器、超声波传感器及马达的原理及用法。
（4）学生编写及调试机器人走轨迹的程序，如图 13-8-1 所示，教师适时地提供引导或支持。

图 13-8-1　机器人走轨迹

（5）小组及组间讨论如何编写行走距离控制程序，让机器人可以聪明地感知与另外一台机器人的距离，并做出行走或停止行走的动作。
（6）学生编写及调试机器人行走控制的程序，教师适时地提供引导和支持。
（7）小组间竞争与相互评价，如图 13-8-2 所示，看哪一个小组的机器人表现最好。
（8）总结与讨论。

图 13-8-2　小组作品互评

13.8.6　实验注意事项

（1）认真阅读乐高机器人手册，了解机器人搭建的流程，防止误操作。

（2）了解相关传感器的功能和安装方法，了解机器人构建的原理。

（3）按照要求安装 LEGO MINDSTORMS NXT 编程软件，注意调试机器人时要规范操作。

（4）注意使用乐高控制器中的无线蓝牙功能来建立两台机器人的通信。

参考文献

[1] 如何正确使用扫描仪——IT 百科[EB/OL]. https://g.pconline.com.cn/x/995/9955155.html.

[2] 在 Windows 10 中安装和使用扫描仪——微软官网[EB/OL]. https://support.microsoft.com/zh-cn/help/14088/windows-10-install-and-use-a-scanner.

[3] 孙启美. 计算机辅助教育[M]. 北京：科学出版社，2006.

[4] 使用扫描仪十大注意事项[EB/OL]. http://bbs.jcwcn.com/thread-9743-1-1.html.

[5] 使用 CoolEditPro 录音时的注意事项——木屋配音[EB/OL]. https://www.moowo.com/index/news/id/6135.html.

[6] 方其桂. Camtasia Studio 微课制作实例教程[M]. 北京：清华大学出版社，2017.

[7] 交互式电子白板技术原理[EB/OL]. http://www.elecfans.com/baike/bangongshebei/shuxiebaiban/20100209163954.html.

[8] 交互式电子白板系统的使用[EB/OL]. http://www.doc88.com/ p-871103892314.html.

[9] 数字化微格教学系统的实现[EB/OL]. http://fjet.fjnu.edu.cn/3b/b0/c4955a80816/page.psp.

[10] 阮高峰，姜艳芳. 数字微格系统设计与应用模式研究[J]. 计算机教育，2008（13）.

［11］了解虚拟演播室系统[EB/OL]. http://tk18942104421.blog.163.com/blog/static/18135313620123310632891.
［12］虚拟演播室[EB/OL]. https://baike.baidu.com/item/%E8%99%9A%E6%8B%9F%E6%BC%94%E6%92%AD%E5%AE%A4/8151561?fr=aladdin.
［13］虚拟创客中心 [EB/OL]. 洋铭虚拟课堂 https://www.datavideo.cn/solution/2017-05-24-09-38-26.
［14］TOP3D-SET 三机位 HDMI-SDI 数字三维虚拟演播室系统[R]. 合肥华林视音系统工程有限公司.
［15］锐捷智慧教室整体解决方案[R]. 2018.11.16.
［16］宁波阶梯智慧教室建设方案[R]. 2018.11.4.
［17］超星集团智慧教室 2.0 建设方案[R].
［18］崔亚强. 智慧教学环境建设的探索与实践[R]. 成都：四川大学.
［19］乐高机器人简介[EB/OL]. https://www.lego.com/zh-cn.
［20］STEM 教育、创客教育和机器人教育的区别[EB/OL]. https://www.sohu.com/a/302267668_466950.